桓台年鉴

2019

中共桓台县委党史研究中心
桓台县地方史志研究中心　　编

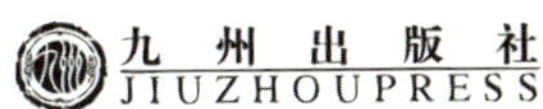

图书在版编目(CIP)数据

桓台年鉴. 2019 / 中共桓台县委党史研究中心(桓台县地方史志研究中心)编著. -- 北京 : 九州出版社, 2019.11

ISBN 978-7-5108-8450-4

Ⅰ. ①桓… Ⅱ. ①中… Ⅲ. ①桓台县—2019—年鉴 Ⅳ. ①Z525.24

中国版本图书馆 CIP 数据核字(2019)第 270950 号

桓台年鉴 2019

作　　者　中共桓台县委党史研究中心(桓台县地方史志研究中心)　编著
出版发行　九州出版社
地　　址　北京市西城区阜外大街甲 35 号(100037)
发行电话　(010)68992190/3/5/6
网　　址　www.jiuzhoupress.com
电子信箱　jiuzhou@jiuzhoupress.com
印　　刷　山东黄氏印务有限公司
开　　本　889 毫米×1194 毫米　16 开
印　　张　16.25
字　　数　624 千字
版　　次　2019 年 11 月第 1 版
印　　次　2019 年 11 月第 1 次印刷
书　　号　ISBN 978-7-5108-8450-4
定　　价　220.00 元

★版权所有　侵权必究★

《桓台年鉴（2019）》编审人员

主　　审　程　勤

主　　编　史继广

副 主 编　傅荣璋　王　静

编　　辑　张胜利　高大新　田　静

桓台名片

◎全国综合实力百强县

◎全国县域经济百强县

◎全国综合竞争力百强县

◎全国中小城市投资潜力百强县

◎全国新型城镇化质量百强县

◎全国创新创业百强县

◎中国工业百强县

◎全国优先开展农业全产业链开发创新示范工作县

◎国家级新时代文明实践中心建设试点县

◎全国主要农作物生产全程机械化示范县

◎全国文明县城

◎国家级生态示范区

◎江北第一个吨粮县

◎建筑之乡

数字桓台 2018

◎总面积 508.96 平方千米

◎地区生产总值（GDP）610.13 亿元

◎第一产业增加值 13.27 亿元

◎第二产业增加值 359.56 亿元

◎第三产业增加值 237.30 亿元

◎农林牧渔业增加值 14.21 亿元

◎粮食总产量 34.33 万吨

◎进出口总额 310.85 亿元

◎地方公共财政预算收入 38.82 亿元

◎地方公共财政预算支出 44.0 亿元

◎社会消费品零售总额 237.80 亿元

◎城镇居民人均可支配收入 40899 元

◎农村居民人均可支配收入 19668 元

◎4G手机用户 48.53 万户

◎宽带用户数 13.16 万户

◎户籍人口 50.47 万人

2018年5月4日，省委副书记、省长龚正（中）到桓台出席全省河长制湖长制现场推进会

（县融媒体中心供）

2018年11月10日，省委常委、秘书长王清宪（中）到桓台县现场观摩全面深化改革工作

（县融媒体中心供）

2018年9月19日，省委常委、政法委书记林峰海（中）到桓台县调研

（县融媒体中心供）

2018年4月26日，副省长于杰（左二）到桓台调研老工业基地产业转型升级工作

（县融媒体中心供）

2018年10月24日，市委书记、市人大常委会主任周连华（中）到桓台调研安全生产工作

（县融媒体中心供）

2018年4月24日，市委副书记、市长于海田（中）到桓台调研重点企业发展情况

（县融媒体中心供）

2018年“六一”国际儿童节前夕，县委书记贾刚（前排右一）到县内部分学校、幼儿园走访慰问
（县融媒体中心供）

2018年“七一”前夕，县委副书记、县长边江风（中）到马桥镇走访慰问建国前老党员和困难老党员
（县融媒体中心供）

2018年1月8—10日，桓台县第十八届人民代表大会第二次会议在桓台宾馆召开

（县人大供）

2018年1月7—9日，政协桓台县第十四届二次会议在桓台宾馆召开　（县政协供）

2018年5月10日，省委第二巡视组巡视桓台县工作动员会在县会务中心召开

（县融媒体中心供）

2018年1月10日，桓台县监察委员会挂牌

（县纪委监委供）

2018年11月16—18日，“中国 · 淄博高端材料与先进制造协同创新周暨首届膜产业马踏湖高峰论坛活动”在桓台县举行（县融媒体中心供）

2018年8月，桓台县被确定为全国新时代文明实践中心试点县

（县新时代文明实践服务中心供）

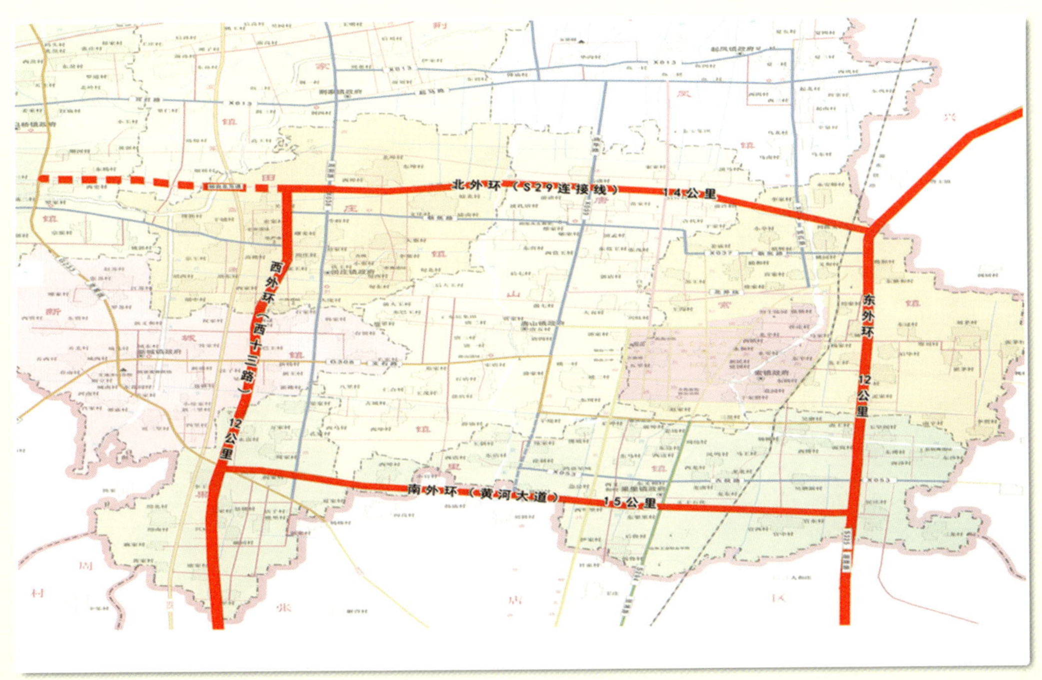

2018年11月30日，桓台县53公里大外环正式贯通，东南西北依次为东外环—黄河大道—西外环—北外环（县交通运输局供）

瞰桓台

2018年，桓台县继续入围全国综合实力百强县、投资潜力百强县、新型城镇化质量百强县，获评全国绿色发展百强县。图为县城夜景　　（摄影　崔峰）

2018年，桓台县编制完成新一轮县城总体规划，发展规划、基础设施、产业发展、生态建设和公共服务五个“一体化”同步推进。图为县城一角 （摄影　崔峰）

2018年，桓台县始终践行以人民为中心的发展思想，连续11年把民生工程作为一号工程，年度民生投入达34.47亿元，占财政支出比重78.3%。图为朝阳下的城标广场 （摄影　崔峰）

2018年，桓台县深入践行“绿水青山就是金山银山”理念，以更高的标准、更严的要求、更实的举措推进污染防治，生态环境质量不断好转。图为风景秀丽的红莲湖公园 （摄影　崔峰）

2018年，桓台县文旅融合不断深化，马踏湖生态旅游度假区基础配套设施基本完工，成功勘探出高品质温泉。图为建设中的马踏湖 （摄影　崔峰）

2018年，桓台县工业经济质效并进，金诚、博汇、汇丰、东岳四家公司入围中国民企前300强和山东民企前50强。图为金诚石化夜景（摄影　崔峰）

2018年，桓台县顺应产业融合发展大趋势，不断推出新的经济增长点。图为泓基农业合作社打造的农业+旅游+田园社区综合体（摄影　宋开才）

2018年，桓台县创新推进新时代文明实践中心建设，抓平台阵地、抓队伍力量、抓活动载体、抓实践成效，打造具有示范效应的实践中心建设“桓台模式”。图为马桥镇新时代文明实践中心广场 （马桥镇政府供）

2018年，起凤镇入选第七批山东省特色产业镇。图为待收割的芦苇 （摄影 崔峰）

编 辑 说 明

一、《桓台年鉴》是由中共桓台县委党史研究中心（桓台县地方史志研究中心）编纂的综合性地方年鉴。本卷年鉴是第十二卷本，集中反映了2018年度全县人民在县委、县政府的领导下，在政治、经济、文化、社会、生态文明和党的建设等方面发展进程中所取得的巨大成就，汇集了全县各领域、各行业、各部门的基本情况和重要事件。

二、《桓台年鉴》的编纂坚持以马克思列宁主义、毛泽东思想、邓小平理论、“三个代表”重要思想、科学发展观、习近平新时代中国特色社会主义思想为指导，紧紧围绕县委、县政府的中心工作，力求做到观点正确、框架科学、资料翔实、记述准确、编写规范、特色鲜明。

三、本年鉴前设特载、大事记，后设荣誉、附录，中置桓台概况、中国共产党桓台县委员会、桓台县人民代表大会、桓台县人民政府、中国人民政治协商会议桓台县委员会、纪检监察、民主党派和工商联、人民团体、法治、军事、工业、建筑业、农业、国内贸易 服务业、外经贸与招商引资、园区建设、交通 通信、城建 环保、综合管理与监督、财政 税务、银行 金融证券 保险、科技 文化、教育 体育、卫生和计划生育、社会、镇 街道、人物27个部类。

四、本年鉴采用分类编辑法，以部类为单元，部类下设分目，分目下立条目，并以条目作为基本表达方式；一般分3个层次，个别部类延伸到4—5个层次。条目标题均采用黑体字并加【 】表示。

五、本卷年鉴稿件大部分由县直各部门、各镇（街道）以及有关企事业单位提供，部分稿件由编辑人员辑录整理，主要数据以统计公报为准，因个别供稿单位统计口径不同等原因，有的数据在不同条目中不尽一致，使用时请注意出处。

六、本年鉴在卷首编排了彩色照片29幅，重点反映领导关怀、重要会议召开、重大项目建设、社会民生等方面情况；正文插图181幅，采用全彩印刷，力求图文并茂、真实生动，进一步提高图片资料的存史价值。

七、为便于社会各界广大读者通过检索工具查阅相关资料，本年鉴采用了双重检索系统，卷首刊有目录，卷末配有综合主题索引。

目　录

特　载

大　事　记

桓台概况

历史　地理

行政区划　人口

全面深化改革

组织机构

精神文明建设

中国共产党桓台县委员会

重要会议

信访工作

档案

信息中心

台湾事务

桓台县人民代表大会

桓台县人民政府

应急管理

法治政府建设

政府信息公开

桓台县妇女联合会

桓台县科学技术协会

桓台县残疾人联合会

桓台县红十字会

桓台县慈善总会

法　　治

政法与综合治理

公安

中央储备粮淄博直属库有限公司

外经贸与招商引资

园区建设

桓台经济开发区

淄博东岳经济开发区

马踏湖湿地保护区

交通　通信

交通运输

公路

铁路　济南铁路局淄博车务段桓台站

邮政

通信服务业

·中国移动通信集团山东有限公司桓台分公司·

城建 环保

城乡建设

公用事业

国土资源管理

城乡规划

城市管理

住房保障

环境保护

综合管理与监督

发展与改革

物价管理

统计管理与调查

工商行政管理

银行　金融证券　保险

银行业

金融证券　保险

科技　文化

科技

防震减灾

知识产权保护

气象

王渔洋文化研究保护

文化出版

广播电视

图书发行

新时代文明实践服务中心

教育　体育

教育

体育

卫生和计划生育

卫生

计划生育

社 会

人力资源和社会保障

民政

新城镇

马桥镇

荆家镇

起凤镇

果里镇

特　　载

在县委十三届七次全体会议上的报告

县委书记　贾　刚

（2019年1月18日）

同志们：

站在改革开放40周年向中华人民共和国成立70周年迈进的重要历史节点，县委召开这次全会，主要任务是深入学习习近平新时代中国特色社会主义思想和党的十九大精神，认真贯彻落实中央庆祝改革开放40周年大会、中央经济工作会议和省市一系列会议精神，全面总结过去一年工作，认真分析当前形势，研究部署今年和今后一个时期的工作任务，动员全县上下进一步统一思想、凝聚共识，改革开放再出发、拼搏赶超永争先，努力开创桓台转型跨越发展新局面。

下面，我受县委常委会委托，向全会报告工作。

一、聚焦关键、干在实处，经济社会发展取得弥足珍贵成绩

时间记录开拓者前进的刻度，年轮写下追梦人奋斗的华章。刚刚过去的2018年，面对复杂多变的形势和艰巨繁重的改革发展稳定任务，县委常委会带领全县广大党员干部群众，坚持稳中求进工作总基调，深入践行新发展理念，扎实做好稳增长、促改革、调结构、惠民生、防风险各项工作，经济社会保持平稳健康发展良好势头。全年地区生产总值同比增长7.2%；实现一般公共预算收入38.82亿元，增长10.0%；税收达71.58亿元，增长15.0%；城镇和农村居民人均可支配收入分别达到40899元、19668元，分别增长7.5%和7.9%。继续入围全国综合实力百强县、投资潜力百强县、新型城镇化质量百强县，获评全国绿色发展百强县。桓台建成江北首个整建制“吨粮县”、成功研发全氟离子膜结束我国氯碱工业受制于人历史入选全省“庆祝改革开放40周年最具影响力的事件”。

*一年来，我们坚定政治站位，确保党管全局正确方向。*始终把学习贯彻习近平新时代中国特色社会主义思想和党的十九大精神作为首要政治任务，引领带动全县各级牢固树立“四个意识”，坚定做到“两个维护”。对中央大政方针和省委、市委决策部署及时组织传达学习，结合桓台实际研究制定落实意见，抓牢工作主动权。高度重视常委会自身建设，坚决落实民主集中制，规范执行重大事项集体决策制度，带头深入基层一线调度推动工作，发挥了良好的示范带头作用。牢牢把握意识形态工作领导权、话语权，宣传舆论阵地坚强稳固。支持人大、政府、政协依法履职，强化与民主党派、工商联和无党派人士合作共事，领导工青妇等群团组织有效发挥作用，积极推进对口支援、扶贫协作，国防动员、军民融合水平稳步提升，凝聚起同心同向、和衷共济的强大合力。

*一年来，我们狠抓发展第一要务，县域实力稳中有进。*坚持不懈抓投入、强保障、上项目，总投资408亿元的37个市重大项目全年完成投资136亿元，超额完成年度计划，10个项目竣工投产，重大项目建设考核连续两年排名全市首位。强力推进“双招双引”，京沪广深招商展现“桓台形象”，全年引进重大产业项目56个，其中超10亿元项目24个，完成招商引资154亿元，新动能发展后劲进一步增强。逆境推进外贸突破，实现进出口总额310.8亿元，增长46.9%，汇丰石化入选年度中国对外贸易企业500强。积极对接资本市场，31家企业完成规范化公司制改制，上市挂牌企业达101家，数量居全市首位。坚持培强企业、做优产业，规上工业预计实现主营业务收入1930亿元，增长17%，利税、利润增幅连续3年超过20%；骨干企业发展态势良好，金诚、博汇、汇丰入围“中国企业500强”，4家企业入围“中国民营企业500强”。现代服务业稳步发展，15个市级服务业重点项目完成投资29.96亿元。农业现代化优势稳固，粮食生产夺取“十六连丰”，小麦单产连续八年居全省首位，荣获全国主要农作物生产全程机械化示范县。省级农村集体产权制度改革试点任务稳步推进，335个村全面完成清产核资，累计清理违法违规合同4800余件，新增村级收益800余万元。建筑业总产值突破500亿元，蝉联全省建筑业十强县首位。在持续加大环保治理力度、强力淘汰落后产能的背景下，能够取得弥足珍贵的成绩，充分表明桓台高质量发展的基础更加牢固。

*一年来，我们突出提质增效，新旧动能转换全面起势。*出台新旧动能转换重大工程《实施方案》《实施规划》，制定《十条意见》，政策架构稳固有力。坚持以“四新”促“四化”，策划储备总投资超1600亿元的217个新旧动能转换项目，5个项目入选省新旧动能转换重大项目库首批优选项目。扎实推进“技术改造突破年”，42个市重点技改项目完成投资67亿元。入选省中小企业数字化、智能化试点县，272家企业成功上云，省级以上“两化”融合贯标试点企业达到11家，数量居全市首位。园区建设提速加力，

“一核两翼”园区格局更加清晰，112个项目通过创智谷入园评审，成功举办首届膜产业“马踏湖”高峰论坛、“高层次专家桓台行”等活动。马桥化工产业园、东岳化工产业园分别入选省首批化工园区和专业化工园区。依托东岳经济开发区膜基础材料优势，“中国膜谷”扬帆起航。深化产学研合作，新增院士工作站2家、国家级博士后科研工作站1家、国家级创新型企业1家，获评全国科技创新百强县。全面深化改革成效显著，县镇党政机构改革稳妥有序推进，“一次办好”改革走在全省前列，营商环境持续向好。

一年来，我们全力推动城乡融合，功能环境系统提升。高标准编制完成新一轮县城总体规划。绿道网、档案馆、城市会客厅等工程稳步推进，城市品级颜值明显提升。着力打造全市“四位一体”先行区，滨莱高速连接线东段、北西五路、果里大道西延、原山大道、少海路大中修等重点交通工程相继通车，53公里大外环全线打通，“两环九纵九横”路网拉起全新发展框架。圆满完成济青高铁建设、淄东铁路电气化改造迁占等保障工作，迈进高铁时代使桓台区位势能越级成长。深入实施乡村振兴战略，“八位一体”桓台模式不断丰富深化。农村人居环境整治三年行动稳健开局、强力突破，成功创建省级“四好农村路”示范县，获评全市唯一省级农村饮水安全示范县，马桥镇入选全省首批森林乡镇。纵深推进污染防治攻坚战，313项环保治理重点任务全部完成，中央、省环保督察反馈问题整改和“回头看”信访件办理扎实有效，全年空气质量优良天数增至209天。强化环保基层基础建设，智慧环保系统上线运行。生态水系修复提升工程取得重大进展，乌河入湖口人工湿地一期通水试运行，乌河河道走廊人工湿地（城区段）、大寨沟接长段治理等工程主体完工，“全领域治理、全流域修复、全过程管控”的水生态治理桓台模式得到省河长制湖长制工作现场推进会高度评价。

一年来，我们着力加快共建共享，民生福祉全面增进。始终践行以人民为中心的发展思想，连续11年把民生工作作为一号工程，年度民生投入达34.47亿元，占财政支出比重78.3%。深入开展群众性精神文明创建活动，入选全国新时代文明实践中心建设试点县。扎实开展文化惠民工程，连续三届获评文化强省建设先进县。系统推动教育、医疗事业布局优化、设施完善、质量提升，全国义务教育优质均衡发展县创建和“大校额”“大班额”化解工作扎实推进，全省健康促进示范县、医养结合示范县、慢性病综合防控示范区创建工作进展顺利，全国卫生县城通过公示。社会保障提标扩面，全县建档立卡贫困人口全部实现脱贫。坚持不懈打好防范化解重大风险攻坚战，毫不放松抓好安全生产、信访稳定、食品药品安全等工作，扎实推进扫黑除恶专项斗争，政法系统获全市社会评议综合得分第一名，和谐稳定大局得到强力保障。

一年来，我们坚持全面从严从实，党的建设持续加强。层层压实管党治党“两个责任”，推动全面从严治党向基层延伸。认真开展习近平总书记视察山东重要讲话、重要指示批示精神贯彻落实情况“回头看”，扎实做好中央巡视、省委巡视和市委巡察问题整改工作。深入开展“认真、专业、担当、作为”作风建设主题活动，扎实推进“大学习、大调研、大改进”和“新时代、新理念、新担当”大讨论，实干苦干、永争一流的氛围更加浓厚。坚决贯彻新时代党的组织路线，开展基层党建“大反思、大排查、大整改”专项行动，组织500余名村居干部到红旗渠接受艰苦创业教育，基层组织建设进一步提升，党建品牌亮点纷呈。着力建设高素质专业化干部队伍，大力实施“少海才俊”计划，选派42名年轻干部到重点工作一线锻炼，选树重用一批好班子、好团队、好干部，“在一线论英雄、凭实绩用干部”导向更加鲜明。深化监察体制改革，县监察委员会挂牌运行，实现纪律法律双施双守；向镇（街道）派出监察机构，实现监察工作无盲区、全覆盖。扎实开展县委巡察，全年巡察单位118个，覆盖全县1/3村级党组织，利剑作用进一步彰显。综合运用监督执纪“四种形态”，“四风”问题得到有效遏制，反腐败斗争取得压倒性胜利。全市落实党风廉政建设责任制考核被评定为“好”，“全面从严治党要率先突破”成绩位列全市首位。

回顾一年来的奋斗历程，记录着我们负重前行、攻坚克难的深刻足迹，展现出我们众志成城、乘势而上的创业激情，汇集成新时代桓台稳步前行的不竭动力。事非经过不知难，成绩凝聚了全县各级党员干部群众的智慧和汗水，是大家共同撸起袖子加油干出来的。在此，我代表县委常委会，向战斗在各条战线上的党员干部群众，向关心和支持桓台事业的老领导、老同志以及社会各界人士，表示崇高的敬意和衷心的感谢！

凡属过往，皆为序章。立足新时代，踏上新征程，我们既要巩固现有优势，更要勇于直面问题。比如，全县新旧动能转换只是起势，还未成势，产业结构偏重、优质项目盘子体量不足、创新活力不强等问题仍然比较突出；比如，环境质量持续改善压力加大，环境容量日益趋紧，能耗、环保成为制约发展的“卡脖子”因素，部分党员干部和企业家环保理念、发展理念还未从根本上转变到位；比如，对照人民日益增长的美好生活需要，发展不平衡不充分的问题仍未得到有效解决，公共服务标准化、均等化水平有待进一步提高，安全生产、社会稳定等领域风险防控仍然面临较大压力。再比如，对标先进地区党员干部的精神风貌，少数干部攻坚精神弱化，不想为、不愿为、不敢为等不良作风仍然存在，农村基层党建还需进一步加强，等等。问题就是导向、短板就是方向，所有这些，都需要我们以更高层次的追求、更大体量的格局，精准破题、科学施策，认真加以解决。

二、坚定信念、奋力攻坚，推动桓台转型跨越再上新台阶

今年是新中国成立70周年，是决胜全面建成小康社会的关键之年，更是打造发展质量更高创新活力更强的宜业宜居新桓台的攻坚之年。重要的时间节点，镌定了我们前行的坐标。时代考验着我们“危中寻机、化危为机”的洞达能力。习近平总书记多次指出，当今世界正处于百年未有之大变局，危与机同生并存；变局之中，克服危、便是机，

失去机、便是危。当前,全面深化改革纵深推进、新旧动能转换重大工程深入实施、乡村振兴战略蓬勃起势,宏观层面的政策利好、改革红利正在持续释放、密集叠加。特别是这次中央经济工作会议,明确提出强化逆周期调节,打出了积极的财政政策、稳健的货币政策、更大规模减税降费等一系列"组合拳",必将为经济持续健康发展注入强大动能。大珠小珠落玉盘之时,需要我们站准"使命坐标""为民盘符",接得住、接得稳、接得好,抓机遇成优势、积优势成胜势,让政策机遇为桓台发展赋能添彩。时代考验着我们"变中有恒、持恒追远"的战略定力。改革开放40年来,我们经历了从"农"到"工"、从"小"到"大"的两次转型,积累了雄厚的实业家底,磨砺了经得起考验的企业家队伍和党员干部队伍,也在探索实践中形成了宝贵经验。当前,桓台正处在从"量"到"质"的第三次转型期,在这个船到中流浪更急、人到半山路更陡的时期,我们面临的是不进则退的重大考验,是脱胎换骨的艰难蜕变,需要秉持一直以来推动我们向前的改革创新理念,以更深沉的使命意识、更强烈的担当精神、更豪迈的发展情怀,勇于变革、大胆实践,全力推动桓台高质量发展走在前列。时代考验着我们"局中观势,借势腾飞"的格局理念。近年来,桓台的城市发展格局、产业发展格局、园区发展格局不断优化完善,特别是高铁贯通、路网框架、水系治理、园区配套大规模开发升级,内部资源配置更趋优化,吸纳高端要素能力稳步提升,以往内生型成长为主的发展模式,具备向"内发、外引、互联"发展模式转变的大势条件。桓台进入干事创业黄金期之时,需要我们早起步、快行动,发挥优势、利用优势,以"技术变革、效率变革、质量变革"形成动能变革,以"借力高铁、主动接轨、区域共进"释放区位势能,推动高质量发展迈上"快车道"。

根据形势大局,结合桓台实际,初步确定今年工作的总体思路是:**以习近平新时代中国特色社会主义思想为指导,全面贯彻落实习近平总书记视察山东重要讲话、重要指示批示精神,统筹推进"五位一体"总体布局,协调推进"四个全面"战略布局,坚持稳中求进工作总基调,认真落实"五个坚持"基本遵循、"六个稳"工作要求,以高质量党建为统领,以高质量发展为导向,以新旧动能转换为路径,以全面深化改革为动力,着力构建高质量现代化产业体系,着力打造高质量生态宜居城乡,着力增加高质量民生服务供给,改革开放再出发、拼搏赶超永争先,奋力开创桓台转型跨越发展新局面,以优异成绩庆祝中华人民共和国成立70周年**。今年的主要预期目标是:地区生产总值增长6.5%左右;一般公共预算收入增长5%左右;固定资产投资增长6%左右;城镇、农村居民人均可支配收入均增长7%左右;节能减排等约束性指标完成上级下达任务;党的领导和党的建设水平进一步提高。

为者常成,行者常至。站在2019年这个关键节点和坐标方位,唯有全力拼搏、全程进取,才能在"追梦"的路上跑出好成绩。各级要以"志不改、道不变"的坚定信念,抢抓机遇、积极作为,汇集改革发展的强大动力,挺起新时代高质量发展的桓台脊梁。

(一)坚定不移加快新旧动能转换,在提升经济新质态上求突破。对桓台而言,提升经济发展的质量效益,既要立足实际优化传统动能、稳固发展基础,也要创造条件培育新动能、提增发展后劲,实现"优化存量"与"扩大增量"共同发力。要以高端智能、集约集聚为导向,提升存量产业竞争力。围绕发展壮大"542"现代产业体系,瞄准世界科技前沿和产业发展趋势,坚持以"四新"促"四化"工作思路,以腾笼换鸟、机器换人、空间换地、电商换市为主要路径,采取外援内引、跨界融合等手段,推动互联网、大数据、人工智能和实体经济存量资源深度融合,加快产业模式向规模集聚、智能协同、开放共享转型跨越,做优做强更具比较优势的"桓台制造"品牌。进一步完善"一核两翼"大园区发展格局,努力破除土地政策收紧、财政投资压缩、融资平台严控"三大制约",探索建立园区市场化开发、管理、运营机制,支持社会资本参与园区建设,将园区招商引资、产业运营交给具有专业背景的市场化机构,让专业的人办专业的事。紧紧抓住散乱污整治、园区村庄搬迁、工业企业入园、行业升级换代契机,鼓励同行业企业兼并重组、优化整合,提高经济密度、建设强度、创新浓度。深入吃透全省重点园区"亩均产值、亩均税收"领跑者激励政策,全面推行"以亩产论英雄、以质效配资源"标准地改革,加快落后低效产能淘汰步伐,鼓励零土地技术改造项目建设,合理限定项目建设周期、亩均产出、单位能耗等效益指标,推动资源产出效益最大化。要以高效投资、产业补链为导向,培育增量产业新优势。落实"高、新、轻、绿"要求,强化新旧动能转换引导基金对"四新"经济的支持,以重大项目建设为抓手,带动产业结构更新。加快推进总投资633亿元、年度计划投资218亿元的127个县重点项目,突出抓好总投资430亿元的31个市重大项目建设,形成项目梯次推进、有效接续的良好格局。支持引导中小企业与龙头企业开展配套协作,培育一批"隐形冠军"、瞪羚企业和行业"单项冠军"。把今年作为"双招双引突破年",实施精准招商、专业招商、链条招商,尤其注重围绕产业链条上引下联,找准产业转型升级需求,进一步优化招商策划、找准招商路径,培育增长新动能。要敢于拿出真金白银重奖在"双招双引"中做出重大贡献的企业和企业家,激发骨干企业依托市场话语权开展产业链招商的主动性和积极性,特别是重点发挥东岳膜产业基础原材料优势和技术创新优势,突出精准化招商,构建全产业链,建设高端功能膜产业集群,全力打造"中国膜谷"。要以建设高素质企业家队伍为抓手,进一步增强企业核心竞争力。企业家是桓台的宝贵财富,也是推动桓台高质量发展的优势所在。要加强企业家队伍建设,加大中生代、新生代企业家培养力度,帮助企业家开阔视野、提升素质,带领企业从以生存创业为核心的"一次创业",迈向生态创业的"二次创业"。要以企业家转型引领企业转型,近年来虽然经历了一次次环保、安全治理,但仍然有相当一部分企业主要负责人还没有彻底从根子上转变思想观念,没有深刻认识到环保、安全的极端重要性、严肃性,没有充分认清企业如果不消灭污染、消灭事故,污染和事故就会消灭企业。下一步,要着力引导企业家切实树牢“既要金山银山,更要绿水青山”和“生命至上,安全第一”的发展理念,算好大账、长远账,决不能以牺牲生态环境和安全为代价换取一时发展和一己之利。

(二)坚定不移激发改革创新活力,在增强发展后劲上求突破。改革是最大红利,创新是最强动力。要深入贯彻落实习近平总书记关于全面深化改革的重要论述,按照省市委“改革开放再出发”的要求,坚持用改革突破发展难点痛点堵点,增强转型发展内生动力。要突出市场化改革取向。充分发挥市场在资源配置中的决定性作用,进一步激活创新求变的基因,激发微观主体活力。严格落实省市稳增长扩内需促发展降成本以及支持民营经济发展的政策措施,积极推进企业规范化改制,加快构建现代企业制度,建立分层次、分梯队的企业上市挂牌后备资源库。要着力优化人才涵养环境。充分发挥人才“第一资源”作用,创新落实市“人才新政23条”及细则,探索构建“科技+产业+金融+园区+服务”一体化人才创新生态链,建立科技领军人才和创新团队“一事一议”“特事特办”工作机制,研究制定更具竞争力、吸引力的人才政策,实现人才链、创新链、产业链和资金链融合贯通。要坚持以人民为中心的改革取向。聚焦创业就业、社会保障、教育卫生、社会治理等领域,主动回应群众所急所需所盼,从群众最不满意的地方改起、从群众最急需的地方做起,让群众更多感受到改革带来的实惠和便利。要聚焦制度创新这个关键。省委十一届八次全体会议审议通过了《关于进一步深化改革开放加快制度创新的决定》,明确了制度创新的时间表、路线图、任务书,进一步坚定了我们再创体制机制新优势的信心决心。要健全制度创新责任体系,坚持问题导向,坚持“立”“废”结合,强化督察考核,抓好重点改革任务落地见效,为转型发展提供更加有效的制度供给。要更加注重把信息化融入改革全过程。积极顺应信息化数字化发展时代趋势,将大数据、物联网、人工智能等新一代信息技术与动能转换、民生实事、政务服务、社会治理有机结合,不断提升改革工作质效。聚焦深化“一次办好”改革,进一步精简办事程序、优化办事流程、提高办事效能,切实打通服务群众最后一公里。

(三)坚定不移丰富文旅融合发展内涵,在提升文旅影响力上求突破。牢牢把握学习贯彻习近平新时代中国特色社会主义思想主线,创新推进新时代文明实践中心建设,抓平台阵地、抓队伍力量、抓活动载体、抓实践成效,打造具有示范效应的实践中心建设“桓台模式”。要立足推动文旅资源、市场要素、产业链条互促共进,加快编制完成县域旅游规划,形成“三区两带一中心”全域旅游空间格局。设立旅游发展专项资金,进一步加快重点文旅项目建设进度,欢乐水世界力争今年“六一”前试运营。有序开发马踏湖、红莲湖优质地热资源,协调推进“两湖”景区联创国家4A级景区,同步优化新城、田庄文史片区资源,丰富提升“两湖一文”印象桓台游内涵品质。依托美丽乡村连片建设,大力发展农产品加工、乡村旅游、休闲体验、文创康养等新业态、新模式,拓展农村农业功能,开拓文旅桓台建设新局面、新形象。

(四)坚定不移打好环保攻坚战,在生态环境质量持续改善上求突破。把绿色作为高质量发展的底色,树牢“绿水青山就是金山银山”绿色发展理念,着力解决环保突出问题,持续改善城乡生态环境质量。要高质量推进环保督察反馈意见整改落实。从今年开始,中央将再用三年左右时间完成第二轮生态环保督察。各级要坚决消除侥幸心理和“过关”思想,不折不扣抓好中央、省环保督察“回头看”问题整改,实行清单管理、挂图销号、专班督办,以最严格要求推动问题彻底整改,以最有力举措实现标本兼治。要加强能耗总量和强度“双控”。深入推进造纸、化工、热电等高耗能行业节能技术改造提升工程,大力推广节能技术、标准和产品,倒逼产业形成绿色、循环、低碳发展新模式。要系统推进污染综合治理。坚持全形态治理、全链条治理、全地域治理,打好蓝天保卫战,强化秋冬季大气污染综合治理,不断提升空气环境质量。深化水污染综合防治,及早对接渤海综合治理攻坚战行动,加强流域综合治理,确保断面水质稳定达标。积极推进土壤及固体废物污染治理修复工程,加强危废规范化管理,打好净土保卫战。要持续推进生态水系修复提升。完成大寨沟接长段、引黄南干渠、孝妇河桓台段(二期)等治理工程,全面建成“三横五纵两湖六湿地”生态水系。推进河湖长履责常态化,加强巡河巡湖、清淤疏浚,全域提升绿化品质,实现水清岸绿。要提升精准治污水平。依托“智慧环保”建设,增强智能化监管水平,强化联动执法,加大“刑责治污”力度,形成强力震慑。过去我们在“善于说行”方面做得多,下一步,要在“敢于说不”上动真格、敢出手,企业不管大小,法律面前一律平等,对不敬畏法律、没有环保意识和社会责任感的企业,该关的关,该停的停,决不姑息迁就。

(五)坚定不移促进城乡融合发展,在塑造宜业宜居品质上求突破。城市和乡村是群众美好生活的重要载体。要坚持以人为本、系统谋划,着力完善城乡功能布局,统筹发展空间,不断开创城乡融合新局面。加快推进重点交通工程。开工建设滨莱高速北立交及连接线西段工程,高标准推进北西五路、原山大道、果里大道西延等骨干路网绿化工程,扎实推进“四好农村路”建设,切实提升城乡道路互联互通水平。提升县城建设品位。精细改造老旧小区,有序推进城市会客厅、地下管线及雨污水管线建设改造等工程,下足“绣花功夫”,改善更新基础设施、空间形态和功能布局,以“微改造”改出大成效。完成档案馆建设,建设一批业态创新、环境优美、治理有序、人文智慧的特色街区,不断完善新城区承载功能。推进城市科学化、精细化、智能化管理,实施11个社区综合治理项目,让居民生活更加舒心。全面推进乡村振兴。聚焦“产业集聚、功能集合、形态优美”目标,强化镇中心驻地龙头作用,稳步提高镇驻地管理精细化水平,实现以镇带村、镇村联动发展。巩固提升“八位一体”乡村振兴建设成果,抓好战略规划和专项工作方案实施,全面推进农村人居环境整治行动,实现农村生活污水有效处理率超过80%,继续推进清洁供暖,着力打造乡村振兴齐鲁样板桓台特色板块。

（六）坚定不移聚焦民生福祉改善，在提升群众获得感幸福感上求突破。民生是最大的政治。要坚持以人民为中心的发展思想不动摇，抓住人民群众最关心最直接最现实的利益问题，持续用力，精准发力，使人民群众获得感、幸福感更加充实、更有保障、更可持续。提升群众生活水平。全面巩固脱贫攻坚成果，确保2020年高质量全面脱贫。加强困难群体就业帮扶，努力实现更高质量就业。扩大社会保险覆盖面，健全社会救助体系，保障好残疾人、低保户等困难群众基本生活。优化民生服务供给。积极培育和践行社会主义核心价值观，着力提升公共文化服务效能，用积极健康的精神文化产品丰富群众的精神生活。深化教育集团化办学，加快幼儿园、学校新改扩建项目建设，力争通过全国义务教育优质均衡发展县验收。扎实推进健康桓台建设，加快弘康医养健康项目、县医养结合保健服务中心项目建设，全面完成镇、村、社区卫生机构标准化建设，切实提升基层基本卫生服务能力和诊疗保健水平。加强社会治理创新。将服务贯穿基层社会治理全过程，深入推进综治中心、“雪亮工程”、网格化管理、智慧平安星级村居及矛盾纠纷多元化解机制融合建设，构建“五位一体”社会治理新格局。贯彻总体国家安全观，打好防范化解重大风险攻坚战，统筹推进平安桓台、法治桓台、智慧桓台建设，纵深推进扫黑除恶专项斗争，加强安全生产双重预防体系建设，坚决遏制重特大安全事故发生，全力保障群众安居乐业、社会和谐稳定。

三、坚持以高标准严要求实现高质量管党治党，全面提升新时代党的建设水平

实现桓台高质量发展，关键在党，关键在各级党组织和党员干部。要坚决落实全面从严治党“两个责任”，坚定贯彻新时代党的建设总要求，切实把党的领导贯穿工作全过程、各方面，以高质量党建引领高质量发展。

一要突出政治建设，坚守正确方向。牢牢把握旗帜鲜明讲政治根本要求，始终把党的政治建设摆在首位。围绕坚持党中央权威和集中统一领导，树牢“四个意识”，做到“两个维护”，严守政治纪律和政治规矩这条“生命线”，以统一意志、统一行动保证党的基本理论、基本路线、基本方略贯彻落实到位。围绕严肃党内政治生活，坚持和完善民主集中制、民主生活会等制度要求，从县委常委会做起，提高党内政治生活的政治性、时代性、原则性、战斗性。围绕加强党性锻炼，强化各级党委（党组）中心组政治学习，充分发挥党校教育培训主渠道作用，深入推进“两学一做”常态化制度化，谋划推进好“不忘初心、牢记使命”主题教育，夯实党员干部立身立业政治基石。围绕落实意识形态工作责任制，做好网络、宗教、教育等重点领域意识形态工作，加快推进县级融媒体中心建设，牢牢把握意识形态工作领导权、主动权、话语权。围绕加强党的全面领导，切实增强党总揽全局、协调各方能力，坚定不移推动县镇党政机构改革，支持人大、政府、政协和监委、法院、检察院依法履行职能、开展工作，充分发挥各民主党派、工商联、无党派人士和各界人士的积极作用，注重做好统战、老干部、群团和党管武装工作，巩固心齐气顺、风正劲足的良好局面。

二要夯实基层基础，推动全面过硬。把2019年作为“基层党建工作质量提升年”，以提升组织力为重点，旗帜鲜明发挥基层党组织的政治功能，全面推行基层党组织评星定级、分类管理，着力建强以党组织为核心的严密基层组织体系，推动基层党建全域建强、全面提升。县级层面，按照“区域联创、协同推进”思路，探索基层党建集群式发展新路径，着力打造一批基层党建示范区；在镇、街道，开展“五星党委”创建，加大抓党建带队伍促工作力度，压紧压实镇（街道）党工委抓党建主业主责；在农村，开展“创五星强堡垒”活动，全面推行支部和党员“堡垒指数+先锋指数”考评管理，实施“农村先锋强村富民”计划；在城市社区，开展“创五星促共建”活动，延展党建工作影响力；在“两新”组织，开展“创五星争双强”活动，评选一批过硬党建项目、打造一批过硬党建品牌；在机关，开展“创五星作表率”活动，提升干部作风，推动中心工作。对于巡视巡察中发现的部分基层党组织弱化、虚化、边缘化的问题，要一招不让抓整改、动真碰硬抓提升，推动基层各类组织、各方力量、各种资源拧成“一股绳”、织成“一张网”，让基层战斗堡垒的引领作用充分发挥、聚合效应充分彰显。

三要从严正风肃纪，打造忠诚队伍。广大党员干部要自觉加强党性修养，增强拒腐防变能力，做到洁身自好、廉洁自律，不越法律底线、不碰纪律红线，审慎走好从政用权每一步。要从旗帜鲜明讲政治的高度，持续抓好中央巡视山东反馈意见和省委巡视、市委巡察反馈意见的整改工作。要持之以恒整治“四风”问题，特别是紧盯“不敬畏、不在乎、喊口号、装样子”的问题，坚决破除形式主义、官僚主义。要坚持纪在法前、纪严于法，大力运用监督执纪“四种形态”，健全完善抓早抓小的监督机制，让“咬耳扯袖、红脸出汗”成为常态。要深化纪检监察体制改革，拓展纪律、监察、派驻、巡察“四个全覆盖”监督效能。要始终保持惩治腐败的高压态势，坚持有腐必惩、有贪必肃，重点推进“清廉乡村”四大工程，形成横向到边、纵向到底的“清廉乡村”建设体系，深入整治群众身边的不正之风和腐败问题，营造风清气正的政治生态。

四要聚焦认真较真，提振作风士气。“讲认真”是我们党的根本工作态度。省里提出把2019年作为“工作落实年”，对桓台来讲，就是要用“认真较真”的作风态度，覆盖工作全局、贯穿工作始终、推进工作落实。要培养认真较真的履职意识，立足尽职尽责、有位有为，杜绝怕啃硬骨头、怕趟深水区、怕出事问责的心理，真正做到决策敢拍板子、推行敢靠前站、发展敢闯新路。树立正确选人用人导向，落实好干部标准，完善工作考评机制，运用好正向激励、容错纠错和关怀机制，旗帜鲜明为担当者担当、让实干者实惠。要提升认真较真的能力水平，立足全面增强“八个本领”，围绕干部最想学到的知识、最想掌握的技能，个性化开展理论政策、经济金融、科技管理等业务培训，切实解决老办法不顶用、新办法不会用、硬办法不敢用等突出问题。要强化认真较真的执行力建设，强化过程监管、实时掌控、定点突破，构建从决策到落实的全过程责任链条，有效提升党员干部“复命”意识和“划句号”能力。

当前，机构改革已经破局开篇，各级各部门要以此为契机，从严从实加强政治建设、能力建设、作风建设，担当作为、严明纪律、团结协作，携手把班子建好、把队伍带好、把事业干好。要从县级领导干部这个“关键少数”做起，从各级各部门主要领导抓起，一级做给一级看，一级带着一级干，不分一线二线、没有台前台后，从工作一开局就卯足劲、下足力，奋力打响开山“第一炮”、夺取开局首胜。

同志们，好风凭借力，奋进正当时。让我们更加紧密地团结在以习近平同志为核心的党中央周围，以习近平新时代中国特色社会主义思想为引领，不忘初心、牢记使命，实干苦干、永争一流，努力开创桓台转型跨越发展全新局面，以优异成绩向中华人民共和国成立70周年献礼！

政府工作报告

——在桓台县第十八届人民代表大会第三次会议上

县长　边江风

（2019年1月27日）

各位代表：

现在，我代表县人民政府向大会报告工作，请予审议，并请县政协各位委员提出意见。

一、2018年工作回顾

2018年极不平凡。面对严峻的形势、繁重的任务、巨大的考验，在中共桓台县委坚强领导下，在县人大和县政协监督支持下，县政府团结带领全县上下，深入贯彻习近平新时代中国特色社会主义思想，坚决执行中央决策部署和省市县委工作要求，自觉践行新发展理念，瞄准高质量发展目标，回应人民对美好生活的向往，改革创新，担当实干，扎实推进新旧动能转换、三大攻坚战、双招双引、乡村振兴等重点工作，奋力谱写了桓台经济社会转型跨越发展崭新篇章。全县地区生产总值同比增长7.2%；固定资产投资增长9.4%；税收71.58亿元，增长15%；一般公共预算收入38.82亿元，增长10%；城镇、农村居民人均可支配收入分别达到40899元、19668元，分别增长7.5%和7.9%。继续入围全国综合实力百强县、投资潜力百强县、新型城镇化质量百强县，获评全国绿色发展百强县。两项成就入选省改革开放40周年40件最具影响力事件。

一年来，我们扭住发展要务砥砺奋进，县域经济综合实力稳步增强

紧紧围绕落实新发展理念、推动高质量发展，将做强实体经济、做优现代产业落到实处。农业发展优势凸显。守牢粮食安全底线，小麦、玉米平均亩产472.6公斤、515.3公斤，实现“十六连丰”，县域小麦单产连续八年居全省首位。新增省级农业产业化龙头企业3家、省生态循环农业示范基地1处、水肥一体化应用面积1.12万亩。新创建“三品一标”6个、知名品牌5个。发展市级以上示范合作社和示范农场80家、规模以上种粮大户及家庭农场975家，流转土地16.2万亩。完成国家试点3万亩高标准农田建设任务。成功创建为“全国主要农作物生产全程机械化示范县”。农村集体产权制度改革清产核资全面完成。工业经济质效并进。规模以上工业总产值、利税、利润分别增长18.9%、27.6%和17.3%。金诚销售收入529亿元、纳税16.88亿元，在中国企业500强排名中提升39位；博汇、汇丰分别实现销售收入363亿元、344亿元，同时跻身中国企业500强；金诚、博汇、汇丰、东岳全部入围中国民企前300强和山东民企前50强。年内销售收入过10亿元企业11家，纳税超3000万元企业21家。位列中国工业百强县第93位。现代服务业增势强劲。15个市级服务业重点项目完成投资29.96亿元。鲁中煤炭、中汇化工、和济钢材三大物流基地实现吞吐量650万吨，天齐汽车博览园完成销售额20亿元。4个物流标准化试点项目全部通过验收，新建标准化仓储面积2万平方米，企业物流成本占比下降6个百分点。3家骨干企业完成服务业剥离。四大重点商贸流通企业实现营业额15.79亿元，其中信誉楼商厦完成6.6亿元、纳税4038万元。县电子商务公共服务中心挂牌运营，水火土上线特色农产品板块，润邦入选商务部电子商务典型案例。建筑业稳步走在前列。完成建筑业总产值524亿元，增长14.8%，蝉联全省建筑业10强县首位。新签工程承包合同额460亿元。天齐中标25万平方米大体量项目。天齐、万鑫入围省建筑企业30强。创建鲁班奖、广厦奖各1项，国优工程奖4项、泰山杯奖10项。招商和对外经贸再创佳绩。策划组织了京沪广深等重点招商活动，完成招商引资154亿元，新引进重大产业项目56个，其中10亿元以上24个。实现进出口总额310.85亿元，占全市32.7%。完成对外承包工程营业额10.01亿元、服务贸易出口额12.57亿元。汇丰石化入选中国对外贸易企业500强。

一年来，我们盯紧高质量发展精准用力，新旧动能转换纵深推进

紧抓全省新旧动能转换综合试验区建设的历史性机遇，集中全力，精准发力，持续用力，新旧动能转换驶入快车道。项目建设接续有力。37个市重大项目完成投资136亿元，10个项目投产运行，在全市项目建设考核中连续两年排名首位，年终项目点评全市第一。152个县重点项目完成投资159亿元，58个项目投产或试运行。42个市重点技改项目完成投资67亿元。储备新旧动能转换在建、拟

建项目217个,总投资超1600亿元,5个项目列入省新旧动能转换重大项目库首批优选名单。争取各类新增建设用地指标2266亩。单位GDP建设用地占用面积下降5.89%,居全市首位。园区发展提质增效。创智谷智慧产业集聚区通过评审项目112个,83家企业入驻运营,获批淄博广告产业园。桓台经济开发区基础设施配套加快推进,与市主城区和高铁新城全线联通,村庄搬迁开工面积99.7万平方米,汇丰石化通过化工重点监测点现场核查。淄博东岳经济开发区路网建设基本完成,氢能材料公司组建运行,获批省级专业化工园区和绿色园区。马桥产业园南外环竣工通车,旧村拆迁复垦完成验收1800亩,获批省级综合化工园区。产业升级步伐加快。坚定不移地引导传统产业向高端化、绿色化迈进。金诚、汇丰、东岳入选中国石油和化工民企百强,汇丰石化获评石油和化工行业绿色工厂。华夏神州入选首批国家单项冠军、中国石油和化工行业技术创新示范企业。东岳高分子入选省新材料领军企业50强。6家企业入选省中小企业隐形冠军名单,8家列入省"专精特新"中小企业。海思堡入选工信部重点跟踪培育企业。新认定"山东名牌产品"4个。31家企业完成规范化公司制改制。市场主体超4万户。起凤镇获批省特色产业镇。创智创新成效显著。新增高新技术企业8家。新认定国家级创新型企业1家、知识产权示范企业1家,省级企业技术中心4家、工程实验室1家。新建院士工作站2家、国家级博士后科研工作站1家、省级众创空间3家。1个项目入选国家节能标准化示范创建,3个项目列入省科技重点研发计划。1人入选国家"万人计划"科技创业领军人才,3人获评"齐鲁首席技师"。获国家专利优秀奖1项。成功举办全国首届膜产业"马踏湖"高峰论坛、"高层次专家桓台行"等活动。金融运行平稳有序。全县贷款余额407亿元、存款399亿元,存贷比102%。多渠道处置不良贷款总额29.53亿元,金融风险得到有效防控。东岳有机硅IPO被证监会正式受理。26家企业集中挂牌,上市挂牌企业达101家。

一年来,我们聚力融合发展持续推进,转型跨越发展支撑更加坚实

顺应区域、行业、产业融合发展大趋势,构建起全方位、高层次发展格局。"四位一体"融合提速。编制完成新一轮县城总体规划,明确"北控、南联、西拓、东优"城市发展方向,发展规划、基础设施、产业发展、生态建设和公共服务五个"一体化"同步推进。互联互通、纵横交织的53公里大外环、320公里"九纵九横"主干路全线贯通,"出口打通、快速联通、干线畅通、路网互通"的大交通格局提升了城市品级。文旅融合不断深化。挖掘整合王渔洋文化、马踏湖、红莲湖、乌河、猪龙河等优势文化和生态资源,文旅融合发展迈出新步伐。以生态文化休闲、历史文化寻根、滨河绿色健身、美丽乡村体验等为特色,构建起"两湖一文"引领、多点支撑、融合发展的全域旅游大格局。马踏湖生态旅游度假区基础配套设施基本完工,成功勘探出高品质温泉。欢乐水世界整体工程施工过半。太奇、百萃源、泓基等农业旅游项目逐渐成为新的增长点。"两化"融合持续加力。汇丰、金诚入选国家级"两化"融合贯标试点,中保康、晨钟机械入选省级试点。6家企业通过国家"两化"融合管理体系认证,贯标试点和通过认证数量均居全市首位。

一年来,我们突出污染防治奋力攻坚,生态环境质量向好态势明显加快

深入践行"绿水青山就是金山银山"理念,以更高的标准、更严的要求、更实的举措推进污染防治,生态环境质量不断好转。综合整治持续加压。不折不扣推进中央和省环保督察反馈问题、蓝天保卫战重点区域强化督查问题整改。开展重点污染物、燃煤锅炉等专项整治,巩固"散乱污"企业整治成果,抓好错峰生产和重污染天气应急,实现挥发性有机物治理设施全覆盖,完成冬季清洁供暖36953户,全年空气质量优良天数209天。强化工业点源深度治理,涉水企业厂区全部设置雨污管网,重点河流断面主要指标全部达到地表水Ⅴ类标准。生态修复接续推进。马踏湖湿地补水工程完工,涝淄河治理、乌河入湖口人工湿地一期、乌河河道走廊人工湿地(城区段)主体工程完工。红莲湖东扩、大寨沟接长段治理、引黄南干渠、孝妇河桓台段(二期)开工建设。地下水埋深16.98米,回升1.58米,"全领域治理、全流域修复、全方位管控"水生态治理桓台模式,在全省"河长制"工作现场会上被省政府主要领导评价走在全省前列。绿道网工程完成植树18万株,新增绿地120万平方米。环境监管精准高效。推广应用"网格监管"APP,全面推行智能"天网"监管模式,实现全天候、无死角、全覆盖监管。生态环境大数据平台、物联网监测平台、运营智慧中心投用。扎实开展第二次污染源普查,1497家工业污染源完成调查。以铁的手腕持续加大"刑责治污"力度,办理处罚案件201件,行政处罚1494万元,申请强制执行行政处罚案件31件,移送公安机关行政拘留9件。

一年来,我们坚持统筹城乡一体,均衡协调发展迈向更高水平

始终践行以人民为中心的发展思想,连续11年将民生保障和改善作为"一号工程",年内民生投入34.47亿元,占一般公共预算支出的78.3%。基础设施更加完善。配合完成济青高铁桓台段建设、淄东铁路电气化改造拆迁等保障工作,桓台迈入"高铁时代"。县档案馆新馆开工建设。西五路北延、果里大道西延、西十三路北延、S29连接线东段竣工通车。建设街西延、少海路北段、一中西路综合管廊及配套工程完工。完成50公里"四好农村路"建设,被确定为首批省级示范县。改造提升老旧小区47.57万平方米,新建雨污管线13.5公里、社区微型公园20个,实施城市双修项目3个,拆除违建22780处、139万平方米。建城区新建公共停车场15处、公厕6座。民生保障更加有力。创新实施"孝善扶贫""扶贫专岗"模式,26个产业扶贫项目收益分配到位,全县5171户、10044名贫困人口全部脱贫,并纳入居民基本养老、医疗保险和扶贫特惠险代缴范围。城镇新增就业11139人,登记失业率控制在1.05%的较低水平。基本养老保险覆盖31.49万人,基本

医疗保险覆盖47.31万人,企业退休基本养老保险实现14连调。低保、特困群体年度合规费用封顶线提高至1.5万元。改造农村危房463户。无自理能力农村特困人员实现集中供养。建成医养结合机构19处,弘康医养健康项目进展顺利。社会事业全面进步。全国义务教育优质均衡发展县创建和“大校额”“大班额”化解工作稳步推进,18所学校实施新建、改扩建,乡镇中小学纳入集团化办学比例达到80%。新设立公办幼儿园11处,新建幼儿园4处、改扩建13处。高考本科上线率83.75%。提升镇文化站3处、农村文化大院120处。县图书馆获评国家“一级馆”。组织评选了第二届“王渔洋文学艺术奖”。县医院在全省县级综合医院中四级手术占比位居第一,被列为“互联网+医联体”全省改革示范单位。13处镇卫生院、162处村卫生室完成标准化建设。重点人群家庭医生签约率达93%。“两癌”免费筛查实现城乡全覆盖。提升改造城市社区服务中心10处。国家卫生县城创建通过公示。第四次经济普查清查阶段工作圆满完成。审计、物价、残疾人、民族宗教、民兵预备役等工作取得新成绩。社会保持和谐稳定。作为全国50个试点县之一,扎实推进新时代文明实践中心建设。深入开展“扫黑除恶”专项斗争,打掉黑恶势力集团3个、涉恶团伙18个,连续13年命案全破。建成公安信息指挥中心和执法办案管理中心,“平安桓台”建设驶入信息化快车道。完成县公共法律服务中心提档升级。应急指挥中心、运营管理中心和智慧产业园“三位一体”同步发展模式获评中国智慧城市创新奖。受理群众信访3034起,结案率100%;接办群众投诉1.6万件,办结率99.5%。严格安全生产责任和制度落实,补齐监管漏洞和薄弱环节,彻查彻除安全隐患,安全生产形势持续稳定。

一年来,我们践行打铁还需自身硬,政府自身建设迈上新台阶

将党的政治建设摆在首位,教育引导广大党员干部将纪律和规矩挺在前面,树牢“四个意识”,坚定“四个自信”,做到“两个维护”,政府系统从严治党纵深推进。深化“一次办好”改革,创新“一窗受理”“一链办理”“一网通办”模式,全省深化“一次办好”改革现场会来桓台观摩并给予高度评价。自觉接受县人大、县政协监督,办结人大代表建议59件、政协委员提案129件。严守党风廉政建设各项规定,贯彻执行中央八项规定精神,弘扬艰苦奋斗、勤俭节约优良传统,全面落实财政预决算和“三公”经费公开,着力构建亲清政商关系、和谐干群关系。

各位代表,过去一年,我们经受了巡视巡察、环保督察“回头看”等重大政治考验,实施了新旧动能转换、乡村振兴等重大发展战略,取得了防范化解重大风险、精准脱贫、污染防治、扫黑除恶等重大攻坚战阶段性胜利,启动了机构改革、农村集体产权制度、“一次办好”等重大改革事项,承办了全省“河长制”现场会、全省“一次办好”改革现场观摩、膜产业“马踏湖”高峰论坛等重大活动,全县经济社会发展“稳”的格局不断巩固,“进”的步伐稳步加快,“好”的优势逐步扩大。一年来,桓台经济社会发展经受了十分严峻的考验,取得了令人欣慰的成绩,积累了弥足珍贵的经验。回首过去一年,我们的企业家在市场磨砺中锻炼成长,在创新创业中建功立业;我们的基层干部在推动发展中主动有为,在服务发展中全心全意。全县上下在践行新发展理念中凝练的“桓台精神”,在推动高质量发展中展现的“桓台作为”,在实干苦干、永争一流中彰显的“桓台担当”,让我们有更大的信心、更足的底气,在新时代发展之路上昂首阔步、走在前列。

各位代表,砥砺奋进的2018年,我们收获满满,这是县委坚强领导的结果,是县人大、县政协和社会各界有效监督、大力支持的结果,是全县上下在追梦路上奋力奔跑、撸起袖子加油干的结果。在此,我代表县人民政府,向各位人大代表、政协委员,向为桓台发展付出心血和汗水的广大干部群众,向各民主党派、工商联、人民团体,向省市驻桓单位,向驻桓官兵,向老领导、老同志,向热忱关心支持桓台发展的社会各界人士,表示衷心的感谢,并致以崇高的敬意!

我们也清醒地认识到,桓台正处在爬坡过坎、转型跨越的关键时期,发展中仍面临诸多问题和不足:传统产业转型升级任重道远,战略性新兴产业、高新技术产业比重偏低,新旧动能转换任务艰巨;带动力、拉动力强的大项目偏少,质量不高与结构不优的问题还没有根本解决;城乡发展不够均衡协调,环境保护和污染治理需花更大力气推进,社会治理领域面临新的挑战;政府自身建设和行政效能还有较大提升空间等。我们将正视问题、直面矛盾,对症下药、靶向发力,切实有效加以解决。

二、2019年目标任务和工作重点

2019年是新中国成立70周年,是决胜全面建成小康社会的关键之年,也是桓台加快新旧动能转换、实现高质量发展的攻坚之年。今年政府工作的指导思想是:**以习近平新时代中国特色社会主义思想为指导,深入贯彻党的十九大和习近平总书记视察山东重要讲话、重要指示批示精神,按照县委总体部署,全面落实“五个坚持”基本遵循、“六个稳”工作要求,以高质量发展为导向,以新旧动能转换为路径,以全面深化改革为动力,着力构建高质量现代产业体系,着力打造高质量生态宜居城乡,着力增加高质量民生服务供给,改革开放再出发,拼搏赶超永争先,奋力开创桓台转型跨越发展新局面,以优异成绩庆祝中华人民共和国成立70周年。**

年内经济社会发展的主要预期目标为:全县地区生产总值增长6.5%左右;一般公共预算收入增长5%左右;固定资产投资增长6%左右;城镇、农村居民人均可支配收入分别增长7%左右;节能减排等约束性指标完成上级下达任务。

工作中重点抓好以下六个方面。

(一)聚焦聚力新旧动能转换,做强高质量发展的产业支撑

抢抓新一轮产业变革和科技革命机遇,以传统要素提质和新要素培育为支撑,以新技术突破和产业化应用为主导,加快构建“542”现代产业体系,助力经济中高速增长和高质量发展。

聚力传统产业升级改造。抓好总投资96.89亿元、年度计划投资43.29亿元的26个市重点技改项目建设,加快传统产业高端化、智能化、绿色化、集群化转型发展。充分运用新技术、新工艺、新设备和重组、整合等多种方式,推进设计研发信息化、生产装备数字化、生产过程智能化、经营管理网络化。围绕"机器人+""互联网+""大数据+""标准化+",加强技术创新、产品创新、业态创新、组织创新、商业模式创新,着力拉长产业链、补强创新链、提升价值链、优化生态链。大力推广先进制造和数字技术,运用信息技术发展柔性制造系统,争创省装备制造业标准化试点和智能工程、数字车间示范。

突出新兴产业培育壮大。新材料产业方面,充分发挥东岳膜产业基础原材料优势和技术创新优势,突出研发创新成果产业化,规划建设高端功能膜产业集群,打造"中国膜谷"。新能源及节能环保产业方面,突出重大技术、装备和系统研发制造,创新拓展先进适用的技术、产品和服务,抢占技术制高点和市场增长点。高端装备制造产业方面,突出技术自主化、制造柔性化、设备成套化、服务网络化,着力提高设计、制造和集成能力,提升产品档次、技术含量和附加值。智慧产业方面,突出培育云计算、大数据、物联网等新业态,促进创意创新研发、现代智能技术与实体经济深度融合。建立新经济统计监测制度,完善战略性新兴产业统计体系和扶持机制,加速向智慧化、产业化、规模化、品牌化方向拓展。

加快现代服务业扩量提质。抓好总投资71.62亿元、年度计划投资22.04亿元的15个市级重点服务业项目建设。运用新理念、新模式、新业态提升改造传统商贸流通业,培育一批潜在老字号企业和钻级酒店。积极发展和引进工业设计、文化创意、电子商务、信息服务等服务业新业态,鼓励企业开展境外投资、服务贸易、跨境贸易、工程承包和劳务输出。优化完善全域物流节点设施体系,创新发展"互联网+"高效物流、供应链管理、物流联盟等新模式,加快总投资17.05亿元的4个市重点物流项目建设,打造现代物流强县。结合全省医养结合示范先行县创建,拓展健康养老、教育培训、体育休闲等生活性服务业。

增创建筑业发展新优势。实施扶优扶强战略,支持优势企业优先参与县内重点项目建设,强化龙头企业与相关企业配套合作,实现集群发展。实施扶精扶专战略,扶持装配式建筑、机电安装、专业劳务等企业向"专、特、精"方向发展。实施"走出去"战略,加强与央企国企合作,参与国家重点区域和"一带一路"建设,重点向公路、水利、市政等领域拓展,实现产业规模持续增长、发展质量本质提升。

(二)聚焦聚力培植新增长极,打造高质量发展的动能引擎

坚持抓投入上项目不动摇,坚持强动力增活力不放松,以优质增量优化存量、扩大总量,以改革创新激发活力、提升质量。

一以贯之抓好项目建设。突出抓好总投资430亿元、年度计划投资151亿元的31个市重大项目,加快推进总投资633亿元、年度计划投资218亿元的127个县重点项目,保持项目建设全市领先位次。创新完善项目建设的责任机制、推进机制、服务机制和保障机制,将指挥协调落实到每一个任务目标、调度督查落实到每一个进度节点、跟踪服务落实到每一个实际问题、策划储备落实到每一个优质项目,确保项目建设全程贯通、无缝衔接、早日达效,形成梯次推进、有效接续的良好格局。创新信贷投放模式,拓宽直接融资路径,力促800亿元区域授信落地落实。扎实推进第三次国土调查,适时开展新一轮土地利用总体规划修编,加大闲置低效用地处置力度,实现土地高效利用。

凝神聚力做实双招双引。创新组织实施"双招双引突破年",开展系列招引恳谈活动,重点瞄准京津冀、长三角、珠三角等地区和世界500强、央企、国企及行业领军企业,聚焦主导产业和重点方向开展专业化、精准化招商,引进一批技术水平高、产业关联性强、发展空间大的优质项目和高层次人才团队。主动对接融入国家战略,支持有实力、有能力的企业与"一带一路"沿线国家开展合作。全面落实省"人才新政20条"、市"人才新政23条"及县有关配套措施,深入实施新型学徒制和金蓝领培训工程,继续办好县服务创业创新大赛。高标准举办"百名博士桓台行"、高层次人员招聘会,开展"名校直通车"行动,营造"事业留人、环境留人、政策留人"的氛围和风尚。

坚持不懈深化文旅融合。编制全域旅游规划,引导推动文旅资源、市场、产业深度融合,形成"三区两带一中心"全域旅游空间格局。突出水乡生态、历史人文等要素特色,促进旅游与文化体育、现代农业、特色工业、健康养生、美丽乡村融合发展。加快重点旅游项目建设和基础设施配套,马踏湖生态旅游度假区年内开园,欢乐水世界"六一"前试运营。推动马踏湖、红莲湖联创国家4A级景区,做强做精以地方特色资源为主线的"两湖一文"印象桓台游、红莲湖至马踏湖沿线为核心的生态文化休闲游、乌河沿线为依托的历史文化寻根游、东猪龙河沿岸为重点的滨河绿色健身游、乡村旅游示范点为特色的民俗风情体验游,用文化和旅游展示桓台风貌、讲好桓台故事。

持之以恒强化创新驱动。依托创智谷智慧产业集聚区建设,通过提供工作平台、研发平台、中试平台和免费人才公寓等,吸引更多具有行业领先水平、掌握核心技术、引领产业发展的高端人才和创新团队"零成本"创业,打造"创智创新"小镇。深化与四川大学、华中科技大学等重点高校产学研合作,新增市级以上研发平台3家。优选部分重点企业制定个性化服务方案,在研发创新、平台建设、高层次人才引进等方面提供专业化服务。实施质量强县和标准化战略,着力打造高质量品牌产品、品牌企业。

(三)聚焦聚力重点领域突破,扩大高质量发展的基础优势

突出重点领域,坚持问题导向,瞄准关键环节,在攻坚克难中夯实发展基础、做强发展优势、拓宽发展空间。

更大力度突破园区发展。深入推进"园区改革建设发展突破年",探索建立园区市场化开发、管理、运营机制,配套完善公共基础设施,推动产业集聚集约集群发展。创智谷智慧产业集聚区积极争取航空发动机研发等高端项目

落户，打造广告业小微企业“双创”平台，争创省级广告产业园区。桓台经济开发区完成海河路、黄河路等道路建设，配套完善雨污管线等设施，加快东和嘉园、前埠新村、郝园新村建设。东岳经济开发区完善“四纵四横”道路交通框架，完成日处理5000方污水处理厂扩容增量改造，建成1万平方米标准化厂房，启动消防站应急中心、危废固废处理中心建设。马桥产业园完善园区监控监测平台，开工建设特勤消防站。

更多层次助力企业发展。调整完善支持新旧动能转换、实体经济做强的政策措施，全面推进“以亩均论英雄、以质效配资源”改革，着力提升亩均投资、亩均产出、亩均税收，以最小资源环境消耗获取最大发展效益。依托智慧桓台云计算中心开发建设“企业云”，深入开展“两化”融合贯标试点示范，推动工业化与信息化深度融合。完成企业规范化公司制改制20家。鼓励中小企业与龙头企业开展配套协作，培育一批“隐形冠军”、瞪羚企业和行业“单项冠军”。支持企业家创业创新、合法经营，为企业发展减负担、开绿灯，让企业家舒心、专心、安心创业发展。大力弘扬优秀企业家精神，依法保护企业家财产权、创新权和自主经营权，倡树企业家奉献桓台、建功桓台的舆论导向。

更广深度推动绿色发展。大力推广节能技术、标准和产品，加快重点节能项目建设，深入推进造纸、化工、热电等高耗能行业改造提升，有效降低能耗比重和单位产品能源消耗。严格能源消耗总量和强度“双控”，倒逼行业应用绿色技术改造生产流程，实现绿色、循环、低碳发展。加快物联网等智能制造技术推广应用，推动“机器换人”扩面升级，建成一批“数字化车间”“数字工厂”样板。加强“水资源开发利用、用水效率、水功能区限制纳污”三条红线控制，夯实水资源和水生态保护基础。

（四）聚焦聚力乡村全面振兴，构建高质量发展的城乡格局

将乡村振兴作为新时代“三农”工作总抓手，统筹推进乡村产业振兴、人才振兴、文化振兴、生态振兴和组织振兴，努力打造生产美产业强、生态美环境优、生活美家园好的乡村振兴齐鲁样板桓台特色板块。

培育更多的富民产业。坚持藏粮于地、藏粮于技，新增水肥一体化技术推广面积1万亩、精准配肥3万亩，新建标准化生产基地2处，新创知名品牌3个、“三品一标”5个。提升农业机械化、农机管理规范化水平，培育2个示范基地、120个科技示范主体，争创全市首个“两全两高”农业机械示范县。大力发展农产品加工、乡村旅游、农村电商、休闲体验、文化创意、运动康养等新产业，开辟农民增收新的增长点。开展新型职业农民专项培训、创业培训及跟踪服务，满足农业从业者多元化需求。抓住生产大户、家庭农场、农民合作社、龙头企业等新型经营主体和产业园、科技园、创业园、田园综合体等项目主体，依靠新农人、新技术、新模式、新业态推动现代农业高质量发展。

激发更强的发展活力。深化农村集体产权制度改革，积极探索农村土地承包地“三权分置”有效实现形式，有序推进土地经营权流转和规模化经营。落实乡村人才振兴政策，推进职业农民职称制度改革，建立完善县级职称评审制度和机制。配套完善农村文化基础设施，保护传承非物质文化遗产，丰富发展乡村特色文化，留住乡愁记忆。发挥现代乡贤引领示范作用，推进乡风文明。加强乡村治理体系和治理能力建设，落实村级小微权力清单和“四议两公开”制度，提升网格化管理、社区化服务、信息化建设水平，打造充满活力、和谐有序的善治乡村。

打造更美的人居环境。深入开展美丽乡村“三级联创”，重点抓好西五路、唐华路、高淄路、东猪龙河、乌河沿线连片创建及景观带建设，争创省级示范村3个、市级8个、精品示范片区5个。推进农村人居环境综合整治，积极探索垃圾污水处理模式，实现生活垃圾收运处置、生活污水有效处理、无害化卫生厕所全覆盖。

（五）聚焦聚力打赢“三大攻坚战”，实现高质量发展的全面协调

坚持底线思维，增强忧患意识，提高防控能力，找准“主攻点”，牵住“牛鼻子”，不遗余力将三大攻坚战纵深推进。

持续加强风险防控。坚持以法制化、市场化推进担保圈风险化解，完善提升投融资和金融风险化解平台建设，坚决打击恶意逃废金融债务、非法集资等各类违法行为，全力打造优良金融生态环境。深入推进“扫黑除恶”专项斗争，维护社会平安稳定，保障群众安居乐业。以安全生产永远在路上的定力和决心，严格主体责任落实，强化“网格化、实名制”监管，筑牢风险管控和隐患排查治理双重预防机制“防火墙”。持续开展安全生产综合整治，突出抓好重点行业、重点岗位、重点环节隐患排查治理，严厉打击安全生产领域非法违法行为。实施“素质固安”战略，提升全员安全素质和技能，构建功能完善、反应快速、保障有力的应急保障体系。健全专职人民调解员、陪审员制度。加强食品药品安全管理。

持续深化精准脱贫。全面巩固脱贫攻坚成果，落实好贫困户“两不愁、三保障”，深化产业扶贫、扶贫专岗等模式，“孝善扶贫”贫困户参加率力争达到70%以上。多渠道、多途径解决农村贫困户住房安全问题。推动贫困人口建档立卡、家庭医生签约全覆盖。持续提升贫困户保障力度和生活质量，着力构建稳定脱贫长效机制。

持续强化污染防治。以高度的政治自觉、强烈的责任担当，将中央、省生态环保督察“回头看”交办问题逐项彻底整改。坚持举一反三、自查自纠，发现问题坚决整改、全面整改、彻底整改。深化大气污染防治，深入推进“四减四增”三年行动计划和大气污染治理“1+4”专项行动计划，倒逼产业结构、能源结构、运输结构和农业投入结构调整；实施工业窑炉深度治理、燃气锅炉低氮改造，开展VOCs治理、泄漏检测与修复，巩固“散乱污”企业综合整治成果，强化秋冬季大气污染综合治理，有序推进清洁供暖工程，切实加强扬尘和移动源污染防控，不断提升环境空气质量。持续深化水污染综合防治，扎实落实好《渤海综合治理攻坚战行动计划》，动态提升排水氟化物、总磷、总氮和全盐

量等指标排放限值，完成脱氮除磷处理设施升级改造，实现全流域达标排放；开展化工聚集区、化工企业及周边地下水详查，构建地下水监测网络；深入落实“河（湖）长”制，完成大寨沟接长段、引黄南干渠、孝妇河桓台段（二期）等治理工程，全面建成“三横五纵两湖六湿地”生态水系。全力推进土壤污染防治，扎实开展固废危废、坑塘窑湾专项整治，建立土壤环境重点行业、企业污染源档案和信息数据库。完善“智慧环保”监管体系，强化“双罚”、环境执法“双随机”、联动执法等机制落实，加大“刑责治污”、通报曝光力度，依法快办严惩环境违法行为。

（六）聚焦聚力满足群众新期待，增进高质量发展的民生福祉

始终坚持以人民为中心，多谋民生之利，多解民生之忧，补齐民生短板，让社会更加文明和谐、群众生活更有品质。

配套提升基础设施。开工建设S29连接线西段和互通立交。配合保障沾沂高速、小清河复航等工程建设。完成西五路北延、西十三路北延、果里大道西延绿化和高铁沿线村庄及厂区治理绿化、城市地下管线综合管理系统建设。高标准实施“四好农村路”22公里。县档案馆新馆建成投用。完成10个连片老旧小区改造。加强城市社区综合治理，配套完善公厕、公共停车场等设施，完成污水处理厂、生活垃圾压缩站改造。

提升公共服务质量。新增城镇就业7000人、创业实体1200个。完善多层次社会保障体系，养老、医疗保险参保率分别达到98%、99%以上。新建中小学4处、幼儿园3处，改扩建幼儿园10处。教育集团化办学覆盖面达到90%。通过国家义务教育优质均衡发展县验收。举办第四届全县运动会、环马踏湖轮滑马拉松大赛，承办中国轮滑球联赛，努力打造国家级品牌赛事。3家县公立医院分别牵头组建医疗共同体，实现优质医疗资源下沉延伸。为14处县镇医疗机构配备应急车辆。大力开展重点疾病防治知识宣传和健康知识普及，争创省级健康促进示范县。优化计生服务管理体系，促进人口均衡发展。启动城市书房建设，继续开展送戏下乡、农村公益电影放映、“七彩摇篮”公益学堂等文化惠民活动。

全面推进智慧治理。结合智慧桓台建设，深入应用移动互联网、物联网、大数据、人工智能等现代科技，提高社会治理的社会化、法治化、智能化、专业化水平。深化违建治理，做好拆违后闲置空地规划建设，美化优化城乡环境。开展机动车、非机动车乱停乱放集中整治，提升城区标准化、精细化管理水平。深化数字化城管平台建设和功能整合，完成渣土车辆、户外广告、违章建筑等管理子系统开发建设，打造全时段监控、全过程监督、全方位整治、全方面考评的数字化管理体系。

三、建设人民满意的服务型政府

以新担当对人民负责，用新作为让人民满意，是人民政府的职责所系。我们将不忘初心，牢记使命，紧贴人民群众的新需求、新期盼，不断增强政府公信力和执行力，满足人民群众日益增长的美好生活需要。

旗帜鲜明地讲政治守纪律守规矩。深入学习贯彻习近平新时代中国特色社会主义思想，深刻领会精髓和实质，作为推动工作的强大思想武器。始终把政治建设摆在首位，树牢“四个意识”，坚定“四个自信”，坚决做到“两个维护”，以强有力的党建统领发展、推动落实、走在前列。坚决接受县委统一领导，主动接受县人大依法监督、县政协民主监督，自觉接受社会舆论监督，全方位、多渠道推进政府信息公开。结合新时代文明实践中心国家试点建设，加强宣传思想和精神文明建设，强化意识形态领域阵地建设，大力弘扬和践行社会主义核心价值观。

旗帜鲜明地崇尚务实担当实干。扎实开展“不忘初心、牢记使命”主题教育，增强服务发展的素质能力，锤炼担当实干的本领水平。坚持实字为先、干字当头，树立敢立潮头、敢为人先、走在前列的担当思维，勇闯新路、攻城夺寨的破局思维，“功成不必在我、功成必定有我”的实干思维，有求必应、无事不扰的“店小二”服务思维，重任面前敢想敢干、难题面前敢闯敢试、矛盾面前敢抓敢管、风险面前敢作敢为。扎实推进“工作落实年”，对每一项工作都建立明确清晰、环环相扣的责任落实体系，逐一梳理明确时限、标准、责任人、分管领导，严格落实重要工作清单制、告知制、督查制、承诺制、问责制，以钉钉子的精神、雷厉风行的劲头、一抓到底的执着、精准专业的举措，不折不扣将中央决策部署和省市县委工作要求落地落实落到位。

旗帜鲜明地优化营商发展环境。按要求完成机构改革，持续深化“一次办好”改革，常态化加强作风效能建设，不断打通“堵点”、消除“痛点”，维护社会公平正义，让企业发展安心、群众办事舒心。以排头兵的身影、实干家的姿态、施工队长的身份，坚持问题导向，出实策、鼓实劲、干实事。精准务实开展政务督查，真正督出抓落实的干劲，督出谋发展的气场。进一步完善和细化会议规则及发文规定，不开、不发无实际意义的会议和文件，坚决避免以会议贯彻会议、以文件落实文件的“空对空”问题，真正腾出精力干工作，扑下身子抓落实。

旗帜鲜明地倡树风清气正。扎紧制度的“笼子”，把好用权的“方向盘”，依法定权限行使权力，按法定程序规范办事，用好“公权力”，管住“微权力”。持之以恒落实中央八项规定精神，坚决杜绝不敬畏、不在乎、喊口号、装样子等问题，让铁规发力、让禁令生威。筑牢防腐的“堤坝”，系好廉洁的“安全带”，在日常监督、长期监督上创新突破，保持党风廉政建设和反腐败斗争高压态势。坚持忠诚干事、务实干事、团结干事、廉洁干事，不辱使命，不负重托，让昂扬向上、清正廉明成为新时代人民政府的鲜明底色。

各位代表，奋斗无止境，追梦在路上。让我们更加紧密地团结在以习近平同志为核心的党中央周围，在中共桓台县委的坚强领导下，以习近平新时代中国特色社会主义思想为指导，不忘初心勇担当，牢记使命再拼搏，为决胜全面建成小康社会，开创桓台高质量发展新局面、谱写桓台人民美好生活新篇章而不懈奋斗！

本部类责任编辑　王　静

大事记

1月

2日

索镇于家村书屋被国家新闻出版广电总局评为全国示范农家书屋。

7—9日

县政协十四届二次会议在桓台宾馆召开。县政协主席高连义向大会报告工作。

8—10日

桓台县第十八届人民代表大会第二次会议在桓台宾馆召开。县委副书记、县长边江风向大会作政府工作报告,县人大常委会主任刘春杰向大会作县人大常委会工作报告。

10日

县委监察委员会挂牌。

21日

荆家镇中心中学教师王菲荣获“马云乡村教师奖”。

24日

桓台交警部门发出全县第一副新能源汽车专用号牌,桓台新能源汽车专用号牌正式启用。

是月

在第八届中国物联网产业与智慧城市发展大会上,桓台县获得中国通信工业协会颁发的中国智慧城市创新奖。桓台县在全省县级率先建设以“四中心三平台”为主体的新型智慧城市,先后建设全国第一个县级云计算中心、大数据中心、全域网格化管理服务平台、地理信息共享平台、企业管理服务平台和城市展示中心。

2月

10日

全县农村工作暨扶贫开发工作会议在县文体中心大剧院召开,县委书记贾刚出席会议并讲话,县委副书记、县长边江风主持会议。

24日

县委、县政府召开全县“认真、专业、担当、作为”作风建设大会,总结表彰先进,激励鼓舞士气并对下一步工作作出安排。县委书记贾刚出席会议并讲话,县委副书记、县长边江风主持会议。

是月

山东东岳集团研究院副院长、首席科学家张永明当选全国人大代表。

是月

桓台县入选全国文明城市提名城市。

3月

5日

东岳集团股票进入港股通交易。

7日

全县全面从严治党工作会议在县会务中心召开,县委书记贾刚主持会议并讲话,县领导边江风、刘春杰、高连义、刘帅、耿庆玮出席会议。

26日

汇丰石化集团拿下中国原油期货上市交易首批订单,成为首批交易名单中地炼企业第一家。

是月

桓台县校车改革完成,公司化运营正式开启。改革后,共有71辆校车参与运营,其中新型标准制式校车(大鼻子)56辆。

4月

2日

马踏湖首次发现国家一级保护动物——白鹤。

11日

淄博市委书记、市人大常委会主任周连华到桓台调研污染防治攻坚和新旧动能转换工程实施情况。

12日

山东省委农村工作领导小组副组长王军民一行到桓台调研旱厕改造后续管护、节水农业、水肥一体化等工作开展情况。

24日

淄博市委副书记、市长于海田到桓台调研重点企业发展情况。

26日

山东省副省长于杰到桓台调研老工业基地产业转型升级工作。

是月

山东天齐置业集团股份有限公司董事长田茂军、山东金诚石化集团有限公司企管科科长周志强被中华全国总工会授予全国五一劳动奖章。

5月

4日

山东省委副书记、省长龚正到桓台县出席全省河长制湖长制现场推进会。

10日

山东省委第二巡视组巡视桓台县工作动员会在桓台召开,组长穆建民作动员讲话,淄博市委常委、市纪委书记、市监委主任初炳玉就配合做好巡视工作提出要求,桓台县委书记贾刚主持会议并作表态发言。根据安排,巡视组在桓台县工作时间从2018年5月10日开始,6月15日阶段性集中巡视结束,7月4日整体巡视工作结束;主要受理反映桓台县领导班子及其成员,其他市管干部和下一级党组织主要负责人问题以及与巡视工作有关的来信来访来电等。

18 日

全国政协副主席、致公党中央主席万钢到东岳集团就企业科技创新工作进行调研。

22 日

桓台一中学生陈家庚被中央文明办、教育部、共青团中央、全国妇联、中国关工委联合表彰为“新时代好少年”，山东省仅此一人。

是月

山东泰宝防伪技术产品有限公司张钦永作为高技能人才享受国务院颁发政府特殊津贴。

是月

陈兰芳家庭被全国妇联评为全国“最美家庭”。

6 月

6 日

山东省委常委、组织部部长杨东奇到桓台调研。

28 日

农业农村部党组成员宋建朝到桓台县调研“农产品质量安全追溯体系建设”情况，查看追溯监管平台，了解农产品质量安全追溯和监管工作进展及存在问题。

是月

巩本勇入选中国作协 2018 年会员。

7 月

16 日

山东东岳未来氢能材料有限公司申报的“高性能燃料电池全氟质子膜工程化关键技术及示范”被山东省科技厅列入 2018 年度山东省重点研发计划（厅市会商及新旧动能转换）项目，获得省级经费扶持 1000 万元。

24 日

桓台县农业局发放全县首张新农药经营许可证，自 8 月 1 日起，无证经营将被查处。

是月

城区街道少海社区被司法部、民政部共同评为“全国民主法治示范社区”。

是月

新城镇河南村细毛山药入选农业农村部发布的前六批全国一村一品示范村镇监测合格名单。

是月

国网桓台县供电公司自主研发的“电力生产区域智能道路限高防撞警示装置”获国家知识产权局发明专利授权。该发明提供一种电力生产区域智能道路限高防撞警示装置，属于电力生产防撞警示领域，可在即将碰撞时报警。

8 月

6 日

桓台县人民医院胸痛中心通过国家认证，是县内首个国家级胸痛中心。

8 日

县检察院与中国麦田计划桓台团队开展志愿服务牵手共建活动，为县内首家开展活动的机关单位。

27 日

桓台县图书馆被文化和旅游部评估定级为国家一级图书馆。

31 日

山东省委第二巡视组向桓台县委反馈巡视情况，组长穆建民、副组长孔祥岩向县委书记贾刚传达省委书记刘家义关于巡视工作讲话精神，反馈巡视情况，并就整改工作提出要求。

是月

桓台县获得山东省农业厅、财政厅联合组织的 2018 年中央财政农作物秸秆综合利用试点资格，中央财政补助资金 1000 万元。

是月

桓台县被确定为全国新时代文明实践中心试点县。

9 月

19 日

山东省委常委、政法委书记林峰海到桓台调研非公有制企业和重大项目建设情况。

20 日

山东东岳集团党委书记、董事长张建宏作为淄博市唯一入选的企业家代表参加外交部山东全球推介活动。

30 日

西五路北延工程通车。

是月

东岳集团含氟功能膜材料国家重点实验室主持制订的 GB/T 33893—2017《分离膜中全氟辛烷磺酰基化合物（PFOS）和全氟辛酸（PFOA）的测定液相色谱——串联质谱法》获国家标准化委员会批准立项，成为 2018 年第一批国家标准外交版 51 项计划中的一项。

10 月

8 日

《人民日报》发布“2018 年中国中小城市科学发展指数研究成果”公告，桓台县在全国综合实力百强县市中排名第 74 位。

23 日

北外环（S29 连接线）东段开通。

24 日

淄博市委书记、市人大常委会主任周连华到桓台调研安全生产工作。

25 日

桓台县纪委监委成立以来办理的首例职务犯罪案件在唐山法庭第一审判庭开庭。

27 日

果里大道西延工程开通。

11 月

6 日

全国政协副主席、全国工商联主席高云龙到桓台调研民营企业高质量发展情况。

10 日

山东省委常委、省委秘书长王清宪带领全省党委秘书长会议暨改革办主任会议与会人员到桓台县现场观摩全面深化改革工作。

16—18 日

中国·淄博高端材料与先进制造协同创新周暨首届膜产业“马踏湖高峰论坛”在桓台举行。中国工业经济联合会执行副会长兼秘书长熊梦主持论坛。淄博市委常委、副市长杨洪涛，中国工业经济联合会执行副会长路耀华，桓台县委书记贾刚分别致辞，桓台县委副书记、县长边江风主持主题报告会并与专家对话，县领导李向东、刘俊、王晓东、毕宝锋出席。

21 日

山东省委书记、省人大常委会主任刘家义到桓台县调研督导落实中央生态环保督察反馈意见，促进污染治理、环境整治和绿色生产，加强生态文明建设工作。

24 日

淄博市委书记、市人大常委会主任周连华到桓台县调研督导生态环境治理工作。

30 日

西十三路北延（西外环）开通。至此，53 千米大外环正式贯通。

是月

山东汇丰石化集团有限公司、山东金诚石化集团有限公司被工信部遴选确定为2018 年国家级两化（工业化、信息化）融合管理体系贯标试点企业。

12 月

13 日

桓台县“法检两长”同庭办案，开庭审理被告人于某等人涉嫌寻衅滋事、强迫交易案件。该案系桓台县“扫黑除恶”专项斗争开展以来开庭审理的首起涉黑涉恶案件。

16 日

“1990 年，桓台建成我国长江以北首个整建制‘吨粮县’”“2005 年，成功研发全氟离子膜，彻底结束了我国氯碱工业受制于人的历史”入选山东省庆祝改革开放40 周年最具影响力事件名单。

28 日

山东省副省长王书坚到桓台县观摩深化“一次办好”改革工作。

本部类责任编辑　王　静

桓台概况

历史 地理

【历史沿革】 桓台置县前，分属临淄、长山、高苑3县地。蒙古孛尔只斤拖雷(监国)元年(1228年)，置新城县，隶属济南总管府。元世祖忽必烈中统年间(1260—1263年)，属淄州路。元至元二年(1265年)，隶属淄莱路。元至元二十四年(1287年)，改称般阳路。明洪武九年(1376年)属淄州，次年改属济南府。清代，沿袭明制。1913年，废府、州，存县、道，新城县隶属济南道。次年1月，易名耏水县。4月，改称桓台县，因齐桓公戏马台得名。1928年，废道制，直属山东省。1938年7月，华北游击纵队第十三支队第十二梯队在棘托置县政府，隶属山东省第十专员公署。同年10月，建立长(山)桓(台)临(淄)益(都)四县边区行政联防办事处，隶属中共清河特委。1940年4月28日，建立桓台县抗日民主政府，隶属清河专员公署。同时，撤销长桓临益四县边区行政联防办事处。年末，改属清河行政主任公署清西专署。1942年1月，中共清河区委决定撤销县、区建制，成立长桓军政工作团，隶属清河行政主任公署清中专署。同年7月，改属清西专署。1943年8月，复置桓台县抗日民主政府，隶属未变。1944年1月，清河区与冀鲁边区合并，称渤海行政区，桓台县属渤海行政区第六专署。1945年8月，改属渤海行政区第三专署。1949年7月，第三专署改称清河专署，县属其辖地。1950年5月，撤销清河专署，桓台县隶属淄博专署。1953年6月，淄博专署改称淄博工矿特区，桓台县划归惠民专署。1958年11月，桓台县并入博兴县，隶属淄博专署。1961年9月，复置桓台县，改属惠民专署。1983年10月，桓台县划归淄博市。

【位置面积】 桓台县位于山东省中部偏北，淄博盆地北部边缘，因境内"齐桓公戏马台"遗址而得名，地势南高北低，南向东北倾斜，略呈微波状。地理坐标为北纬36°51′50″—37°06′00″，东经117°50′00″—118°10′40″，南北延伸26.5千米，东西相距31.5千米。北邻博兴、高青两县，东靠临淄区，南与张店区、周村区毗连，西与邹平县接壤。境内有小清河等9条主要河流，河道总长126.74千米。境内土地总面积50896.50公顷，人均土地资源为0.102公顷。南部缓岗和中部微斜平地占55.8%，是粮食作物的主要产区；北部洼地占44.2%，是粮油作物和林木、苇蒲生产区。

【自然条件】 地质 桓台县域地处山前倾斜冲积平原的中、尾部和黄泛平原的叠交地带，岩石在县域内未见出露，均被第四系松散岩层覆盖。其地质构造特征，系华北平原济阳坳陷的东南斜坡，淄博盆地的北部边缘，东与青洲弧型断裂带相接。区域构造是由西东向构造体系与新华夏构造体系组成主要构造骨架，其他大小构造形迹的形成和展布均与其有成生联系。境内有4个断层。(1)齐河—广饶深大断裂由县境北部经过。西起齐河县，横穿境内北部的北营、马桥、北岭、里仁、荆家、华沟、鱼龙、起凤、穆寨、东巩等村，约24千米，东至广饶县南部，断层走向NW65°~80°E，倾向NW，倾角50°~60°，属北降南升正断层，落差1000~2000米。中生代—新生代活动剧烈。(2)姚家峪断层。南起莱芜市的苗山东南，向北经过樵岭前、姚家峪、周村，纵贯境内宫家、黄郭、北岭村12千米，与齐河—广饶深大断裂在北岭村衔接。断层走向NS.NNE，倾向东至南东，倾角55°~78°，局部88°，属西升东降正断层，落差370~1500米。主要活动时期为晚白垩纪，水平错距15~22千米。(3)张店逆断层。南起张店，北沿淄(博)东(营)铁路左右，经杜科、乔庄，纵穿境内马王、河崖头、永安桥、东巩村等24千米，与齐河—广饶深大断裂衔接。断层走向北东20°~30°，倾向南东，西盘下降，落差达1000米。(4)炒米店断层。南起张店区高炳宿，经炒米店、麻营村，斜穿境内的太平、康家、李王、宫家等村14千米，向北延伸至邹平县的柳寺村与姚家峪断层相会。

地形 地势南高北低，由西南向东北倾斜，略呈微波状。南部为缓岗，中部为平原，北部是湖洼。缓岗占全县总面积5.5%，平原占49.4%，洼地占45.1%。大寨沟以南地势偏高，呈东西向条带分布，以三龙村南最高，海拔29.5米，地面坡降在1/800左右。大寨沟以北至南干渠以南，地势平坦，海拔18~10米，地面坡降在1/1500左右，北部至小清河南岸，地势低洼，以马踏湖底最低，海拔5.7~6.8米，地面坡降在1/2500~1/3500之间。境内有小清河、乌河、孝妇河、东猪龙河、西猪龙河、杏花河、胜利河、涝淄河、预备河9条主要河流，全部为过境河，境内河道总长126.74千米。小清河、孝妇河、杏花河、胜利河、涝淄河在县境为东西流向，其他为南北流向。

气候 桓台县属北温带大陆性季风气候，四季分明，春季干旱多风，夏季炎热多雨，秋季凉爽多旱，冬季漫长干冷，主导风向为西南风，最大风速19.2米/秒。光热资源充足，平均日照时数2832小时。年平均气温12.5°，全年无霜期179~210天，平均197天。年平均降水586.4毫米，多集中于夏季,尤以7、8两月集中,占全年降水量的51.1%,也是极易引起洪涝灾害的月份。其他时期降水少,多出现季节性干旱,其中春旱最多,伏旱最为严重。

土壤　桓台县土壤共有棕壤、褐土、砂姜黑土三个土类。主要以褐土为主,少量棕壤分布在果里镇;荆家、起凤两镇有极少砂姜黑土。

水源　桓台县河流均为雨源型河流。均属小清河水系,有孝妇河、乌河、猪龙河、茾子河、涝淄河、胜利河等共计十余条。河流及地下水的补给主要靠大气降水,地下水埋藏较浅,水资源相对较丰富。

【矿产资源】　境内矿产资源有铁、铜、钴、煤、硫、石油、天然气、矿泉水和地热等。铁矿属内生矿床,为接触交代矽卡岩型磁铁矿,铜、钴、硫为伴生矿,主要分布于果里镇东南部的侯庄—三龙一带,累计查明铁矿石资源储量1632万吨。县域南部经济开发区下有煤炭资源,属全隐蔽式煤田,有一定开采价值。石油分布于马桥、荆家、起凤、唐山、田庄等镇。地热资源主要分布于县城北部,马踏湖地区作为全省16处浅层地温能调查评价地区,经物探发现马踏湖地区地热资源赋存条件好,热储层丰厚,且规律有序,效果稳定。

(周长斌　田茂坤)

【气候】　2018年,全县总体气候呈现温度较常年偏高,降水偏多,日照偏少特点。冬季气温较常年偏高,降水偏少,日照偏少;春季气温较常年偏高,降水偏多,日照略偏少;夏季气温较常年偏高,降水偏多,日照偏多;秋季气温较常年偏高,降水偏少,光照适宜但部分时段偏少。年内,气象灾害和极端气候事件主要是台风、暴雨、冰雹、大风灾害,对农业生产和人民日常生活有不利影响。总体分析,本年度气候条件属正常年份。

年平均气温:2018年,全县平均气温15.2℃,较2017年偏低0.4℃,较常年偏高1.8℃。从气温的气候异常诊断结果(见附图1)可知,本年度气温属显著偏高年份。年极端最高气温37.8℃(出现在7月25日),较2017年的极端最高值偏低3.0℃。日最高气温≥35℃的日数29天,较2017年多1天。年极端最低气温-11.6℃(出现在1月24日),较2017年的极端最低值偏低3.3℃。从各月气温的变化情况看,10月偏低,其他各月均偏高。气温最高月份出现在7月,1月为气温最低月份,基本符合桓台县的气候变化规律。

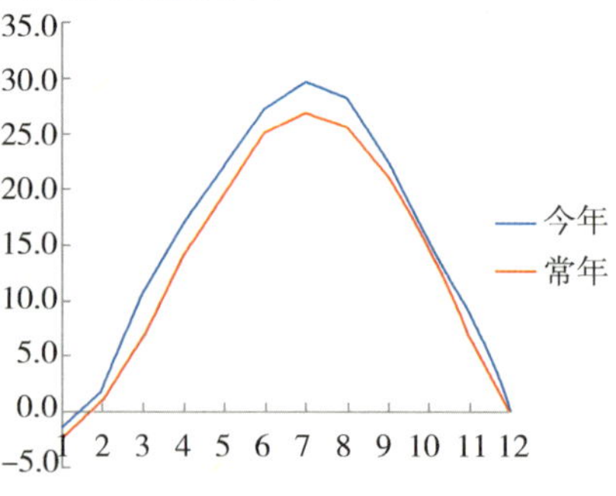

图1　2018年桓台县月平均气温演变图(℃)

年降水量:2018年,全县年降水量957.3毫米,较2017年偏多520.6毫米,较常年偏多422.9毫米。从降水的气候异常诊断结果(见附图2)可知,为年降水条件属偏多年份。此外,大气干旱指数综合考虑了气温和降水两个因素,从全县大气干旱指数诊断结果来看,属偏涝年份。从各月降水情况看,1月、2月、9月、11月较常年偏少,其他月份偏多。全年日降水量≥0.1毫米的日数73天,较2017年偏多4天。全年日最大降水量171.2毫米(8月19日)。全年降水情况:1—6月全县降水量420.2毫米,较2017年偏多284.3毫米,较常年偏少233.1毫米;7—12月降水量537.1毫米,较2017年偏多236.3毫米,较常年偏多179.4毫米。

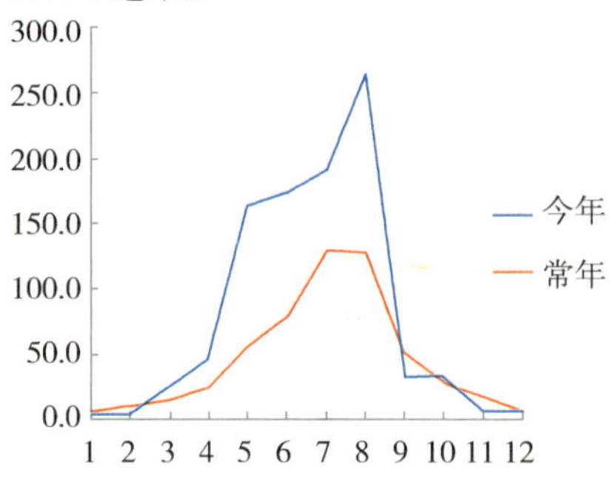

图2　2018年桓台县月降水量演变图(毫米)

年日照时数:2018年,全县年日照时数2457.4小时,较2017年偏多56.5小时,较常年偏少65.6小时。从各月日照分布看,6、7、8、9、10月较常年偏多,其他各月较常年偏少。

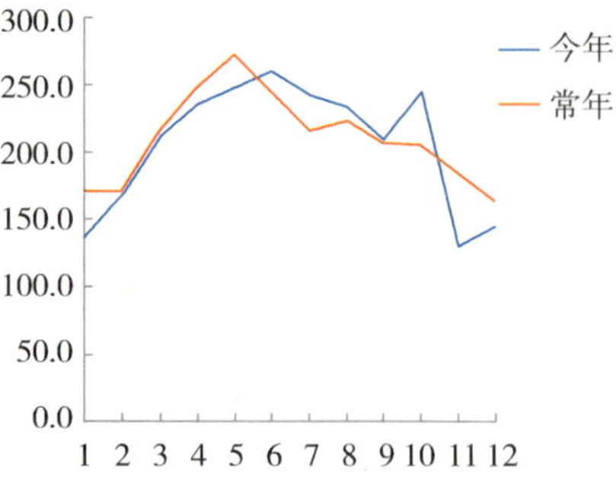

图3　2018年桓台县月日照时数演变图(小时)

主要气候事件及其影响

2018年,全县主要气象灾害是冰雹、大风、暴雨、台风灾害,给农业生产及人们日常生活造成一定损失。

1. 冰雹

6月13日13时45分后,桓台县境内出现雷电、降水、冰雹和大风天气过程,新城镇、马桥镇、唐山镇和果里镇出现冰雹,最早出现时间在13时57分,降水过程持续时间为30分钟,其中冰雹持续时间为4分钟,冰雹最大直径为30毫米,雷雨时伴有大风。其中,田庄镇13时53分极大风速达22.5米/秒。此次大风、冰雹及降水天气造成3477公顷小麦点片倒伏,影响小麦收获机械进地作业,造成小麦收获完成时间推迟,经济损失无统计数据。

2. 大风

5月15日,出现降水、大风天气,桓台县部分麦田出现点片倒伏。灾情如下:5月15日桓台县出现雷雨大风天气,桓台大监站极大风速18.3米/秒,出现在14时24分,过程降雨量63.3毫米。全县极大风速最大值出现在果里镇区域站为23.8米/秒,出现在14时23分。最大过程降水量出现在果里镇区域站为100.9毫米。据调查全县2000公顷麦田出现点片倒伏,影响小麦产量,经济损失无统计数据。

3. 暴雨

2018年6月25—26日,出现暴雨灾害,部分地区受灾,具体情况如下:6

月25—26日桓台大监站降水量119.8毫米、果里120.7毫米、荆家143.8毫米、唐山120.6毫米、马桥141.8毫米、新城92.2毫米、起凤69.0毫米、田庄101.2毫米，全县平均113.6毫米。强降水造成农田积水，受灾面积约133公顷，经济损失约24万元。

4. 台风

(1)7月23—24日台风“安比”

受2018年第10号台风“安比”影响，县境部分地区出现灾情，具体情况如下：

7月23—24日桓台大监站降水量78.5毫米，极大风速14.0米/秒。境内区域站最大降水量出现在马桥站85.3毫米，风速最大站出现在果里镇，极大风速19.8米/秒。据调查全县3333公顷玉米出现倒伏，影响玉米产量，经济损失无统计数据。

(2)8月19—20日台风“温比亚”

受2018年第18号台风“温比亚”影响，全县部分地区出现灾情，具体灾情如下：

8月18日20时至20日08时，桓台大监站降水量185.9毫米，极大风速12.9米/秒。境内区域站最大降水量出现在果里站195.1毫米，风速最大站出现在唐山镇，极大风速14.7米/秒。据调查该次降水过程造成全县2667公顷玉米出现农田内涝，其中267公顷玉米出现倒伏，经济损失320万元。

（陈志良）

【水资源】 2018年，桓台县水资源总取水量为18609万立方米，其中工业为7933万立方米，农业灌溉为7783万立方米，生活用水为1142万立方米，生态用水为1706万立方米，规模养殖为45万立方米；地下水为8139万立方米，地表水为1000万立方米，引黄水为8988万立方米，微咸水为482万立方米。

（张　娜）

行政区划　人口

【行政区划】 2018年，桓台县辖索镇、起凤、荆家、马桥、新城、果里、田庄、唐山8个镇和城区街道；镇以下有行政村329个，全县有社区居委会21个。

【人口状况】 2018年，全县总人口50.47万人，其中城镇人口33.48万人。人口出生率10.53‰，死亡率7.42‰，自然增长率3.11‰；有少数民族29个，645人。

（张　炎　张玉新）

全面深化改革

【概况】 2018年，桓台县全面深化改革工作坚持以人民为中心的价值取向，牢牢把握“五个坚持”工作思路，以信息化推进改革为主要抓手，确保各项改革任务落地落实。是年，共确定129项改革任务和19项重点改革事项，除待上级部署事项外均有序推进并按期销号。

【改革工作】 2018年，召开各类改革会议117次，其中召开领导小组会12次，“全面深化改革要率先突破”月度督导通报会8次，改革工作调度会1次，各专项小组共召开工作部署会96次。所有改革会议均第一议题、第一时间传达学习上级深改委（组）会议精神。实行“三单一书”（《提示单》《交办单》《催办单》《责令书》）制度，制定各类改革文件43件，下发《提示单》36张，《交办单》24张，《催办单》1张，《责令书》1张。

采用“六个一”（一月一调度、一月一督察、一月一排名、一月一通报、一月一宣传、一月一会诊）督察模式，以钉钉子精神抓好中央和省委市委重大改革举措落地见效，年内共开展各类督导督察107次，其中，采用“1+1+N”模式就改革文件落实情况、改革任务推进情况、创新改革经验推广推介情况等重点工作开展实地督导7次，形成改革督导通报12期。

充分调动基层改革积极性，全年共下发试点线索交办单32条，争取到改革试点12个，其中，中央财政农作物秸秆综合利用试点等国家级试点5个，全省医养结合示范先行县等省级试点7个。开展“全面深化改革基层创新优秀工作案例”评选活动，进一步挖掘和总结桓台县改革创新实践经验，最终“一次办好”改革案例被评为“典型案例”，10项县直部门案例和2项乡镇案例被评为“改革创新优秀工作案例”。

积极在全县推广推介创新改革经验并在全媒体开展“深化改革惠民生”互动宣传，全年各级各类媒体共开展“深化改革惠民生”主题宣传900余期（次），进一步提升群众对改革的满意度和获得感。

6月，联合县委组织部在南京理工大学举办“桓台县全面深化改革创新驱动专题培训班”，对从事改革工作的人员进行系统业务培训，进一步夯实改革创新基础，共培训各级人员60余人。年内，各级党政一把手共认领改革事项74个，开展调度督导、召开改革工作调度会、实地调研累计200余次。

【信息化推进改革】 2018年，牢牢把握信息化推进改革工作重点，注重激发各部门单位参与改革热情，着力提升打造民生领域信息化改革示范点，先后承接多个省级以上改革现场会。11月，全省党委秘书长会议暨改革办主任会议到桓台县观摩信息化推进全面深化改革工作；同月，中国·淄博高端材料与先进制造协同创新周暨首届膜产业“马踏湖高峰论坛”会议、全省法院诉讼机制改革现场会、全省绿色施工技术交流暨现场观摩会等改革会议先后在桓台县召开。12月，全省深化“一次办好”改革现场推进会到桓台县实地观摩县、镇、社区“一次办好”改革工作。

（王漩琦）

组织机构

县级领导班子

中国共产党桓台县委员会

书　　　记　贾刚
副　书　记　边江风（女）
　　　　　　刘　帅
常　　　委　贾　刚
　　　　　　边江风（女）
　　　　　　刘　帅
　　　　　　李向东
　　　　　　耿庆玮
　　　　　　刘　俊
　　　　　　高　原
　　　　　　徐　宁
　　　　　　王　栋（2018年12月离任）
　　　　　　傅　洋
　　　　　　王润芹（女）（2018年12月—）
　　　　　　程　勤（2018年12月—）

桓台县人民代表大会常务委员会

党组书记　刘春杰
副　书　记　伊茂彦
主　　　任　刘春杰
副　主　任　伊茂彦
　　　　　　赵　霞（女）
　　　　　　邵明义
　　　　　　李树强
秘　书　长　王　侠

桓台县人民政府

党组书记　边江风（女）
副　书　记　刘　俊
县　　　长　边江风（女）
副　县　长　刘　俊
　　　　　　郭　凯
　　　　　　张京义
　　　　　　王晓东
　　　　　　毕宝锋

中国人民政治协商会议桓台县委员会

党组书记　高连义
副　书　记　王子义
　　　　　　李向阳
主　　　席　高连义
副　主　席　王子义
　　　　　　李向阳
　　　　　　裴培科
　　　　　　毕玉秀（女）
　　　　　　荆　锐
秘　书　长　高延胜

中共桓台县纪律检查委员会

书　　　记　耿庆玮
副　书　记　张远聿
　　　　　　李　涛

县委工作部门

办公室

主　　　任　王　栋

组织部

部　　　长　高　原

宣传部

部　　　长　李向东

统一战线工作部（县民族宗教事务局与其合署办公）

部　　　长

政法委员会（县社会治安综合治理委员会办公室与其合署）

书　　　记　徐　宁
主　　　任　张　军

机构编制委员会办公室
主　　　　任　李仁智

县直机关工作委员会
书　　　　记　李丙峰

县委巡察工作领导小组办公室
主　　　　任　荆　学

县政府工作部门

办公室（加挂县政府法制办公室牌子）
党组书记、主任　赵曰珠

发展和改革局
党组书记、局长　朱文成

经济和信息化局（工业工委）
局　　　　长　罗　东

教育体育局
党委书记、局长　荣若平

科学技术局
党组书记、局长　徐　立

公安局
党委书记、局长　张京义
政　　　　委　白向强

民政局
党组书记、局长　齐胜利（2018年1月离任）
王允强（2018年1月—）

司法局
党　组　书　记　王世亮
局　　　　长　王世亮（2018年1月离任）
庞月明（2018年1月—）

财政局
党组书记、局长　董兆清

人力资源和社会保障局
党委书记、局长　樊　霞（女）

国土资源局
党委书记、局长　高圣明

住房和城乡建设局
党委书记、局长　宗可东

交通运输局
党委书记、局长　耿佩成

农业局
党组书记、局长　李方国

水务局
党委书记、局长　田茂林

林业局
党组书记、局长　崔瑞霞（女）

文化出版局
党组书记、局长　宗树高

卫生和计划生育局
党委书记、局长　王昌生

审计局
党组书记、局长　于海军

环境保护局
党组书记、局长　蔺　忠

统计局
党组书记、局长　徐　扬

综合行政执法局
党组书记、局长　许立勇

食品药品监督管理局（加挂县政府食品安全委员会办公室牌子）
党组书记、局长　孙希胜

安全生产监督管理局
党组书记、局长　崔永法

工商行政管理局
党委书记、局长　巩旭凌

质量技术监督局
党组书记、局长　王　洁

民族宗教事务局（县委统一战线工作部与其合署）
党支部书记、局长　郭　亮

县退役军人事务局
党组书记、局长　刘　斌（2018年11月—）

县行政审批服务局
党组书记、局长　胡智慧(2018年11月—)

县法院　县检察院

桓台县人民法院
党组书记　王　旭(2018年1月离任)
　　　　　王　伟(2018年1月—)
院　　长　王　伟(2018年1月—)

桓台县人民检察院
党组书记、检察长　杨宝刚

人民团体

总工会
党组书记、主席　周焕宝

共青团桓台县委
党组书记、书记　陈　琛(女)

妇女联合会
党组书记、主席　李学芳(女)

科学技术协会
党组书记、主席　张春征(2018年1月离任)
　　　　　　　　薛　伟(2018年1月—)

工商业联合会
党组书记　杨　磊
主　　席　荆德宗

县人大　县政协　县纪委工作机构

县人大工作机构
办公室
主　　任　王　侠

人事代表工作室
主　　任　孙　刚

教科文卫工作室
主　　任　荣文茂

城建环保工作室
主　　任　孙海峰

法制信访工作室
主　　任　孙　岩

研究室
主　　任　穆若金

农经工作室
主　　任　高奎山

财经工作室
主　　任　王树永

老干部工作室
主　　任　胡庆进

预算工作委员会
主　　任　张基勇

县政协工作机构
办公室
主　　任　高延胜

经济科技工作室
主　　任　王立安

学习文史工作室
主　　任　王　润

社会联谊工作室
主　　任　史继森

提案工作室
主　　任　金宗昌

研究室
主　　任　苏士成

老干部工作室
主　　任　段淑刚

政协委员活动工作室
主任

县纪委工作机构
办公室
主　　任　袭　峰

组织部
部　　长　耿　然

党风政风监督室(挂县政府纠正行业不正之风办公室牌子)
主　　任

信访室(挂县国家行政机关工作人员违法违纪举报中心牌子)
主　　　　　任　田　毅

案件监督管理室
主　　　　　任　徐　兵(2018年1月离任)
　　　　　　　　吕文静(2018年1月—)

第一纪检监察室
主　　　　　任　张　杰(2018年1月—)

第二纪检监察室
主　　　　　任　宋元连(2018年9月离任)

第三纪检监察室
主　　　　　任　陈继业(2018年1月—)

案件审理室
主　　　　　任　李华清(女)(2018年1月—)

纪律检查委员会派驻第一纪检组、监察局派驻第一监察室
书　记　、主　任　孙震海

纪律检查委员会派驻第二纪检组、监察局派驻第二监察室
书　记　、主　任　张水先

纪律检查委员会派驻第三纪检组、监察局派驻第三监察室
书　记　、主　任　孙永革

纪律检查委员会派驻第四纪检组、监察局派驻第四监察室
书　记　、主　任　张廷武

纪律检查委员会派驻第五纪检组、监察局派驻第五监察室
书　记　、主　任　陈洪昌

县政府派出机构

山东省桓台经济开发区管理委员会
党　工　委　书　记　李向东(2018年3月—)
主　　　　　任

县政务服务中心管理办公室

县委、县政府直属事业单位

县委党校
校　　　　　长　贾　刚
党　　委　　书　记　陈　峰

农村工作领导小组办公室
主　　　　　任　郑桂林

油区工作办公室
党　支　部　书　记　王福全
主　　　　　任　金树会

马踏湖湿地保护区管理局
党　委　书　记　田玉国
局　　　　　长

淄博东岳氟硅材料产业园区管理委员会(2018年2月撤销)
主任、党工委书记　李向东

王渔洋文化研究保护中心
主任、党组书记　曹瑞刚

农业综合开发办公室
主　　　　　任　史元明

财贸局
党委书记、局长　伊　明

粮食局
党委书记、局长　巩方顺(2018年1月离任)
　　　　　　　　伊丕涛(2018年1月—)

商务局(招商局、对台经济招商局)
党组书记、局长　崔殿斌

农业机械管理局
党　委　书　记　张胜刚
局　　　　　长　祁志超

旅游局
党支部书记、局长　曹同伦

建筑管理局
党委书记、局长　耿庆村(2018年1月离任)
　　　　　　　　张江云(2018年1月—)

畜牧兽医局
党组书记、局长　许志波

残疾人联合会
党组书记、理事长　伊丕涛（2018 年 1 月离任）
巩方顺（2018 年 1 月—）

民兵训练基地
主　　任

民兵武器装备仓库
主　　任

人民防空办公室（民防局）
主　　任　魏凡苞（2018 年 1 月离任）

驻菲律宾办事处
主　　任　耿佃杰

供销合作社联合社
党委书记、主任　杨玉锋

外事办公室
主　　任

文化体育中心
党组书记、主任　王　建（2018 年 1 月离任）
董　杰（2018 年 1 月—）

地方铁路局
局　　长　王　雷

红十字会
会　　长　胡文革（女）

金融证券工作办公室（挂桓台县地方金融监督管理局牌子）
主　　任　樊成山

机关事务管理局
党组书记、局长

检验检测中心（挂县农产品质量安全检测中心牌子）
主　　任

规划局
党组书记、局长　王新忠

归口管理行政单位

信访局（挂县委群众工作部牌子）
党支部书记、局长　巩汝法

老干局
党支部书记、局长　胡智慧（2018 年 11 月离任）

物价局
党组书记、局长　王允强（2018 年 1 月离任）
齐胜利（2018 年 1 月—）

归口管理事业单位

档案局（与档案馆一个机构两个牌子）
党支部书记、局长　于克海

党史工作办公室
主　　任　史继广

广播电视局
党支部书记、局长　张　珂

信息中心
主　　任　牛茂云

县委台湾工作办公室、县政府台湾事务办公室
主　　任　薛　伟（2018 年 1 月离任）
张春征（2018 年 1 月—）

维护稳定工作领导小组办公室
主　　任　巩春生

地方史志编纂委员会办公室
主　　任　董　杰（2018 年 1 月离任）
王　建（2018 年 1 月—）

中小企业局（挂乡镇企业局的牌子）
党组书记　魏　峰
局　　长　宋海宁

知识产权局
局　　长　何晋泉（2018 年 1 月离任）
高信德（2018 年 1 月—）

财源建设办公室
主　　任　王　静

房产管理局
党组书记、局长 荆 斌

镇(街道)

索镇党委
书 记 张运广

索镇政府
镇 长 何玉金

果里镇党委
书 记 于亦恩

果里镇政府
镇 长 周 刚

唐山镇党委
书 记 陈之远

唐山镇政府
镇 长 田美峰

马桥镇党委
书 记 柴 涛

马桥镇政府
镇 长 王开永

新城镇党委
书 记 王 栋

新城镇政府
镇 长 黎 芳

田庄镇党委
书 记 张 鹏(2018年9月离任)
刘春霞(女)(2018年9月—)

田庄镇政府
镇 长 任朝宇

荆家镇党委
书 记 刘春霞(女)(2018年9月离任)
王 冲(2018年9月—)

荆家镇政府
镇 长 荆茂田(2018年12月离任)

起凤镇党委
书 记 孙 燕(女)

起凤镇政府
镇 长 张 超

城区街道办事处
书 记 王 冲(2018年9月离任)
秦永涛(2018年9月—)
主 任 田召羽

中国人民解放军山东省桓台县人民武装部

党委第一书记 贾 刚
书 记 苗 军
部 长 傅 洋
政 委 苗 军

垂直管理部门

国家税务总局桓台县税务局
党委书记、局长 邢博生(2018年9月—)

中央储备粮淄博直属库
总 经 理 陈明伟
党 委 书 记 李和生

桓台县气象局
党支部书记、局长 杨 涛

桓台县交警大队
党总支书记、负责人 王 涛(2018年9月离任)
党组书记、大队长 吴广庆(2018年9月—)
教 导 员 岳 波(2018年9月离任)

淄博市公路管理局桓台分局
党总支书记、局长 王孔友

桓台公安消防大队
大 队 长 张立圣
教 导 员 刘 兵(2018年4月离任)
贾 冰(代2018年4月—)

桓台武警中队
中 队 长 张进学
指 导 员 尹圣杰(2018年4月离任)
张 琦(2018年4月—)

驻桓台单位

桓台县供电公司
总 经 理 付 栋
党 委 书 记 卜祥海

中国人民银行桓台支行
党组书记、行长　刘先锋

淄博银监分局桓台办事处
主　　　任　杨建设

市政府派出机构(县政府代管)

淄博东岳经济开发区管理委员会(2018 年 2 月设立)
党工委书记、主任　李向东(2018 年 3 月—)

(县委组织部　县委编办)

精神文明建设

【概况】 2018 年,桓台县被确定为全国新时代文明实践中心建设试点县。成立由县委书记任主任、县长任志愿服务总队长的新时代文明实践中心。以志愿服务活动开展助推新时代文明实践试点工作接地气、受欢迎、聚民心,构建起“个十百千万”新时代文明实践志愿服务桓台模式,打通服务群众“最后一公里”。是年,县文明办以争创全国县级文明城市为目标,狠抓落实,推动创建工作向纵深发展。

2018 年 11 月 30 日,桓台县新时代文明实践暨志愿服务工作推进会在新时代文明实践中心召开　(摄影:石龙迪)

【新时代文明实践中心建设】 2018 年 8 月 24 日,桓台县被确定为全国新时代文明实践中心建设试点县。10 月,制定《新时代文明实践中心建设实施意见》,成立新时代文明实践中心。10 月 17 日,召开全县新时代文明实践中心建设工作座谈会,要求县直各机关、各职能部门、执法执纪单位、窗口单位、驻桓单位结合部门职能,组建志愿服务队伍组织开展“我为群众(服务对象)解难题”文明实践志愿服务活动。10 月 18 日,县委组织部、县委老干部局主办,县老年大学承办的首届离退休干部文化艺术周暨书画剪纸展开幕式在县新时代文明实践中心举行。重阳节期间,各级文明单位到各文明实践站围绕“我们的节日・重阳节”开展 100 余场文明实践活动。11 月 30 日,召开新时代文明实践暨志愿服务工作推进会,县红十字城际救援队、起风镇辛泉村、县教体局、唐山镇、马桥镇、起风镇相关负责人作典型发言,会上为 10 支新时代文明实践志愿服务队授旗。12 月 12 日,在 2018 年度全县经济社会发展项目现场观摩点评中,马桥镇新时代文明实践规划展,城区街道锦秋社区新时代文明实践广场,唐山镇前诸村、后七村新时代文明实践站及礼堂建设项目成为新亮点。各新时代文明实践广

2018 年,桓台县新时代文明实践中心外景　(摄影:石龙迪)

场(站)利用信息技术,开发打造云平台,设置总体概况、政策理论、点单办单、风采展示、镇村云、志愿云、媒体云等版块,实现志愿服务供需零距离对接。是年,建立辐射城乡全覆盖的县、镇、村(企)三级文明实践"综合体",五个镇分中心投入使用,222 个文明实践站挂牌。

【文明城市创建】 2018 年,县文明办以争创全国县级文明城市为目标,狠抓落实,推动创建工作向纵深发展。成立"创建文明城市"领导小组,做好创城材料收集整理网上申报、实地考察和问卷调查工作,11 月,针对实地考察事项,对道路交通、商超学校、公园广场、窗口单位、社区村居五大类型进行拉网式督查 30 余次,下发 60 余项督查事项通知单,各单位陆续整改到位。在县城主要街道设置固化公益广告牌 700 余块,在少海公园、红莲湖公园、县新时代文明实践中心、各社区安置广告牌 1000 余块。开展"文明出行"专项行动,向居民发放"文明出行"专项行动宣传单、明白纸等材料 1 万余份,印制市民文明手册 13.5 万册。组织 100 多个志愿服务队,累计 9000 余人次开展礼让斑马线志愿服务活动,在县内中小学校全面开展文明出行"小手拉大手"教育实践活动。积极推进文明社区建设,老旧小区改造全面竣工,施划停车位 1800 个,成立城区内业委会 36 家,有 8 个社区完成标准化社区服务中心建设。90 家文明单位与城区街道 12 个社区签订共建协议,组织开展共建活动 100 余次。开展文明出行专项行动违法曝光活动,在电视台、报纸设立曝光台,曝光不文明行为。

【文明单位创建与管理】 2018 年 11 月,县文明办召开全县省市级文明单位迎检工作会议,对县内省市级文明单位按照测评标准抽查测评。是年,对立项的各级文明村镇、单位、社区、校园进行创建期内跟踪测评,根据成绩择优推荐。组织各级文明单位开展群众性精神文明创建活动,进一步加强对创建活动日常管理;表彰县级文明单位 63 家,县级文明社区 6 个,县级文明校园 25 家。

桓台县 2018 年省级以上文明单位名单

表 1

文明单位	文明村镇、社区、校园
桓台县工商行政管理局、桓台县人民法院、山东金诚石化集团有限公司、淄博建筑工程学校、桓台县文化体育中心、桓台县公安局、淄博市公路管理局桓台分局、桓台县审计局、桓台县人民检察院、桓台县国土资源局、山东省桓台第二中学、桓台县实验小学、桓台县信息中心、桓台县房产管理局、桓台县财政局、中国农业银行股份有限公司桓台县支行、桓台县万泉供水有限责任公司、山东桓台农村商业银行股份有限公司、桓台县城区街道办事处、桓台县住房和城乡建设局、国网山东省电力公司桓台县供电公司、桓台县人民医院、山东省桓台第一中学、桓台县实验中学、国家税务总局桓台县税务局、山东泰宝防伪技术产品有限公司、山东东岳化工有限公司、桓台县环境保护局、桓台县卫生和计划生育局、桓台县第一小学、桓台县妇幼保健院、桓台县人力资源和社会保障局、桓台县教育体育局、桓台县统计局、桓台县人大常委会办公室、中共桓台县委宣传部、桓台县妇女联合会、中共桓台县纪律检查委员会、桓台县政协办公室、桓台县机构编制委员会办公室、中共桓台县委组织部	桓台县唐山镇、桓台县果里镇、桓台县起凤镇、桓台县马桥镇 桓台县果里镇后埠村、桓台县田庄镇大庞村、桓台县新城镇四里村、桓台县果里镇后鲁村、桓台县马桥镇北营一村、桓台县马桥镇祁家村、桓台县田庄镇李寨村、桓台县索镇、桓台县唐山镇宋店村、桓台县果里镇伊家村、桓台县索镇永安村、桓台县唐山镇东营村、桓台县马桥镇滕寨村 桓台经济开发区鸿嘉社区、桓台县城区街道少海社区、桓台县城区街道兰香园社、桓台县城区街道西苑社区 山东省桓台第一中学、桓台县第一小学

【未成年人思想道德建设】 2018 年 4 月 3 日,在县城南学校组织开展"清明祭英烈"主题活动启动仪式。5 月 12 日,在县第一小学举办桓台县 2018 年"国学小名士"经典诵读电视大赛,引导广大未成年人把优秀传统文化融入到日常生活中。5 月 21 日,全国乡村学校少年宫活动交流展示会在河南省洛阳市举行,桓台县节目京胡齐奏《迎春曲》代表山东省参加展示。5 月 22 日,桓台一中学生陈家庚经过层层推荐,被中央文明办、教育部、团中央、全国妇联、中国关工委五部门联合表彰为全国首批"新时代好少年",为全省唯一,全国仅 10 人获此荣誉。5 月 27 日,在县实验学校举行淄博市暨桓台县"传承红色经典 七一童心向党"歌咏活动。5 月 29 日,召开全县中小学校园周边环境集中清理整治协调会,所有问题规定时间内均整改到位。

【社区(村庄)精神文明阵地建设】 2018 年,县文明办督促各社区做好环卫一体化、社区三乱(乱搭乱建、乱栽乱种、乱贴乱画)治理、安装单元防盗门、物业管理、建设标准化社区服务中心、社区必建项目等工作;协调住建、房管等责任部门采取加强宣传、集中整治等措施,社区垃圾实现日产日清,无积存、焚烧垃圾。

推进移风易俗工作深入开展,全县红公事移风易俗执行率 95%,白公事执行率 100%。加大公益性公墓建设力度,投资 500 余万元建成"桓台县怀念堂"。2018 年,全县规划完成村级公益性公墓 20 处,完成深埋复耕村 263 个,农村生态安葬率 100%。

倡导村村"八个一"建设(一约四

会、文化街文化墙、核心价值观公益广告、文体小广场、文化活动队伍、环卫一体化工作体系、志愿服务组织、乡村文明行动标识），建成一批连片乡村文明行动示范区。按照《山东省文明村镇考核标准（试行）》，加强各级文明村镇创建，至2018年底，全县共有全国文明村镇2个（果里镇后埠村、后鲁村），新增省级文明村镇4个，复查合格省级文明村镇13个，市级文明村镇26个。

2018年5月15日，桓台县文明旅游志愿服务活动 （摄影：毕作兵）

【志愿服务活动】 2018年，春节、元宵节、清明、端午等传统节日期间，县文明办组织在全县范围开展志愿服务活动。3月5日，在县文体中心组织开展桓台县“争做文明市民 争创文明社区”暨学雷锋志愿服务活动月启动仪式。6月5—15日上合峰会期间，组织文明单位党员志愿者开展为期两周的文明交通劝导活动。

是年，起草文明单位与社区、社会志愿服务组织牵手共建协议，动员县政协机关、县纪委县监委机关等立项省级文明单位与社会志愿服务组织结成共建团队，开展志愿服务活动。8月2日，城区街道牵头在各社区组织开展“邻居节”，结队帮扶的各文明单位志愿服务队参加活动。8月14日，县委政法委牵头在全县开展反邪教宣传，各文明单位志愿服务队参加。全年6万余名志愿者实际开展志愿服务活动总时长约126万小时。

起草并下发《关于常态化开展志愿服务活动的通知》，县水资办、住建局、旅游局、教体局、环保局、组织部等文明单位分别在“世界水日”“世界旅游日”“六一”国际儿童节、“世界环境日”、七一建党节期间组织相关主题志愿服务活动，累计参加志愿者2000人次。

是年，在市文明办组织的2018年度全市学雷锋志愿服务“五个十佳”先进典型评选中，城区街道少海社区被评为全省学雷锋志愿服务“四个100”最美志愿服务社区；县博物馆“春蕾”志愿服务队被评为淄博市十佳志愿服务组织；城区街道西苑社区被评为淄博市十佳志愿服务社区；桓台县万泉供水公司员工崔智被评为淄博市十佳志愿者。

【道德模范评选】 2018年，县文明办广泛开展“淄博好人榜”“山东好人榜”“山东好人之星”“中国好人榜”推荐评选活动。是年，唐山镇楼一村村医宗玉霞（孝老爱亲）、县公安局刘华（敬业奉献）、山东建龙化工董事长张广俊（诚实守信）、淄博建校勇救落水儿童的王荣昌和宋京鑫（见义勇为）、汇丰石化油罐车前勇敢救人的孙贵廷（见义勇为）、公安局捐献造血干细胞干警刘成（助人为乐）7人先后登上“山东好人榜”；其中张广俊作为山东省全年54名“山东好人之星”突出代表，被省文明办继续向上推荐，登上“中国好人榜”。荆家镇前孙村孙纲（诚实守信）、泰宝集团职工田磊（见义勇为）、县供电公司办公室副主任郑杰（敬业奉献）、泰宝集团职工巩玉梅（孝老爱亲）、新阶层联谊会会员孙元涛（助人为乐）登上“淄博好人榜”。在第六届全市道德模范表彰大会上，县建校学生王荣昌、宋京鑫被表彰为全市道德模范，村医宗玉霞获道德模范提名奖。

（孟 杰）

本部类责任编辑 王 静

中国共产党桓台县委员会

重要会议

【县委常委会会议】 1月24日，召开十三届县委第三十四次常委会会议。会议研究并原则同意《中共桓台县委常委会关于坚决拥护和服从以习近平同志为核心的党中央集中统一领导的规定（审议稿）》和《中共桓台县委关于加强县委常委会自身建设的意见（审议稿）》。会议要求，要坚持把牢固树立和自觉践行政治意识、大局意识、核心意识、看齐意识作为根本政治要求，坚决维护习近平总书记核心地位，着力增强坚决维护党中央权威的思想自觉、政治自觉和行动自觉。要深入学习贯彻党的十九大精神，坚持以习近平新时代中国特色社会主义思想为指导，严肃党内政治生活、加强党内监督，把县委常委会建设成为对党绝对忠诚、对组织绝对坦诚、牢记政治责任、忠诚干净担当的坚强领导集体。

6月19日，召开十三届县委第四十七次常委会会议。会议传达学习习近平总书记视察山东重要指示精神。会议强调，全县各级各部门要深刻领会习近平总书记视察山东重要指示的丰富内涵，切实把握精髓要义，把新发展理念落到实处，不断增强经济社会发展创新力。要按照"腾笼换鸟、凤凰涅槃"要求，紧密结合桓台实际，在乡村振兴、加快新旧动能转换、产业转型升级等方面走出具有桓台特色的路子，确保习近平总书记重要指示精神在桓台落实见效。

7月5日，召开十三届县委第四十九次常委会会议。会议传达学习《习近平总书记在山东省考察工作结束时的讲话》《刘家义书记在省委十一届五次全体会议第二次会议上的讲话》。会议要求，全县各级各部门要把学习贯彻习近平总书记重要讲话精神作为当前和今后一个时期的重大政治任务，围绕高质量发展、实施乡村振兴战略、保障和改善民生、干部队伍建设等重点工作，一项一项梳理，扎扎实实推进，切实把习近平总书记重要讲话精神转化为桓台转型发展、走在前列的生动实践。要把习近平总书记重要讲话精神作为各级党委（党组）理论学习中心组学习的重要内容，作为党校干部培训的重要内容，带动和促进全县学习贯彻深入开展。

9月8日，召开十三届县委第六十次常委会会议。会议研究并原则同意《关于对省委第二巡视组巡视桓台县反馈问题整改落实的工作方案（审议稿）》和《关于省委第二巡视组巡视检查桓台县委落实意识形态工作责任制发现问题专项整改方案（审议稿）》。会议要求，要逐条对照省委巡视组提出的意见建议，立行立改、举一反三、标本兼治，科学制定分工方案，细化职责分工，强化组织领导，统筹推进整改落实各项工作。要进一步压实管党治党责任，推动各项工作清单式管理、标准化运行，形成常抓不懈的长效机制，确保巡视整改取得实实在在的成效。

10月22日，召开十三届县委第六十四次常委会会议。会议研究并原则同意《桓台县新时代文明实践中心建设工作实施意见（审议稿）》。会议强调，全县上下要提高政治站位，增强做好新时代文明实践中心建设的思想共识和责任担当。要突出一流标准，充分体现桓台特色；要突出品牌打造，发挥志愿服务的带动引领作用；要突出实践效果，真正将中心打造成群众认可的文明建设阵地；要突出资源整合，提高社会各方面参与度，努力形成可复制、可借鉴、可推广的经验，使桓台县新时代文明实践中心建设工作走在前列。

11月19日，召开十三届县委第六十六次常委会会议。会议传达学习陕西省委、西安市委在秦岭北麓西安境内违建别墅问题上严重违反政治纪律情况。会议要求，要把政治纪律、政治规矩真正立起来、严起来、执行到位，以更高的政治站位、更强的责任担当、更实的工作作风，不折不扣贯彻落实好中央决策部署和省市工作要求。要坚决扛起生态文明建设政治责任，以更大的力度、更严的标准、更实的举措，不断提高生态环境保护工作的科学性、有效性，推动全县生态环境质量持续好转。

12月6日，召开十三届县委第七十次常委会会议。会议听取县委各常委落实习近平总书记视察山东重要讲话重要指示批示精神情况汇报。会议要求，全县各级各部门要进一步树牢"四个意识"，做到"两个维护"，切实把思想和行动统一到习近平总书记视察山东重要讲话及重要指示批示精神上来，确保党中央决策部署不折不扣落地落实。

【县委常委会（扩大）会议】 7月29日，召开十三届县委第五十二次常委会（扩大）会议。会议专题传达学习省委书记刘家义对《大众日报》刊发《17路记者暗访17市政务中心》报道作出的批示和市委书记周连华有关讲话精神。会议要求，要认真学习领会省委书记刘家义批示精神和市委书记周连华有关讲话精神，结合桓台县实际，深刻反思、深刻剖析，真正从思想深处解决认识问题，彻底转变思想观念、思维方式、工作作风。要瞄准问题，强化措施，对照先进地区经验做法，开展自查自纠，发现问题迅速整改到位。

11月21日，召开十三届县委第六十七次常委会(扩大)会议。会议原文传达学习省委书记刘家义、省长龚正对潍坊围滩河表面整改问题作出的批示以及《大众日报》评论员文章《以真行动真举措抓紧抓好环保整改》;传达学习省委书记刘家义到桓台调研环保督察整改工作，推进化工转型、绿色发展时的重要讲话及重要指示精神，并围绕贯彻落实刘家义讲话精神研究部署环保整改工作。

【县委全体委员会议】 7月29日，中共桓台县委十三届五次全体会议举行。会议以习近平新时代中国特色社会主义思想为指引，全面贯彻落实党的十九大精神，深入学习贯彻习近平总书记视察山东重要讲话精神和省委十一届五次全体会议、市委十二届五次全体会议精神，审议通过《中共桓台县委关于深入学习贯彻习近平总书记视察山东重要讲话精神的意见》《中共桓台县委关于在全县开展“新时代、新理念、新担当”大讨论活动的实施方案》，安排部署下半年及今后一段时期工作，凝心聚力、永争一流，切实把思想行动统一到加快转型跨越、实现高质量发展上来。

(谭 君 于 成)

重要决策和工作部署

1月24日，县委印发《中共桓台县委关于加强县委常委会自身建设的意见》。意见要求:坚决维护核心，锤炼对党绝对忠诚的政治品格;切实扛起管党治党重大政治责任，推动全面从严治党向纵深发展;坚持用习近平新时代中国特色社会主义思想武装头脑，持之以恒加强思想建设;坚持科学决策、民主决策、依法决策，严格按照民主集中制原则作决策办事情;带头严格党内政治生活，营造风清气正的良好政治生态;坚持党管干部原则，为党和人民事业选好人用好人;不忘初心、牢记使命，自觉主动改进作风服务群众;牢牢把握永争一流、走在前列目标定位，以改革创新精神干事创业;增强自律意识、标杆意识、表率意识，在严守党的纪律、严格自律、廉洁勤政上发挥示范带动作用。

2月23日，县委印发《关于开展“认真专业担当作为”作风建设主题活动的实施方案》。方案要求:开展作风建设主题活动，组织动员全县广大党员干部自觉践行“认真专业担当作为”，切实增强政治意识、大局意识、核心意识、看齐意识，按照县委十三届四次全会和县十八届人代会第二次会议确定的总体目标，为打造发展质量更高创新活力更强的宜业宜居新桓台提供坚实政治和组织保障。

3月15日，县委印发《中共桓台县委关于落实全面从严治党主体责任的实施意见(试行)》。意见要求提高政治站位，履行政治责任，强化政治担当，认真落实中央和省、市委关于全面从严治党新部署、新要求，为全面展开新旧动能转换重大工程，推动经济社会转型跨越发展，打造发展质量更高创新活力更强的宜业宜居新桓台提供坚强政治保证。

4月26日，县委、县政府印发《关于实施民生工程的意见》。工作重点是:实施惠民奔康工程;实施创业就业工程;实施社会保障工程;实施医疗健康工程;实施义务教育“全免一补”、实施“六大工程”;加快实施百姓安居工程、生态修复工程;进一步做好交通提升工程、城乡环境治理工程和社会管理工程。

7月29日，县委印发《关于在全县开展“新时代、新理念、新担当”大讨论活动的实施方案》，方案要求按照省委十一届五次全体会议、市委十二届五次全体会议部署要求，突出标兵导向、问题导向、目标导向，针对思想观念陈旧、境界标准不高、工作作风不实、发展理念落后、担当作为不力等问题，找差距、明方向、定措施，以新的理念、新的境界、新的担当、新的作为，推动桓台各项工作永争一流、走在前列。

10月10日，县委、县政府印发《关于进一步加快推进新旧动能转换重大工程的实施方案》。方案认真落实省、市目标任务，突出以“四新”促“四化”，集中做好传统产业“高”、动能培育“新”、产业结构“轻”、发展生态“绿”四篇文章，明确新旧动能转换实施路径和重点任务，加快构建“542”现代产业体系，全力打造“一核两翼”一体化发展模式，全力推进新旧动能转换各项重点任务，努力开创桓台转型跨越新局面。

10月30日，县委印发《桓台县新时代文明实践中心建设工作实施意见》。意见深入贯彻落实习近平总书记在全国宣传工作会议上和参加十三届全国人大一次会议山东代表团审议时的重要讲话精神，聚焦实施乡村振兴战略、推进乡村文化振兴，着眼凝聚群众、引导群众，以文化人、成风化俗，围绕新时代文明实践中心建设工作主线，以培育和践行社会主义核心价值观为根本，创新开展新时代文明实践活动。

12月19日，县委、县政府印发《关于打赢脱贫攻坚战三年行动的实施意见》。分年度确定目标任务，2018年全面完成市现行扶贫标准下脱贫攻坚任务，试点探索开发式扶贫与保障性扶贫并重新机制;2019年巩固提升脱贫攻坚成果，试点探索扶贫开发政策与农村低保制度融合、城乡统筹一体化扶贫新机制;2020年全面高质量完成脱贫攻坚任务，建立起稳定脱贫长效机制。

(于 成)

政策调研

2018年，围绕县委十三届四次全会提出的"以党的建设为统领，全力推动工业强县、文化旅游、生态文明、城乡一体四大重点工作迈上新台阶"等目标任务，增强工作主动性、前瞻性，深入开展调查研究，撰写的《转变观念、转型发展，在新旧动能转换中展现桓台新作为》《党建指引，红色领航，奏响新的社会阶层新时代最强音》等5篇文章在《山东通讯》刊发，《实施"少海才俊"计划，铸强年轻干部成长链条》在省委政研室《调查与研究》刊发，同时还有多篇文章在市级刊物发表，数量创历史新高。是年，深刻领会上级要求，紧密结合桓台实际，准确体现县委思想，突出文稿思想性、创新性、指导性和实效性，高质量完成县委全会、全县"认真、专业、担当、作为"作风建设大会、省委巡视等重要会议、重大活动文字材料工作，做到立意高、观点新、措施实。全年共起草各类综合文稿100余万字，编发内部刊物《桓台调研》《决策参考》共9期。

（鲁昌明）

信　息

2018年，围绕工业强县、文化旅游、生态文明、城乡一体、党建提升五大主题工作，超前谋划、加强调度，切实做好信息报送、编发、调研及紧急信息处理等工作，为各级领导掌握情况、科学决策、指导工作提供优质高效信息服务。年内，编发《桓台信息》43期；上报信息1000余条，被省、市采用435条。其中，《桓台县以信息化路径提升精准扶贫走访实效》《我省各地多措并举保障农民工工资按时足额发放》等8条信息被《山东信息》采用，另有68条信息分别被省委《今日信息》《今日信息专报》《转报中办信息》等刊物采用。是年，桓台县委办公室在全省137个县（市、区）信息考核中位列12名，被中共山东省委办公厅授予"2018年度全省党委系统信息工作先进单位"称号；在全市信息考核中位列第2，被中共淄博市委办公厅授予"2018年度全市党委信息工作突出贡献区县"称号；一名信息工作人员分别被省、市授予"2018年度全省党委系统信息工作先进个人""2018年度全市党委信息工作突出贡献个人"。

（李　剑）

督　查

2018年，围绕推进党的十九大精神、习近平总书记视察山东重要讲话和重要指示批示精神，以及省市县重要会议决定事项等贯彻落实，制定《桓台县2018年督促检查工作计划》，明确44项督查重点，按项目类别、分时间节点，有力有序推进督查落实工作。紧盯"十个率先突破"等重点工作，定期汇总调度，督促工作落实，助力争先进位。全年共下达各类督查通知110余个，印发《桓台督查》35期。

按照"批必查、查必清、清必办、办必果"要求，2018年共办理市委、县委领导批示件、交办事项105件，报送《桓台督查专报》29期、《督查专报》67期，做到事事有回音、件件有着落。紧盯领导关注、事关全局重大问题，认真落实县委主要领导调研要求事项督查工作，梳理形成事项清单，第一时间交办、第一时间反馈。

借力新闻媒体，充分发挥新闻媒体舆论监督作用，对"十个率先突破"工作情况通过《桓台督查》《桓台大众》进行公文和媒体双渠道通报。建立健全督查联络员制度，在全县9个镇（街道）和70余个县直单位中，挑选出88名业务精通、年富力强、重责任担当的骨干人员担任督查联络员，进一步延伸督查链条。

（谭　君）

保　　密

2018年，县保密局牢牢把握保密工作政治属性，紧密联系县委县政府中心工作，增强风险意识，从源头上把控和防范失泄密风险，扎实推进保密宣传教育、监督检查、硬件设施建设等工作。是年，为全县21个重点涉密单位安装保密自查自评设备，确保自查自评工作规范化、常态化。对全县900多名涉密人员发放保密宣传资料，进行保密培训。对涉密定点印制单位全面开展保密检查，确保不出纰漏。

（戴　爽）

组　　织

【党员状况】 2018年，全县党员增加到31573人。其中，正式党员31144人，预备党员429人；女党员6433人，占20.38%。大学及以上6687人，大专4659人，中专2781人，高中5727人，初中及以下11719人。35岁及以下4922人，36～45岁5433人，46～55岁6556人，56～60岁2092人，60岁以上12570人。

桓台县2018年中国共产党党员构成情况表

表2

党员情况		人数	占比(%)
总数		31573	100
其中	正式党员	31144	98.64
	预备党员	429	1.36
	男	25140	79.62
	女	6433	20.38
	少数民族	14	0.04
年龄结构	35岁及以下	4922	15.59
	36～45岁	5433	17.21
	46～55岁	6556	20.76
	56～60岁	2092	6.63
	60岁以上	12570	39.81
文化程度	大学及以上	6687	21.18
	大　专	4659	14.75
	中　专	2781	8.81
	高　中	5727	18.14
	初中及以下	11719	37.12

【党员发展】 2018年，新发展党员375人，其中，工人96人，占27.43%；专业技术人员79人，占21.07%；农牧渔民97人，占25.87%；女党员128人，占34.13%；35岁及以下177人，占47.20%；大专及以上学历217人，占57.87%。

桓台县 2018 年中国共产党党员发展情况表

表 3

新发展党员情况		人数	占比(%)
总数		375	100
性别	男	247	65.87
	女	128	34.13
年龄结构	35 岁及以下	177	47.20
	36~60 岁	198	52.80
	61 岁及以上	0	0
文化程度	大学及以上	138	36.80
	大专	79	21.07
	中专	41	10.93
	高中	69	18.40
	初中及以下	48	12.80
基本分布	在岗职工	258	68.80
	农村	97	25.87
	其他	20	5.33

【党员管理】 2018 年 1 月,组织各党(工)委对本单位生活困难党员和老党员情况调查摸底,县委常委、县大班子领导带头走访慰问部分生活困难党员和老党员。6 月,对农村老党员、离任村主职干部情况摸底统计,发放有关补贴补助 2518916 元。8 月,县委组织部到各基层党(工)委与 150 余名党员发展对象按统一设定的提纲逐一个别谈话,了解基本情况,有针对性地帮助其提高对党的认识,端正入党动机,被谈话人逐一签字确认。检查督促基层党支部、基层党委发展党员工作和发展对象培养教育相关情况。

【基层组织建设】 2018 年 1 月,县委常委班子召开 2017 年度民主生活会,学习领会习近平新时代中国特色社会主义思想,进行党性分析,开展批评和自我批评。

2 月 5 日,全县组织工作会议在县会务中心召开,会议回顾 2017 年工作,安排部署 2018 年组织工作任务。同日,2017 年度镇(街道)党(工)委书记抓基层党建和人才工作述职评议会议召开,各镇(街道)党(工)委书记、县直机关工委书记就履行抓基层党建和人才工作情况逐一述职,与会人员对各党(工)委书记抓基层党建和人才工作情况进行测评。

3 月 5 日,桓台县新任村(社区)书记、主任红旗渠精神培训班开班。此次培训分 3 个班(次),采取专题讲座、音像教学、现场教学、体验教学等形式培训 500 余人(次)。3 月 7 日,全县全面从严治党工作会议在县会务中心召开,要求各级要强化推进全面从严治党责任担当意识,切实把党建工作抓实抓紧抓到位,确保全面从严治党任务落地落实。3 月 13 日,县委党的建设领导小组会议召开,会议听取全县党建工作近期开展情况及下一步打算和《中共桓台县委关于落实全面从严治党主体责任的实施意见(试行)》《中共桓台县委党的建设领导小组 2018 年工作要点》起草情况汇报,研究讨论《县直部门单位党委(党组)2018 年全面从严治党重点任务清单》,并提出意见和建议。

6 月 6 日,山东省委常委、组织部部长杨东奇到桓台县调研。在东岳集团,参观企业智能化管控中心和企业党建展厅,听取企业发展和企业党建工作开展情况汇报;在县城市展示中心,现场察看桓台县经济社会发展情况,听取桓台县党建工作情况汇报,观看“云党建 · 先锋在线”现场演示。杨东奇肯定桓台县研发运用“云党建 · 先锋在线”平台做法,并对下一步工作提出要求。6 月 14 日,县委党的建设领导小组会议召开,会议听取桓台县贯彻落实全市基层党建工作重点任务推进会议精神意见汇报,提出意见和建议。6 月 25 日,县委副书记、县长边江风到马桥镇走访慰问建国前老党员和困难老党员。6 月 27 日,全市工商和市场监管系统非公有制企业党建工作推进会在桓台县召开,会议总结全市工商和市场监管系统非公党建工作,交流经验,举行桓台县个体私营企业党委揭牌仪式。6 月 28 日,县委书记贾刚先后到贫困户巩敬芳和困难党员寇刚、窦钦全家中走访,为他们送去油、面等生活物资和慰问金,其他县委常委也分别到所联系的镇、村进行走访慰问。

9 月 3 日,县委常委召开巡视整改专题民主生活会,对照中央巡视山东、省委巡视桓台反馈意见,主动查摆问题,深刻剖析原因,提高政治站位、深化思想认识，以高度的思想自觉、政治自觉、行动自觉抓好巡视整改工作落实。9月10日，全县组织工作会议召开，对下一步全县党的建设和组织工作作出安排部署。9月28日，全县基层党建“大反思、大排查、大整改”专项行动动员部署会召开，会议指出，开展“大反思、大排查、大整改”专项行动要以专项行动推动巡视巡察反馈问题整改落实，以整改实际成效，推动党的建设和组织工作迈上新台阶。

11月1日，城市社区区域化党建共驻共建协议签订仪式举行，宣读《城区街道党工委关于开展城市社区区域化党建共驻共建的实施方案》，公布城区街道社区党委与共建单位名单。

【学习教育】 2018年3月20日，召开全县开展“大学习、大调研、大改进”工作会议，对全县开展“大学习、大调研、大改进”进行动员安排。5月19日，召开全县“大学习、大调研、大改进”工作务虚会议，对照高质量发展和新旧动能转换要求，对标先进地区发展经验，深入查摆当前差距和短板，明确下一步工作目标和努力方向。

【人才工作】 2018年，桓台县深入贯彻落实中央、省市人才政策，人才会议等相关精神，以创新促进高层次人才集聚，为加快新旧动能转换，实现转型跨越发展提供人才支撑和智力保障。发挥人才工作牵头抓总作用，召开2018年度人才工作例会，印发《中共桓台县委关于调整充实桓台县人才工作领导小组组成人员的通知》，统筹协调各方力量抓好全县人才工作。结合产业结构招才引智，组织举办“2018年高层次专家桓台行”“百名博士桓台行”活动，邀请“千人计划”专家等高层次人才60余人，签订意向合作项目39个；12月25日，在盛圆国际酒店举行先进材料与高新技术研究院成立大会暨揭牌仪式。组织县经信局、县科技局、县人社局主要负责人、分管负责人到寿光市、龙口市学习考察人才工作，提升人才工作者能力；联合中山大学管理学院于10月27日至11月2日，组织举办“桓台县人才工作者专题培训班”。协调县人社局、县建管局、县总工会、县经信局做好第七届职业技能竞赛活动，500余人参加比武竞赛；组织开展《桓台县高端人才计划》评选活动，通过企业申报、答辩评审、实地考察，评选出4人入选桓台县高端人才计划。全面落实淄博人才新政23条，发放2018年度硕士、博士生活安家补贴150余万元；印制《桓台籍在外高层次人才名册》，为50位桓台籍在外高层次人才寄送新春贺卡及《致桓台籍在外高层次人才的一封信》。是年，桓台县新增市级以上人才工程17人，新建市级以上创新平台19家。

【考核工作】 市对区县考核工作。2018年1—2月份，县委组织部牵头组织40余个县直部门（单位）完成2017年度市对区县经济社会发展综合考核工作，桓台县取得“定量指标二等奖”（同组第2）、“定性指标优秀奖”（全市第3）的成绩。3月下旬，根据市考核办反馈考核情况，逐项分析，形成整改情况汇报，制定《桓台县2017年度经济社会发展综合考核反馈问题整改落实情况台账》。

5月，组织县直有关部门研究讨论《2018年度全市综合考核指标体系（征求意见稿）》，根据实际提出意见建议，经反复对接，最终桓台县部分建议方案被市考核办采纳。6月8日，召集41个部门单位召开2018年全市经济社会发展综合考核工作调度会，安排部署全年对上考核工作。7月，依照市考核办反馈上半年“预考核”数据，县委组织部形成《上半年“预考核”同组各区县成绩汇总表》《2018年上半年市对区县“预考核”指标数据分析》，印发《2018年度县领导市对我县经济社会发展综合考核指标分工表》《2018年度全市经济社会发展综合考核指标县直部门单位责任分工表》，将每项考核指标都明确到责任单位、分管责任人、责任科室，并开始按月调度各项考核指标工作进展情况。汇总形成《2018年市对我县综合考核指标市直单位负责人统计表》，报各分管县领导。10月份，市考核办反馈前三季度“预考核”数据，依照考核指标标准，形成《前三季度“预考核”同组各区县成绩汇总表》《2018年前三季度市对区县“预考核”指标数据分析》。10月25日，县委县政府召开党政联席会议，调度各常委、副县长所分管市对区县考核工作进展情况。12月14日，召开全县考核工作专题会议，安排部署市对区县考核工作和年度对下考核工作。12月18日，召集27个县直有关部门召开全县“双招双引”考核工作会议，详细解读全市“双招双引”考核细则。是月，县委组织部将涉及市对区县综合考核指标有关单位的“月调度”改为“周调度”，将考核压力传导到位。

县对镇（街道）、县直部门（单位）考核工作。2018年初，县委组织部汇总2017年度全县各镇（街道）、县直部门（单位）考核成绩，拟定获奖名单提交县委常委会研究通过。共评选出“实干苦干、永争一流优秀单位”镇（街道）3个（果里镇、起凤镇、城区街道），“实干苦干、永争一流先进单位”镇4个（唐山镇、马桥镇、田庄镇、新城镇），“实干苦干、永争一流优秀单位”县直部门36个（县委办、县府办、组织部、宣传部、统战部、信访局、老干部局、农工办、统计局、信息中心、改革办、人大机关、政协机关、纪委监委机关、发改局、经信局、教体局、财政局、人社局、国土资源局、住建局、交通运输局、农业局、水务局、林业局、卫计局、商务局、中小企业局、农综办、政法委、法院、检察院、公安局、环保局、执法局、安监局），“实干苦干、永争一流先进单位”县直部门9个（编办、妇联、王渔洋文化研究保护中心、考核办、科技局、文化出版局、房管局、财贸局、工商管理局），“实干苦干、永争一流优秀单位”驻桓单位18个（地税局、交警大队、人民银行、银监办、农发行、工行、农行、中行、建行、邮政储蓄银行、浦发银行、东营银行、齐商银行、农商行、青隆村镇银行、太保财险、新华人寿、人保财险），“实干苦干、永争一流先进单位”驻桓单位2个（新华书店、气象局）。4月13日，制定下发桓台县《2018年度重点工作考核办法》（桓办发〔2018〕28号），该办法引入“特色考核指标”，初步形成“重点

考核指标"加"特色考核指标"的"1 + N"重点工作考核体系。4 月 17 日,《桓台县建立"1 + N"重点工作考核体系,差异化推进经济社会发展重点突破》得到市委书记周连华批示和肯定。4 月 24 日,按照上级要求,结合实际,下发《关于进一步清理规范对镇(街道)考核事项的通知》(桓考办发〔2018〕2 号),减轻基层工作负担。7 月,下发《2018 年度镇(街道)重点工作考核细则》(试行),并按季度考核。11 月 10 日,制定并下发《2018 年度经济社会发展综合考核办法》(桓办发〔2018〕76 号)。12 月,根据全县考核工作专题会议要求,着手组织 2018 年度对镇(街道)、县直部门(单位)考核工作。

【群众满意度工作】 2018 年 4 月,县委组织部对桓台县 2017 年度省电话测评群众反映的 41 项问题建立整改台账,明确整改措施、责任部门、责任人。5 月 18 日,召开整改责任人会议,通报问题整改完成情况和存在问题,提出下一步工作要求。5 月底,所有问题整改完毕,县委组织部对所有问题整改档案逐个审查,形成《桓台县电话测评群众反映问题整改清单》。年内,对县委确定的 63 项民生实事实行日调度督查、召开项目负责人会议,确保按计划推行;设计制作"民生实事""民生工作纪实"宣传海报,分发至各村(社区)张贴宣传。

10 月 12 日,县委组织部召集 22 个有关部门单位,召开 2018 年全县群众满意度工作会议,安排部署省对区县民生及发展成效评价工作(群众满意度、县以上"两代表一委员"、营商环境)。年内,督促各镇(街道)围绕民生实事、入户走访、群众反映问题整改三项重点工作,推进群众满意度工作。分别于 6 月和 11 月,利用县民生热线平台,组织工作人员对各镇(街道)进行上下半年两次重点工作民意调查,调查共汇总群众反映问题 267 项,通过电话回访、实地督查等方式,督促相关镇(街道)、县直部门单位,落实整改到位。

【选人用人】 2018 年以来,共调整干部 14 批次,涉及领导干部 826 人次,其中正科重用 26 人,副科重用 62 人;提拔正科 58 人,提拔副科 96 人;交流、免职、职务理顺等 584 人次。根据国家监察体制改革要求和县人大、县政协工作需要,按照有关法律规定,做好县监察委员会主任、县人民法院院长以及县人大常委会委员、县政协常委选举工作。结合 2017 年度领导班子考核工作,选树表彰 12 个单位为"激情创业好团队"、12 人为"担当实干好干部"。

【年轻干部队伍建设】 2018 年,组织实施遴选首批"少海才俊"计划优秀年轻干部工作,研究制定《关于遴选首批"少海才俊"计划优秀年轻干部实施方案》。举办"少海才俊"计划优秀年轻干部能力素质提升专题研修班,组织近 100 名镇(街道)、县直部门单位党委(党组)推荐的优秀年轻干部,分两批赴浙江大学开展培训。重点围绕新旧动能转换、园区建设、招商引资、农业农村及县域经济发展等方面遴选 29 名年轻干部到县商务局、招商引资一线、纪检组织系统实践锻炼。选派 5 名科级年轻干部充实到县信访局实践锻炼,强化省委巡视期间信访工作力量。举办"少海才俊"年轻干部论坛,按照《关于实施"少海才俊"计划建立年轻干部培养选拔链的实施方案》要求,结合 2018 年以来年轻干部实践锻炼工作情况,组织参加实践锻炼的 29 名年轻干部以及年轻干部工委成员通过交流发言等形式,谈感受、谋思路、论举措。在年轻干部论坛上,通过听其言、观其行,面对面了解年轻干部、发现年轻干部。

【巡视相关工作】 2018 年,对全县 2013 年以来选人用人工作全面自查,按照省委巡视有关要求,从是否存在坚持政治标准不够、党的领导弱化、用人导向不正、违反干部工作政策和程序问题、选人用人不正之风等方面进行自查,并对上一轮选人用人巡视检查整改落实情况全面总结。扎实推进巡视反馈问题整改,针对干部选拔任用方面问题,对借调人员、"混编混岗"及离岗返岗、退出领导岗位人员管理工作提出明确要求,对干部档案反馈问题成立调查组进行调查核实,对当事人进行处理。

【干部新担当新作为情况调研走访】 2018 年,围绕桓台转型发展、全面振兴、走在前列需要,结合全县"新时代、新理念、新担当"大讨论,重点围绕县委、县政府确定的中心工作,全面了解桓台县领导干部在新旧动能转换、重点工程、重点项目、安全环保、乡村振兴、基层组织建设、扫黑除恶等工作中表现,全面了解新时代新要求下桓台县领导干部履职尽责、担当作为情况。同时,结合调研走访开展领导班子和领导干部 2018 年年度考核工作。配合做好新时代全市干部新担当新作为情况调研走访活动前期材料准备、谈心谈话安排、实地调研等工作。

【干部教育培训】 2018 年,在县委党校举办 5 期习近平新时代中国特色社会主义思想专题研讨班,培训科级干部 900 余人。与县直机关工委、县环保局、县司法局联合举办县直机关党建工作培训班、环保系统干部综合能力提升培训班、科级干部法制培训班,共 15 期 1850 人次。

【试用期满考核考察工作】 2018 年,主要采取民主测评和个别谈话征求意见方式,对 2018 年 29 个部门单位 107 名试用期满人员进行试用期满考核,进一步了解试用期内干部工作表现情况。对 2016 年 7 名选调大学生村官进行服务期满考察,对 2017 年 10 名选调大学生村官进行年度考核,确定《拟录用为选调生人选建议名单》,形成选调大学生村官考察材料报市委组织部审批。

【干部管理】 2018 年,共办理科级以上干部退休 58 人,其中县级领导干部 1 人;做好 26 期上级培训班调训工作,共调训领导干部 69 人次;办理领导干部出国政审 33 人,其中因私 23 人,因公 13 人。

【干部监督】 干部选拔任用监督。2018 年,利用联席会议平台,委托纪委监委、公安、检察、信访、计生、环保、安监等10家单位，先后对108名拟提拔重用考察对象征求部门意见，防止干部“带病提拔”“带病上岗”。充分运用干部监督舆情网络，认真做好应对信访高峰和突发事件各项准备，密切关注倾向性、苗头性问题。年内，共接到市委组织部转办2件、中央扫黑除恶办公室转办1件，全部调查完毕并形成报告。根据市委组织部统一安排，对全县2018年以来受党内或行政撤职以上处分人员进行统计，共有4人“双开”，1人行政撤职，均不属于“带病提拔”倒查范围。

干部日常监督。2018年初，再次下发《关于严格落实组织工作重要事项报告制度的通知》，重申市管、县管干部落实组织工作重要事项报告制度重要性，分别对领导干部需在3小时以内、1天内、3天内报告事项作详细说明。是年，分3次下发《关于清理规范公职人员违规在企业兼职（任职）和出资办企业“回头看”的通知》，组织各单位就规范清理党政领导干部在企业兼职及出资办企业工作开展“回头看”，摸底排查违规兼职情况和出资办企业情况，纠正和防止问题回潮反弹。根据市委组织部要求，组织副县级以上干部观看2018年领导干部个人有关事项报告培训部署视频会，与相关部门沟通联系，组织做好1名省管干部、48名市管干部个人有关事项填报工作。发挥经济责任审计作用，委托县审计局对5名干部进行任中审计，15名干部进行离任审计。根据《关于开展干部任职回避、“裙带关系”、家族势力等问题集中整治工作的通知》要求，严格按照干部管理权限，组织全县各单位、部门开展干部任职回避、“裙带关系”、家族势力等问题集中整治。根据排查情况，建立科级干部任职回避、“裙带关系”、家族势力等问题整改台账，按照市委组织部规定，对2名需要任职回避干部进行调整。开展好人主义、圈子文化、码头文化等问题专项整治工作，转发市委组织部、市委宣传部《关于坚决防止和反对好人主义、圈子文化、码头文化的意见》。印发《关于进一步做好干部谈心谈话工作的通知》。

省委巡视反馈整改。2018年，根据省委巡视反馈情况再次组织开展清理规范领导干部违规在企业兼职（任职）和经商办企业“回头看”工作。在全县范围内下发《关于开展清理规范领导干部在企业兼职（任职）和经商办企业“回头看”的通知》，要求各部门、单位严格按照《关于进一步规范党政领导干部在企业兼职（任职）问题的意见》（中组发〔2013〕18号），对本部门、本系统在职领导干部、离退休人员、不担任现职未办理退休手续人员在企业兼职（任职）和经商办企业等问题组织开展一次“回头看”，重新进行摸底排查，要求单位主要负责人就抓好本部门本系统清理规范工作作出承诺，每名科级干部就严守从业纪律向组织作出承诺。不定期抽取一定数量科级干部，委托工商部门进行信息比对，对领导干部经商办企业或违规在企业兼职（任职）行为零容忍。年内，对575名财政供养人员信息进行比对，有7人违规在企业兼职，对其中3名科级干部及2名主要负责人进行函询，2人移交纪委监委。根据省委巡视反馈个别科级干部提拔时，对其信访问题查核不深不透问题，印发《桓台县党政领导干部选拔任用信访问题调查及责任追究办法（试行）》，调查组对所负责调查的信访举报查核结果和处理结论承担直接责任。

【远程教育】 2018年1月，按照省委、市委组织部统一安排，组织开展“灯塔—党建在线”党的十九大精神学习竞赛活动，学习竞赛成绩位居全市前列。2月，配合做好村“两委”换届后续工作，开展远教站点实物资产清产登记，指导新选配站点管理员68名。3月，按照省委、市委组织部统一部署安排，桓台县2017级农村“两委”成员专科学历教育班开班，75名学员入学考试最高分和平均成绩均位列全市前列。4月，在全县开展“活力e支部”创建工作，召开动员培训班进行安排部署，定期督导234个“活力e支部”线上维护，99个党支部被市委组织部命名为全市“灯塔—党建在线”平台十百千“活力e支部”。5月，组织2016级、2017级学历教育班开展“不忘初心、牢记使命”主题党日摄影展和“唱响——你是灯塔”主题党日活动。6月，组织55名党员开展“灯塔—党建在线”十九大精神线下笔试，择优选派5名党员参加全市线下笔试、面试。开展“学灯塔 用灯塔”主题作品征集活动，征集各类作品70余件公开展览，择优上报市中心作品15件。7月，为庆祝建党97周年，结合教学工作计划和安排，联合县电大组织2016级、2017级学历班开展以“实施乡村组织振兴，夯实发展基石，助力美丽乡村建设”和“不忘初心跟党走，立足岗位做贡献，庆祝建党97周年”为主题的实践教学暨送教下乡活动，得到市委组织部肯定。策划拍摄微视频《“支教网红”王菲》，联合县电视台赴河南省三门峡集中拍摄，该视频在省“灯塔—党建在线”平台发布。8月，指导2016级、2017级“两委”成员专科学历教育班开展网络自学工作，区县、班级排名均列省、市前列。9月，按照市中心《关于进一步抓好党员教育培训工作规划贯彻落实的通知》要求，做好《2014—2018年全国党员教育培训工作规划》贯彻落实情况总结评估和迎接省市调研工作。10月，做好2018年度农村“两委”成员专科学历教育招生工作，完成41名农村“两委”成员报名推荐、网上报名、现场确认和考前辅导、招生入学考试等工作，新招录学员40名，入学考试成绩和录取率均居全市前列。11月，积极争取市县资金，对第三批70个村、社区远教站点设备进行更新，确保两个平台正常运转。12月，配合市委组织部在桓台开展淄博市基层干部学历教育“法律专题辅导”教学实践活动部分现场教学工作，全市90余人参观王渔洋文化研究中心政德教育基地和桓台县检察院廉政警示教育基地。

【信息调研宣传】 2018年，坚持把党建创新贯穿干部工作、基层组织建设、人才工作全过程，推动党的建设制度改革，落实党政主要负责人认领重大改革事项制度，开展2018年第二批创新改革经验推广推介工作。党的建设制度改革专项小组被县委改革办评为

“好”;《山东通讯》推介桓台县“云党建·先锋在线”平台做法;全省党委秘书长会议暨改革办主任会议到桓台县观摩,并一致好评。是年,“建立‘1+N’重点工作考核体系,差异化推进经济社会发展重点突破”被市委组织部评为“2018年度淄博组织工作创新成果”。全年在市级以上党报党刊主流媒体刊(播)发全县组织工作稿件88篇(条),其中省级以上42篇。桓台县委组织部被省委组织部评为“2018年度全省组工信息宣传工作先进集体”。

(张贝贝　胡正锋　王　剑　史　玥　杨五星　陈　鑫　吴　欢　耿　刚)

宣　　传

【概况】 2018年,县委宣传部坚持把学习宣传贯彻中共十九大精神和习近平新时代中国特色社会主义思想作为重要政治任务,采取多种形式开展党的最新理论成果宣讲普及活动。印发《全县基层党员干部学习习近平新时代中国特色社会主义思想理论宣讲活动实施方案》,组建宣讲团,编印宣讲手册,全年开展宣讲63场次,受众近万人。强化“四德文化建设”,桓台县实验中学被省委宣传部命名为全省“四德工程”建设示范点。是年,在市级以上新闻媒体发稿686篇(条),省级以上重点媒体发稿92篇(条);在全省思想政治工作人员专业职务考试及评审中,3人获政工师任职资格,11人获助理政工师任职资格;有2家企业上榜省级“厚道鲁商”品牌。

【四德文化建设】 2018年,组织开展“深化移风易俗 倡树文明新风”等12项“四德践行日”主题实践活动。4月,红莲湖公园被命名为全市第八批爱国主义教育基地。9月,桓台县实验中学被省委宣传部命名为全省“四德工程”建设示范点。12月,桓台建成吨粮县、东岳集团成功研发离子膜入选全省庆祝改革开放40周年最具影响力事件;桓台县公安局蔡光普被授予2018“感动淄博”年度人物荣誉称号;《忠勤报国铸家魂》获得淄博市“讲文明树新风”公益广告暨微电影创意征集大赛优秀奖,桓台县委宣传部获优秀组织奖。

【理论教育】 2018年2月,制定下发《桓台县委理论学习中心组2018年理论学习安排意见》及各党委理论学习中心组理论学习意见和理论学习配档表。3月,开展学习贯彻习近平新时代中国特色社会主义思想读书会;举办全县社科理论界学习贯彻习近平新时代中国特色社会主义思想理论研讨会。5月,全市党委中心组学习经验交流会在桓台县召开,县党委中心组学习经验做法在全市推广;开展“社科普及周”活动,组织全县优秀社科成果参加全市社科成果评选,一项成果被市政府评为二等奖,四项成果被评为三等奖。6月,制定下发《全县基层党员干部学习习近平新时代中国特色社会主义思想理论宣讲活动实施方案》,组建宣讲团,编印宣讲手册,全年开展宣讲63场次,受众近万人;举办“中国梦·新时代”百姓宣讲比赛,评选出一等奖3名,二等奖5名,三等奖8名,推荐3人参加全市比赛分获一、二、三等奖。7月,对部分县直部门单位党委(党组)、镇(街道)党(工)委理论学习中心组学习情况进行半年督查。9月,组织举办县委理论学习中心组读书班活动。10月,在全县开展优秀党课评选活动,评选出优秀党课讲稿20篇。11月,在全县开展党委(党组)中心组优秀学习品牌创建活动,评选出优秀学习品牌20个。12月,对部分县直部门单位党委(党组)、镇(街道)党(工)委理论学习中心组学习情况进行年底检查。

【新闻报道】 2018年,在市级以上新闻媒体发稿686篇(条),省级以上重点媒体发稿92篇(条)。其中2月15日山东电视台《新闻联播》播放《禁限放烟花爆竹 环保安全过春节》,3月26日山东电视台《新闻联播》播放《淄博:改造提升传统产业 推动经济高质量发展》,4月4日山东电视台《新闻联播》播放《以党的政治建设为统领 不断深化政治巡视》,6月1日《光明

2018年5月,全市党委理论学习中心组经验交流会在桓台县召开

(摄影:曹　羽)

2018 年 2 月，在县文体中心大剧院举办"中国梦 农商情"桓台县 2018 百姓春晚 （摄影：石龙迪）

日报》8 版刊发《陈家庚：善思笃行的追梦少年》，6 月 9 日《大众日报》头版刊发《马踏湖上又现鱼鹰翩跹》，7 月 8 日山东电视台《新闻联播》播放《求新求变 推动高质量发展》，8 月 19 日《大众日报》2 版刊发《"一张膜"就是"一招鲜"》，9 月 22 日《大众日报》6 版刊发《桓台全力推进"放管服"改革》，10 月 31 日新华社发通稿《千年旱厕一朝改 "方便"小事大民生》，11 月 1 日新华社发通稿《东岳集团张建宏：奋力为国"争气""争光"》，11 月 6 日《大众日报》3 版刊发《"两张膜"里的家国情怀》，12 月 4 日《科技日报》3 版刊发《东岳：凭借"两张膜"争气又争光》。

【文联工作】 2018 年 1 月，桓台县文联联合淄博市文联组织桓台、张店美协到唐山镇徐店村开展书画下乡活动；组织书法家参加 2018 年度科技、卫生、文化"三下乡"启动仪式，为村民送春联，送祝福。2 月，举办"中国梦 农商情"桓台县 2018 百姓春晚；举办 2018"我们的节日·春节"之《红灯记》专场戏曲晚会。3 月，举办"相约好久不见 寻找最美声音"首场海选演唱会。4 月，省作协到桓台调研"乡村振兴战略"专题创作并召开座谈会；举办"到人民中去"庆五一民族音乐会暨 2018 百姓大舞台启动仪式专场演出，邀请淄博市百花民族乐团演奏经典民乐曲目。5 月，省作协"乡村振兴"主题大采风走进桓台，先后到王渔洋故居和百萃源田园综合体采风；在"百姓大舞台"举行5·23 中国文艺志愿者服务日暨淄博市文联、市舞协文艺志愿服务走进桓台专场演出。6 月，县文联联合县舞协、艺敏艺术学校在"百姓大舞台"举办"迎七一·颂党恩"系列爱心公益活动，活动分为爱心义卖和爱心夏令营公益演出两部分。7 月，组织举办第二届"王渔洋文学艺术奖"。8 月，组织"百姓大舞台"消夏文艺演出。9 月，举办"翰墨寄初心——纪念改革开放四十周年美术作品展"、纪念改革开放四十周年桓台县书法篆刻展、"戊戌心象——韩昊山水作品展"。10 月，"'改革颂 中国梦'第十一届山东国际大众艺术节山东省首届农民戏剧展演月"桓台专场在西镇村敬老院拉开帷幕。11 月，组织新时代文明实践书法志愿服务走进马桥村；组织举办新时代文明实践舞蹈培训周，在全县各镇和街道开展新时代文明实践主题广场舞培训。12 月，在新时代文明实践中心试点地区志愿服务工作培训班上，中央文明办为桓台县文艺志愿服务队授旗。

【企业思想政治工作】 2018 年 2—3 月，统计全县政工师以上在职政工人员情况。2—12 月，组织高级以上政工师开展做一次十九大精神宣讲、为党员上一次党课、创新一个企业文化案例的"三个一"活动。4—12 月，组织全县 66 名申报人员参加全省思想政治工作人员专业职务考试及材料申报评审，经过评审，3 人获政工师任职资格，11 人获助理政工师任职资格。5 月，到政研会团体会员单位调研 5 次，向省市推荐企业思想政治工作研究会优秀干部 2 人，分别是泰宝集团许俊峰、农商行刘磊；协调接待山东卫视《新闻联播》《问道鲁商》栏目组到东岳集团集中采访。7 月，组织东岳集团参加全省企业政工干部培训。7—8 月，开展思想政治工作理论研讨活动，收到调研文章 70 余篇，其中 6 篇在市级以上媒体发表，42 篇获县政

2018 年 9 月，桓台县纪念改革开放四十周年书法篆刻展在天承书画城举办 （摄影：史龙迪）

研会表彰。8—12 月，组织开展“厚道鲁商”品牌企业发布工作，其中省级“厚道鲁商”品牌企业 2 家，市级 7 家，县级 13 家，对上榜企业进行宣传，集中刊发厚道鲁商公益广告 20 条。

（李玉荣）

统一战线

【概况】 2018 年，县委统战部坚持和完善中国共产党领导的多党合作和政治协商制度，协助县委制定《2018 年度政党协商计划》，先后组织开展基层调研、集中宣传、参观学习等活动，巩固多党合作思想政治基础。突出抓好党外干部队伍建设，举办全县党外代表认识能力提升培训班，建立 1 处党外知识分子实践创新基地。通过外出参观考察、举办培训班、开展社会服务等活动，持续推进“新阶层党旗红”品牌打造。深化非公有制经济人士理想信念教育，推动构建亲清新型政商关系，助推民营企业转型升级。

【多党合作】 2018 年，在广泛听取各民主党派、工商联和无党派代表人士意见建议基础上，县委统战部起草《2018 年度政党协商计划》并由县委印发，明确协商事项、参加范围、主要程序等；组织各民主党派深入基层调研，围绕重点难点问题，提报建议提案 140 余件，其中 20 件被评为优秀提案；组织全县统一战线纪念中共中央发布“五一口号”70 周年集中宣传活动，各党派报送征文 59 篇，组织赴红色教育基地参观学习，引导民主党派成员弘扬优良传统，巩固多党合作思想政治基础；推进民主党派品牌化建设，各党派组织建设、制度建设和队伍建设水平不断提升。

【党外代表人士队伍建设工作】 2018 年，县委统战部与组织部门联合下发《桓台县党外干部队伍建设五年规划（2018 年—2022 年）》，抓好党外干部队伍建设。举办全县党外代表人士能力提升培训班，全县党外科级干部、党外年轻干部、各民主党派、新的社会阶层等各领域代表人士 157 人参加培训。建立 1 处党外知识分子实践创新基地，《党外知识分子工作制度》《政策摘要》等在规范化活动室上墙。

【新阶层工作】 2018 年，县委统战部持续推进“新阶层 党旗红”工作，把新的社会阶层人士统战工作打造成亮点品牌项目。组建考察团赴上海市黄浦区、静安区实地考察；组织赴南京理工大学参加全县全面深化改革专题培训班，推动新阶层统战工作全面深化改革目标任务落地落实；组织会员赴宝塔山、枣园革命旧址、延安革命遗址等红色教育基地接受革命教育；积极开展捐资助学、孝老敬老、法律援助等社会服务活动；升级改造新阶层党支部活动室和大讲堂，制作新阶层专题片，出版《和壹》会刊杂志第二期。

【非公有制经济工作】 2018 年，深化非公有制经济人士理想信念教育，弘扬企业家精神，促进非公有制经济人士健康成长；开展《中共桓台县委 桓台县人民政府关于支持非公有制经济健康发展的实施意见》落实情况大排查，推动各项举措尽快落地生效，促进非公有制经济健康发展；落实“一次办好”改革，出台《关于建立“桓台县民营企业家智库”的通知》等文件，推动构建亲清新型政商关系；聚焦新旧动能转换，组织召开座谈会、研讨会，助推民营企业转型升级。

【理论调研、宣传、信息工作】 2018 年，桓台县新社会阶层人士统战工作创新经验做法在《山东通讯》《中国统一战线》《淄博日报》等媒体刊发，县委统战部被市委统战部表彰为“全市统战理论调研宣传信息工作先进单位”。

（钟 娟）

县直机关党的工作

【概况】 2018 年，中共桓台县委县直机关工委（以下简称县委县直机关工委）下属党员 3217 名，下属各级党组织 75 个，其中机关党委 4 个、机关党总支 15 个、直属机关支部 48 个、县委直接任命的党组织 8 个。全年发展预备党员 34 名，结合省委巡视组巡视反馈意见，改建机关党委 4 个、党总支 7 个，对 24 个机关党组织名称进行规范，建立结构完整、关系清晰、权责明确的党组织架构。

【基层党建工作】 2018 年 3 月起，将机关党建工作重点逐月分解，实现一月一考核、一月一通报、一月一排名，同持续排名靠后的党组织书记进行约谈。10 月 12 日，举办党建标准化专题讲座，特邀省直机关工委委员、办公室主任寇任农授课。同月，通过推出“两簿一本一证”（《党组织生活记实簿》《党小组会和组织生活会记实簿》《党员学习记录本》《党费证》），下发《桓台县直机关基层党组织标准化建设实施方案（试行）》，对各机关党组织在“三会一课”(党小组会、党委会、党员大会、党课)、组织生活会、发展党员、党费收缴、组织设置等方面做出明确具体指导,并在13个单位先行推开机关党建标准化建设。

是年,改进提升县纪委县监委机关、县综合行政执法局等8家单位党建工作阵地,发挥典型示范带动作用。《桓台县委县直机关工委建立机关党建月考核体系,推动全面从严治党落地见效》《桓台县开展党建标准化创建推动机关党建高水平建设工作调查》经验材料被市委办公厅《领导参阅》刊载。《新形势下机关党建强化实效性的几点思考》被评为2018年度山东省机关党建优秀研究成果一等奖。

2018年,县食药监局全体机关党员主动交纳党费 (摄影:成国栋)

【作风建设】 2018年,县委县直机关工委结合“一次办好”改革,在60余个部门、70多个科室开展社会评议活动,共发现问题245个、优化提升业务200余项。对全县各单位开展作风建设明察暗访,发现问题依纪处理。其中县委县直机关工委牵头的4、5、10、11月份全市“十个率先突破”明察暗访考核分项排名分别为五、二、五、三,均未扣分。

2018年3月15日,县委县直机关工委组织开展“认真专业担当作为——红旗渠精神培训” (摄影:伊纪康)

【文化宣传】 2018年3月15日,县委县直机关开展“认真专业担当作为——红旗渠精神培训”活动,组织支部书记20余人赴红旗渠观摩学习。通过听党课、现场教学、观摩党建示范点、举办专题座谈会、重温入党誓词等活动,学习红旗渠自力更生、艰苦创业精神,激发党务干部敢于担当、积极创业热情。8月,组织开展“砥砺家国情怀 激发使命担当”主题征文活动,收到投稿230余篇,编纂形成《优秀图书进机关征文选编》并免费发放500余本。是年,共向县内各机关党组织赠阅《梁家河》《习近平七年知青岁月》《撸起袖子加油干》等优秀书籍400余本。创建《机关党建》公众号,及时发布中央省市县各级党建工作安排部署,加强桓台县机关党建经验内部交流和对外宣传,全年共更新70余次,发表文章400余篇。

(陈月琪)

巡　　察

【概况】 2018年,县委巡察工作领导小组办公室(以下简称县委巡察办)组织开展3轮县委巡察和1轮市县联动巡察,对全县6个部门和108个村进行巡察,共发现问题557个,主要集中在党的领导弱化、党建意识淡薄、执行财经纪律不严格、民主决策程序不严格、清产核资和违建拆除工作落实不力等方面。

【制度建设】 2018年6月13日,印发《中共桓台县委关于修改〈中共桓台县委巡察工作实施办法〉的决定》《中共桓台县委巡察工作规划(2017—2021年)》《被巡察党组织配

台县委巡察工作规定》3个文件，进一步夯实巡察工作基础。8月22日，印发《中共桓台县委巡察工作领导小组工作规则》《中共桓台县委巡察工作领导小组办公室工作规则》《中共桓台县委巡察组工作规则》3个规则，不断提高巡察工作规范化水平。9月21日，印发《关于进一步加强巡察工作的实施办法》，切实推动巡察工作向纵深发展。

2018年5月17日，市委第四巡察组巡察田庄镇工作动员会在田庄镇政府会议室召开　（摄影：于炜林）

【巡察工作】　2018年3月12日，印发《中共十三届桓台县委第三轮巡察工作实施方案》，县委授权3个巡察组对县财政局、县住房和城乡建设局、县卫生和计划生育局、县质量技术监督局、县商务局、县房产管理局开展巡察监督。8月，分别向县委巡察工作领导小组和县委书记专题会议汇报巡察情况；向第三轮被巡察单位进行反馈，督促各单位认真整改。9月10日，印发《关于对县委第三轮巡察发现共性问题开展对照检查整改的通知》，要求各单位逐一对照检查，确保整改工作见底到位。此轮巡察共发现问题82个，移交问题线索7条，截至年底，已对2个部门党组织进行问责，诫勉3人，批评教育1人，对1人进行提醒谈话。

5月，市委第三、第四巡察组分别对新城镇、田庄镇、荆家镇、城区街道开展巡察。8月23日，市委巡察组向县委主要领导和4个镇（街道）反馈巡察情况，各镇（街道）党（工）委对市委巡察反馈问题认真整改。9月13日，印发《关于对市委第三、第四巡察组巡察四个镇（街道）发现共性问题开展对照检查整改的通知》，要求各部门单位对照共性问题迅速整改到位。

市委巡察期间，县委第一、第二巡察组配合开展联动巡察，并同步对8个村（社区）开展机动式巡察。8月，将巡察情况分别向县委巡察工作领导小组和县委书记专题会议进行汇报。9月，对8个村（社区）进行反馈，督促其落实好整改责任；向各镇党委、城区街道党工委印发《关于对村居巡察发现共性问题开展对照检查整改的通知》，要求各镇（街道）对照问题清单整改到位，以整改成效推动整体工作提升。此轮机动式巡察共发现问题57个，移交问题线索2条，诫勉2人。

8月3日，印发《中共十三届桓台县委第四轮巡察工作实施方案》，县委授权5个巡察组对索镇、唐山镇、马桥镇、起凤镇、果里镇的40个村开展巡察。11月，向县委巡察工作领导小组和县委书记专题会议汇报巡察情况；向全县各部门单位印发《关于对县委第四轮巡察发现共性问题开展对照检查整改的通知》，要求各镇（街道）和有关部门单位坚持个性问题和共性问题一起抓、一起改，推动整体工作提升。12月，对被巡察的40个村进行反馈，督促镇村两级党组织共同抓好整改。此轮巡察共发现问题418个，移交问题线索22条，截至年底，给予党纪处分1人，诫勉6人，组织处理1人，对2人进行提醒谈话。

11月8日，印发《中共十三届桓台县委第五轮巡察工作实施方案》，县委授权6个巡察组对索镇、唐山、田庄、新城、马桥、果里6个镇的60个村开展巡察。截至年底，县委第五轮巡察工作正在开展。

2018年11月23日，县委书记专题会听取县委第四轮巡察工作情况汇报　（摄影：于炜林）

2018年11月9日，十三届桓台县委第五轮巡察工作动员会在桓台县委党校报告厅召开 （摄影：李科良）

【省委巡视】 2018年5月10日至7月4日，省委第二巡视组对桓台县开展巡视。县委巡察办对上轮巡视整改、信访处理和县委巡察等相关材料及时梳理上报，配合做好现场检查、服务保障等工作。8月31日，省委巡视组向桓台县委反馈巡视意见，县委巡察办配合做好反馈问题的整改落实，确保整改质量和效果。11月5日，向省委巡视工作领导小组办公室报送《中共桓台县委关于省委第二巡视组反馈意见整改进展情况的报告》。是年，县委巡察办牵头抓好省委巡视反馈问题持续深化整改工作，定期调度整改进展情况，迎接上级督导检查，并及时向县委汇报，扎实推进整改工作常态化、长效化。

省委巡视桓台县期间，省委巡视办对淄博市及桓台县巡察工作同步开展专项检查。根据《关于对淄博等6市党委巡察工作开展专项检查情况的通报》《〈关于对淄博市委巡察工作开展专项检查的情况报告〉整改落实方案》要求，形成桓台县整改落实方案，将专项检查反馈意见整改落到实处，推动巡察工作向纵深发展。10月18日，向市委巡察办报送《关于落实淄巡发〔2018〕5号文件有关整改工作的进展情况报告》，并抓好持续整改。同时做好中央巡视山东省、省委巡视淄博市涉及巡察方面问题的对照整改工作。

【专项整治和专项检查】 2018年初，按照市委部署要求，县委巡察办牵头组织开展省委巡视市县巡察发现突出问题专项整治。成立5个专项整治工作领导小组，对落实党风廉政建设责任制、基层党建和干部队伍建设、财经纪律、公务接待、旧村改造5个方面的12大类问题开展专项整治，推动问题整改。

牵头组织开展巩固巡视巡察整改工作成果专项检查，3月7日，召开全县全面从严治党工作大会，印发《关于开展巩固巡视巡察整改工作成果专项检查方案的通知》，县委书记贾刚发表讲话，对专项检查工作作出安排部署。依托县委巡察办成立县专项检查办公室，对近年来中央和省市县巡视巡察发现的共性及具体问题进行全面梳理，成立8个检查组和2个暗访组对8类163个方面的问题进行督促检查，运用监督执纪“第一种形态”对25人作出处理，分别责令2个单位和2人作出检查。

（李科良）

机构编制

【概况】 2018年，桓台县机构编制委员会办公室（以下简称县编办）按照中央、省、市部署要求，以深化党政机构改革和行政审批便民化改革为主线，统筹推进7大重点领域（党政机构、乡镇〈街道〉行政管理体制、经济发达镇行政管理体制、监察体制、盐业体制、综合行政执法体制、相对集中行政许可权）体制机制改革，并对部分机构进行调整优化。优化编制资源配置，确定22名编制用于公务员（参公）招考，确定16名编制用于录用选调生；确定191名编制用于教育、卫生系统及县直属和部门所属事业单位招聘。在推进“三最”（政务服务效能最高、投资发展环境最优、企业群众获得感最强）城市深化提升和“一次办好”改革工作中，编制并公开《桓台县“一次办好”事项清单》（共759项），动态调整县级行政权力事项1041项。全面完成“3545”改革，推进“3545”专项改革。以企业开办、不动产登记、施工许可为突破口，精简环节、材料和流程，压缩办理时限，确保实现“3545”目标。2018年9月底，实现新开办企业3个工作日内完成营业执照办理、公章刻制、银行开户、涉税办理等事项；国土资源、地税等部门实行一窗受理，加强数据信息共享互认，完善联合办理工作流程，取消无法律和行政法规依据的材料和环节，确保5个工作日内完成房屋交易、税收缴纳和转移、抵押登记等不动产登记相关事项；按省市要求完善政务服务平台投资建设项目报建审批全流程运行监管功能，满足工程建设项目全过程审批需求，推进发展改革、住房城乡建设、国土资源、规划、消防、环保、水利、地震等部门涉及的项目立项、规划许可、评估评

审、施工许可、竣工验收等事项实施容缺受理、多评合一、多规合一，完善投资项目建设区域化评估评审、联合审批、联合审图、联合勘验、联合踏勘等工作机制，发挥联审联办优势，确保45个工作日内完成包括从立项到竣工验收在内的工程建设项目审批全过程和营商环境12个专项行动。创新事业单位监管服务模式，推进“两转变两服务”（工作模式由审批到监管再到监管与服务并重的转变，服务模式由过去直接为事业单位服务的单向模式到同步直接为群众服务的双向模式转变），获得全市年度机构编制创新奖。在文明单位创建工作中荣获省级文明单位称号，机关党组织标准化建设成为全县首批示范点。

【体制改革和机构优化】 2018年，按照中央关于深化地方机构改革有关部署和省、市工作要求，开展县级机构改革各项工作，从机构职能上把加强党的领导落实到各领域各方面各环节。提前统筹谋划，对照党和国家机构改革方案和相关文件，梳理县级党委、政府机构设置、职能配置情况，通过组织填报表格、开展实地调研等形式，摸清底数，发现问题，为研究拟订党政机构改革方案做好前期准备。协助县委筹建成立中共桓台县委深化机构改革协调小组，由县委主要领导任组长，加强对全县机构改革的总体设计、统筹协调和整体推进。按照省委《关于市县机构改革的总体意见》及省、市有关政策口径，起草拟订县级机构改革方案，期间多次向县委分管领导、主要领导请示汇报，多次与省委、市委深化市县机构改革协调小组办公室沟通对接，数次修改完善，最终形成《桓台县机构改革方案（送审稿）》，12月23日，省委地方机构改革协调小组审议通过，12月24日，县委常委会会议研究通过，按程序逐级报送省委审批，机构改革工作取得阶段性成果。《方案》认真落实中央、省、市关于机构改革的决策部署；把加强党对一切工作的领导贯彻改革各方面和全过程；与省、市机构改革相衔接，不折不扣落实省明确要求的23个“规定动作”；全面清理限额外行政机构和承担行政职能事业单位；加大机构编制资源统筹力度；有计划分步骤推进事业单位改革。

按照中央有关改革部署要求和省、市具体安排，统筹推进重点领域改革各项工作。落实监察体制改革，制定印发《关于县纪律检查委员会、县监察委员会机关内设机构设置有关事项的通知》，明确县纪委、监察委机关内设机构和派驻机构，协助完成人员转隶工作。推进盐业体制改革，研究拟定《桓台县食盐监管体制改革方案》，明确盐业行业管理和行政执法等工作负责机构，确定接收划转安置人员事业单位。深化综合行政执法体制改革，重点牵头督促县级综合执法工作制度建设和镇（街道）综合执法平台建设。推进乡镇（街道）行政管理体制改革，全面征求镇（街道）意见建议，研究拟订印发《桓台县深入推进乡镇（街道）行政管理体制改革方案》，组织实施推进职能转变、创新机构编制管理、建立务实高效用编用人制度、理顺县与镇（街道）关系各项改革任务。深化经济发达镇行政管理体制改革，研究拟定《关于深化马桥镇行政管理体制改革的实施方案》，确立“8+6”党政机构与事业机构设置模式，制定印发财政、编制、项目、用地、金融、户籍等多项扶持政策，优化条块管理、综合执法、政务审批服务等体制机制。推进相对集中行政许可权改革，围绕“一次办好”改革新目标新理念，加大转变政府职能和简政放权力度，加快实现“一枚印章管审批”；制订《桓台县推进相对集中行政许可权改革组建县行政审批服务局工作方案》《桓台县推进相对集中改革组建县行政审批服务局实施意见》，对重点任务和实施步骤等作出具体安排和部署，梳理划转全县第一批许可事项169项、相关联事项79项，协助县行政审批服务局平稳过渡。

围绕“保障党的领导”，为加强全县“两新”组织（非公有制经济组织和社会组织）、教育系统党的建设和思想政治工作，设立县委非公有制经济组织和社会组织工作委员会、县委教育工作委员会。为规范辅警人员管理，在县公安局政工室加挂“县公安局警务辅助人员管理办公室”牌子，增加警务辅助人员综合管理职责；为推进新旧动能转换重大工程实施，设立县新旧动能转换重大工程推进办公室。为进一步加强和规范乡镇学前教育管理，在8个镇分批设立镇中心幼儿园；为落实省市关于加快学前教育发展部署要求，满足适龄儿童入学需要，批复设立三所县属公办幼儿园；为进一步创新公益类事业单位机构编制管理方式，助推中职教育发展，完成县职业中等专业学校人员控制总量备案工作。

【深化“放管服”改革】 2018年，继续牵头负责“三最”城市深化提升工作，组织协调县发改局、县财政局、县住建局、县工商局、县物价局、县法制办、县政务服务中心、县信息中心八个部门（单位），制定《桓台县“三最”城市深化提升考核细则》，建立“三最”城市考核成绩通报制度，每月印发《工作简报》（共10期），压实责任，细化分工，扎实推进各项改革工作。“三最”城市深化提升工作全年考核位居同组第2名。

7月，确定县级“一次办好”事项668项，并于9月、10月两次对其动态调整。调整后，“一次办好”事项清单共759项（其中，行政权力事项中的“一次办好”事项580项、公共服务事项中的“一次办好”事项179项）。建立深化“一次办好”改革专项工作台账，实行一月一调度，一月一督促，一月一通报制度，按时限要求完成各项改革任务。11月5日，全市“一次办好”改革督查现场会在桓台县召开。11月10日，全省党委秘书长会议暨改革办主任会议在淄博市召开现场会，现场观摩桓台县“政务云”桌面及“一次办好”改革工作。12月28日，全省深化“一次办好”改革现场推进会与会人员现场观摩桓台县县、镇、社区“一次办好”改革成果。

建立12个推进营商环境工作专班，出台12个专项行动工作方案，全面完成“3545”改革。实现新开办企业设立登记1个工作日内完成，符合条件的新开办企业开立银行账户，1.5个工作日内办结；不动产各项权利登

2018 年 9 月，县编办工作人员介绍编制使用审批流程　　（摄影：王馨蓓）

记办理时限由法定时限 30 个工作日缩短为 5 个工作日，抵押权注销登记 2 个工作日内办结，查、解封登记及开具各类房产证明立等可取；施工许可证办理时限，从受理申请材料到打印施工许可证，材料齐全的，原则上不超过 2 个工作日，重大项目或是特别紧急项目，随到随办，立等可取。投资项目审批从项目立项到施工许可办理时间，由法定的 155 个工作日缩短到 20 个工作日。

全年共调整 1041 项县级行政权力事项，其中新增 39 项、取消 59 项、承接 43 项、整合调整 11 项、冻结事项纳入清单管理 10 项、落实省明确由市县实施的 879 项（纳入县级清单管理 158 项，不重复纳入 692 项，不纳入清单管理 29 项）。理清规范政务服务中介事项，共保留县级中介服务事项 39 项。对投资项目涉及的 17 个部门 113 项权力事项进行“一件事”流程梳理，取消同一链条中重复提交的申报材料，共精简审批要件 411 项，取消优化比例 41%；取消 120 项涉及群众办事创业的各类证明、盖章环节和申请材料，取消 124 项村（居）无谓证明和繁琐手续。

2018 年，出台《桓台县深入推进“双随机一公开”监管工作实施意见》，全面推行“双随机、一公开”监管工作，完善《执法人员名录库》和《执法检查对象名录库》，向社会公布 454 项随机抽查事项清单，指导各部门依法开展监管工作。

【编制资源配置】　2018 年，共办理人员编制出入手续 1463 人次，其中办理选调生及公务员录用 38 人次，办理事业单位招聘 197 人次，办理原广电网络人员政策安置 26 人次，办理军转干部安置 2 人次，办理退役士兵安置 5 人次等；共受理编制使用业务 127 件，增人业务 254 件，减员业务 411 件。是年，确定 22 名编制用于公务员（参公）招考，确定 16 名编制用于录用选调生；确定 191 名编制用于教育、卫生系统及县直属和部门所属事业单位招聘。全县共审核政府购买服务岗位 25 个，主要集中在工商、国土、旅游、统计等部门和领域。

【事业单位监督管理】　2018 年，县编办创新推进事业单位监管“两转变两服务”，深入推广推介事业单位业务范围清单化管理和推进事业单位精细化管理，深化精编细管，扩面清单至 277 家事业单位；动态调整业务范围清单 24 家单位 57 个业务事项；推行清单贴心服务，完成窗口事业单位 96 个事项配套服务标准和流程图的制定；推行清单“指尖服务”，组织编辑《业务清单“指尖服务”》事业单位业务清单图文汇览，通过县编办微信公众号和网站推送 20 期，关注和受益群众 2 万余人。是年，创新事业单位监管服务模式，推进“两转变两服务”得到市委编办主要领导认可和批示，并获得全市年度机构编制创新奖。

是年，先后印发《2018 年度桓台县事业单位绩效考核工作实施方案》《履行职责和创新创优指标的通知》《服务社会满意度测评实施方案》《综合组实地考核工作实施方案》等并牵头组织实施，同时创新研发《桓台机构编制微信满意度测评》系统，集中汇总计算 230 家事业单位成绩并拟定提出考核等次建议，经县事业单位考核委员会审定，确定 64 个单位为优秀等次，92 个单位为良好等次，73 个单位为合格等次，1 个单位为较差等次。

2018 年 10 月 24 日，在县编办会议室召开桓台县 2018 年度事业单位考核工作事项研究座谈会　　（摄影：张卫卫）

是年，完成2017年度220家事业单位法人年报公示工作的全面监督检查；两次对事业单位"双随机、一公开"抽查，其中上半年开展年度报告公开随机抽查，共抽查12家，发现问题20个，整改问题19个，制定整改方案和限期整改的问题1个；开展全县事业单位法人登记情况专项监督检查，督促各镇（街道）、县直部门全面梳理排查下属349家事业单位法人登记情况，并对存在问题提出整改意向；开展印章专项检查，梳理并建立799枚事业单位印章备案清单，收缴因改革、更名、撤销等情况废置事业单位印章43枚。

是年，事业单位申请办理设立登记4家，变更登记47家，注销登记3家，重新申领证书3家；党政群机关申请《统一社会信用代码证书》办理初领2家，变更8家，撤销1家。开展事业单位信用监管，梳理推送223家事业单位法人信用信息2899条和"双公示"信息55条，助力信息归集共享。协助做好全县第四次经济普查工作，梳理提供全县党政群机关和事业单位共406家单位基础性信息。

（肖周杰）

老干部管理服务

【概况】　截至2018年年底，全县有离休干部119人。其中，机关40人，事业单位47人，企业单位32人；抗日战争时期参加工作11人，解放战争时期参加工作108人；享受正处级待遇4人，享受副处级待遇42人，享受科级及其他待遇73人。

【离退休干部思想政治建设、组织建设】　2018年，县委老干部局组织离退休干部集中开展"读书学习月"活动，全县9个镇（街道）、29个有离退休干部党支部的县直单位、50余个有离退休干部的单位参加活动，共收到征文43篇、心得体会34篇、照片134张、合理化建议22条，开展正能量活动9次。是年，组织老干部党支部书记、党员骨干集中观看《厉害了我的国》《党员登记表》《蜕变》等专题影片，组织离退休干部到黑铁山抗日武装起义纪念馆、王渔洋纪念馆、沂蒙红嫂纪念馆、孟良崮战役纪念馆、原山艰苦奋斗纪念馆、焦裕禄纪念馆参观学习。县离退休干部党工委着力推进有组织、有阵地、有设施、有制度、有活动、有经费"六有工程"，建成各类型老干部党支部46个，其中"功能型"党支部8个，独用阵地16个、合用30个、流动活动站1处，新配套活动设施1宗，统一制作发放制度展板240块，组织主题党日活动500余次，按照"定补＋绩效"模式落实经费，发放党建工作经费40万元。

【离退休干部服务管理】　2018年，桓台县夕阳红老干部服务社，采取专门机构、专业人员、专项经费"三专"服务举措，为离休干部提供亲情化、个性化、人性化服务，提供上门送学、免费理发、法律援助、家务中介、精神慰藉等服务项目，当年服务近2000人次。发挥县委离休退休干部工作领导小组会议机制作用，推进"承诺事项制度"的落实，共完成专设离休干部医疗费报销窗口、落实离退休干部党建工作专项经费、改造提升老干部活动设施、开通离退休干部就医绿色通道、为失能离休干部赠送辅助设施等10件实事好事。1月，落实离退休干部党建工作专项经费40余万元。2月和8月，县委、县政府召开2次全县工作情况通报会，县委书记贾刚主持，县委副书记、县长边江风通报情况，征询老干部对县委、县政府工作的意见建议。8月，组织老干部视察县公安局信息指挥中心项目、果里镇前埠村棚户区改造及园区村庄搬迁项目、西十三路北延及果里大道西延结合处建设工程项目、齐鲁创智谷项目。11月，视察桓台便民中心创新政务"云桌面"加快推进"一次办好"改革项目、县医院"医联体"项目、智慧城市展示中心、"云党建·先锋在线"平台项目、海思堡"私人定制"项目及泰宝集团智能展厅。10月，完成《山东省离休干部名录——桓台卷》编撰工作。12月，为50名困难离退休干部及遗属家庭，办理特困救助金发放手续，共发放救助款10万元。

【离退休干部文化养老】　2018年，县

2018年8月2日，老干部视察齐鲁创智谷项目　（摄影：王　悦）

老年大学共设17个专业班次,招收学员1300人,共有20余名专兼职教师参与教学活动。开设"王渔洋文化讲堂",邀请县有关部门单位的曹瑞刚、陈艳华、魏恒远、魏玉庚等知名专家进行主题宣讲,100余人的会场堂堂爆满。9月,崔铖撰写的《立足新时代展现新作为 筑牢老年大学文化养老坚强堡垒》一文在第十三次全国老年教育理论研讨会上获得一等奖。10月18日,举办"桓台县纪念改革开放40周年暨首届离退休干部文化艺术周"活动,市委老干局副局长王德水和县大班子领导出席活动现场。"艺术周"包括综艺演出、书画剪纸展、专题座谈、诗词吟诵、太极展演等形式,参演人数2000余人,"综艺演出"通过电视台和手机直播平台进行展播,观看人数1300余人,"书画剪纸展"共展出12天,参观人数1000余人次。是年,开设"桓台县图书馆老年大学分馆",投资90余万元建设文化慢走步道,县老年大学被评为省级规范化办学单位;县老干部活动中心被山东省老龄工作委员会授予第三届"敬老文明号"称号。

【离退休干部开展正能量活动】 2018年11月27日,成立"桓台县老干部志愿者协会",推出"本色家园·银耀桓台"工作品牌,组织全县离退休干部开展正能量活动。800名老干部参与"志愿清洁""志愿宣讲""志愿护苗""传播好声音"四个志愿服务项目;围绕"文化传承"主题,帮助果里镇后鲁村成功创建"书画村",积极开展送书画、送春联进万家活动。

【老干部工作队伍建设】 2018年,在城区街道西苑社区、宝龙社区、云涛社区、锦秋社区等4个单位成立老干部"功能型"党支部,推动离退休干部"四就近"工作。是年,县委老干部局制定并执行《桓台县2018年度离退休干部信息宣传计分奖惩办法》,桓台县信息报送数量、质量和发稿情况有明显改善;开设"桓台老干部"网站(域名:www.htlgb.cn)、"桓台老干局"公众号,宣传老干部工作动态,反映基层工作情况,提升老干部工作者业务能力水平。

(巩雪蕊)

农村工作

【概况】 2018年,县委农工办紧紧围绕落实发展新理念,推动全县农业农村工作高质量发展。是年,全县全年农林牧副渔现价增加值14.22亿元,粮食总产量34.33万吨,蔬菜总产量5.4万吨,水果总产量0.29万吨。

【美丽乡村标准化建设】 2018年,县委农工办组织各镇筛选符合条件的优势村、特色村进行申报,通过层层调研、筛选、评审,唐山镇后诸村、新城镇城南村、荆家镇崔家村被省委农工办确定为省级示范村;唐山镇波扎店村,新城镇河南村、邢庙村、耿三里、城西村,起风镇鱼三村,果里镇徐斜村,田庄镇辕南村被市委农工办确定为市级示范村。

5月,为加强各级示范村建设项目管理,县委农工办印发《桓台县省级、市级、县级美丽乡村示范村建设项目管理办法》,对示范村项目建设管理作出规定。

【农业产业化及农村实用人才推选】 2018年,县委农工办积极培育发展新的龙头企业,为企业提供指导服务,淄博润邦农业科技发展有限公司、山东桓台天丰面粉有限公司晋升为省级重点农业产业化龙头企业,截至年底,县内省级重点农业产业化龙头企业4家。是年,组织各镇从基层挖掘一线优秀农村实用人才,经审核、筛选,王继俊、李艳丽、于光友被淄博市人民政府办公厅评为第五届淄博市乡村之星。

【都市农业园区建设】 2018年,县委农工办立足实际,支持都市农业园区发展休闲观光、科普体验功能。截至当年底,桓台县市级都市农业示范园区20家,其中沣亿家庭农场、新坐标农业生态园为五星级都市农业示范园区,祁家村科技种植观光示范园为四星级都市农业示范园。

【玉米秸秆禁烧和转化利用】 2018年,县委农工办按照市委、市政府关于禁止露天焚烧各类秸秆要求,以推广

2018年,县委农工办指导调研美丽乡村建设工作 (摄影:张翠红)

重型作业机械、狠抓机械还田为重点，推动玉米秸秆转化利用与禁烧工作，全县33.7万亩玉米全部实现禁烧，其中机械还田30.2万亩，青贮3.2万亩，秸秆转化利用率98%以上。

（温鲁肃）

党校工作

【概况】 2018年，中国共产党桓台县委员会党校（以下简称县委党校），成功创建市级文明单位，在全市经济社会发展考核中，在党校系统获得“好”等次。是年，建校70周年之际，县委发来贺信。

2018年6月，在县委党校举办全县习近平新时代中国特色社会主义思想专题研讨班 （摄影：朱安明）

【干部教育培训】 2018年6月，县委党校发挥培训轮训党员领导干部主渠道，加强干部党性锻炼大熔炉作用，举办习近平新时代中国特色社会主义思想专题研讨班，共6期，每期5天，参训科级干部900余人次，基本实现县域科级干部全覆盖。重点安排《习近平新时代中国特色社会主义思想》《习近平新时代中国特色社会主义经济思想》《中国共产党的奋斗历程》《共产党宣言及其当代启示》等课程，体现党的理论教育和党性教育主课地位。7月18日，在全市理论宣教基地会议上，县委党校被调整充实为市新时代理论宣教基地并授牌，作书面典型经验交流。

是年，县委党校举办各类培训班8个，培训学员近2000人。县委常委到党校上课制度化，领导干部上课课时数128学时，占主体班次总课时的33%。开展基层党员干部学习习近平新时代中国特色社会主义思想宣讲活动20余场，受众1500余人次。

【教学科研】 2018年，依托本地历史文化资源优势，抓好桓台新城王氏家族家规家训、王渔洋文化廉政思想开发，完成省市各级党校系统课题11项，百题调研课题6项。完成新旧动能转换专项课题，并在全市第三十一次社会科学优秀成果评比中获得三等奖。

2018年5月21日，县委书记、县委党校校长贾刚（右二）到党校调研指导校园校舍改建 （摄影：朱安明）

【园区党校】 2018年，县委党校创新性在淄博东岳经济开发区、桓台经济开发区、桓台马桥化工产业园三个产业园区分别设立园区党校，为各园区党校提供30余堂专题精品课，供教学培训选择使用。是年，有4名教师走进园区党校，为2000名企业党员开展培训。关于园区党校建设的创新工作被《光明日报》《新华网》《大众日报》《领导科学报》等媒体报道。

【校舍改造】 2018年，在县委县政府支持下，县委党校按照利用现有、改建修缮、优化配置、完善功能思路，投资884万元对校园校舍进行装修改建，建设信息中心，加强校园文化建设，为全县建设高素质干部队伍提供全新保障。

（朱安明）

党　史

【概况】 2018年，县党史办切实抓好党史编研、党史宣教、党史资料征集工作，编辑出版党史书籍2本。通过打造精彩党史工作品牌，党史图书进书店、进校园、进图书馆等方式，进一步拓宽党史宣教平台，提升党史影响力。

【资料征集与出版发行】 2018年，县党史办扎实推进《山东省第一个女党支部书记——刘叔琴》征编工作。3—5月，分赴上海、诸城、北京开展刘叔琴史料事迹专项调研活动。在上海搜集到六届二中全会、中央特科有关图片50余幅，回忆录、回忆文章等文字资料2万5千余字，进一步了解刘叔琴在上海秘密战线上的工作；到诸城名人馆翻拍重要图片20余幅，查阅相关档案资料，搜集到刘叔琴入党介绍人王辩、王尽美的母亲、刘叔琴去延安所带女童田遥图片。4月，到山东省档案馆查阅、复印李宇超、刘叔琴工作档案。5月3日，刘叔琴女儿、儿子到桓台探访故居，县党史办就刘叔琴学习、生活、工作等细节问题与之进行详细探讨。5月5日，《淄博晚报》整版发表题为《这个农家小院走出一名坚定的马克思主义者》文章。5月13日，《鲁中晨报》两个整版刊发题为《昂首翘望宝塔山 忠心赤胆千锤炼》文章，详细介绍刘叔琴革命事迹。5月28—29日，在北京采访李宇超外甥女田遥、刘叔琴大儿媳杨培青，基本摸清刘叔琴生平大事，明确刘叔琴重要贡献，为下一步研究好刘叔琴和宣传好刘叔琴打下坚实基础。

是年，编辑出版《乌河岸边的红色记忆·人物篇》，该书主要收录新民主主义革命时期各个历史阶段，桓台籍及在桓台工作过、战斗过、为民族独立和人民解放作出突出贡献的党员干部、英模人物和著名烈士，全书20.5万字；编纂出版《中共桓台年鉴》2017卷。

【宣传教育】 2018年1月，桓台县云涛纪念馆被山东省委党史研究室命名为“第三批山东省党史教育基地”。4月12日，市委党史委主任许艳萍到桓台为云涛纪念馆授牌。5月14日，县委办公室印发《中共桓台县委办公室关于转发〈关于在全市党员干部中进一步加强党史学习教育的通知〉的通知》，要求在全县范围内进一步加强对党员干部的党史学习教育，嗣后，组织全县党员干部参与“学党史、感党恩、跟党走—全市党员学习党史党建知识竞赛”。县党史办配合《淄博晚报》、市委党史委联合推出的“不忘初心 牢记使命——传承淄博红色基因”等系列报道，发表相关报道3篇。创建“初心润童心，党史进校园”精彩党史工作品牌，6月1日，县党史办到陈庄小学向学生们赠送红色经典图书。7月2日，在《桓台大众》刊发《抗日尖兵王守谅的传奇人生》一文，引导青少年铭记历史，激发爱国情怀。党史图书进书店，进图书馆。为庆祝改革开放四十周年，讲好桓台改革开放故事，县党史办全面回顾和总结桓台县改革开放和社会主义现代化建设时期的实践经验和理论创新成果，报送论文一篇，荣获二等奖。

【省市党史部门部署工作】 2018年，县党史办按照省委党史研究室改革开放实录课题办要求，对照课题编写规范，落实修改意见，进一步搜集整理资料，充实完善《桓台“吨粮县”建设的实践与启示》课题内容。完成《执政山东——县委书记口述史料》桓台部分的编审工作，严把政治关、史料关、文字关，认真核实历任县委书记的姓名、籍贯、出生年月、职务以及书记讲话稿，确保文稿质量。编辑整理桓台县红色文化资源图录。搜集整理桓台境内革命遗址遗迹、纪念场馆、英模人物纪念场馆图片和文字介绍，为编写《淄博市红色文化资源图录》提供资料。

（王　艳）

2018年5月3日，刘叔琴儿女李婴宁（中）、李政（左二）在桓台老宅前合影留念

（摄影：王　艳）

信访工作

【概况】 2018年，中共桓台县委桓台县人民政府信访局(以下简称县信访局)全力做好矛盾纠纷排查化解、领导干部接访下访、督查督办重点案件、解决群众合法诉求、重点人员群体稳控等各项工作，扎实做好信访基层基础工作。是年，共接待、办理群众信访事项2033件(批次)，其中群众来访768起5253人次；来信149件(批次)；网上信访1116件(批次)。民生社会建设要率先突破信访工作综合成绩名列全市各区县同组第二位。

2018年7月2日，县委书记贾刚(右)在县信访局接待群众来访，调度信访工作 (摄影：徐树丽)

【接访工作】 2018年，县信访局进一步规范领导干部定期定点接待群众来访工作，每月初通过电视、报纸、公示栏、政府门户网站等方式对本月接访领导进行公示，遇到大事节点或重要敏感期，确保县领导全天接待群众来访。强化各级领导干部接待群众来访工作，推动各镇(街道)，县直有关单位每天安排一名班子成员接待群众来访。是年，先后有26名县级领导干部共计283人次在县信访局公开接待群众来访768起5253人次。

2018年9月6日，县委副书记、县长边江风在县信访局接待群众来访，调度信访工作 (摄影：徐树丽)

【办信、网上信访】 2018年，县信访局进一步将信、访、网、电等各种形式信访诉求统一纳入信访信息系统，提高网信占比。深挖数据内涵，准确把握群众信访诉求的新特点、新变化，增强信访工作前瞻性、系统性、针对性。是年，共接受网上信访1116件次，到期结案率100%；接受群众来信149件次，办信“三见面”率100%、来信到期结案率100%。

【信访积案化解】 2018年，县信访局对梳理出的信访积案和上级交办重点案件，按照“县委常委包镇(街道)，县政府副县长、公检法三长包系统”原则提交县级领导包案，共落实领导包案案件221起，结案221起，其中县委、县政府主要领导包案24起，结服率100%。积极配合包案领导结合案件实际情况，召开专题会议，制定化解方案。依托信访信息系统，做到信访积案随发现、随化解，共召开案件协调会37次，信访干部挂包督办信访案件409起，结案409起，对重点信访案件及上级交办的重点信访事项，实行挂牌督办216起，结案216起。

【重点案件办理】 2018年，县信访局对重点疑难信访案件和上级交办的重点案件重新梳理，共建立化管控工作台账166个。严格落实“诉求合理的解决到位、诉求无理的解释到位、要求过高的教育到位、生活困难的救助到位、择机上访的稳控到位、越级上访的接返到位、行为违法的处理到位”“七个到位”工作标准，依法依规做好案件办理工作。是年，中央巡视组交办28件次信访案件全部办结，按期办理率100%；省委巡视组交办信访案件63件次全部办结，按期办理率100%；省委巡视组驻桓期间交办76件次信访案件全部办结。市信访联席办交办的1起市级领导包案案件和41起县级领导包案案件全部化解，化解率100%。国家信访局交办“四个重点”信访案件2起，全部化解；省信访局交办“四个重点”信访案件共13起，全部化解。

是年，对重大、复杂、疑难的信访事项和信访积案公开举行听证，自办重点疑难信访案件148起，纳入听证122起，听证率约为82.43%，位居全市各区县第一位。

【矛盾纠纷排查】 2018年，县信访局强化信访风险预警预判，全年排查出各类苗头性问题、纠纷381起，成功化解381起，其中全国“两会”期间共排查矛盾纠纷106起，上合组织青岛峰会期间排查矛盾纠纷64起并全部化解。

【维护社会稳定】 2018年，县信访局加大信访宣传力度，强化多部门之间协调配合，配合有关部门依法处理信访活动中违法行为，维护信访秩序和社会稳定。是年，发生登记进京非访1起1人次。在各级“两会”、上合组织青岛峰会期间，实现“三零两最”工作目标，确保“五个不发生”。

（路　萌）

档　　案

【概况】 2018年，桓台县档案局（馆）内有全宗117个，馆藏文书、科技、纪检、财务等各类档案44818卷，以件为单位的近2万件。录音录像磁带档案500余盘，照片档案4000余张，资料1.3万余册。

【档案整理和收集】 2018年3月，制订年度档案接收及征集计划，建立起覆盖、服务民生和人民群众的档案体系。4月，召开镇、村档案集中整理工作部署会议，督促各镇召开整档预备会议，通过加强集中整档会议签到考勤管理，认真进行业务指导及加强年终考核等措施，继续保持全县基层基础档案工作走在全市前列。是年，接收县委、县政府、县档案局等多个全宗单位纸质档案476件，另有部分电子文档、电子目录。征集39个单位816张重大活动照片数字档案。接收《2017年桓台信息合订本》《2017年度县政府文件汇编》《2017年度县政府办公室文件汇编》《2017年桓台大众合订本》《桓台统计年鉴》《桓台年鉴》及多部门政府公开信息等桓台特色档案。完成档案扫描约35万页，共计完成75万余页。完成608家单位档案整理归档工作。

【档案编研和鉴定开放】 2018年，完成《山东档案年鉴(2017)》《中共桓台年鉴(2017)》《桓台年鉴(2018)》供稿任务；编研档案利用效果汇编一本；对馆藏满30年全宗档案进行鉴定，共鉴定档案713卷，其中51卷作为控制使用，662卷经档案局（馆）研究同意，全部按规定向社会开放。

【档案服务和宣传】 2018年，县法院通过省档案工作科学化管理示范单位测评，县检察院、县居民养老保险事业处、汇丰石化3家通过省档案工作科学化管理先进单位测评。完成2017年度共计73个单位档案统计工作。是年，全面推行电话查档、节假日预约查档、个人查档只提供身份证等便民措施，共接待查阅档案人员700余人次，利用档案6700余卷（件）次，免费复印1200多页。

【业务培训】 2018年4月，对重点建设项目档案工作进行专题培训，参加人员100余人次。是年，组织开展建筑系统、工业企业、教育系统、卫生系统、机关事业单位及村、社区档案人员业务培训工作，共举办培训班25次，培训608人。

（任美远）

2018年6月，县档案局在中心大街开展国际档案日宣传活动（摄影：薛舒潇）

信息中心

【概况】 2018年,桓台县信息中心紧紧围绕全县中心工作,出版《桓台大众》240期,组织对外发稿150余篇,其中省级50余篇、市级100余篇,做好智慧城市建设,建设大数据新闻云平台、桓台县人民政府网站,开展各项慈善公益事业。

【《桓台大众》出版发行】 2018年,《桓台大众》每周出版五期,每期八版,每周五增加八个版面。以消息、通讯、言论、图片、论坛、专版等为主要报道形式,年内共出版240期。

3月23—28日,桓台县党政考察团赴广东省考察学习。围绕县委、县政府部署要求,《桓台大众》推出"对标先进 转变思想 更新观念·我县党政考察团赴广东考察学习系列报道",全面刊发参观考察的9个区转型跨越发展经验做法。

5月,围绕"大学习、大调研、大改进"工作推出七篇评论,动员全县广大党员干部群众进一步明确工作目标和努力方向;围绕"新时代、新理念、新担当"大讨论推出七篇评论,开设《镇(街道)党(工)委书记、部门负责人访谈》栏目,推动全县上下思想再解放、观念再更新、作风再转变、工作再提升;开设《清廉桓台》专题栏目,促进广大党员干部树牢廉洁意识。

7月,开设《深化"一次办好"优化营商环境》《窗口服务标兵风采》等栏目,报道有关职能部门典型做法和工作成绩突出的先进个人等。

11月,开设《新时代 新气象 新作为》《2018聚焦民生》《2018聚焦项目》《2018寒冬送温暖》等栏目,组织记者到镇村采访,报道基层新面貌、新气象、新风尚。

是年,组织报道中央巡视反馈问题整改、中央环保督察反馈问题整改、扫黑除恶、打好"三大攻坚战"、推进"双招双引"、深化改革、乡村振兴、违法建设治理、环境综合整治、"十个率先突破"单项考核排名、创建文化强省建设先进县、创建省级健康促进示范县、改革开放40年、禁放限放烟花爆竹、文明城市、厚道鲁商、项目建设、转型升级、关注民生、安全生产等工作,促进各项工作深入扎实开展。

【智慧桓台建设】 2018年,县信息中心主持升级改造全县电子政务外网公共服务域和行政服务域,基本实现"全域路路通"。部门、镇(街道)全覆盖接入政务外网,纵向贯通市、县、镇、村四级,横向连接全县116个部门(单位)及9个镇(街道),在全市率先将政务外网建设范围扩展到镇卫生院和村。

组织县直62家部门(单位)编制信息资源目录1840条,信息资源项总数11084个,初步摸清数据家底。通过汇聚公安、工商、民政等部门数据,初步建成人口、法人等五大数据库,归集各类数据1050万条。依托地理信息共享平台,完成全县地理信息资源整合,为公安、住建等部门的十几个业务系统提供基础地图服务。在全市率先推进自然人电子证照库建设,采集全县人口电子证照信息,实现与人口库关联,为"一次办好"改革减少证明材料提供数据支撑。依托全域网格化管理服务平台,对人口库定期更新,实现4.8万余套房屋人房关联。

借鉴南方地区先进经验和做法,打通人社、工商、国土、交警、公积金等部门的业务系统接口,在全省率先开发自助服务终端,为办事群众提供自助网上查询、电子表单填报及打印等服务,减少原有的人工填表、咨询等环节,实行政务服务24小时不打烊制度制度。

通过与建设银行开展全方位合作,解决智慧城市建设中资金瓶颈问题,推进社会综合治理云平台、平安社区、智慧医疗、智慧食品药品监管等项目建设进度。

在全省率先建设在线矛盾纠纷多元化解平台,以人工智能、云计算、大数据等技术为依托,将线下纠纷解决模式搬到线上,从法律咨询、评估,向在线调解、在线仲裁、在线诉讼层层递进,使矛盾纠纷被过滤、分流,最大程度先行化解、减少进入诉讼程序案件。至2018年底,社会综合治理云平台基本开发完成。

在全市率先推进以人脸识别、车牌识别、周界报警等为主的平安社区建设。一期先行建设少海花园、海圣春天、天煜星河等13个社区。积极吸引社会资本参与到平安社区建设中,引入智慧社区建设,方便居民网上报修、缴纳水电费和物业费,提高社区居民的舒适性和安全性。至年底,一期13个社区建设完成,平安社区建设全面展开。

智慧医疗、智慧食品药品监管等平台建设完成项目招投标,进入建设阶段。

社会综治云平台、智慧城管平台等应用系统实现数据共享、系统对接。清理县委组织部、县住建局自建机房。探索县医院、县中医院等单位业务系统迁移上云,为医疗数据整合共享提供支撑。

统筹整合安全生产、环保、违建治理、信息采集、城乡容貌等15项工作职能,实现县镇村三级联动。每个网格配备一名专职网格员,每天在网格内发现上报问题、采集人口房屋信息,建立采集、上报、派遣、处置、反馈、核查、结案7步工作流程。全县人口信息录入系统,汇总全县近3万家"九小场所"数据,建设特殊及重点服务人群管理系统、社会治安防控系统,打造出社会治理"大数据仓库"。利用网格化平台,全面推进违建治理、散乱污企业治理、精准扶贫等中心工作。城乡居民可以通过微信、客户端上传问题,日均上报问题数量近2000条,截至2018年底,共上报处理各类问题50

余万条。

建立覆盖桓台县全区域、多尺度、多类型的基础地理信息数据库，实现地理信息数据统一管理、集中展示和应用分析，为数字城管、全域网格化、企业管理服务、公安应急指挥等平台提供地理信息支撑；云计算中心先后为县委宣传部、县环保局、县水务局等部门提供云计算、存储服务，实现资源集中利用。

依托智慧城市建设，积极引导发展云计算、大数据、互联网、物联网、人工智能、软件信息产业，设立扶持智慧产业发展奖励资金。分别与两家上市公司合作，成立两家信息化企业并落户创智谷，带动全县智慧产业发展。

【大数据新闻云平台建设】 2018年8月，县信息中心组建桓台大众视频工作室、桓台大众航拍工作室，重点打造视频桓台、音频桓台、直播桓台、航拍桓台、H5桓台五大新媒体产品。《桓视频》系列短视频制作、《桓台每日早新闻》《桓台每周新闻播报》《散文朗诵》的音频制作以及H5等融媒体宣传方式得到受众和市场认可。

是年，继续发展壮大桓台县人民政府网站、云媒宝·桓台APP、桓台发布微博微信、桓台大众微博微信、桓台大众头条号、桓台手机报、桓台新闻网等各类媒体，开通齐妹子直播、桓台党建、桓台旅游、桓台房产等微信公众号，开通运行和维护管理的微信公众号近20个，形成新闻宣传微信矩阵。

【“桓台政务网”管理】 2018年，桓台县人民政府网站日均点击量超过1万次。云媒宝·桓台APP平均每天发布本地新闻50条以上，转发国内国际新闻500条以上。桓台发布微博、桓台大众微博，每天发布信息70余条。桓台发布微信工作日每天发布一期，每周发布信息20条以上。桓台大众微信每周发布信息50条以上，粉丝数量超12万人。桓台大众头条号工作日每天发送稿件5篇以上，累计阅读量超过200万次。桓台手机报工作日每天发送一次，累计发送2000多期。桓台新闻网，突出新闻发布、生活服务等内容，方便网民阅读资讯。

【慈善公益事业】 2018年2月27日，县信息中心联合惠仟佳购物广场、喜乐佳超市、桓台百货大楼发起“爱心助农”暖春公益行动，帮助高青县花沟镇菜农销售滞销西红柿。记者赴高青产地挑选并零利润出售，爱心市民排队购买，几天时间销售西红柿0.75万公斤。

5月5日，联合共青团桓台县委开展公益青年相亲交友活动，吸引百余名优秀单身男女青年报名参加，通过互动游戏、面对面沟通等方式促进交流，5对青年男女牵手成功。

6月3日，联合县慈善总会、县红十字会、永康视力提升中心开展“美好视界·光明行”大型公益捐赠活动，免费为数百名品学兼优的中小学生捐赠价值44万余元降度镜、护眼仪、训练卡等近视防控专利产品。

6月13日，与淄博市中心血站合作成立淄博市第一辆媒体冠名献血车—桓台大众爱心献血车，并评选表彰5名无偿献血楷模和3名无偿献血志愿者。

7月初，为庆祝《桓台大众》创刊25周年，制作5000把清凉扇，在县人民公园、县便民中心、公交公司桓台站等地免费派送。

8月1—15日，在张北路巨隆家居广场门前设立桓台大众 & 齐妹子直播“爱心补水站”，冰箱内冷饮、雪糕供夏日劳动者免费取用。

8月10日，联合鲁山山泉桓台总代理开展“爱心送水、情暖桓台”活动，走上街头向环卫工人、保安、建筑工人等劳动者免费发放矿泉水。

9月27—28日，为庆祝中华人民共和国成立69周年，与云涛社区居委会、淄博辰星物业联合开展“挂国旗庆国庆，让国旗飘扬”活动，在镇南大街、春蕾巷道路两侧悬挂国旗，激发社区居民爱国热情。

（高春燕）

台湾事务

【概况】 2018年，中共桓台县委台湾工作办公室（加挂桓台县人民政府台湾事务办公室牌子，以下简称县台办）扎实开展对台经贸工作，着力优化营商环境，提升服务水平；实施“走出去”“请进来”战略，开展对台招商活动。加大入岛交流力度，促进桓台与台湾多方位交流与合作；主打“情”字牌，围绕亲情、乡情、血浓于水的同胞情，加强与台商、台胞、台属联系，传递党和政府关怀、温暖；挖掘利用桓台县历史文化资源，宣传本地民俗、旅游、建筑、书画等特色文化，培养台胞对故乡的自豪感、认同感和归属感。做好对台宣传和涉台教育工作，进一步提升桓台知名度。是年，县台办被市台办评为“2017年对台工作先进单位”。

【对台经贸】 2018年3月、9月，县台办分别制作《关于促进两岸经济文化交流合作的若干措施》（“31条惠台措施”）和《台湾问题基础知识问答》宣传册，向台资台属企业及台属集中发放并讲解“31条惠台措施”、《市人才新政23条》适用对象和具体内容，希望台属多介绍桓台，鼓励台胞到桓台落户发展，共发放宣传册300余本。4月，在参加淄博市维护台商台胞权益及经贸考察活动期间，县台办领导会见台湾远扬开发建设股份有限公司董事长范德炉、总经理范光远，初步达成到桓台投资兴办一处高档次幼儿园项目意向，预计投资人民币1600多万元，招生规模300人。随后县台办多次就项目选址、建设标准等问题与有

2018 年 9 月 20 日，县台办召开 2018 年台商、台胞、台属中秋节座谈会

（摄影：刘丛丛）

关部门接洽，推进项目落地。9 月，县台办受邀参加由市台办主办、市台商协会承办的两岸书画家交流笔会暨两岸艺术大师工作室揭牌仪式并协助做好筹备和服务工作。10 月，县台办与县商务局赴上海会见两岸经营者俱乐部、两岸企业家联合会理事长王国安，随后在“山东省桓台县（上海）招商推介会”上，与两岸经营者俱乐部签订促进桓台经济发展合作协议。是年，先后两次到台资台属企业走访调研，掌握企业及台商情况，帮助解决生产、生活中实际困难。

【对台交往交流】 2018 年 1 月，县台办与县老年书画学会第三分会举办“送春联下乡”活动，到马桥镇南郭村为台属企业山东乾润建设工程有限公司和村民免费写春联、送春联，书画家们共书写春联 60 余幅，书画作品 30 余幅。2 月，走访县内 15 户重点台属，为他们送去油、鸡蛋、调味品等节日物资。4 月，到起凤镇看望回乡探亲的 91 岁老台胞、桓台台湾同乡会秘书长陈金山，向其介绍家乡发展变化，叮嘱其保重身体，多回家乡走走看看。同月，参加淄博市维护台商台胞权益及经贸考察活动，考察台北内湖科技园区、台湾花莲文化创意产业园，参观长庚养生文化村，了解台湾医、疗、养一条龙服务情况，参访了解台湾神农国际农业产品开发、销售情况。拜访李天羽、秦慧珠等台湾知名人士，向其介绍桓台的变化及经济、文化发展等方面取得的成就。8 月，国务院办公厅《港澳台居民居住证申领发放办法》颁布后，县台办及时与相关单位对接居住证办理系统运行事宜，通过面对面沟通、打电话、发信息等方式向台胞讲解政策和办理过程中需要注意的事项，全年共办理赴台手续审核报批 15 人次。9 月，召开 2018 年台商、台胞、台属中秋节座谈会，县内部分台商、台胞、台属代表和各镇、街道对台工作人员 20 余人参会。座谈会上，通报 2019 年 1—9 月桓台县对台工作开展情况，分析两岸关系发展局势，学习了解“31 条惠台措施”、《港澳台居民居住证申领发放办法》和多起台湾间谍策反大陆学生案件相关情况，部署统计台资、台属企业及台胞、台属情况任务要求。

【对台宣传和涉台教育】 2018 年，县台办加大中共中央对台方针政策宣传力度，及时把握台湾形势新发展、新变化，利用与来桓台探亲、投资的台胞、台商接触交流机会，宣传中央对台方针政策。在“华夏经纬网”“山东台办网”“省台港澳办网”《桓台大众》等新闻媒体发稿 6 篇，宣传桓台的历史人文、投资环境、经济和社会建设成就，进一步提升桓台知名度。

（刘丛丛）

本部类责任编辑　王　静

桓台县人民代表大会

【概况】 2018年，桓台县人民代表大会常务委员会在中共桓台县委坚强领导下，以习近平新时代中国特色社会主义思想为指导，深入贯彻党的十九大和习近平总书记视察山东重要讲话、重要指示批示精神，紧紧围绕全县工作大局，依法履职，担当作为，努力推动人大工作创新发展，为开创桓台转型跨越发展新局面作出积极贡献。

一年来，常委会依法行使监督权、决定权、任免权，组织召开常委会会议13次、主任会议6次，听取审议“一府一委两院”专项工作报告42项，依法作出决议决定12项，开展各类视察调研活动21次，提出工作建议和意见139条，处理人民群众来信来访62件次，依法决定任免国家工作人员61人次。

【重要会议】 2018年1月5日，县十八届人大常委会第八次会议在县人大常委会机关举行。会议听取审议拟向县十八届人大二次会议提交的《县政府工作报告》（讨论稿）、《县人大常委会工作报告》（讨论稿）；县政府关于提请批准将果里镇东和嘉园（东马村、龙东村）建制镇驻地棚户区改造项目政府购买服务资金纳入财政预算的报告；听取审议并表决通过县人大常委会提交的关于召开县十八届人大二次会议的有关事项和关于批准将桓台县果里镇东和嘉园（东马村、龙东村）建制镇驻地棚户区改造项目政府购买服务资金纳入财政预算的决议；根据县法院院长王旭提请，任命王伟为县人民法院副院长、审判委员会委员、审判员；接受县法院院长王旭辞呈；根据县人大常委会主任会议提请，决定任命王伟为桓台县人民法院代理院长。县人大常委会主任刘春杰向王伟颁发任命书，王伟接受任命书后向宪法宣誓。副主任赵霞主持全体会议。

1月7—10日，桓台县第十八届人民代表大会第二次会议在桓台宾馆召开。会议听取审议县长边江风作的政府工作报告、主任刘春杰作的县人大常委会工作报告、代院长王伟作的县法院工作报告、检察长杨宝刚作的县检察院工作报告，审议审查县政府书面提交的《关于桓台县2017年国民经济和社会发展计划执行情况与2018年计划草案的报告》《关于桓台县2017年预算执行情况和2018年预算草案的报告》，作出关于批准以上六个报告的决议。会议选举耿庆玮为县监察委员会主任，补选王伟为县人民法院院长、曹成刚为县人大常委会委员。县委书记贾刚在会议闭幕时作题为《展现新面貌 谋求新作为 努力开创桓台转型跨越发展新局面》讲话。

1月10日，县十八届人大常委会第九次会议在县人大常委会机关举行。会议根据县监察委员会主任耿庆玮的提请，任命张远聿、李涛为县监察委员会副主任，任命柏建全、徐兵、刘允星、宋建平为县监察委员会委员。县人大常委会主任刘春杰向新任命人员颁发任命书。副主任邵明义主持全体会议。会议拟任命人员到会作供职发言并于获任命后集体向宪法宣誓。

3月30日，县十八届人大常委会第十次会议在县人大常委会机关举行。会议听取审议县政府《关于深入实施科技创新驱动工作情况的报告》《关于〈土地管理法〉贯彻执行及巩固落实“多规合一”试点成果工作情况的报告》《关于〈城乡规划法〉贯彻执行及强化规划引领发展工作情况的报告》；听取审议并表决通过县人大常委会《关于表彰2017年度执法工作先进单位的决定》；根据县长边江风提请，决定任命王允强为县民政局局长、庞月明为县司法局局长、许立勇为县综合行政执法局局长，决定免去齐胜利的县民政局局长职务、王世亮的县司法局局长职务。县人大常委会主任刘春杰向新任命人员颁发任命书并作会议总结讲话。副主任李树强主持全体会议。会议拟任命人员到会作供职发言并于获任命后集体向宪法宣誓。

4月26日，县十八届人大常委会第十一次会议在县人大常委会机关举行。会议听取审议县公安局《关于提请许可对个别县人大代表刑事拘留的请示》，经过表决，决定许可对个别县

2018年1月7—10日，桓台县第十八届人民代表大会第二次会议在桓台宾馆召开 （摄影：刘 夺）

人大代表采取刑事拘留措施，并暂停其执行县人大代表职务。

5月18日，县十八届人大常委会第十二次会议在县人大常委会机关举行。会议听取审议县政府《关于将S29滨莱高速桓台北互通立交连接线东延工程PPP项目财政支出责任列入中期财政规划有关情况的报告》《关于将桓台县“绿道网”建设工程PPP项目财政支出责任列入中期财政规划有关情况的报告》；听取审议并表决通过县人大常委会《关于批准将S29滨莱高速桓台北互通立交连接线东延工程PPP项目财政支出责任列入中期财政规划的决议》《关于批准将桓台县“绿道网”建设工程PPP项目财政支出责任列入中期财政规划的决议》；根据县长边江风提请，决定任命史锐为县政府副县长（挂职）。县人大常委会主任刘春杰主持会议并向副县长史锐颁发任命书。史锐接受任命书后向宪法宣誓并作就职表态发言。

5月30日，县十八届人大常委会第十三次会议在县人大常委会机关举行。会议听取审议县政府《关于扫黑除恶及公安工作开展情况的报告》《关于生态水系提升工程进展及“河长制”管理工作情况的报告》《关于〈城市管理法〉贯彻执行及提高城市功能水平、优化城市发展环境工作情况的报告》《关于〈食品安全法〉〈药品管理法〉贯彻执行及食品药品监督管理工作情况的报告》。县人大常委会主任刘春杰作会议总结讲话。副主任赵霞主持全体会议。

7月26日，县十八届人大常委会第十四次会议在县人大常委会机关举行。会议听取审议县政府《关于2018年上半年国民经济和社会发展计划执行情况及推动重点园区建设工作情况的报告》、关于2017年决算和2018年上半年预算执行情况、关于2017年度县级预算执行和其他财政收支的审计工作情况的报告，县税务局《关于〈税收征收管理法〉贯彻执行情况的报告》，县人大财经委《关于2017年县级决算草案审查结果的报告》，表决通过县人大常委会《关于批准桓台县2017年县级决算的决议》。县人大常委会主任刘春杰作会议总结讲话。副主任李树强主持全体会议。

8月31日，县十八届人大常委会第十五次会议在县人大常委会机关举行。会议听取审议县公安局《关于提请许可对个别县人大代表刑事拘留的请示》，经过表决，决定许可对个别县人大代表采取刑事拘留措施，并暂停其执行县人大代表职务。

9月26日，县十八届人大常委会第十六次会议在县人大常委会机关举行。会议听取审议县政府关于开展“技术改造突破年”推动传统产业转型升级工作情况、关于《环境保护法》贯彻执行及环境保护工作情况、关于《安全生产法》贯彻执行及安全生产工作情况、关于招商引资和外经外贸工作情况的报告，县人大常委会法官检察官履职评议工作领导小组《关于2018年度检察官履职评议工作情况的报告》，表决通过对被评议检察官履职评议意见和县检察院提请的人事任免案。县人大常委会主任刘春杰作会议总结讲话。副主任赵霞主持全体会议。

11月28日，县十八届人大常委会第十七次会议在县人大常委会机关举行。会议视察全县道路交通重点项目建设情况；听取审议县政府关于人大代表建议批评和意见办理工作情况，县监察委员会关于监察工作情况，县法院关于诉调对接机制改革工作情况，县检察院关于队伍专业化建设工作情况的报告，县政府关于政府机构的相关备案报告；根据县长边江风提请，任命冯玉军为县政府科技副县长（挂职）、胡智慧为县行政审批服务局局长、刘斌为县退役军人事务局局长；听取审议并表决通过县法院《关于提请确定人民陪审员名额的报告》。县人大常委会主任刘春杰向被任命人员颁发任命书并作会议总结讲话。副主任李树强主持全体会议。胡智慧、刘斌到会作供职发言并向宪法宣誓。

12月24日，县十八届人大常委会第十八次会议在县人大常委会机关举行。会议听取审议县财政局局长董兆清受县政府委托所作的《关于桓台县2018年地方政府债务限额及预算调整方案的报告》和县公安局《关于提请许可对个别县人大代表取保候审的请示》；经过表决，批准2018年桓台县地方政府债务限额和2018年县级预算调整方案，许可对个别县人大代表采取取保候审措施并暂停其执行县人大代表职务。

【重要决议、决定】 2018年3月30日，县十八届人大常委会第十次会议通过《桓台县人大常委会关于表彰2017年度执法先进单位的决定》。

5月18日，县十八届人大常委会第十二次会议通过《桓台县人大常委会关于批准将S29滨莱高速桓台北互通立交连接线东延工程PPP项目财政支出责任列入中期财政规划的决议》《桓台县人大常委会关于批准将桓台县“绿道网”建设工程PPP项目财政支出责任列入中期财政规划的决议》。

7月26日，县十八届人大常委会第十四次会议通过《桓台县人大常委会关于批准桓台县2017年县级决算的决议》。

【工作监督】 2018年，县人大常委会会议和主任会议围绕促进经济科学发展，听取审议县政府及有关部门关于推动重点园区建设和传统产业转型升级、服务业、建筑业、旅游业、中小企业发展、外经外贸及招商引资、安全生产、部门预算备案审查工作情况专项工作报告；围绕保障和改善民生，听取审议城乡规划、土地管理、优化城市发展环境等专项工作报告；围绕人民群众最关心、最直接、最现实利益问题，听取审议文化、民政、卫生、教育体育、食品药品监管等专项工作报告；围绕“三农”工作，听取审议生态水系提升工程、“河长制”管理、供销为农服务情况专项工作报告；对美丽乡村创建、马踏湖生态旅游度假区、红莲湖配套设施项目建设、道路重点项目建设、加快建设智慧城市等工作进行视察和调研；围绕对执法工作的监督，听取审议城市管理行政执法情况、扫黑除恶工作情况、县监察委监察工作情况、县法院诉调对接机制改革工作情况、县检察院队伍专业化建设工作情况报告。是年，共举行常委会会议8次，听取审议专项工作报告26项，主任会议6次，听取审议专项工作报告16项，组织开展视察、调研23次，对“一府一委两院”提出意见和建议187条。

【法律监督】 2018年，县人大常委会会议听取审议县政府《关于扫黑除恶工作情况的报告》；听取审议县监察委《关于推进国家监察体制改革工作情况的报告》；分别听取审议县法院《关于诉调对接机制改革工作情况的报告》，县检察院《关于队伍专业化建设工作情况的报告》。主任会议听取县政府《关于全县民政事业发展情况的报告》《关于全县公共法律服务工作情况的报告》。有关专门委员会组织开展专题调研活动，分别对全县公安信息化建设及扫黑除恶，全县养老服务体系建设，深化“一次办好”改革、打造“三最”城市升级版等群众关心和社会关注的热点工作进行调研，为县人大常委会有效履行监督职能提供有力服务和保障。信访督办力度进一步加大，人大常委会机关接待处理群众信访62件次，依法督促解决群众反映的一些问题。加强规范性文件备案审查工作，接受县政府及有关部门报备规范性文件7件，并对相关文件组织进行主动审查。

【检察官履职评议】 2018年，在开展法官履职评议工作基础上，县人大常委会确定当年开展检察官履职评议工作，进一步调整充实由县人大常委会分管副主任任组长的“两官”履职评议工作领导小组。根据县人大常委会《关于法官检察官履职评议工作的意见》，起草制定《2018年度检察官履职评议工作实施方案》。整个评议过程，严格落实《方案》要求，做细做实每个阶段每个环节工作。领导小组召开会议进行全面动员部署，随机抽取确定五名检察官作为履职评议对象。坚持客观公正、注重公论的原则，采取民主测评、个别座谈、电话访问、征询意见、案卷评查等方式开展调研，力求全面客观体现每名被评议检察官履职情况。通过汇总分析，领导小组形成履职评议工作情况有关材料。主任会议听取领导小组《关于2018年度检察官履职评议工作情况的报告》和五名检察官的个人评议意见，研究决定提交县人大常委会审议表决。9月26日，县十八届人大常委会第十六次会议经过审议，通过《关于2018年度检察官履职评议工作情况的报告》和五名检察官个人评议意见。五名被评议检察官对待履职评议工作思想端正、态度积极，主动配合、认真整改。县检察院高度重视，就贯彻落实县人大常委会评议意见逐项研究制定整改措施，认真解决评议中发现的具体问题，确保各项整改措施落实到位。通过开展履职评议工作，促进规范司法、公正司法。

【依法行使任免权】 2018年，县人大常委会决定任免县政府组成人员职务9人（次），其中任命7人（次），免2人（次）；任命县法院副院长1人（次）；任命县监委成员6人（次）；免去县检察院检察人员14人（次）。

【代表建议、批评和意见办理】 2018年，收到县十八届人大二次会议代表建议、批评和意见59件，涉及8个镇、23个部门和单位。其中，农业农村类14件，城建交通环保类26件，社会保障财贸类6件，经济建设类4件，科教文卫类9件。代表们所提意见建议已经解决或基本解决36件，占61%；正在解决或列入计划逐步解决22件，占37%；留作参考1件。代表对办理结果满意和基本满意率100%。

在督办代表建议过程中，坚持实行人大常委会主任、副主任分工督办制度，坚持以提高办理质量为重点，以解决实际问题为目标，强化督办工作。县政府及有关部门对办理工作高度重视，实行分管县长和部门首长负责制，专人负责具体办理，并通过走访代表等多种形式征求代表对办理工作的意见。

【视察调研】 2018年3月，调研全县林业工作，实地察看东猪龙河桓台自行车慢骑道、S29高速路桓台北连接线、起马路、少海路城外段绿化工程现场，并听取县林业局负责人工作汇报。县人大常委会主任刘春杰对林业工作进行点评，对全县林业工作取得的成绩给予充分肯定，并提出意见建议。

5月，调研全县公安信息化建设及扫黑除恶工作，听取县公安局近年来整体工作情况汇报，观看全县公安工作专题片，实地察看网格安全监管中心、合成警务中心、应急指挥中心、党建工作中心及橡树玫瑰城警务工作站，对全县公安信息化建设及扫黑除恶工作取得的成绩给予高度评价，并提出意见建议。调研全县城市建设重点项目建设工作，先后到县城老旧小区改造及社区公园、城区雨污水管线改造、绿道网工程、档案馆项目、城区公厕、人民公园提升改造等项目现场

2018年5月9日，县人大法制委员会调研全县公安信息化建设及扫黑除恶工作（摄影：王学宇）

实地调研，听取相关工作情况汇报，对全县城市建设工作取得的成绩给予充分肯定，并提出意见建议。

7月，调研科技工作，先后到淄博黄河龙生物工程有限公司、山东序元环保科技有限公司、山东汽车弹簧厂淄博有限公司实地调研，听取有关负责人科技创新驱动工作情况汇报，对全县科技工作取得的成绩给予充分肯定，并提出意见建议。

11月，调研全县道路交通重点项目建设，先后到S29连接线东段、西十三路北延、西五路北延、果里大道西延等施工现场实地查看，听取县交通运输局负责人工作汇报，对全县道路交通重点项目建设工作取得的成绩给予充分肯定，并提出建议意见。

是年，县人大常委会强化专门委员会建设，充分发挥专门委员会职能作用。各专门委员会在分工督办代表建议、辅助常委会决策、组织代表开展活动、服务常委会调研等方面积极探索实践，把视察调研和听取专项工作汇报作为主要履职方式，每季度定期组织开展活动。一年来，各专门委员会先后对全县扫黑除恶、生态环保、教育卫生均衡发展、综合执法、智慧城市建设、土地管理、林业生产、医疗养老项目、落实河长制湖长制等20项工作进行视察调研，提出意见建议96条，充分发挥专门委员会在新时代人大工作中作用。

2018年11月28日，县人大常委会组成人员和城环委委员调研全县道路交通重点项目建设情况　（摄影：王学宇）

【代表工作】　2018年，继续坚持主任、副主任分工联系代表制度，半年一次走访全体县人大代表，并向代表通报人大常委会工作情况，征求代表意见。每次常委会邀请10名以上市、县人大代表列席常委会会议。为代表订阅人大专业报刊，及时向代表发送县人大常委会《会刊》及有关资料。组织开展代表闭会期间的活动，特别是“双联”（人大常委会与人大代表联系、人大代表与人民群众联系）活动。加强镇村民情联络站点建设，为代表开展活动提供便利。指导各镇人大、城区街道人大工委加强代表小组活动制度化、规范化建设。根据常委会视察调研内容，组织有关方面代表参加视察调研活动，发挥人大代表作用。坚持邀请各镇人大，城区街道、经济开发区人大工委负责人列席常委会会议，通报情况交流经验，促进全县基层人大工作发展。

（刘　夺）

本部类责任编辑　王　静

桓台县人民政府

重要会议

3月1日，全县卫生与健康暨创建省级健康促进示范县动员大会在县会务中心召开。会议要求进一步认清形势、坚定信心，增强做好省级健康促进示范县创建工作紧迫感和责任感。聚焦重点领域和关键环节，着力提升健康服务能力、消除影响健康隐患、推进医药卫生改革、营造安全健康环境、培育发展健康产业，加快推进重点任务落地生根。完善投入保障机制，形成工作合力，强化宣传领导，把健康桓台各项任务落到实处。

3月1日，全县新旧动能转换重大工程推进大会在县会务中心召开。会议总结2017年全县新旧动能转换、工业强县建设等工作，分析面临的形势，安排部署全县新旧动能转换重大工程系列工作任务，动员全县上下抓住机遇、积极作为，在新旧动能转换中攻坚克难、砥砺奋进。

3月4日，全县公安工作会议在桓台宾馆二楼会议室召开。会议总结2017年度工作并对全县公安机关涌现出来的先进集体和个人进行表彰，对2018年全县公安工作进行部署。

3月14日，桓台县建筑工程正规化建设暨2018年度复开工动员大会在县会务中心第三会议室召开。会议通报表彰2017年度建设工程施工管理先进单位，宣读《关于进一步加强建筑施工现场扬尘污染防治的工作方案》，传达《淄博市住房和城乡建设系统2018年安全生产工作要点》《关于严把跨年度工程复工关确保施工安全的通知》，与会企业相关责任人签订安全生产目标责任书。

4月5日，全县经济运行工作调度会议在县会务中心召开。会议强调要准确把握当前桓台县运行态势，坚定稳增长信心和决心，按照市委、市政府“走在前列”要求，扎扎实实做好每一项工作，确保经济平稳较快增长。要认真研究经济运行中各种问题，分析原因，制定措施，确保各项经济指标按时间进度完成。会议并就推进全县经济运行稳步发展讲了具体意见。

5月11日，全县创建省级食品安全县工作调度会在县会务中心第三会议室召开。会议要求扎实做好2018年食品安全各项工作，全面把握做好食品安全工作根本遵循，全域推进创建工作，全链条实施餐饮质量安全提升工程，全线筑牢食品安全风险防控体系，全力打造共治共享格局。

5月14日，全县农村集体产权制度改革工作推进会议在县会务中心第六会议室召开。会议强调全县各级要深刻认识深化农村集体产权制度改革和农村集体资产清产核资重大意义，切实把思想认识统一到党中央决策部署和省市工作要求上来，全力推进各项工作任务落实落细。会议并对农村集体产权制度改革和清产核资工作提出要求。

6月26日，全县第四次经济普查动员会在县会务中心第三会议室召开。会议强调普查是党的十九大之后开展的首次重大国情国力调查，要查清查全、查准查实，全面反映经济发展成就、质量与优势。全县上下要切实增强做好普查工作的责任感和紧迫感，提高认识，扎实推进，确保第四次经济普查各项工作顺利开展。

7月6日，全县推动企业上市和并购重组动员大会在县会务中心第三会议室召开。会议要求各级各有关部门要强化服务、全力支持，加快建立完善“政府引导、企业自主、市场运作、政策扶持”工作机制，对企业遇到的实际困难，积极响应、及时解决，营造良好上市融资环境。鼓励有实力、讲诚信中介机构在桓台设立分支机构，为企业改制上市和并购重组提供优质服务。

7月19日，全县安全生产紧急会议在县会务中心第三会议室召开。会议通报7月18日下午山东金海洋纸业有限公司发生中毒事故相关情况，深刻分析当前安全生产面临的严峻形势，并就做好安全生产工作进行安排部署。

9月14日，“全国义务教育优质均衡发展县”创建工作推进会在县会务中心召开。会议安排部署桓台县创建工作相关事宜，通报2018年以来“全国义务教育优质均衡发展县”创建工作进展情况。

10月1日，全县安全生产工作会议在县会务中心召开。会议贯彻落实省市主要领导重要指示批示和9月30日全市安全生产工作会议精神，分析当前安全生产形势，查找前段工作问题，对国庆长假和四季度安全生产工作再部署、再强调、再推进、再加力、再落实。

10月17日，全县环境保护工作调度会在县会务中心第六会议室召开。会议要求各级要牢固树立“绿水青山就是金山银山”理念，把环境保护工作抓实、抓细、抓牢、抓到位。对开展扬尘治理和强化刑责治污提出具体要求。会议还通报1至3季度全县环境质量情况，并就做好迎接中央环保督察“回头看”准备工作进行安排部署。

12月5日，全县乡村振兴暨环保攻坚推进会议在县新时代文明实践中心大剧院召开。会议指出实施乡村振兴战略，是以习近平为核心的党中央作出的重大战略决策，是决胜全面建

成小康社会的重大历史任务，是新时代做好“三农”工作的总抓手。会议要求各级要切实提高思想认识，高标准谋划、高质量推进，全力打造乡村振兴桓台样板。

12 月 11 日，桓台县 2019 年项目发布暨新旧动能转换重点项目集中签约授信活动筹备会议在县会务中心第五会议室召开。会议指出各级各部门要坚定不移地把发展抓在手上、将责任扛在肩上，持续抓投入、抓项目，为新旧动能转换注入新鲜动力。会议强调桓台县 2019 年项目发布暨新旧动能转换重点项目集中签约授信活动筹备工作已经进入关键期，各级各有关部门要统一思想，提高认识，以更加强烈的责任感和紧迫感，有条不紊、扎实有序地推进各项筹备工作。

12 月 13 日，全县打击逃废银行债务专项行动工作会议在县会务中心召开。会议分析当前桓台县面临的金融生态安全形势，对打击逃废银行债务问题作出全面部署。会议宣读《桓台县打击逃废银行债务优化金融生态专项行动工作方案》，各部门主要负责人作表态发言。

（赵金辉）

重大决策和工作部署

1 月 7 日，县政府印发《关于桓台县在市场体系建设中建立公平竞争审查制度的实施意见的通知》。

1 月 24 日，县政府办公室印发《关于桓台县加快推进畜禽养殖废弃物资源化利用实施方案的通知》。

1 月 31 日，县政府印发《关于进一步加快经济园区科学发展的意见（试行）》。

2 月 2 日，县政府办公室印发《关于进一步做好全县突发事件应急体系建设的意见》。

2 月 6 日，县政府印发《关于〈桓台县土地整治规划（2016 - 2020 年）〉的批复》。

2 月 12 日，县政府印发《关于桓台县特困人员供养制度实施办法的通知》。

3 月 19 日，县政府办公室印发《关于优化镇（街道）村（居）卫生计生机构队伍推进卫生计生服务管理一体化工作的实施意见》。

3 月 30 日，县政府办公室印发《关于桓台县人民政府办公室关于印发桓台县旧村改造管理办法（试行）的通知》。

3 月 30 日，县政府办公室印发《关于桓台县第二次全国污染源普查实施方案的通知》。

4 月 20 日，县政府办公室印发《关于 2018 年招商引资技术改造重点项目审批服务工作的意见》。

4 月 28 日，县政府印发《关于进一步推进涉农资金统筹整合的意见》。

4 月 28 日，县政府办公室印发《关于桓台县粮食生产功能区划定工作实施方案的通知》。

5 月 18 日，县政府印发《关于发布调整〈山东马踏湖省级地质公园规划（2012—2025 年）〉功能区范围的通知》。

5 月 21 日，县政府办公室印发《关于桓台县青少年健康与发展项目实施方案的通知》。

5 月 24 日，县政府印发《关于削减调整一批县级行政权力事项的通知》。

6 月 4 日，县政府办公室印发《关于加快中小企业壮大提升的意见》。

6 月 8 日，县政府办公室印发《关于 2018 年为全县妇女儿童办实事的通知》。

6 月 25 日，县政府办公室印发《关于转发县卫计局等部门桓台县精神卫生工作规划（2018—2020 年）的通知》。

7 月 5 日，县政府办公室印发《关于桓台县 2018 年大气污染防控工作实施方案的通知》。

7 月 6 日县政府印发《关于鼓励企业上市和并购重组助推新旧动能转换的意见》

7 月 11 日，县政府办公室印发《关于 2018 年全县煤炭清洁高效利用工作实施方案的通知》。

8 月 7 日，县政府办公室印发《关于桓台县社会保险扩面征缴专项行动工作方案的通知》。

8 月 15 日，县政府办公室印发《关于 2018 年桓台县法治政府建设工作计划的通知》。

8 月 23 日，县政府办公室印发《关于桓台县优化企业开办流程压缩开办时间实施方案的通知》。

9 月 10 日，县政府办公室印发《关于桓台县 2018 年冬季清洁取暖实施方案的通知》。

9 月 26 日，县政府办公室印发《关于桓台县优化不动产登记专项行动实施方案的通知》。

10 月 30 日，县政府办公室印发《关于推进新型智慧城市体制机制建设的实施意见》。

10 月 31 日，县政府办公室印发《关于桓台县城镇居住区配套幼儿园专项整治工作实施方案和桓台县无证幼儿园专项整治工作实施方案的通知》。

10 月 31 日，县政府办公室印发《关于桓台县深化“一次办好”改革推进信息共享专项行动方案的通知》。

11 月 6 日，县政府印发《关于桓台县新旧动能转换重大工程实施规划的通知》。

11 月 23 日，县政府印发《关于进一步加强招商引资工作的意见》。

11 月 26 日，县政府办公室印发《关于桓台县重型柴油车污染治理攻坚战工作方案的通知》。

12 月 7 日，县政府印发《关于桓台县加快推进外贸转型升级试点县建设实施方案的通知》。

12 月 7 日，县政府印发《关于印发规范推进旧村改造工作实施办法的通知》。

12 月 7 日，县政府印发《关于在全县推开“证照分离”改革的通知》。

12 月 11 日，县政府印发《关于开展城区街道车辆停放秩序集中整治的通告》。

12 月 19 日，县政府印发《关于桓台县打赢蓝天保卫战三年实施方案（2018—2020 年）的通知》。

12 月 20 日，县政府印发《关于〈桓台县第三期学前教育行动计划（2018—2020 年）〉和〈关于鼓励社会力量兴办教育促进民办教育健康发展的实施意见〉的通知》。

12 月 20 日，县政府办公室印发《关于桓台县 2018—2019 年秋冬季大气污染综合治理攻坚行动方案的通知》。

12 月 20 日，县政府办公室印发《关于桓台县重污染天气应急预案的通知》。

12 月 20 日，县政府印发《关于桓台县危险废物污染防治攻坚方案（2018—2020 年）的通知》。

（张文东）

应急管理

【应急体系建设】 2018 年 2 月，县政府办公室印发《关于进一步做好全县突发事件应急体系建设意见》，进一步理顺关系，完善体系，确保在应急处突中指挥有度、协调有力。6 月，统计全县所有部门、镇（街道）应急工作联络方式，印制《桓台县应急管理手册》并免费发放相关部门，保障信息及时传输，情况及时了解，处置及时妥当。

【应急预案体系优化】 2018 年，县应急办落实“统一领导、分类管理、分级负责”要求，对全县已有应急预案进一步更新、优化，各相关单位在原有预案基础上，新增及修订《桓台县辐射事故应急预案》《桓台县大面积停电事件应急预案》等专项应急预案 2 项，进一步明确具体任务、应对措施和工作方法，提升应急预案针对性和可操作性。

【物资保障能力建设】 2018 年 7 月，县应急办在全县范围内开展应急救援装备及应急物资储备情况摸底调查，将各类物资登记造册，确保平时管理规范、战时综合调度、满足应急需要。

（陈晓庆）

政务调研

2018 年，县政府研究室紧紧围绕全县中心工作，高标准发挥以文辅政职能，组织起草《政府工作报告》、重要会议领导讲话、汇报材料等综合性文稿 100 余篇，40 余万字，指导和推动工作开展。在抓好日常文稿起草同时，充分整合各种资源，开展专题调研，为领导科学决策提供参考。围绕项目建设、新旧动能转换、乡村振兴、改革开放 40 周年、县域经济高质量发展等改革发展稳定中的重点、热点、难点问题，撰写调研文章近 10 篇，其中《扭住重大项目 持续精准用力打造县域转型跨越发展强劲引擎》被编发市政府《参阅件》，《谱写新时代新旧动能转换的桓台篇章》被市《经济社会发展》刊发。

（李　劲）

政务信息

2018 年，共向市政府办公厅上报信息 406 条，被市及市以上采用 293 条。其中，国办专报采用 7 条，国办综合采用 4 条，省报国办 71 条，省专报采用 17 条，市报省 156 条，市普刊 39 条。《淄博市反映工业企业电费收取存在的问题和建议》《淄博市水污染防治进展成效、面临的困难问题及下一步工作打算》《淄博市医联体建设和发展情况、典型经验做法、遇到的困难问题和新情况、建议》等信息被国办专报采用；《淄博市反映今年以来国家减税降费组合拳对全市企业降负的效果及影响》《淄博市调查反映中医药行业发展仍存在三方面问题》等信息被国办综合采用；《淄博市反映近期春耕备耕的新情况新特点新问题及建议》《淄博市加强湿地保护与修复工作取得的成效、存在问题及建议》《淄博市开展“绿满齐鲁 · 美丽山东”国土绿化行动取得的成效》《淄博市非国有博物馆建设情况、存在问题及建议》《淄博市文化产业投融资体系建设取得的成效、存在问题及建议》等信息被省专报采用；《桓台县深化农业供给侧结构性改革》《桓台县多措并举助力精准扶贫》《桓台县完

善考核机制加强河道管理》《桓台县夯实法治扶贫阵地助力脱贫攻坚》等信息被市普刊采用；编发《桓台政务信息》普刊6期，为领导科学决策提供依据。

（韩雯雯）

政务督查

2018年，县政府督查室承办各级人大代表建议、政协委员提案194件，其中省、市政协委员提案6件，办理面复率100%，建议提案解决率和代表委员满意率进一步提高。组织和参与市、县各类专项督查57次，涉及重点河流断面水质超标治理、违法占地整治、拖欠农民工工资、市县重大项目、义务教育均衡县、违建拆除、各级环保督查等多个方面。下发《督查通知》64件，印发《桓台督查》12期、《督查要情》7期。办理领导批示件、上级部门转办件等督查事项46项，其中市政府领导批示件5件，县委、县政府领导批示件41件，办结率100%。涉及项目占地补偿、重点企业环保治理、改革经验参考、部分信访问题等。组织服务县政府常务会议22次，专题研究重大项目、环境保护、安全生产、扶贫工作、金融风险防控等重大问题，起草印发《县政府常务会议纪要》22期，并对会议部署任务及时督查跟进。将《政府工作报告》中重要任务细化分解为114项，落实到41个责任部门，制定时间表、路线图，每月定期调度，每季度进行通报。对未按照计划完成的责任单位通报批评，督促整改落实，做到阶段性工作均在计划时间之前完成，常规性工作顺利推进。

（朱小杰）

市民投诉

2018年，县政府投诉中心（县政务热线服务中心）系统修订完善各类制度，构建起县与镇（街道）、部门、单位之间，镇（街道）与村（居委会）、下属部门之间，部门与部门之间上下联接、左右贯通的网络体系，做到每诉必受、每受必办、每办必复；对承办单位工作进行量化考评，每月计分通报，年终累计考核，严格落实首问负责制、跟踪办结制、办结回访制等，做到投诉事项事事有着落、件件有回音。是年，共受理各类市民投诉13269件，其中县长信箱来信1621件，办结率99%，妥善解决事关群众生产、生活和切身利益问题。

（张凯文）

法治政府建设

【法治政府建设工作机制】 2018年4月21日，县政府常务会议听取桓台县法治政府建设工作汇报，研究通过政府重大行政决策目录重大议题。8月5日，县政府常务会议研究讨论通过法治政府建设年度计划。8月9日，县政府印发《2018年桓台县法治政府建设工作计划》，并通过政府网站向社会公示，接受公众监督。12月，县政府向市政府、县人大报告本年度法治政府建设工作情况并向社会公开，接受监督。

【政府规范性文件制定】 2018年，县政府法制办严格执行《桓台县行政规范性文件管理办法》规定，提高规范性文件制定质量。是年，共出台7件政府规范性文件，严格落实“三统一”规定，统一登记、统一编制登记号、统一网上公示；编制并向社会公布2018年度规范性文件目录，依法接受公众监督。

【规范性文件清理】 2018年，县政府法制办对涉及生态文明建设和环境保护、知识产权保护、不利于民营企业发展等方面的政府规范性文件进行专项清理，并形成清理报告。

【重大行政决策法定程序落实】 2018年2月2日，重新修订印发《桓台县人民政府重大行政决策程序规定》，进一步完善重大行政决策目录管理制度、规范重大决策范围和程序。3月，根据政府年度工作重点和各部门提报事项清单，初步拟定《桓台县2018年度重大行政决策事项目录（草案）》。4月12日，县政府印发《桓台县人民政府2018年度重大行政决策事项目录》，并通过政府网站向社会公开。目录实行动态管理，共列6件政府重大决策事项。是年，政府重大行政决策事项均按照《桓台县重大行政决策程序规定》，严格遵守"公众参与、专家咨询论证、社会稳定风险评估、合法性审查、集体讨论决定"五步程序，履行法定程序。

【政府法律顾问管理】 2018年，县政府聘任19名法律专家学者作为政府法律顾问。建立政府法律顾问工作登记簿，工作及时登记，完善法律顾问处置涉法事务档案管理制度，形成"一事一卷"。是年，协调法律顾问参与政府诉讼案件7次，组织讨论涉及县政府法律事务12件，审核政府合同8件。

【行政执法网运用】 2018年，全面推行"网上执法"，杜绝"线下执法"，更新处罚裁量权基准200余件，更新200余名行政执法人员信息，保障45个上网执法主体，1000余名执法人员网上执法流程顺畅。是年，共运行行政执法检查登记10001件，行政处罚案件6155件。

【行政执法证件管理】 2018年，严格执行行政执法人员持证上岗制度，创新培训方式。审验行政执法证件618件，新申领执法证件169件，组织301名执法人员参加公共法律知识培训和考试。

【行政调解工作机制】 2018年2月，组织修订《桓台县行政调解事项清单》，3月修订完成并公布。5月，组织开展全县行政调解员培训。10月，编制《桓台县行政调解典型案例汇编》。11月，成立桓台县行政争议审前和解工作领导小组，建立桓台县行政争议审前和解中心，召开工作推进会议。是年，全县共调解行政调解案件3000余件，宣传报道行政调解工作300余次。

【行政复议标准化建设】 2018年，桓台县运用淄博市行政复议应诉综合管理系统实现行政复议信息化办案。是年，全县审理行政复议案件41件，行政复议案件组织听证率100%（除申请人在外地的，案情特别简单的）。

【政府法制宣传培训】 2018年，县政府法制办组织开展全县"3·22依法行政宣传日"活动，开展法治政府建设十件大事评选活动，建立"法治政府建设专题专栏"，通过各类新闻媒体和政府网站宣传法制信息400余篇。加强领导干部法制培训，举办全县领导干部法制培训6次。

（田　昊）

机关事务管理

2018年，事业单位车改工作稳步推进，县机关事务管理局管理的车辆完成转落户，公务用车纳入平台统一管理，对机要通信和应急用车实行大班子委派管理方式运营，严格执行"三定点"制度（定点维修、定点加油、定点保险）；深入推进办公用房清理工作，根据《山东省党政机关办公用房管理办法》等有关规定，结合桓台县实际情况，在全县范围内对办公用房建设及使用情况开展自查整改工作，经查，不存在超标使用、违规建设等情况。

（田芳慧）

政府信息公开

【网站建设】 2018年，桓台县人民政府网站完成网站整合工作。对信息公开目录进行调整，提高内容全面性和获取便捷性。91个部门、单位通过县政府门户网站发布信息，53个部门和9个镇（街道）通过县政府门户网站开展政务公开工作，8个部门在县政府门户网站开设专栏。

【信息公开】 2018年，桓台县政府推进乡村振兴、新旧动能转换、深化"一次办好"改革、脱贫攻坚等重点工作信息公开；加大法治政府建设、财税信息、重大建设项目、公共资源配置、公益事业、民生、安全生产监管等重点领域公开力度。在"桓台大众"微信公众号、"桓台发布"微信公众号、"云媒宝·中国桓台"手机客户端APP政务专栏、"桓台大众"微博、"桓台发布"微博、《桓台大众》报、山东手机报桓台专刊等平台开展政务公开工作，满足公众随时随地获取政府信息和服务需要。11月，各镇（街道）、县政府部门、有关单位公开文件纳入桓台县人民政府公报发布范围，政府公报电子版在县政府网站同步公开。

【机制建设】 2018年11月，县委办公室、县政府办公室联合下发《2018年度经济社会发展综合考核办法》（桓办发〔2018〕76号），将政务公开工作纳入全县经济社会发展综合考核。

（朱　艳）

外事管理

2018年，县外事办公室共受理因公出访8批共计11人次，其中，县处级4批5人次，科级4批6人次。出访任务结束后，均按时提交因公出访报告和出访日志，并在县级媒体公开因公出访成果。是年，无外事接待任务。

（尹　欣）

史　志

【概况】　2018年，县史志办以贯彻落实国务院、省、市、县四级《规划纲要》为总抓手，编史修志，存史资治，加强对部门志、专业志工作的指导，积极探索和实践新时期地方史志资源开发利用的新途径。是年，编纂出版《桓台年鉴（2018）》，筹建桓台县方志馆新馆，恢复桓台县情网站，设立地情资料阅览室，指导县人大、县卫计局、乌河头村开展基层志编修，指导编修的《桓台县公安志》被省政府办公厅表彰为2017年度山东省优秀史志成果——优秀基层志书。

【编委会成员调整】　2018年2月，调整县地方史志编委员会成员，调整后的编委会由县委书记贾刚任名誉主任，县委副书记、县长边江风任主任，副县长毕宝锋任第一副主任，另有副主任11人，委员16人，是全县地方史志工作的领导机构。

【县方志馆新馆筹建】　2018年初，县政府主要领导决定县方志馆由扩充馆舍面积改为建设新馆，与县档案馆新馆同步规划、同步施工。2月，县委常委、县委办公室主任王栋主持召开政府分管副县长及县住建局、档案局和史志办主要负责人参加的项目协调会，统筹研究加快推进该项目建设的可行性方案，随后确定县方志馆具体位置为新档案馆北部裙楼，约2000平方米。7—9月，分别到省内外方志馆建设管理运行较好的中国方志馆、国家方志馆黄河分馆、北京方志馆、山东方志馆、日照方志馆等参观考察，并与省内多家具备专业资质公司对接，向省内高校史学教授咨询，挖掘桓台历史文化精髓，明确桓台方志馆地方特色和功能定位，对新馆舍面积进行功能区域划分。10月始，公开向社会征集地情文献，为内部布展搜集素材。当年底，县方志馆展陈大纲制定出第二稿，广泛征求意见。

【《桓台年鉴（2018）》编辑出版】　2018年1月，印发《〈桓台年鉴（2018）〉组稿方案》，该方案涉及独立供稿单位122家，并对以往组稿工作模式化问题进行改进。3月底，基本完成指导单位供稿工作。4—8月份，各编辑按照分工对部门供稿进行编辑整理、修改补充。9月份，主编统稿后交出版社审定。10—11月上旬，按照出版社提出的修改意见继续改进稿件，并进行多轮校对。11月中旬，定稿，交印刷厂印刷。12月中旬，正式出版印刷并免费向全县发放。该年鉴由中州古籍出版社出版，共70万字，设26个部类，集中反映2017年度全县人民在县委、县政府领导下，在政治、经济、文化、社会、生态文明和党的建设等方面发展进程中所取得的巨大成就，汇集全县各领域、各行业、各部门基本情况和重要事件。首次采用全彩印刷，并用“前彩页照片”“专记”“附录”等形式对县内开展的重点工作及时跟进记载，体现年鉴的存史、资政价值。

出版的《桓台年鉴（2018）》

（摄影：王　静）

【地情资料报送】　2018年2月，县史志办公室完成《山东省志·人物志（1986—2005）》桓台县相关人物材料补充、校对工作。3月，完成《山东年鉴》《淄博年鉴》桓台县供稿任务。6月完成《山东史志年鉴》《淄博史志年鉴》桓台县供稿任务。

【桓台县情网站恢复】　2018年9月，县史志办公室经与县信息中心对接，多方争取支持，将桓台县情网内容整合至桓台县人民政府网站，作为桓台县人民政府网站专题专栏，在其首页显示文字链接。10月，将《桓年年鉴》2016卷，2017卷上传至网站，实现史志系统信息数据与各部门之间互联互通、协同共享，提升资源运用效率。是年，累计向省、市情网站报送信息20余条。

【史志资源开发利用与服务社会】　2018年5月，县史志办公室在县图书馆内设立地情资料阅览室，无偿提供志、鉴等地情书籍100本供读者借阅，并与图书馆建立长期合作关系，引导社会各界开展对史志资源的开发利用。11月，向全国农村示范书屋——索镇于家村书屋及城区街道锦秋社区书屋赠送一、二轮《桓台县志》《桓台年鉴》等书籍40余册，主动融入地方发展大局，探索史志成果服务社会新平台、新途径，发挥其资政、育人教化作用，提升史志资源开发利用水平。是年，县方志馆继续免费向社会各界开放。

2018年5月，地情资料阅览室揭牌（摄影：田　静）

【基层志编修指导】　2018年，开展部门志编修工作的有县人大、县卫计局等单位，开展村志编修的有乌河头、东孙、夏庄等村庄。

1月，县史志办公室指定两名业务骨干对《桓台县人大志》通篇审读并提出书面修改意见。4月，《桓台县人大志》召开审稿座谈会，县史志办应邀参会，对志稿从框架设计、文体、文风、具体文字表述等方面进行点评，提出进一步修改补充意见。10月，对志稿进行终审并提出修改意见。当年底，该志定稿。

2018年4月9日，《桓台县人大志》审稿座谈会在桓台县人大常委会机关会议室召开（摄影：王　静）

5月，起风镇《乌河头村志》编纂工作启动，乌河头村是起风镇的一个自然村，分乌东、乌北、乌南三个行政村，此次修志是该村历史上首次村志编修，县史志办公室指定专人从篇目设置到资料搜集具体指导。当年底，该志框架基本确定。

6月，《桓台县卫生和计划生育志》编修启动会议召开，县史志办有关人员应邀参会并做业务培训，此次修志是桓台县卫计部门首次修志，县史志办全程跟进，从篇目设置、资料搜集、撰写要求等方面全面指导。当年底，该志稿资料搜集工作基本结束。

（王　静）

本部类责任编辑　王　静

中国人民政治协商会议桓台县委员会

【概况】 2018年,政协桓台县委员会(以下简称"县政协")深入学习贯彻中共十九大精神和习近平新时代中国特色社会主义思想,牢牢把握团结民主两大主题,团结带领全体政协委员及社会各界维护核心、服务中心、贴近民心、不忘初心,深入调研,协商议政,凝聚力量,在推进桓台转型跨越发展中增添政协色彩。年内,县政协召开全体委员会议1次、常委会议5次、主席会议5次;开展专题协商活动2次、对口协商活动5次、界别协商活动4次;开展调研视察活动13次,形成调研视察报告9份;收到委员提案151件,立案144件;向市政协报送反映社情民意信息263件;整理出版《记忆桓台·乡村篇》之果里卷、荆家卷及《记忆桓台·教育篇》。是年,县政协机关被评为省级文明单位。

【全体委员会议】 2018年1月7—9日,县政协十四届二次会议在桓台宾馆召开。会议应到委员198名,实到189名。会议听取并讨论县委书记贾刚的讲话;听取并审议县政协常务委员会工作报告;审议县政协常务委员会提案工作报告及县政协2018年协商工作计划;列席县人大十八届二次会议第一次全体会议,听取并协商讨论县长边江风所作的《政府工作报告》及其他有关报告;审议通过提案委员会关于提案审查情况的报告;通过县政协十四届二次会议关于常务委员会工作报告的决议;通过县政协十四届二次会议关于常务委员会提案工作报告的决议;通过县政协十四届二次会议政治决议。会议增补十四届县政协常务委员会委员3人;1人因年龄原因辞去县政协常务委员职务。

【常务委员会会议】 2018年1月5日,县政协十四届五次常委会议在县会务中心第三会议室召开。会议传达学习中共桓台县委十三届四次全体会议精神;听取有关镇政协工作室、专门委员会2017年度述职报告;审议通过县政协十四届二次会议有关事项;审议通过县政协常委会工作报告、提案工作报告并推举常委会工作报告报告人;审议通过县政协十四届一次会议以来优秀提案、提案办理工作先进单位名单;增补刘书京为十四届县政协委员。

1月8日,县政协十四届六次常委会议在桓台宾馆多功能会议厅召开。会议听取县委负责人关于有关人事安排的说明、大会秘书处关于会议讨论情况的汇报,审议县政协提案委员会关于十四届二次会议提案审查情况的报告(草案)、大会选举办法(草案)、总监票人和监票人名单(草案)、总计票人名单(草案)、县政协2018年协商工作计划(草案)、县政协十四届二次会议关于常务委员会工作报告的决议(草案)、县政协十四届二次会议关于常务委员会提案工作报告的决议(草案)、县政协十四届二次会议政治决议(草案)。

4月2日,县政协十四届七次常委会议在县会务中心第三会议室召开。会议传达学习全国政协十三届一次会议精神及中国人民政治协商会议章程修正案;协商通过《政协桓台县委员会2018年工作要点》《关于开展政协委员进企业、进社区、进农村,服务转型跨越发展、和谐发展的实施意见》;协商通过《县政协2018年重点督办提案及提案办理协商计划》及《关于县政协委员履职考核的实施办法》。会议邀请有关人员作"乌河文化"有关报告。

7月26日,县政协十四届八次常委会议召开。会议听取县政府关于上半年全县经济社会发展情况通报;围绕推进新旧动能转换工作和全县财税工作,听取县发改局、县经信局、县财政局、县税务局工作情况汇报,并进行大会发言。

10月23日,县政协十四届九次常委会议召开。会前,与会人员实地视察县档案馆建设项目、绿道网工程及S29连接线、西十三路北延道路工程建设情况,并听取相关工作汇报。会上,听取县政府关于县政协十四届二次会议以来提案办理工作情况通报,对县政府高度重视并认真办理县政协十四届二次会议以来提案工作表示满意;围绕实施生态文明和城市化

2018年1月,县政协十四届二次会议会场 (摄影:李 敏)

建设发展战略，听取县环保局、县国土资源局、县住建局、县交通运输局工作情况通报。

【协商议政】 2018年，县政协召开常委会议5次、主席会议5次，围绕全县经济发展、重点项目、生态文明、农业农村、河湖长制、城区建设等工作，邀请县政府及县发改、经信、城建、环保、国土、农业、民政、人社、教育、卫生等19个部门进行会议议政性协商，先后邀请专委会、界别委员84人次列席会议，并选择部分委员在大会上发言。委员们站在群众角度关注问题，提出相关意见建议60余条。是年，开展专题协商2次、对口协商5次、界别协商4次，组织委员视察润邦生态农业、华夏粮仓博物馆、山东太奇生态休闲度假中心、泓基田园综合体、全省粮食高产创建万亩核心示范区、百莘源农业旅游开发等项目，就乡村旅游、普法教育、质量监督、创智谷发展、中小企业发展、商业服务业发展、农村产权制度改革、生态湿地建设等课题，开展协商活动并提出相关意见建议50余条。

2018年10月，县政协常委会组成人员实地视察全县城市化建设情况

（摄影：李　敏）

【视察调研】 2018年，县政协着重就全县乡村振兴规划与实施、文化产业提升与旅游融合发展；推进新旧动能转换、加快转型跨越发展；推进全县生态文明建设及城乡一体发展等，邀请相关界别委员和有关专家通过调研视察、听取情况通报等方式，开展专题协商议政，提出意见建议，先后形成《关于全县建筑业发展情况的调查与建议》《关于我县培植和发展乡村旅游情况的调查与思考》等9份调研报告。

【政协提案办理】 2018年，县政协十四届二次会议收到委员提案151件，立案144件。至10月底，全部提案均已办结，已经解决的117件，占81.3%；正在解决或列入规划拟解决的21件，占14.6%；因目前条件限制需要以后解决和留作参考的6件，占4.1%。提案面复率、委员满意率均为100%。提案部分意见和建议被吸收或采纳。委员们关注的幼儿入园难、城区公共停车位少、老旧小区改造、养老医疗等民生问题，都得到最大程度解决。年内，评选表彰优秀提案36件，评选表彰提案办理先进单位30个。

2018年，县政协调研全县农业和农村工作　（摄影：李　敏）

【文史资料整理】 2018年，继续做好《记忆桓台》系列丛书整理出版工作。12月，《记忆桓台·乡村篇》果里镇卷、荆家镇卷出版发行。至此，县政协历经三年出版《记忆桓台·乡村篇》8册，合计450万字，图片近400张，完成全县8个镇335个行政村的镇史、村史编辑出版工作。该套图书于2018年被省政协评选为山东文史书籍一等奖，获淄博市社会科学优秀成果奖。年底，《记忆桓台·教育篇》正式出版发行。《记忆桓台》建筑篇、民俗篇、经济发展篇完成初稿。

在《记忆桓台》搜集整理过程中，县政协对桓台乌河水运的兴起、索镇商业的繁荣、唐山屯粮田的发展、田庄遗址群的展现、新城历史文化名镇的变迁、马桥工业重镇的崛起、荆家建筑的起源、马踏湖人文风情、果里革命老区的贡献，苗海南、高鸿文、穆德荣、王渔洋等历史名人的往日风采和家族发展，马踏湖美食、田氏整骨、后七豆腐、王茂香油、八里庙香醋、东孙韭黄、祁家芹菜、宫家山药、刘家剪刀、滕氏小刀等一大批地方优秀传统特色文化进行抢救挖掘、系统梳理、深入研究、认

真凝炼、去伪存真、去粗取精，归纳出桓台四大地域文化，概括为“渔洋文化、乌河文化、马踏湖文化和建筑文化”四大主题脉络。“桓台四大文化”定义和内涵得到县委、县政府高度重视和全力支持，部门、镇（街道）积极响应。县委宣传部、城区街道办事处在县城锦秋小区游园建设“桓台地域文化公园”；红莲湖后埠景区布展“桓台四大文化”展厅。县环保局、索镇依托乌河于家磨村潜流湿地，建设“乌河文化公园”。

县政协力求以生动鲜活的艺术形式，承载桓台文化，传播桓台文化，让桓台文化走向民众。是年，安排专人开始创作拍摄40集桓台文化电视纪录片。至年底，与县广电局联合拍摄完成《话说乌河》电视纪录片前两集。

【社情民意信息收集】 2018年，县政协研究制定《关于反映社情民意信息工作的实施办法》，组织社情民意信息工作专题培训，发挥政协委员和38名特邀信息员骨干作用，了解社会情况，听取群众呼声，多角度反映基层声音。全年共收集社情民意信息263件。县域工业企业招技工难，农村学校生源减少较快、教室资源闲置，县镇医院儿科医生普遍缺乏，老小区改造增加停车场，小区周边道路规划夜间停车位等一大批接地气信息进入党委政府决策视野。

（王守堂）

本部类责任编辑　王　静

纪检监察

【概况】 2018年,中国共产党桓台县纪律检查委员会桓台县监察委员会(以下简称县纪委监委)认真履行全面从严治党主体责任和监督责任,强化监督执纪问责和监督调查处置,纪律法律双施双守,全县党风廉政建设和反腐败工作全面提升、走在前列。全年查处违反中央八项规定精神问题11起,党纪处分10人,通报曝光典型问题3批6人;查处形式主义、官僚主义问题4起5人,通报曝光1批3人;查处侵害群众利益的不正之风和腐败问题112起,党纪政务处分62人,组织处理51人,通报曝光扶贫领域腐败和作风典型问题1起2人。全年受理信访举报769件次,比2017年增长36.106%,进京到省访下降36.4%;查处问题线索720件,比2017年增长231.8%;立案276件,比2017年增长42.3%;处分223人,比2017年增长14.4%,其中党纪政务处分222人,政务处分11人,涉及乡科级干部17人;采取留置措施3人,移交检察机关3人,反腐败斗争呈现存量逐步减少,增量有效遏制的良好势头。监督责任充分履行,实施党内问责70起,其中问责党组织68个,问责党员干部14人,给予党纪处分4人;对巡视巡察转办信访件和移交问题线索给予党纪政务处分、组织处理89人;对中央、省环保督察反馈问题和“回头看”督办件,问责32人。监督执纪“四种形态”(经常开展批评和自我批评、约谈函询,让“红红脸、出出汗”成为常态;党纪轻处分、组织调整成为违纪处理的大多数;党纪重处分、重大职务调整的成为少数;严重违纪涉嫌违法立案审查的成为极少数)结构逐步优化,全年运用监督执纪“四种形态”处理764人次,其中,运用约谈函询、批评教育等第一种形态处理539人次,占70.5%;运用党纪政务轻处分、组织调整第二种形态处理167人次,占21.9%;运用重处分、中重大职务调整第三种形态处理17人次,占2.2%;运用第四种形态处理严重违纪违法涉嫌犯罪的党员干部41人次,占5.4%,监督执纪由“惩治极少数”向“管住大多数”转变。反腐败信心指数、满意指数分别为96.08分、94.27分,比2017年分别提高1.2分、0.69分。

2018年1月10日下午,在县委三楼会议室召开县监察委员会组建会议

(摄影:沈　楠)

【深化改革】 2018年,按照中央和省市县委部署要求,撤销县监察局和县检察院反贪、反渎、预防职务犯罪部门,将相关机构、职能、人员转隶至监察委员会。纪委、监委合署办公,履行纪检、监察两项职能,实现对所有行使公权人员监察全覆盖。1月,县监察委员会组建挂牌,共划转20名编制,转隶18人。县纪委监委增设3个纪检监察室,监督执纪部门机构数、编制数占比分别为83.3%、75.9%,将党风政风监督室、案件监督管理室、案件审理室设为正科级行政内设机构,监察对象33857人。5月,调整县委反腐败协调领导小组。6月,高标准建成廉政教育谈话室7间,研发“审查指挥”“微表情分析”“涉案物品智能管理”“智慧监委一键搜”等信息化系统,并通过省市纪委监委检查验收。完善内部融合运转和外部协调衔接机制,推进制度规范、流程再造,达到融情、融智、融岗、融责。规范使用“12+3”项调查措施,稳妥高效办理3起留置案件,追缴涉案资金337万元。12月,印发《桓台县关于推动监察工作向镇(街道)延伸的实施方案》,向9个镇(街道)派出监察室,实现对所有行使公权力人员监察全覆盖。

【巡视巡察】 2018年5月10日至7月4日,省委第二巡视组对桓台县开展巡视。8月31日,省委巡视组向桓台县委反馈巡视意见。期间,县纪委监委配合省委第二巡视组对全县的巡视工作,扛起中央、省委巡视和市委巡察反馈意见整改政治责任,强化督促检查,坚持改立结合,提报文件资料18批次,涉及事项106件;牵头做好第三方接访工作,接待群众来访223批326人次,接访组织保障工作被省委巡视组作为模板推广;牵头反馈问题整改,7大类15个方面39个具体问题全部整改到位,建立《领导干部讲

党课制度》《农村集体“三资”监管责任追究办法(试行)》等约束性制度38项;对巡视巡察转办299件信访件和移交29件问题线索跟踪督办,快查快结,按期完成,给予党纪政务处分、组织处理89人。

【制度建设】 2018年1月,制定《2018年“全面从严治党要率先突破”工作方案、实施方案》,明确责任分工确保全面从严治党各项工作要求落到实处,当年全县全面从严治党要率先突破考核位列全市第一。3月,印发《关于在扫黑除恶专项斗争中强化监督执纪监察工作实施方案》,把惩治“蝇贪”同扫黑除恶结合起来,将党员干部涉黑涉恶问题作为执纪审查重点。7月,印发《关于严禁党员干部违规操办和参加“升学宴、谢师宴”的通知》,重申纪律要求,杜绝违规操办“升学宴”“谢师宴”。7月,印发《桓台县纪委监委机关信访举报事项管理处置办法(试行)》,按照“三反馈一把关”(告知性反馈、阶段性反馈、结果性反馈和纪检监察室对办理结果审核把关)要求规范信访举报件办理。8月,在全市率先制定《信访举报失实澄清保护办法(试行)》,对被错告、误告、诬告的党员干部,及时澄清正名,消除负面影响,年内实施澄清正名一例。9月,制定《农村集体“三资”监管责任追究办法》,进一步明确农村“三资”管理使用的“负面清单”,从源头和制度上预防农村基层腐败问题发生。12月,印发《2018年度桓台县落实党风廉政建设责任制情况检查考核办法》《2018年度桓台县落实党风廉政建设责任制情况检查考核实施方案》,成立12个考核组对全县9个镇(街道)、89个县直部门落实党风廉政建设责任制情况进行检查考核,其中8个镇(街道)考核等次定为“好”,1个镇考核等次定为“较好”;县直部门89个单位考核等次均定为“好”;全县417名党政领导班子成员参加考核,410人考核等次定为“好”,7人考核等次定为“较好”。

【监督执纪】 2018年,先后开展五轮县委巡察,巡察镇(街道)、县直部门单位和村(社区)136个,发现问题833个,解决问题796个,移交问题线索74条,立案21起。创新实施派驻机构履职清单、负面廉情报告制度和“三重一大”事项备案监督,全年开展现场监督、备案监督、作风督查1379次,发现解决问题156个。查处违反中央八项规定精神、形式主义官僚主义、侵害群众利益的不正之风和腐败问题127起,给予党纪政务处分78人,通报曝光23人。实施党内问责70起;组织部分县党政班子成员、县直部门主要负责人和重点领域关键岗位负责人33人向县纪委全会述责述廉;对240家单位和1343人(次)申报荣誉表彰、提拔重用考察对象等进行“廉政体检”;运用监督执纪“四种形态”处理764人次,第一、二种形态占比92.4%,监督执纪由“惩治极少数”向“管住大多数”拓展。

【审查调查】 2018年,受理信访举报769件次,进京到省访下降36.4%;立查案件276起,其中自办案件236起,比2017年分别增长42.3%、93.4%;给予党纪政务处分223人。对2016年以来司法机关已经侦破的涉黑涉恶违法犯罪案件逐案审查,对涉及的党员干部和行使公权力人员涉黑涉恶问题线索大起底,全年查处党员干部涉黑涉恶腐败案件3起12人,其中查处黑恶势力“保护伞”案件2起2人。推广运用执纪审查交账、保证、盘库、扎口、处置“五步工作法”,在全市率先研发案件审理信息管理系统,创新实行案件片区审理,被省纪委选定为案件审理联系点。是年,县纪委监委为国家和集体挽回经济损失2800余万元。

【重要活动】 1月10日下午,县监察委员会组建会议召开。会议通报县监察委员会领导班子选举任命情况。会前,耿庆玮在桓台县第十八届人民代表大会第二次会议上当选为桓台县首届监察委员会主任。根据耿庆玮提名,县人大常委会表决任命张远聿、李涛为县监察委员会副主任,柏建全、徐兵、刘允星、宋建平为县监察委员会委员。会后,桓台县监察委员会正式挂牌。

9月8—9日,全县党纪法规德廉知识学习测试在桓台一中附属学校举行,1500余名科级干部参加考试。

9月20日,由桓台县纪委监委主办的“清廉桓台·你我同行”廉政教育专题展览正式开展。展览共分为“图解图说”“漫说漫画”“警钟长鸣”“六慎箴言”“工作展示”“巧手剪廉”“笔墨书廉”“丹青绘廉”八个篇章,多角度、全方位引导党员干部养成守纪律讲规矩的思想自觉和行动自觉,自觉拧紧理想信念“总开关”,在全社会

2018年9月8日,县委常委、纪委书记、监委主任耿庆玮(左一站立者)在党纪法规和德廉知识学习测试现场巡考 (摄影:沈 楠)

2018 年 9 月 20 日，“清廉桓台 · 你我同行”廉政教育专题展览开幕式

（摄影：沈 楠）

形成廉荣贪耻的良好社会风尚。展览持续到 10 月底。

11 月 22 日，2018 年度部分县党政领导班子成员及县直部门主要负责人向县纪委全委会述责述廉会议在县会务中心召开。15 家县直部门主要负责人向县纪委全委会述责述廉并接受质询和民主评议。

【廉政教育】 2018 年，县纪委监委党规党纪法律法规宣讲团到重点部门领域开展“点单式”宣讲 23 场次，受教育干部群众 3600 余人。开办以《清廉桓台》为主题的广播栏目和报纸专栏，开展“《监察法》学习宣传月”“廉政宣传教育月”活动，编发《漫话监察法》《落实中央八项规定精神须知》宣传页，组织观看警示教育片、参观警示教育基地。12 月 12 日，县人民法院公开审理果里镇康家村原党支部书记、村主任王义一案，县纪委监委组织果里镇部分村党支部书记近 40 人到现场旁听。是年，拍摄警示教育片《高楼背后的“蝇贪”》，作为广大党员干部尤其是农村干部警示教育题材。年内在省级以上媒体刊发稿件 48 篇，其中 1 篇获中央纪委国家监委“好评论”奖。宣传教育、调查研究连续四年居全市第一，《“五式并举”创新村级巡察 精准监督解痛点破难点》被市纪委监委评定为全市党风廉政建设和反腐败工作创新成果奖。

（杨 婵）

本部类责任编辑 王 静

民主党派和工商联

中国民主同盟桓台县基层委员会

【概况】 2018年,中国民主同盟桓台县基层委员会(以下简称民盟桓台县基层委)发展盟员2人,至年底,有盟员61人,其中女盟员20人,大专以上学历47人。有高级职称13人,其中博士生2人,正教授级别4人。

【服务社会】 2018年,民盟桓台县基层委组织人员到盟员马基明、田锦和李方成企业调研,为田锦的淄博齐翔设备公司新引进过滤膜项目,并于当年内投产;为马基明的淄博卓丰塑料公司协调生产原料问题,实现国内原料替代进口原料。组织盟员到县特殊教育学校开展"爱心传递,关爱残疾儿童"活动,服务奉献社会。联合县司法局共同举办"不忘初心跟党走 与法同行铸未来"法治宣讲诗会,创新精准普法方式,开创民盟活动新创举。

【队伍建设】 2018年,民盟桓台县基层委组织全体盟员到陕西梁家河、延安等红色爱国主义教育基地参观学习,贯彻落实党的十九大精神。是年,民盟桓台县基层委被民盟淄博市委表彰为先进基层,被民盟山东省委评为2018年度"参政议政先进集体";盟员庞月明被民盟山东省委评为2018年度"社会服务先进个人",盟员黄作君被民盟淄博市委评为2018年度宣传工作先进个人,盟员毕德刚被桓台县政协评为优秀政协委员,盟员徐艳被桓台县政协评为优秀政协委员、获得第二届王渔洋文学艺术奖。

(徐　艳)

中国民主建国会桓台县基层委员会

【概况】 2018年,中国民主建国会桓台县基层委员会(以下简称民建桓台县基层委)内设3个支部。年内新发展会员4人,至年底,会员总数58人。

【参政议政】 2018年,民建桓台县基层委集体提案《大力实施乡村振兴战略》《关于促进中小企业科技创新的建议》,会员许胜利、徐宁、王晓璇等提出的《关于推动我县传统实体零售业机构调整的建议》《关于建设集约创新型产业园区的建议》等提案被评为县政协十四届二次会议优秀提案。通过深入调查研究,找准切入点选择课题,开展调研、深入分析,为市、县政协提报社情民意46条。调研报告《桓台县义务教育优质均衡发展县创建情况的报告》得到上级领导好评。会员何雪薇撰写的《加强县域民营企业家队伍建设调研报告》被评为中国(四川)非公有制经济发展论坛优秀论文,并收入《2018中国(四川)非公有制经济发展论坛论文集》。

【服务社会】 2018年11月8日,会员企业润邦生态、环宇模板、鑫炬建工捐赠的价值5万元"同心思源·健康关爱小屋"在索镇前毕村挂牌,县委县政府给予高度评价,民建中央社会服务专栏进行报道。是年,民建桓台县基层委全体会员为结对帮扶的黔西县铁石乡青杠坝村捐款1.57万元;会员企业润邦生态为经济开发区实验学校捐赠2万余元书籍;会员李艳丽为果里镇贫困家庭送温暖2万余元;会员李子涵免除16名困难家庭孩子学费16万余元;会员田茂伟为起凤镇70岁以上老人捐款捐物4万余元。

【队伍建设】 2018年,民建桓台县基层委一支部、二支部、三支部分别与油田基地一支部、二支部、滨海支部缔结为结对共建友好支部,通过开展多种形式的交流合作,探索结对发展新路子,为企业家会员搭建更好交流平台,为地方经济社会发展做出新贡献。

【考察调研】 2018年3月7日,山东省委统战部常务副部长赵强在淄博市委书记、市人大常委会主任周连华,桓台县委书记贾刚陪同下到民建桓台县基层委会员活动室调研,并参观会员企业山东海思堡服装服饰集团股份有限公司。

是年,民建山东省委企业工作委员会、农业与农村工作委员会分别就民建会员企业新旧动能转换情况、贯彻乡村振兴战略暨精准扶贫研讨到淄博润邦生态农业科技发展有限公司、桓台县泓基农业专业合作社两家农业企业进行专题调研。民建东营市委、民建威海市委先后到桓台调研民建基层组织建设和民建会员企业新旧动能转换工作。淄博市政协文教卫体委员会围绕开展挖掘利用工矿遗址与独特优势文化资源,推进文旅融合发展品牌建设主题，分别以农业旅游示范、工业旅游示范为侧重点对桓台县两家会员企业进行调研。淄博市人大常委会副主任、民建淄博市委主委王法亮多次到桓台调研会员活动室建设和新旧动能转换工作。

【学习教育】 2018年，举办“不忘合作初心，继续携手前进”民建桓台县基层委2018新春茶话会；与民建博山区委联合开展“大学习、大调研、大改进”暨纪念中共“五一口号”发布70周年活动；召开纪念中共中央发布“五一口号”70周年座谈会；组织会员赴井冈山开展红色学习等一系列主题教育活动；选派骨干会员参加由县委组织部、县委统战部、县委党校联合举办的全县党外代表人士能力提升培训班。民建桓台县基层委三个支部分别召开学习习近平新时代中国特色社会主义思想和中共十九大精神、民建十一大精神、民建十一届二中全会精神座谈会，并组织会员撰写心得体会。

是年，“桓台民建”微信公众号开通运营，共计发表文章96篇。向省政协报送信息6篇，向民建淄博市委报送信息31篇，向中共桓台县委统战部报送信息31篇。

【会员企业建设】 2018年，会员企业桓台信誉楼商厦、淄博环宇桥梁模板有限公司、山东鑫炬建工有限公司进入桓台纳税企业100强。

会员企业山东海思堡服装服饰集团公司入选山东省新旧动能转换首批优选项目，“服装个性化定制网络协同制造服务支撑平台解决方案”被中国纺织工业联合会授予2018年度“纺织行业信息化成果奖”二等奖，“ASPOP服装工业互联网平台”同时入选首批14家纺织行业工业互联网平台试点、山东省智能制造标杆企业、工信部国家重点培育纺织服装品牌企业，获评亚马逊全球开店年度最具创新力卖家，入选2018国家发改委“互联网+”重大工程项目，成功举办2018牛仔产业与互联网融合创新高峰论坛。

会员企业淄博环宇桥梁模板有限公司2018年投入2000余万元打造智能化车间，增强核心竞争力。

会员企业淄博润邦生态农业科技发展有限公司先后被评为“山东省农民合作社省级示范社”“山东省林业专业合作社省级示范社”“山东省农业旅游示范点”“扶贫爱心企业”“淄博市农民合作社市级示范社”“市级都市农业示范园”，第七批农业产业化省级重点龙头企业。

会员桓台信誉楼商厦2018年度纳税超4000万，被山东省个体私营经济组织团工委、淄博市工会分别授予“青年文明号”“工人先锋号”称号。

会员企业鹏程特种陶瓷有限公司投资近2亿元研发脱硝脱二恶英特种陶瓷催化剂项目。

会员企业山东思睿环境设备科技有限公司助推桓台县环保产业发展、新旧动能转换。

会员企业山东将军井电子商务股份有限公司被评省级专精特新企业、省级中小企业公共服务示范平台、山东省众创空间、国家级物流标准化试点企业等称号，将军井电子商务创业孵化园被列为2018年重点服务业重点项目。

是年，会员赵峰当选山东省欧美同学会青年委员会委员暨淄博市欧美同学会青年委员会主任，徐生龙入选国家“万人计划”、科技部创新人才推进计划、国家高层次人才特殊支持计划领军人才，李艳丽获评第五届淄博乡村之星称号，邢倩获“淄博市食品药品稽查技能标兵”称号。

（周汶娟）

九三学社桓台县基层委员会

【概况】 2018年，九三学社桓台县基层委员会（以下简称九三学社桓台县基层委）发展社员5人，转出1人，至年底有社员53人，其中女社员14人。博士1人，硕士研究生11人，本科学历29人，大专学历11人；正高级职称3人，副高级职称18人，中级职称24人。

【参政议政】 2018年1月，政协淄博市第十二届二次会上，主委魏会东提交《关于建立有序的卫生人才制度，保障卫生事业健康发展的建议》提案；桓台县第十八届人民代表大会第二次会议，社员成国栋提出《关于建设“聚匠馆”，保护和传承非物质文化遗产的建议》；政协桓台县十四届二次会议，7名社员提交《关于弘扬中华传统文化、规划建筑历史博物馆的建议》《关于加强重点路段交通应急管理工作的建议》等10件提案，其中《关于在柳泉北路红莲湖段设立过街天桥的建议》《关于马踏湖旅游区地方文化元素合理嵌入的建议》被县政协表彰为优秀提案。

3—4月，组织社员调研淄川、博山、惠民等区县的古村落及桓台县新城镇西巴村集贤院、唐山镇八里庙西三益老醋店博物馆等，为桓台县文化旅游、美丽乡村建设、文物保护与传承等方面搜集参政议政第一手资料。4月，与麦田教育基金会、淄博麦田计划桓台团队在马踏湖国家湿地公园组织第四届“为少年而走”大型公益健行活动，进行文明出行、绿色环保、安全救护等系列宣传，传播助学扶贫正能量；社员田耘、于海亭牵头成立九三学社淄博市委员会艺术专业委员会书画院；社员王丕文、张晓、孙献文被聘为十四届县政协特邀信息员。

8月，对全体社员进行急救员资格培训，为成绩合格者颁发中国红十字总会急救员合格证书；社员成国栋绘制以十大民生工程为主题漫画，诠释政府工作，讴歌新风尚。

10月，组织全体社员赴河南省兰考县学习焦裕禄精神，接受无私奉献、艰苦奋斗教育与精神洗礼。11月，召开全体社员会议，原4个支社改组为

6个支社，选举产生各支社主委；有3篇社员文章入选九三学社山东省委改革开放40周年优秀征文集；有社员20人参加县委组织部、统战部组织的全县党外代表人士能力提升培训。12月，社员魏会东被表彰为市优秀政协委员，田耘、孙献文、赵子莹被表彰为县优秀政协委员。

【服务社会】 2018年5月，主委魏会东获山东省医师协会中医医师分会"国医杰出精英奖"；9月，组织县医院、中医院、妇保院8名医学专家到马桥镇东杨村义诊，接诊村民140余人（次）；10月，响应县政协新时代文明实践"科教卫生法律"三下乡活动，组织县医院、县中医院9名医学专家社员到索镇刘家村义诊，为110多名村民进行诊疗；12月，副主委孙献文作为县政协常委、县检察院特邀检察员，参加县检察院检察建议公开送达仪式，代表第三方发言；三支社主委赵子莹参与市社科联等七单位联办百题调研重点课题《检察机关服务保障新旧动能转换重大工程研究》报告撰写，提出"充分运用政治智慧和法律智慧抓服务、强保障，实现政治效果、社会效果、法律效果的统一"观点，得到党委政府认可。

（孙献文）

桓台县工商业联合会

【概况】 2018年，桓台县工商业联合会（以下简称县工商联）发展企业会员26家，至年底，全县有企业会员471家；个人会员81名；团体会员14个，其中镇商会8个，街道商会1个，行业组织5个。1月6日，成立桓台整木家居商会，选举产生商会第一届理事会会长、副会长、秘书长、常务理事。

【组织参加调研】 2018年3月，县工商联组织金诚石化、汇丰石化等企业参加全国工商联民营企业社会责任调研；组织金诚石化、中保康等九家企业参加全国工商联民营企业参与金融机构有关情况调查。5月，组织泰宝集团、新大生物科技、环宇桥梁模板等企业填报《中国民营企业"一带一路"可持续发展报告2018》企业调查问卷；组织会员企业完成全国工商联2018年四次民营企业运行状况调查工作。

【服务会员】 2018年1月17日，县工商联组织桓台整木家居商会到对口支援的滨州市阳信县开展考察调研和结对帮扶活动，为阳信县金阳街道西大寨村贫困户带去花生油、面粉等价值万元的慰问品。9月18日，组织东岳集团、山东新城建工有限公司等五家企业参加"2018年秋季人才招聘会"，帮助会员企业解决用工和人才招聘难题。是年，大力实施"民营企业家素质提升工程"，组织企业家参加"齐商论坛""齐鲁企业家大讲堂"，帮助会员企业进一步理清发展思路，优化转型升级路径；实施企业家青蓝工程，邀请张建宏、周敬才等创业一代企业家为年轻企业家传道解惑，助力年轻一代企业家快速健康成长；推荐山东金诚石化集团有限公司、东岳集团等民营企业参加全国工商联"中国民营企业500强"、省工商联"山东民营企业100强"等评选表彰活动。金诚石化、博汇集团、汇丰石化、东岳集团在"2018中国民营企业500强"中分列145、222、243、245位，在"2018年山东民营企业100强"中分列21、36、42、43位。

2018年，实行执行主席会长会议制度。3月30日，在山东长江粮油仓储机械有限公司召开十一届二次主席会长会议暨新旧动能转换座谈会；6月29日，在山东新城建工股份有限公司召开十一届三次主席会长会议；9月22日，在东岳集团召开十一届四次主席会长会议暨新旧动能转换现场会；12月22日，在山东金诚石化集团召开十一届五次主席会长会议暨新旧动能转换现场会。

【对外交流】 2018年5月，县工商联组织环宇桥梁模板等企业参加山东经贸代表团访问泰国、柬埔寨、越南，助力会员企业开拓东南亚市场；7月12日，组织企业家赴淄博市钢材行业商会、淄博市机械行业商会考察学习，学

2018年3月19日，第一期"齐鲁企业家大讲堂"开讲，图为桓台分会场

（摄影：周　尧）

习先进经验，探索商会发展之路；7月13日，德州市庆云县工商联到桓台县交流学习并签订友好合作备忘录，约定在经济、文化、旅游、招商、信息、人才等方面建立长期友好协作关系，做到资源共享；8月14日，组织金诚石化、汇丰石化等企业参加石化类中小企业技术发展调研座谈会，帮助企业在产品升级、技术改造、转方式发展中实现良好发展；9月9日，组织万森木业、凯旋门业等企业参加2018年陶博会论坛，加快做好新旧动能转换和产业结构升级；11月，组织企业家赴广东省考察学习，实地考察东莞铭普光磁股份有限公司、广东千叶松化工有限公司、广东合和建筑五金制品有限公司，并与佛山市三水区工商联签订友好工商联协议书，为两地经济文化交流创建有效载体和发展平台；组织祥龙化工、信誉楼百货等企业参加首届中国国际进口博览会。

2018年11月13日，县工商联组织企业家考察东莞铭普光磁股份有限公司

（摄影：周　尧）

【参政议政】　2018年，县工商联会同县政协提案委、中小企业局召开“促进中小企业发展”工商联界别协商活动，组织企业家代表就促进中小企业健康快速发展建言献策，提交《关于建立电商微创基地、孵化专业团队和项目的建议》等提案20余条，纳入党委、政府决策范围。

（周　尧）

本部类责任编辑　王　静

人民团体

桓台县总工会

【概况】 2018年，桓台县总工会辖镇（街道）总工会9个，产业（行业）、系统工会5个，直属工委12个。全县基层工会组织742个，其中独立基层工会740个，联合基层工会2个。涵盖基层单位698个、职工55787人，其中女性职工24513人。入会职工总数为55737人，入会率达99%以上。全县企、事业单位职代会建制率超过98%，非公企业职代会建制率超过96%，职工董事、职工监事制度建制率分别达到90%和95%以上。

【企业民主管理】 2018年，贯彻《淄博市企业民主管理条例》，深化“推行协商民主、强化社会责任”工作品牌创建。选取大中型企业30个进行民主管理树标提升，开展“查保促”活动，征集生产意见建议和苗头性问题7000余个。9月起，由各镇总工会选派8名干部到尚未建立工会组织或工会工作薄弱的经济、社会组织挂职“第一主席”。

【服务职工“四季行动”】 2018年，开展“春送岗位”行动，举办“春风行动”大型招聘会，吸引近500个用人单位，提供就业岗位8000多个。开展“夏送清凉”活动，为企业一线职工送去价值20余万元的防暑用品，督促用人单位落实各项高温天气作业劳动保护措施，维护广大职工权益。开展“金秋助学”活动，为在档困难职工家庭在校学生发放助学金5000元/人，为困难职工家庭高校毕业生就业提供指导帮助。开展“冬送温暖”活动，利用元旦、春节时间节点，走访困难职工，帮扶贫困户、留守儿童等，全县发放救助金62.80万元。

【劳模建功筑匠引领行动】 2018年，被授予全国五一劳动奖章2人，被授予富民兴鲁劳动奖章1人，被授予山东省劳动模范3人；被授予振兴淄博劳动奖章6人，企业被授予振兴淄博劳动奖状2个，企业班组被授予淄博市工人先锋号3个。组织开展“五一”表彰活动，授予12个单位县富民强县劳动奖状、9个单位县工人先锋号称号、26人富民强县劳动奖章、10人县金牌工人称号。组织劳模查体，完成各级劳模免费查体460余人。

【职工技能提升】 2018年9月，桓台县总工会联合县委组织部等4部门举办桓台县第七届职业技能大赛。9月25日至10月25日举行预赛，涉及工种5个，选手300余人，11月中旬，通过决赛评选出各工种综合成绩第一名，并为其颁发名次证书、授予技术能手称号，同时推荐申报富民强县劳动奖章。是年，全县企业获市级劳动奖章3人，获县级劳动奖章4人，获市级技术能手称号175人。

【职工健康】 2018年，桓台县总工会联合县妇保院，为工会工作比较突出的企业优秀一线职工健康查体，争取资金22万元，免费查体1500人，设立职工健康档案。

【爱·工惠职工服务平台】 2018年，设立“爱·工惠”APP服务平台，县总工会开展惠工体检活动，制定《2018年免费查体抽奖活动方案》，每月从参与活动的会员中抽取30个名额，由县妇幼保健院体检中心免费查体，激发工会会员关注、参与“爱·工惠”服务平台的热情。

【爱心互助基金】 2018年，设立爱心互助基金，缓解职工因医疗、意外、生活变故等紧急情况造成的困难。全县企业建立职工爱心基金的6个，基金

2018年6月，桓台县总工会“夏送清凉”活动走进山东泰宝集团有限公司

（摄影：徐书岭）

额1271万元，涵盖职工6088人。山东东岳集团有限公司、山东泰宝集团有限公司被淄博市总工会评为2018年淄博市爱心互助基金示范单位。

【法律援助】 2018年，桓台县总工会更新完善职工维权法律服务中心硬件设施，聘请专业律师为维权职工提供法律援助。开展普法宣传10次，接待职工维权咨询200余人次，为职工挽回经济损失160余万元，节省维权费用13万元。9月26日，中华全国总工会法律工作部劳动争议处处长龚小玲调研桓台县职工维权工作，并对其工作给予肯定。

【优秀职工食堂评选】 2018年，桓台县开展企业优秀职工食堂评选，制定相关标准和建设要求。山东汇丰石化集团有限公司、山东金诚石化集团有限公司被淄博市总工会评为2018年市级五好职工食堂。

【困难职工帮扶】 2018年，推动困难职工帮扶向制度保障和协同社会资源保障转变。争取各级困难职工专项帮扶资金26万元。由年初全县在档困难职工276户到年底下降至5户。全年发放各级救助金62.80万元。

（徐书岭）

中国共产主义青年团桓台县委员会

【概况】 2018年，贯彻共青团山东省第四次代表大会和共青团山东省十四届二次全会精神，围绕“政治引领、组织动员、服务凝聚、从严治团”四大主题，细化工作措施，团结带领团员青年为全县中心工作服务。截至年底，全县有共青团员2万余人，团（工）委40个，团总支9个，团支部531个，基层团干部928人。少先队员2.68万人，配备辅导员772人。

【思想政治引领】 2018年4—5月，桓台县开展“不忘初心，紧跟党走”主题团日活动40余场，全县参与活动的有80余个团组织，5000余名团员。5月3日，团县委与县文明办、县教体局联合举办“不忘初心跟党走 青春建功新时代”主题朗诵会，参会70人，评出一等奖1人，二等奖4人，三等奖5人。6月1日，桓台县承办淄博市“争做新时代好队员——你好，新时代”主题队日示范活动，地点设在县城南学校，全市参会少先队员1000余人。是年，开展“青年大学习”活动，覆盖团员青年8000余人。

【扶贫】 2018年，开展“金晖助老”青春扶贫志愿者行动，按照“1+2”结对模式，招募志愿者240人，结对帮扶县内65周岁以上建档立卡农村贫困的老人120人。定期开展卫生清理、精神慰藉、物资帮扶等活动。募集资金7万余元，购买过冬衣物、食用油、大米等生活物资。

【牵手关爱】 2018年，按照“1+2”结对模式，招募志愿者500人，结对帮扶县内1~16周岁困难青少年250人。定期开展课业辅导、心理疏导、亲情陪伴专项活动。开展“点亮微心愿”“城市体验”活动5次，募集资金3万元，为孩子购买过冬大礼包、学习用品等物资。11月，投入5万元，在索镇前毕村建成“健康关爱小屋”，免费为困难的青少年、老年人群体开展健康查体和保健。

【招募桓台籍大学生赴桓实践】 2018年，开展大学生实习计划活动，招募桓台县籍大学生200人，到机关企事业单位实践锻炼，引导更多优秀大学生走进桓台，感受桓台，了解桓台。

【“乡村好青年”示范带动工程】 2018年12月，团县委联合县委组织部等6部门启动“村村都有好青年”选树活动，成立县、镇选培计划领导小组和评审委员会，评选县级“好青年”29人。

【青年婚恋服务】 2018年5月，举办“五月有TA青春相约”青年交友会，单身男女青年报名参与80余人。11月13日，举办“团聚青春，缘起书香”青年交友会，单身男女青年报名参与200人。

【桓台青少年之家】 2018年，常态化开展“小团课堂”“城市体验营”“公益律师护航多彩青春”“公益读书沙龙”“公益心理咨询”等服务项目。开展主题活动20余次，覆盖青少年1000余人。

2018年5月3日上午，共青团桓台县委等在桓台宾馆举办“不忘初心跟党走 青春建功新时代”主题朗诵会　（摄影：陈洁琼）

2018 年 9 月 11 日，中国少年先锋队桓台县第五次代表大会在桓台第一中学附属学校召开，选举产生桓台县第五届少年先锋队工作委员会 （摄影：陈洁琼）

【水利知识进校园】 2018 年 5—6 月，开展水利知识进校园系列活动，面向县内二年级小学生讲授水利知识。开展活动 39 场，覆盖学校 6 所、师生 2000 余人。

【自护知识进社区】 2018 年 7 月，开展“彩虹伞——暑期自护知识进社区活动”，组织志愿者走进社区，为青少年及家长讲解自护知识，帮助青少年增强自我保护意识。该活动走进社区 9 个，覆盖青少年 800 余人。

【中国少年先锋队桓台县第五次代表大会】 2018 年 9 月 11 日，中国少年先锋队桓台县第五次代表大会在索镇召开，应到代表 204 人，实到代表 204 人。选举产生桓台县第五届少年先锋队工作委员会，选举主任 2 人，副主任 3 人，挂职副主任 1 人，兼职副主任 1 人。

【改革】 2018 年，推进共青团和少先队改革，印发《桓台县中学共青团改革方案》《桓台县少先队改革方案》《桓台县学生会组织改革方案》《桓台县学校少先队代表大会工作实施细则》。团县委机关专职团干部每人挂包一个乡镇，制定常规化下基层任务清单，采取“4 + 1”工作模式，每周固定拿出一天时间到镇村、企业开展调研，听取意见和建议，有针对性地开展服务，强化与基层团员青年的联系。是年，严把入团关口，发展新团员 1316 人，指导新团员全部注册为山东省青年志愿者。

（陈洁琼）

桓台县妇女联合会

【概况】 2018 年，全县女性人口 25.20 万人，镇（街道）妇联组织 9 个，村（居）妇联组织 347 个，企事业单位妇委会 46 个，“妇女之家”阵地 357 个。2 月，桓台县妇联被省妇联评为省城乡妇女岗位建功先进集体。李学芳被省妇联评为省三八红旗手。3 月，举行全县纪念“三八”国际妇女节 108 周年大会暨“母亲素质提升工程”启动仪式，授予于国利等 44 户家庭“最美家庭”称号，授予于霞等 53 户家庭“五好家庭”称号。5 月，陈兰芳家庭被全国妇联评为“全国最美家庭”，徐业恒、王玉红等 11 户家庭被市妇联评为“淄博市最美家庭”，孙伟君等 3 户家庭被市妇联评为“淄博市五好家庭”。全年评选出“好婆婆”“好媳妇”2160 人。

【妇女儿童民生服务】 2018 年传统节日期间，开展“巾帼暖冬行”“点亮微心愿”“贫困母亲救助”“喜迎新春 送福字 反对家暴享平安”送福进万家等各类活动 110 余次。为“两癌”患病贫困母亲争取救助专项基金 11 万元，开展“贫困母亲救助”行动，为 80 名贫困母亲送去慰问金和救助物资。拓展“春蕾计划”救助范围，开展留守儿童、特困女大学生帮扶行动，8 月，县女

2018 年 8 月，桓台县召开第四届“关爱春蕾 圆梦助学”座谈会（摄影：陈晋娟）

企业家协会捐资3万元，帮助10名女大学生顺利完成学业。

【培训】 2018年，举办两期基层妇联执委素质能力培训班，参训1400余人次。开展"新农村新生活新农民"培训，举办妇女保健、家庭教育、权益保障等方面知识讲座48期，培训妇女4690余人。推动母亲素质提升工程展开，全年举办母亲素质提升工程活动3500余场次，参与群众达2万余人。开展"莲姐姐"学堂系列活动，引进14个社会公益组织入驻桓台县妇女儿童活动中心，为妇女儿童提供心理咨询、家庭教育、卫生保健、瑜伽、围棋、书法、亲子阅读等服务，满足妇女儿童不同需求，开展活动96场次，参训2000余人。

【创业发展】 2018年7月，为淄博润邦生态农业科技发展有限公司、淄博义伟农业发展有限责任公司、淄博捷通汽车销售服务有限公司3个企业争取省巾帼示范性贴息8.12万元。是月，桓台县新城细毛山药合作社获巾帼居家就业创业基地扶持资金1万元。引领家庭服务业发展，培训妇女120余人，引导安置妇女就业36人。11月，开展乡村振兴巾帼旅游公益行动走进新城河南村活动，宣传推介乡村旅游。年内，指导女企业家协会常态化开展会员沙龙日活动10次，先后走进淄博宝恩家私有限公司、淄博润邦多肉种植园、桓台信誉楼商厦、淄博太奇文化旅游开发有限公司、新城细毛山药合作社实地察看企业发展情况，进行观摩学习和交流探讨，促进女企业家管理和经营能力的提高。是年，桓台县女企业家协会秘书长周春丽被淄博市妇女联合会评为淄博市十佳创业女性，会员毕凯琳和白翠霞被淄博市妇女联合会评为淄博市优秀创业女性，会员于霞被淄博市妇女联合会评为淄博市巾帼建功标兵。赵晓燕、周春丽、郝云香、巩晓、白翠霞、李艳丽、于霞7名会员当选为淄博市妇女第十二次代表大会代表。

【妇女维权】 2018年，在县婚姻登记处及县妇女儿童活动中心分别建立婚姻家庭辅导中心，为65对离婚夫妇进行劝和调解。联合县法院实施"人身安全保护令"。8月，省人大常委会内司委、省妇联有关人员到田庄派出所和唐山法庭调研反家庭暴力实施情况。是年，开展《山东省反家庭暴力条例》《妇女权益保障法》等法律法规宣传和咨询活动20余次，引导广大妇女智慧经营婚姻、和谐家庭关系。组织"进社区、进家庭、到身边"维权巡讲16场次，受众人数达1200余人次。发挥12338妇女维权热线作用，接待来电来访52件次59人次，处结率为99%。

2018年4月，淄博市农村妇女"两癌"检查工作推进会暨城镇贫困妇女"两癌"检查启动仪式在桓台县举行(右三为淄博市副市长张庆盈)(摄影：陈晋娟)

【民生服务】 2018年，桓台县在全市率先实现"两癌"筛查城乡妇女全覆盖。1至2月，针对宫颈TCT阳性的2299名患者，县妇联和县妇保院联合开展复查春风行动，复诊率达62%以上。4月，淄博市农村妇女"两癌"检查工作推进会暨城镇贫困妇女"两癌"检查启动仪式在桓台县召开。开展"贫困母亲两癌救助"工作，2月，为1名"两癌"患病妇女送去1万元"贫困母亲两癌救助"中央专项彩票公益金。3月，县妇联与县妇保院联合开展"健康相伴 爱心同行"女性查体活动，为各镇(街道)妇联主席、各村(社区)妇联主席共计325余人进行免费健康查体。10月，组织镇、街道妇联主席赴菏泽市曹县考察学习女性安康工程实施情况。是年，为4019名妇女参保，赔付4人，赔付金额33万元。

【实施妇女儿童发展规划】 2018年5月、7月，顺利通过省、市第三方评估组对桓台县儿童与安全示范项目的评估。12月，桓台县代表全市接受省"两个规划"第三方监测评估组对妇女儿童工作的检查。在云涛社区打造家风家训、家庭教育、儿童安全宣传3条街。

【美在家庭创建】 2018年，桓台县评选出"美在家庭"示范户694户，"美在家庭"示范村居18个。全县由镇村妇联执委组建"美在家庭"莲姐姐志愿服务队300余支，开展志愿服务活动700多次。

【网上妇联建设】 2018年，实施网上妇联工程，着力建设"1网+1微+N群"工作体系，在网上开展"莲姐姐"微学堂、"十九大宣讲网上行""优秀女人大代表""优秀女政协委员""我身边的最美女性"等专题宣传，提供家庭教育线上讲座、维权咨询等，扩大妇联影响力，吸引更多的人参与妇联线下活动。县妇联微信公众号——桓台县妇女儿童家园，全年阅读量达5万余人次，居全市区县妇联微信公众号传播指数第一名。

【妇女组织建设】 2018年，桓台县妇联举办学习会、座谈会等各类会议5场次。开展镇村“妇女之家”创建，重点打造起凤镇辛泉村和乌北村、索镇刘茅村3个“妇女之家”示范点。8月，选举产生出席淄博市妇女第十二次代表大会代表41人。

（陈晋娟　郑小丽）

桓台县科学技术协会

【概况】 2018年，城区街道宝龙社区科普体验馆建成投用。组织申报基层科普行动计划6项。举办桓台县第四届青少年科技嘉年华活动。山东东岳集团有限公司、淄博宝恩皮革集团有限公司分别设立科学技术协会。山东东岳集团有限公司张建宏入选山东省人才专家智库公示名单。全县县级学会、协会19个，会员6315人。企业协会4个，会员778人。国家级农技协会4个，省级农技协会2个，市级农技协会5个。国家级科普示范社区2个，省级科普示范社区1个，市级科普社区4个。

【宝龙社区科普体验馆建成投用】 2018年7月，宝龙社区科普体验馆建成投用。该馆投资10万元，占地80平方米，科普展品主要有人体导电、光压风车、视觉成像、动物标本、磁悬浮等互动小展品。

【全国科普日活动】 2018年9月15日，桓台县科学技术协会组织各镇（街道）科学技术协会、基层农业技术协会、科学普及教育基地开展系列活动。在宝龙社区举办全国科学普及日活动及宝龙社区科普体验馆启动仪式。8个镇的活动为“科普赶大集”，上街宣传。海悦观赏鱼、一鸣机器人等2处科普教育基地，针对青少年开展科普活动。

【农业科技示范基地申报】 2018年，桓台县组织申报基层科普行动计划6个。其中：国家、省级项目2个，分别为一鸣机器人科普中心和淄博咏润农民专业技术协会。市级项目4个，分别为桓台县特邀种植协会、桓台县城区街道宝发社区、锦秋社区、桓台县海悦观赏鱼科普教育基地。

【参与淄博市科技创新大赛】 2018年4月，桓台县组织中小学参加2018年淄博市科技创新大赛，推荐参赛作品83件，其中：一等奖14件，二等奖25件，三等奖10件。

【企业科协建设】 2018年5月28日，山东东岳集团有限公司设立的东岳集团有限公司科学技术协会揭牌，当年活动经费200万元。7月24日，淄博宝恩皮革集团有限公司召开科学技术协会成立大会。

2018年6月，桓台县城区街道宝龙社区科普体验馆　　（摄影：张　珊）

【科技工作者慰问】 2018年5月29日，中共桓台县委副书记刘帅走访慰问全县优秀科协工作者王丽、徐生龙、耿文超等人，慰问品为鲜花、礼物，向科技工作者表示节日祝贺。

【张建宏入选山东省智库人才专家公示名单】 2018年9月，桓台县推荐山东东岳集团有限公司董事长张建宏等5名知名企业家、优秀科技工作者参评山东省智库人才专家（全省300人，主要以科研院所、大专院校、专家教授为主），11月，张建宏入选公示名单。

【老科协工作】 2018年4月，淄博沣亿农场毕永浩被省科学技术协会评为省级老科协工作者，参加省老科协工作表彰大会。11月，桓台县妇幼保健院郑瑞芹申报正高级职称。桓台百萃园农场、桓台县鸿基农业专业合作社申报为市级老科协示范联系点，获得奖励资金各1万元。

【全省“3+1”试点县】 2018年8月，桓台县被山东省科学技术协会定为全省提升基层科协组织力“3+1”试点县，设立领导小组，制定方案。10月26日，在西苑社区居委会召开桓台县科学技术协会加强基层科协组织建设“3+1”试点工作推进会，吸收王鑫（山东东岳集团有限公司高级工程师）、张连平（桓台县实验学校副校长）、张坤（淄博少海医院院长）等6人为县科学技术协会会员，并增选为常务委员。12月中旬，全县“3+1”试点工作现场观摩交流推进会在起凤镇召开。月底，镇、街道科协成立和换届结束。

（张　珊）

桓台县残疾人联合会

【概况】 2018年,桓台县残疾人联合会走访慰问残疾人家庭452户,为11882名持证人代缴2份意外伤害保险,为1281名残疾人提供康复服务,发放残疾人生活、护理补贴637万元。

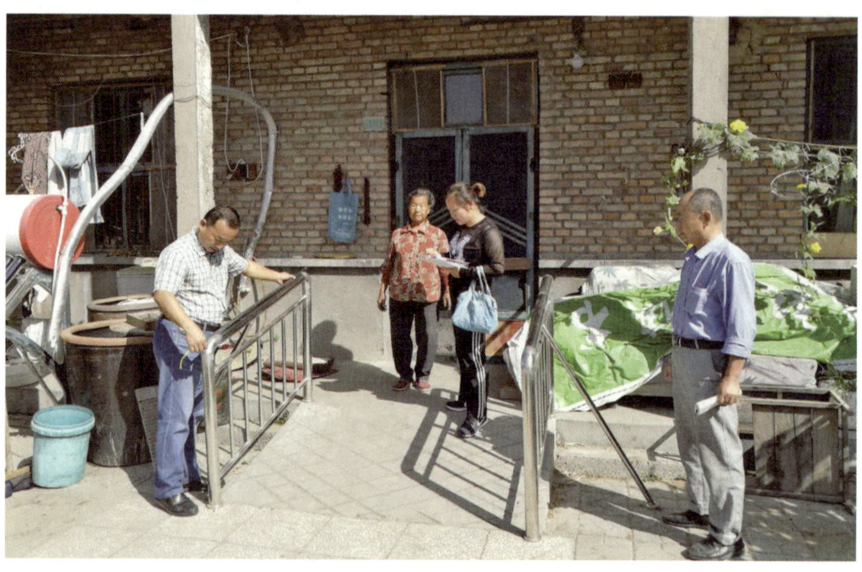
2018年7月,县残联为残疾人家庭无障碍改造现场 (摄影:徐健民)

【残疾人康复】 2018年,全县评估有康复服务需求残疾的人数1032人。对残疾人精准康复服务政策、工作流程、创新做法等进行系统培训,参训93人。出台《关于进一步加强残疾人精准康复服务行动实现残疾儿童随报随康的通知》,救助各类残疾儿童81人,拨付资金97.72万元,残疾儿童康复率100%。发放残疾人辅助器具800件,为116人填报需求的精神残疾人提供康复服务,为52人填报康复需求的肢体残疾人适配假肢54例。

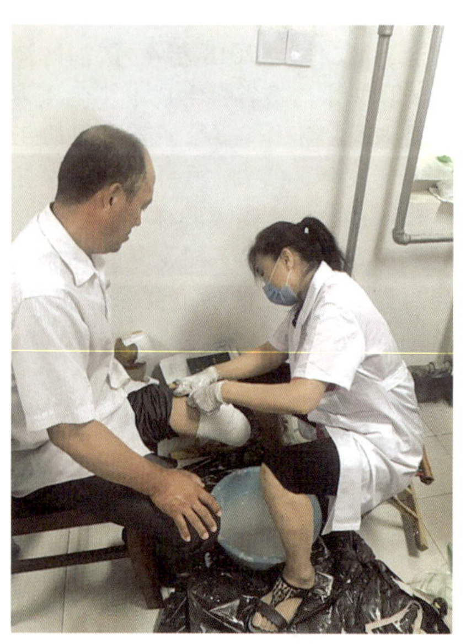
2018年6月,县残联为重度肢体残疾人免费安装假肢 (摄影:杨文娟)

【就业和社会保障】 2018年,实施“共享阳光 残疾人就业创业工程”,建设残疾人就业从业基地17处,其中省级优秀残疾人就业基地1处,市级优秀残疾人就业基地1处,市级残疾人实用技术培训基地2处。帮扶带动残疾人就业490人,其中建档立卡贫困残疾人43人。开展残疾人家政服务、民间名吃培训残疾人41人,其中建档立卡贫困残疾人5人。依托新城细毛山药、马桥镇祁家蔬菜、荆家四色韭黄和润邦生态残疾人就业从业基地培训残疾人103人,其中建档立卡贫困残疾人26人。8月,为23名考入大专、本科及以上院校的残疾学生发放助学补助2.82万元。12月,为11882名持证人每人每年代缴2份保险,投入资金23.80万元。县残联与县民政局、县财政局密切协作,形成工作联动机制,实现两项补贴动态管理,按月及时发放,全年投入637万元。开展“阳光家园计划”,依托县精神残疾人托养中心、山东大爱家政有限公司等机构,对16~59周岁精神、智力和重度肢体残疾人开展机构托养及居家托养服务,全年托养残疾人157人。

【组联维权】 2018年,完成村级残协换届,选举产生新一届村级残疾人协会领导班子,配齐配强残疾人专职委员队伍。春节、助残日等重大节日期间,走访慰问残疾人家庭452户,送去慰问物资折合人民币8万元。开展省福利基金会物资捐赠发放活动,为3名贫困残疾人发放轮椅,为5名视力残疾儿童发放学习工具包,为35名盲人发放智能听书机。3月,印发《桓台县2018年度残疾人家庭无障碍改造实施方案》,改造残疾家庭80户,残疾人满意率达100%。

【桓台县残疾人联合会第七次代表大会】 2018年1月23日,桓台县残疾人联合会第七次代表大会在索镇召开。选举主席团成员27人,设主席1人,副主席5人。执行理事会由7人组成,设有理事长1人,副理事长2人,理事4人。

【体育】 2018年3月,宋振玲在2018年巴西残疾人自行车场地世锦赛上,夺得女子C2级500米个人计时赛铜牌以及女子C2级3千米个人追逐赛第六名。5月,为迎接全国第二十八个助残日,桓台县残联在桓台人民公园百姓大舞台联合淄博残疾人追梦艺术团、桓台县文化局举办“淄博市首届残疾人才艺大赛桓台赛区”演出选拔赛,其中6名优秀选手参加在张店

2018 年 8 月，淄博市第八届残运会飞镖比赛现场　　（摄影：郭　红）

区文化馆举办的“淄博市首届残疾人才艺大赛决赛”，获得一等奖 2 个，二等奖 2 个，三等奖 3 个。8 月，为备战全市第八届残疾人运动会，组织全县运动员集训，参训 25 人，参加游泳、田径、象棋、飞镖、跆拳道等 8 个大项的比赛，其中桓台县承办象棋、飞镖 2 项比赛，在市八届残运会上，夺得 27 枚金牌、17 枚银牌、5 枚铜牌。承办全省第三届残疾人象棋锦标赛暨第二届残疾人飞镖锦标赛。10 月，在全省第十届残疾人运动会上，桓台县 14 名运动员参加自行车、飞镖、田径、游泳、举重、跆拳道、硬地滚球等 10 个项目的比赛，为淄博市代表团夺得 10 枚金牌、13 枚银牌、10 枚铜牌的成绩。

【扶贫】　2018 年，制定《桓台县残联 2018 年度助力脱贫攻坚实施方案》，进一步汇聚工作资源，聚焦建档立卡贫困残疾人，针对其特殊需求，从“减支、增收、保障、特需”入手，实施“六项工程”，助力脱贫攻坚，确保实现“两不愁、三保障”和残疾人精准康复服务、家庭无障碍改造两个全覆盖。建立残疾人精准扶贫台账和残疾人扶贫领域作风治理工作台账。截至年底，农村建档立卡贫困残疾人脱贫率达 100%。

【残疾人证“一次办好”】　2018 年 11 月，重新修订办理残疾人证流程，印发《桓台县残联关于优化残疾人证办理流程推进“残疾人证一次办好”的通知》，召开全县残疾人证“一次办证”工作会议，对一次办好“残疾人证”工作再部署。县残联自收到申请表、评定表等相关材料起，6 个工作日内打印出证。印制办理残疾人证流程、明白纸、告知承诺书，分别存放于村（居）民委员会、镇（街道）便民中心、县残联。为重度肢体残疾人上门服务由每月一天改为每月两天。实现让“残疾人少跑腿、零跑腿”。是年，办理残疾人证 1029 人次。

（李方亮）

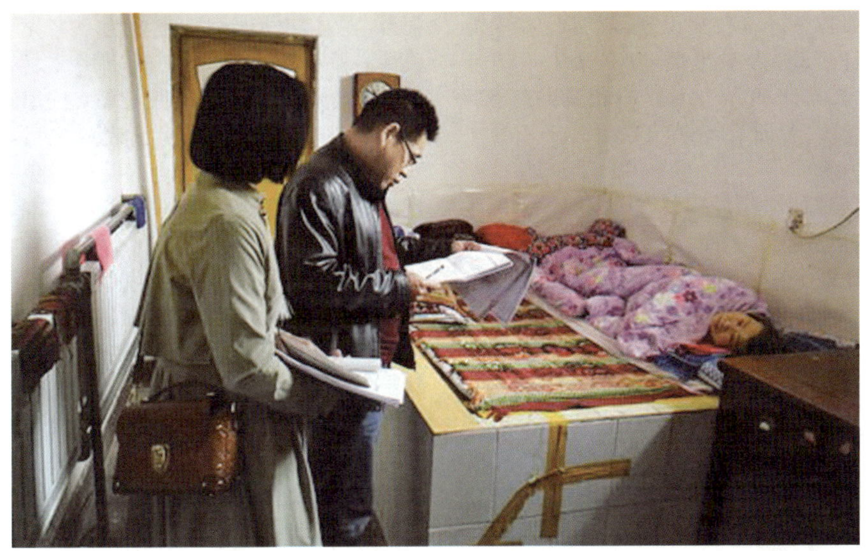
2018 年 11 月，县残联为重度肢体残疾人上门办理残疾人证（摄影：徐　琳）

桓台县红十字会

【概况】　2018 年，桓台县“5·8”红十字博爱周期间，举办应急救护知识师资培训班 1 期，参训 34 人。9 月 8 日“世界急救日”期间，开展进社区活动 12 次，受众 360 余人。县红十字城际救援队每周三晚上在县新时代文明实践服务中心举行急救知识现场培训，参训 8000 余人。举办初级救护知识讲座 634 场次，参训 1.20 万人次。开展 120 急救演练，强化红十字应急救援队伍之间的整体协同配合。慰问大病困难群众 68 户，发放大病救助资金 19.90 万元。开展“爱心一日捐”活动，募集资金 24.25 万元。实施“三大捐献”项目，全年遗体角膜捐献登记 10 人，实现遗体、角膜捐献各 2 人。世界献血日期间，完成 50 份造血干细胞捐献志愿者入库血样采集，完成再动员19例，其中高分辨率3人。举办计划生育特殊家庭帮扶志愿者心理疏导培训班1期，参训120人。开展暑期安全知识进校园、进社区活动，涉及14所学校，参训1000余人次，发放宣传材料1.20万余份。在省级以上(含省)媒体发稿26篇，市级媒体发稿35篇，县级媒体发稿40篇。

【初级救护知识普及】 2018年，继续开展初级救护知识“六进”(进学校、进机关、进乡村、进社区、进企业、进家庭)活动。“5·8”红十字博爱周期间，联合县卫生和计划生育局在桓台县红十字培训中心举办应急救护知识师资培训班，参训34人。9月8日，在少海公园东门广场开展“世界急救日”宣传活动，传播救护知识和理念。县红十字蓝天救援队开展应急救护知识进社区活动12次，向360余人普及应急救护知识。县红十字城际救援队每周三晚上在县新时代文明实践服务中心举行急救知识现场培训、宣传普及活动，参与市民8000余人次。年内，累计举办初级救护知识讲座634场次，参训1.20万人次。

【应急救援演练】 2018年5月8日“世界红十字日”期间，联合县卫生和计划生育局、唐山镇人民政府，在山东宝源化工股份有限公司举办桓台县120急救演练活动，强化红十字应急救援队伍之间的整体协同与配合，提升应急救援处置能力，是县红十字会参与危化泄漏危机突发事件应急救援的初次探索。红十字会力争快速有效处置特殊背景下的事故灾难，保障群众生命和健康。

【送温暖活动】 2018年春节期间，开展红十字“博爱进万家”活动，入户走访慰问大病困难群众68户(包括市红十字会救助分配桓台县22户)，发放大病救助资金19.90万元、红十字爱心温暖箱103个。与县卫生和计划生育局走访慰问结队帮扶“因病致贫”困难群众，送去食用油、鸡蛋等生活物资，关切询问群众身体健康状况，了解他们目前面临的困难，帮助理思路、谋发展。

【募捐与救助】 2018年5月23日起，与县卫生计生系统联合开展2018年度重特大疾病救助“爱心一日捐”活动，募集资金24.25万元。组织开展“小天使基金”和“天使阳光基金”等救助筛查申报工作，对全县先天性心脏病和白血病儿童进行调查摸底，指导填写申报材料、资料审核等工作，帮助2名白血病患儿申请“小天使基金”。8月22日，淄博市中西医结合医院组织心外科和超声诊断专家来到桓台，在县妇幼保健院集中为5名先天性心脏病患儿进行筛查，其中2名患者符合救助条件，协助儿童家长填写《天使阳光基金资助申请表》，之后安排在淄博市中西医结合医院进行免费手术治疗。

【“三大捐献”】 2018年，通过新闻媒体宣传“三大捐献”志愿者事迹，对“三大捐献”项目进行广泛宣传，提高红十字工作的社会知晓率，无偿献血、遗体角膜、器官、干细胞捐献日益得到社会关注，全年遗体角膜捐献登记10人，实现遗体、角膜捐献各2例。开展造血干细胞样品采集工作，通过微信、报纸、电视、发放宣传单等多种方式进行宣传，动员群众加入到造血干细胞捐献志愿队伍。6月14日“世界献血者日”期间，与淄博市中心血站、县信息中心联合举办“桓台大众爱心献血车”揭牌仪式暨造血干细胞血样采集活动，完成50份造血干细胞捐献志愿者入库血样采集任务。开展造血干细胞捐献再动员工作，接到再动员通知立即组织对志愿者进行联系，对志愿者进行解释再动员，年内完成再动员19例，其中高分辨率3人。

【志愿服务】 2018年年初，县红十字心理救援志愿服务队联合县计生协会举办计生特殊家庭帮扶志愿者心理疏导培训班，来自全县的120余名志愿者参加培训。“5·8”红十字博爱周期间，联合县卫生和计划生育局到羿景嘉园社区开展“博爱人人行 义诊进社区”活动，为市民免费体检、测量血压、进行健康教育宣传100余人次。6—9月，开展暑期安全知识进校园、进社区志愿活动，组织县红十字志愿服务队、县红十字城际救援志愿服务队和县红十字会救护培训中心志愿者走进校园，采用现场教学、多媒体、电视播放突发事件抢救情况以及现场互动等多种形式相结合的教学模式，对教师、学生开展应急救护知识和技能普及培训，到14所学校培训1000余人次，发放宣传材料1.20万余份。

【红十字宣传】 2018年，利用各种纪念日、应急救护培训、红十字志愿服务活动日等，多种形式宣传普及红十字知识和红十字会工作，提高社会知晓率和认知度。年内，在省级以上(含省级)媒体发稿26篇，市级媒体发稿35篇，县级媒体发稿40余篇。

(于　军)

桓台县慈善总会

【概况】 2018年，桓台县慈善总会接收善款257万元，支出252.10万元，救助帮扶全县困难群众1100余人次。

【慈心一日捐】 2018年，开展以“爱在桓台、助力扶贫”为主题的“慈心一日捐”活动，收到全县各部门、单位、个人善款250余万元。

【爱心复明】 2018年，开展“爱心复明”工程，在全县范围内对符合条件的困难家庭无力手术治疗的贫困老人到指定医院进行免费白内障手术，治

疗 115 人，支出 19.40 万元。

【血透】 2018 年，开展“爱在桓台、血透”工程，对符合条件的困难家庭，到指定医院进行血液透析净化治疗，县慈善总会予以资金减免，救助 30 余人，支出 25.60 万元。

【贫困少年儿童救助基金工程】 2018 年，救助因患重特大疾病或意外伤害造成家庭困难的贫困少年儿童 6 人，支出 3 万元。

【安老送温暖工程】 2018 年，对全县集中供养的 185 名特困人员购置棉被、棉褥等 6 件套和轮椅，支出 8.80 万元。

【困难母亲与困难职工救助】 2018 年，与县妇联和县直机关工委开展困难母亲与困难职工救助工作，分别救助 18 人、7 人，支出 5 万元、2 万元。

【慈善助急工程】 2018 年，突发不可控因素紧急救助支出 32.40 万元，慈善医疗救助支出 39.10 万元，支付养老机构、敬老院取暖费用 56.80 万元，帮扶困难村支出 3 万元，医疗救助支出 4.50 万元，帮扶品学兼优的高中生支出 20 万元，精简退职人员取暖费支出 2.50 万元，定向救助品学兼优的大学生支出 30 万元。

（张　焱）

本部类责任编辑　张胜利

法 治

政法与综合治理

【概况】 2018 年，全县政法与综合治理工作坚持以习近平新时代中国特色社会主义思想为指导，深入学习贯彻党的十九大、十九届二中、三中全会和习近平总书记关于政法工作重要指示精神，全面贯彻落实中央和省市县委关于政法工作及扫黑除恶专项斗争决策部署，坚持党对政法工作绝对领导，深入推动"平安桓台""法治桓台"建设，全力维护政治安全、确保社会大局稳定、促进社会公平正义、保障人民安居乐业，为开创桓台转型跨越发展新局面提供政法保障。年内，全县未发生重大群体性事件，在对平安建设的打分排名中，以 95.45 分位列全市第三名。

【维护社会稳定】 2018 年，制定《关于建立健全党委（党组）反奸防谍安全防范责任制的意见》，对照市国家安全领导小组提出的人民防线网络建设要求，在各镇（街道）、重点部门建立完善国家安全小组，在重点村（居）、企事业单位设国家安全信息联络员，搜集报送涉及国家安全情报信息。开展国家安全相关专项调研，摸排出全县驻外机构 7 家，2015 年以来赴外留学人员 117 人。组织开展"全民国家安全教育日"国家安全宣传教育活动，先后组织国家安全"进企业、进农村、进机关、进校园、进社区"等系列专题活动，受教育人数 10 万余人。

是年，完成上海合作组织青岛峰会、庆祝改革开放 40 周年等敏感时期安保维稳工作。做好全国"两会"、上海合作组织青岛峰会、庆祝改革开放 40 周年等重大会议和敏感时期安保维稳工作。启动联合集中办公，及时调度研判信息，掌握稳定动向，严格执行"落地核查不过夜、重要情况 2 小时反馈"快速核查机制，对重要情报线索，第一时间推送一线实战部门，落实每日维稳"零报告"制度。成立专项督导组，对镇（街道）和相关部门的安保维稳工作开展常态化明查暗访。成立专门工作组，做好重大会议期间值班备勤工作，做到科学布控力量和人员，筑牢最后一道防线。组织对辖区各类不安定因素逐一摸排梳理，紧盯重点人员、重点群体，逐一落实稳控措施，做到动知轨迹、及时预警。抽调值班人员在淄博火车站和汽车站 24 小时值班备勤，做好车站重点人员查控工作。

是年，持续强化重点人员稳控。坚持一月一调度，定期更新台账，对涉军人员、涉法涉诉上访老户、原民办教师、幼儿教师等特殊利益群体，按照"谁主管、谁负责"要求，逐个落实"五包"措施，严密防控，全天候、全方位动态管理，确保 24 小时不失控漏管。加强对刑满释放人员、社区服刑人员、吸毒人员、精神障碍患者、性格偏执人员服务管理，化解不稳定因素。发挥基层组织、村（社区）网格作用，将重点人员全部纳入视线。突出做好涉军重点人员稳控工作，对排查出的 9 名涉军重点人员、21 名一般重点人员实行一人一专班、一人一张表，建立详细台账，按照退役军人事务局牵头、单位稳控、公安配合原则，全部调整充实工作专班。完善"政策、法律、党纪"宣讲教育、网格化管理和抓党建促稳定等工作机制，逐级压实责任。

是年，从严从实抓好政法领域意识形态工作。开展打击"法轮功""全能神"专项行动，全县共侦破涉邪教案件 5 起，打掉窝点 6 个，抓获犯罪嫌疑人 43 名。推进县、镇（街道）、村（居）三级反邪教警示教育阵地建设，将该项工作纳入桓台县乡村文化振兴工作方案。组织开展"抵制邪教侵害 共建幸福家园"志愿服务活动，累计发

2018 年 9 月 19 日，省委常委、政法委书记林峰海（前排左二）到桓台县调研非公有制企业和重大项目建设情况 （县委政法委 提供）

放宣传物料12000余份。开展反邪教宣传教育"六进"(进机关、进乡村、进社区、进学校、进企业、进宗教场所)活动,运用报社、电视台等传统媒体和微博、微信等新媒体开展反邪教宣传工作,打造形式多样化、载体多元化、受众全面化反邪教媒体宣传教育格局。积极开展省市挂牌攻坚及涉案人员教育转化工作,在县法制教育中心举办为期10天的挂牌攻坚培训班。开展社会面涉邪教反宣品清理清查,从根本上铲除邪教滋生土壤。做好长安网"两微一端"(微博、微信公众号、新闻客户端)推广工作,开通"桓台政法"微信公众号,上报各类信息20余条,转发推广更新发布信息80余条。做好依法办理、舆论引导、社会面管控"三同步"工作,牢固树立"网上网下"两条战线思想,强化网络安全监管,开展24小时网上巡查,提供预警信息,并及时进行落地查控,是年,共收集预警性信息355条。

是年,修订完善《重大决策社会稳定风险评估实施细则(试行)》《重大决策社会稳定风险评估操作指南》,建立健全重大决策社会稳定风险评估相关制度,把社会稳定风险评估作为"前置程序""刚性门槛",防止不当决策影响群众利益和社会稳定。是年,共上报稳评项目306个,其中引入第三方评估项目3个,各镇(街道)及有关部门均按照要求进行重大项目评估和报备工作;全县未发生重大群体性事件。

【平安建设】 2018年,制定《桓台县扫黑除恶专项斗争工作方案》。坚持"有黑扫黑、无黑除恶,无恶打霸、无霸治痞"原则,全县共核查线索180条,破案123起,刑事拘留179人,打掉涉黑组织1个、恶势力犯罪集团2个,涉恶团伙19个,抓获团伙成员87人。侦办的非法拘禁涉恶团伙案被省公安厅评为扫黑除恶典型案例。深入开展三年禁毒人民战争,依法查处吸毒人员61人。是年,全县破获刑事案件2328起,刑事拘留311人,共批捕各类刑事犯罪嫌疑人157人,法院审结各类刑事案件394件。

是年,按照"统筹使用、兼容整合"建设思路,推进"雪亮工程"建设,整合公安、交警、城管等部门视频监控资源,充分实现共享、共用,打造视频监控"一张网卡"。对符合国家和行业相关技术标准的已建监控点位,进行联网整合;对新增设的全县统一规划布点、统一技术标准、统筹规范建设、统一考核验收,推进全县视频监控"一张网"建设。全县348个村(社区)全部实现视频监控全覆盖,建成监控探头总数21090个,建成65个以视频监控为主的"技防示范村"。以平安指数发布为牵引,以信息化技术为手段,充分发挥社会资源优势,提高平安小区物防技防水平,开展"星级"平安示范村(社区)创建工作。全县10个平安小区建设任务全部完成并通过市检查组验收。

是年,按照市委改革办2018年第一批创新改革经验推广推介工作部署,出台《关于推进全县智慧平安小区创建的实施方案》,在橡树玫瑰城社区开展试点工作,引入上海智慧平安社区建设理念,融合兆物、旷世等国内多家先进网络公司优势,打造高标准智慧平安社区桓台样板。新的县级综治中心建设已基本完成,综治信息平台也将上线运行。综治办与公安、司法、民政等10部门派员入驻办公,设置综合协调室、治安监控研判室、矛盾纠纷调解室,整合各类举报、投诉电话及信箱,汇集全域矛盾纠纷问题,按照综治中心功能,分流调处化解,形成闭环。县镇村三级网格化服务中心全部挂牌与综治中心一体化运行,提高网格员专职化率。城区街道以社区为单位共划分为13个网格,共有114名专职网格员,各镇以村为单位,共有335个村级网格,各村根据实际情况又划分数量不同的片区网格。县网格化服务管理中心为各网格配备974名网格员,其中专职网格员469名、兼职网格员505名。

是年,学习"枫桥经验",把握实现矛盾不上交工作的指导思想、基本原则和工作目标,排查在先、关口前移,开展矛盾纠纷大排查大调处专项行动,最大限度地把矛盾纠纷化解在基层、解决在萌芽状态。共排查出各类矛盾纠纷395起,调处387起,调处率98%。县在线矛盾纠纷多元化解平台(ODR平台)建设工作进入收尾阶段,该平台整合人民调解、行政调解、司法调解线上运行,使矛盾纠纷不断被过滤和分流,最大程度先行化解纠纷。县法院成立行政争议审前和解中心,构建人民调解、行政调解、司法调解、律师调解"四位一体"新模式,累计指导化解各类纠纷1300余件,过付款项2100余万元,纠纷自动履行率80%以上。在全市平安建设现场推进会议上,通过对各区县"雪亮工程"、综治中心、网格化管理及平安小区建设现场观摩、打分排名,桓台县以95.45分位列全市第三名。

【服务保障大局】 2018年,开展打击食品药品违法犯罪、打击涉医违法犯罪、校园周边环境综合整治、清理建筑领域拖欠农民工工资等专项行动。研发建立食药环侦大数据管控平台,实现从后端打击向前端预警转变,侦办各类案件32起,抓获嫌疑人24人,其中侦办的"11·24"环境污染案在全省食药环侦部门现场案例评析活动中获第三名。运用执行信息化手段,建立一体化执行信息系统,加大信用惩戒力度,将861名失信被执行人(单位)纳入"黑名单",全年共执结各类执行案件2578件。将扶贫对象及"失独"家庭纳入法律援助对象范围,开通法律援助"绿色通道",当年共受理法律援助案件466件。发挥管理、服务、调节、预警、保护、打击等职能,排查化解项目、工程建设领域矛盾纠纷。打击经济犯罪,开展非法集资、传销等涉众型专项活动,保障全县经济健康发展,共立案28起,刑事拘留27人。惩处生产、销售伪劣产品等破坏市场经济秩序犯罪,打击销售假冒注册商标的商品新类型犯罪。防范区域性金融风险,提高金融案件审理效率,保护金融债权安全,县法院共审理金融案件417件,涉案金额9.2亿元。开展排查安全隐患防范四类风险专项行动,坚持全面排查、重点排查与动态排查有机衔接,把各种问题隐患、矛盾纠纷排查出来,横向到边,纵向到底。暴力恐怖事件隐患共累计排查1039起,调处562起;群体性事件隐患共累计排查23起,调处20起;个人极端事件安全隐患共累计排查145起,调处96起;安全事故隐患共累计排查8121条,调处7710条。抓好省委巡视组反馈意见整改工作,推动金融风险压力化解。把金融风险防控纳入县委、县政府重点工作常态化调度内容,成立桓台县维护金融稳定领导小组,出台《桓台县金融风险防控三年攻坚行动方案》。加大非吸案件处置和打击力度,强化合成作战,将最大限度挽回涉案资产作为查处案件的基本要求,提高依法追缴和协同处置涉案资产效能,维护群众合法利益。

【法治建设】 2018年,着力营造公平正义法治环境,推进执法司法规范化,深化司法公开,加强审判流程公开、裁判文书公开、执行信息公开"三大平台"建设,确保当事人及时全面掌握案件审理执行流程,方便社会公众了解监督裁判结果。推进官方微博、微信等新媒体建设,及时发布重大案件、重点工作情况,保证群众知情权、监督权。县检察院、县公安局共同成立专家咨询委员会,聘任32名医学、特教、经济、金融等8个领域业务骨干为专家咨询委员会委员,发挥专家专业优势,加强对公安、检察办案工作的技术指导,推进规范化建设。推进"七五"普法工作,开展法治宣传教育,组织开展"法律六进"(进机关、进乡村、进社区、进学校、进企业、进单位)活动,做好《法治桓台》栏目,通过报纸、微信、LED屏幕进行法治宣传,建立传统媒体与"互联网+"相结合法治宣传模式。召开全县"七五"普法中期检查验收部署会,举办全县副科级以上领导干部法治培训班、"宪法修正案与依法治国"专题报告会等。至年底,共开展各类大型精准法治宣讲336场。加强法治文化建设工作,推进"个十百千"法治文化基地建设,争创省市级法治文化建设和法治宣传教育示范基地,建成县法治文化公园等22个法治文化基地,为桓台县经济持续健康发展和社会和谐稳定营造良好法治氛围。加快司法责任制改革,完善员额管理和司法职业保障制度、建设新型办案团队、推进内设机构改革。在全省率先出台《关于进一步加强检察官全面履行监督职责的意见(试行)》,形成动态监督、综合考评、检察官全面负责为一体的新型办案监督机制。召开全县政法机关协助配合监察体制改革试点工作"1+7"纪法衔接工作座谈会,对桓台县纪法衔接工作进行部署。

(崔守东)

公　安

【概况】 2018年,桓台县公安局完成重要节点、各级"两会"及"上海合作组织青岛峰会"重大安保任务,全县未发生重大群体性事件、重大安全事故。截至年底,全县破获各类刑事案件2328起,抓获犯罪嫌疑人408人,打掉犯罪集团15个、84人,刑事拘留311人,逮捕128人。侦办妨害换届选举刑事案件1起,刑事拘留4人;查处行政案件13起,行政拘留12人;强化合成作战效能,实现街面"两抢"案件全破,抓获犯罪嫌疑人125人。查处行政案件1414起,处理违法人员521人。实施"雪亮工程",新建一类视频监控点697个、"人脸识别"摄像机70路,建成"技防示范村"113个。深化"法治警务""实战警务"建设,建设受案、信访接待和综合勤务指挥大厅,实现执法环节"一站式"服务。推进"互联网+公安政务服务",通过服务平台为群众答疑2000余件,解决问题300余件。县公安局案件管理中心入选"2018年全省公安机关基层基础建设示范点"。

【110接处警规范化建设】 2018年9月10日,安装应用云指挥调度平台接警系统,实现110可视化指挥。是年,印发《关于做好节日期间对燃放烟花爆竹警情处置的通知》,指导基层民警依法妥善处置燃放烟花爆竹类警情。修订《桓台县突发社会安全事件应急预案》《桓台县妥善处置群体性事件应急预案》《桓台县防范和处置恐怖性事件应急预案》《桓台县大型会展和文化体育活动突发事件应急预案》4个预案,提高新形势下处置突发事件水平。梳理2016—2018年涉黑涉黄涉毒警情900余条,为扫黑除恶专项斗争提供有价值线索20条。对110警情实行每日、每周、每月、每年分析研判,通报无刑事警情天数,将有效警情柱状图发送局领导、各基层单位,指导打防工作。110接处警工作全面落实"一次办好",110报警服务台实行首接责任制,推行"系统内部流转"和"三方通话",避免报警人再拨打其他电话反映诉求,各处警单位依法、妥善、及时、规范处置每一起警情,报警人满意度保持在98%以上。年内,接派有效警情13634起,其中刑事警情840起、治安警情9116起、群众求助2501起。

【执法办案管理中心建设】 2018年,在县公安局原址(公安街512号)改扩建执法办案管理中心,形成以公安指挥信息中心和执法办案管理中心为支撑的"双核驱动"办公办案模式。投资3000万元,新建面积1600平方米,改建面积1万平方米,新建综合勤务指挥大厅、案件受理大厅、信访接待大厅、食药环安全教育基地、刑事痕检实验室、法医实验室、食药环快检室、毒品快检室,更换变压器,建设自助餐厅,实现集中地暖供暖和中央空调制冷。11月,执法办案管理中心投入使用,法制、经侦、刑侦、刑技、禁毒、食药环侦、巡特警等业务警种集约化办公,实行统一勤务指挥、统一受立案件、统一后勤保障、统一案卷及涉案财务管理、统一警力调配、统一信访接访化解的"六统一"模式,构建大警种合成侦

2018 年 11 月 16 日，桓台县公安局举行执法办案管理中心启用仪式

（摄影：姜晓丽）

查、合成办公格局，实现从立案、侦查、破案、结案、信访等环节“一站式”服务及全程监督。

【执法规范化建设】　2018 年，定期对法制员进行业务培训，举办全县公安机关法制员业务技能比武竞赛暨“刑辩大赛”，参加全市公安机关法制员业务技能比武竞赛暨“刑辩大赛”，获团体第一名。邀请市委党校政法教研部副教授李萍到局进行宪法修正案专题讲座，增强民警自觉遵守并维护宪法权威意识。开展执法工作网上巡查和实地突击检查，发现整改接处警、受立案、案件办理、办案场所使用情况等方面问题 20 余个。制定刑事案件“两统一”（法制部门统一审核、统一出口）工作意见，与县检法部门共同制定《扫黑除恶专项斗争协作配合暂行办法》，为执法办案工作提供制度支持。年内，提请批捕案件 168 件 202 人，移诉案件 428 件 578 人，取保候审 290 人，监视居住 17 人，审核行政案件 396 件，配合县监察委办理案件 134 起，随警作战 13 起，处理疑难信访案件 15 起。三次代表全市公安机关接受省公安厅执法检查，执法质量连续 18 年位居优秀等次。

【基层基础建设】　2018 年，桓台县公安局加强基层所队建设，11 个派出所完善勤务指挥室工作机制，强化值班接警、应急处突、信息研判、视频巡查、服务群众等职能，与县局信息指挥中心对接，形成上下联动、快速高效的信息流转体系。新建食药环侦安全教育基地、食药环快检室、毒品快检室、刑事技术室，司法鉴定中心通过省质监局检验检测机构资质认定。执法办案管理中心建成并投入使用，改善业务大队办公办案条件。继续实行“1 + 2 + N”社区警务工作，优化调整警务区，增加社区民警 12 人，占派出所民警总数的 41.38%，增加辅警 24 人、网格员 114 人。在橡树玫瑰城小区建成全县首个“智慧平安社区”管理平台，社区实有人口、实有房屋、实有单位、实有安防设施、实有安防力量、实有报警数据等信息统一汇聚，实现社区民警管理智慧化、服务社区群众智能化。年内，集中培训警务助理，调整警务助理 103 人，协助民警发放防范宣传材料 10 万余份，参与巡逻 5 万余人次，服务群众 1.2 万人次，调处矛盾纠纷 6925 起，提供案件线索 4500 余条。

【视频监控建设】　2018 年，根据全县“一张网”和“画圈、切块、分格、定点”规划，投资 557.6 万元，在主城区重点路段、治安复杂场所等部位新建视频监控 692 路。开展动态人脸识别系统、电子围栏、实景云防等智能感知设备建设，在县城各大商场、超市、医院及网吧、KTV 等重点场所部位建设 70 路动态人脸识别前端相机，并全部接入市公安局动态人脸比对系统解析平台；结合侦查破案需求，在县界、城区和重点部位规划建设 15 处电子围栏；投资 90 万元，在全市率先完成实景大数据云防系统建设，在主城区 4 处制高点、2 处重点化工企业建设高点球机 6 台，实现城区重点部位和重点化工企业视频高低点联动、可视化指挥调度。完成重点目标联网工作，二类视频监控点联网整合 293 个，联网率 55.07%，完好率 90% 以上。在 2017 年建成 10 个技防示范村基础上，协调各镇（街道）投资 180 万元，新建成 103

2018 年 4 月 4 日，全市公安机关基层基础建设三年攻坚战（桓台）现场推进会召开

（摄影：徐　兵）

个技防示范村，一次性通过市综治办和市公安局考核验收，创建比例33.73%。投资409万元，用于视频监控运维管理工作，保障线路传输、电费、维修费等各项费用。在视频专网搭建东智公司视频监控综合运维管理系统，实现设备故障主动监测、运行状态可视监控、日常维护规范管理、运维服务量化考核；建立专业公司建设、专业队伍运维、专职队伍侦查“三位一体”的视频监控运维管理机制，一类监控点在线率96%，完好率98%；稳步推进“一机一档”信息采集工作，采集录入视频监控“一机一档”信息23044条，建档完成率100%。

【合成警务建设】 2018年8月，合成警务中心独立运行。合成警务中心视频侦查专职队伍有民警6人、协勤16人，11个派出所视频侦查专职队伍47人，巡逻特警大队视频巡逻队伍10人。先后组织开展人脸识别应用、视频运维理念、视频大数据多维融合应用等专业培训，推动视频侦查合成应用由专业应用向全警应用转变。视频侦查室配备视频侦查单兵、无人机等专业视频侦查设备，设备配备符合“十三五”公安刑事技术视频侦查装备配备标准。投资300余万元，建成视频解析平台，可实时结构化处理500路视频图像，实现人、车、物等特定特征目标快速检索。按照市公安局视频大数据多维融合平台视频侦查案件录入标准要求，录入涉案信息554条。进一步深化以视频监控为依托的合成警务实战工作运行机制，合成警务中心与派出所、刑事技术大队同步出警，对需要视频侦查、合成研判的案件，及时上案侦查，建立第一时间合成研判大要案件机制，利用视频监控相继破获任某持刀入户抢劫案、宋某飞车抢夺案、高某飞车抢夺案等案件。年内，利用多维融合平台抓获违法犯罪嫌疑人125人，其中利用人脸识别系统抓获上网逃犯70人、其他嫌疑人3人，协助处理交通事故14起，服务群众80余人次；各派出所利用视频监控抓获违法犯罪嫌疑人126人。合成警务中心被市公安局评为视频侦查优秀单位，民警周文强被评为技术能手，民警郑波应邀为全市公安机关视频大数据多维融合应用平台培训班学员授课。

【刑事科学技术建设】 2018年，根据《公安机关刑事科学技术室评定标准》，新建熏显室、法医检验室、食品检验室、毒品检验室、痕迹检验室、初检室、照相室、手印检验室、足迹检验室、文检室等专业实验室用房。投资185万元，为刑事科学技术大队购置台式真空镀膜手印显现系统、基站信息采集仪、视频快速下载仪、便携式茚三酮显现设备、便携式502显现设备、摆动式电动开颅锯、中型手印熏显柜、多功能物证照相载物台、便携式生物检材发现仪、紫红外照相系统。桓台县公安司法鉴定中心获得省质监局《检验检测机构资质认定证书》，通过省质监局的飞行检查(事先不通知被检查部门实施的现场检查)。年内，勘查盗抢类案件560余起，盗抢类案件现勘系统和闭环系统关联率100%，利用指纹、DNA、足迹精确串并案件35串135起，利用生物检材比中63人破案98起，利用指纹比中13人破案52起，现场勘查考核成绩位居全省县级公安机关第九名。法医参与现场勘验30起，提取物证10件，受理尸体检验115具，其中命案1具、意外死亡29具、道路交通死亡事故85具，活体伤情检验320人次，出具鉴定书400份，绘制鉴定卷宗400余份；排查家系30481个，录入家系系统信息575143人，手工绘制家系图谱并录入系统；按照公安部Y库建设要求，梳理户籍在册男性212831人，采集DNA血样39743份，完成率82.8%，所有采集血样全部检验入库。

【公安史志工作】 2018年4月，《桓台县公安志》被省政府办公厅评为2017年度全省优秀基层(专门)志，系全省公安机关首部获奖基层志书。8月，《桓台县公安志》主编张玉新获2017—2018年度山东省档案学优秀成果二等奖。同月，史志人员采访公安老战士杨美修，形成6000字采访笔录，理清解放战争期间桓台县公安局原岔河分局斗争基本情况及新中国成立初期挖出国民党特务信连扬等人的经过。10月，自惠民县档案馆收集1946—1947年《渤海日报》报道桓台县公安局事迹的报纸(电子版)4份。11月，中共党史出版社出版《红旗飘飘——桓台公安革命史料集》，收录60篇文章、14幅图片，共27万字，以回忆篇、访谈篇、文献篇、报道篇、纪念篇、纪实篇等形式，记载1941—1948年桓台公安的革命历程，填补桓台军史、政史多处空白。

【比武练兵活动】 2018年，紧贴实战化需求，重点对视频监控技术、法律法规运用、电信网络案件侦办、电子数据证据采集及查缉战术、枪械使用等警务实战技能进行培训，提高民警业务能力，在各级业务比武竞赛中取得优异成绩。2月，视频侦查中队岳大金、郑波、周文强参加全市公安机关视频侦查岗位技能比武竞赛，获得PPT汇报演示单项工作第一名和团体总分第二名，周文强被评为视频侦查岗位比武竞赛技术能手。4—8月，经侦大队民警田振华入选省公安厅反假币研判团队，参加公安部经侦局“论剑2018”经侦数据化情报导侦反假币领域实战大比武，通过搭建数据模型、运用数据分析工具，先后研判出涉及全国30个省、市、自治区的制作假币线索600余条，辗转各省捣毁制假窝点40余处、源头窝点2处，形成大量数据支撑的详实工作报告、PPT汇报和主导视频，厦门预赛和成都决赛均取得第一名。7月，直属大队民警曹阳参加全省公安机关食药环侦部门现场案例评析活动，现场讲解“2007·11·24”污染环境案，获环境类案件评析二等奖。9月，县公安局组队参加全市公安机关法制员业务技能比武竞赛暨“刑辩大赛”，获团体第一名。11月，民警董运芳、金童参加全省公安机关法制员业务技能比武竞赛暨“刑辩大赛”，获团体三等奖。同月，县公安局选派11名民警、6名辅警参加全市公安机关警务实战技能比武考核，获得派出所处警单元抽检和模拟警情处警2个单项第一、警务实战理论知识考试、手枪应用射击考核、基本体能3个单项第二，民警高腾获女子四项综合成绩第二

名，民警田振华获男子四项综合成绩第三名。12月，民警邹毅入选市公安局“畅通大数据服务基层渠道专项工作”答辩团，到公安部科技信息化局参加比赛，获得全国三等奖。

【公共娱乐场所管理】 2018年11月16日，在省公安厅、市公安局指挥下，出动警力200余人，突击检查博兴县兴福镇国宾广场周边足疗按摩场所19家，查处9家，现场控制场所经营人及卖淫嫖娼嫌疑人51人，立刑事案件8起、行政案件8起，刑事拘留7人，行政拘留24人，赢得省公安厅现场指挥人员充分肯定。是年，加强娱乐场所治安管理，开展涉黄涉赌专项整治行动2次，检查娱乐服务场所452家(次)，关停并取缔足疗按摩场所4家。办理涉黄行政案件24起，行政拘留48人，行政拘留并处罚款2人；查处涉黄刑事案件11起，刑事拘留12人；查处涉赌行政案件4起，行政拘留11人，罚款8人；查处涉赌刑事案件2起，刑事拘留11人。打击黄赌技战法得到省公安厅、市公安局充分肯定。

【重大活动安保及社会面管控】 2018年，认真做好全国两会、上合组织青岛峰会、中非合作论坛北京峰会、北戴河暑期安保等一系列重要会议、重要活动安保工作，强化社会面和重点人员管控，防止发生进京、赴省非访事件。5月15日至6月12日，县公安局50名民警、20名警务辅助人员赴青岛增援上合峰会安保工作，与市公安局机关6人、文昌湖分局6人组成勤务大队，分11个小组，负责核心区域11个路段的巡逻勤务任务。全体“参战”人员紧紧围绕“确保绝对安全”最终目标，按照分组实行三班四运转勤务模式，圆满完成峰会安保任务。5月24日至6月12日，20名民警执行上合组织青岛峰会食品押运任务。峰会期间，抽调17名民警参加青岛外围控制、网络舆情控制及警务技能培训等工作。9月15日、17日、26日至29日，县公安局先后抽调警力400余人次赴山东铝厂执行异地勤务，处置群体性事件。10月，先后抽调76名警力赴平度处置SJ群体性事件。

【城区巡逻防范】 2018年，强化城区多元化巡防，综合运用机动车、摩托车、自行车、徒步、便衣、警犬、卡点站等巡逻模式，巡警巡逻、武装巡逻、出警巡逻相互配合，挤压犯罪空间。实施以警情信息为主导的“主动出击、循迹追踪”工作模式，根据10名便衣队员特点，成立警情调研组、视频侦查组、夜间巡防组，调研组队员利用接处警平台，对发案情况登记走访，视频侦查组接收调研报告，确定嫌疑人体貌特征及进出路线、交通工具、作案规律特点等，巡防组根据研判情况，针对性蹲点、守候、抓捕。年内，巡特警大队抓获违法犯罪嫌疑人56人，刑事拘留15人，行政拘留11人，取保候审1人，抓获网上逃犯1人，协助破获大小案件100余起；城区发生“两抢一盗”刑事警情190起，比2017年下降18.45%，其中街面“两抢”警情5起，比2017年下降37.5%。

【户政管理】 2018年，户政部门贯彻落实“放管服”改革精神，增强户籍业务“一次办好”服务理念，编制户籍业务工作规范及流程，制发一次告知书、申请登记表3万份，在各派出所户籍室启用。进一步做好居民身份证制发工作，回应群众办理普通证件又急需快递证件的需求，增加短信提示功能，群众通过短信提示自主办理快递业务。年内，受理二代证信息25364人次，办理临时身份证2910张，采集流动人口信息11912条，办理居住证4666件。年底，全县总人口504701人，总户数为166452户，男性250881人，女性253820人，男女性别比为98.84∶100；全县城镇人口334844人，城镇化率66.35%。

【出入境管理】 2018年，出入境管理部门落实公民因私出国(境)申请工作规范和便民措施。1月15日，启用2017版前往港澳通行证，为65岁以上申请人免费邮寄公民因私出入境证件；2月1日，实施八项出入境便利措施；4月18日，施行新的《出入境证件办理“绿色通道”实施办法》；5月1日，实施办理护照等出入境证件“只跑一次”工作制度。出入境业务大厅在配备自助填表机、自助缴费机、自助发证机基础上，增加自助照相机、自助签注机等自助设备，成为全市自助设备最全的公安窗口。年内，受理各类出入境证件9892个，同比增长21.8%，其中护照5830个、港澳通行证3501个、大陆居民来往台湾通行证561个，签收各类证件8600件，发放各类证件8434件，新增法定不准出境347人，在控法定不准出境人员信息468条，在控国家工作人员信息5560条。登记临时入境住宿人员1151人次，查处违反外国人住宿登记规定案1起，行政罚款3人，查获缅甸籍非法

2018年5月15日，桓台县公安局增援上合组织青岛峰会安保人员誓师出征
(摄影：姜晓丽)

居留人员7人，采取拘留审查措施。

【经济犯罪侦查】 2018年，经侦部门开展打击非法吸收公众存款、打击传销、扫黑除恶等专项行动，侦办万鑫非法吸收公众存款案、裕东非法吸收公众存款案、"10·12"组织领导传销案，协助外地公安机关侦办P2P网贷平台案件171起，涉本县1000余人，涉案金额2000余万元。年内，受理经济犯罪案件36起，立案侦查28起，刑事拘留27人，取保候审33人，逮捕8人，移诉27起50人，不予立案8起，挽回经济损失8000余万元。

【扫黑除恶专项斗争】 2018年，健全多警种、多渠道、常态化的涉黑恶犯罪线索摸排机制，对全县335个村庄、12个居委会分组划片开展"拉网式"摸排，逐一建立台账。梳理刑满释放、缓刑、保外就医、假释等重点人员，实时掌握其思想动态、行动去向和现实表现，从中发现涉恶嫌疑人员5人。重点盯紧群众举报、巡视组和上级交办、重点建筑工程领域违法犯罪线索，打掉以杜某为首的35人涉黑团伙，该团伙自2005年起实施故意伤害、爆炸、破坏生产经营、故意损毁财物、寻衅滋事、敲诈勒索、非国家工作人员受贿等犯罪行为10余起。摧毁易某等人开设赌场恶势力犯罪集团、于某等人强迫交易寻衅滋事恶势力犯罪集团，侦破高某等人强迫交易、皮某等人寻衅滋事、姜某等人聚众扰乱社会秩序、李某等人寻衅滋事等犯罪团伙等案件，侦办的牟某等人非法拘禁涉恶团伙案被省公安厅评为扫黑除恶典型案例。年内，打掉涉黑组织1个、恶势力犯罪集团2个、涉恶团伙21个，抓获团伙成员90人，刑事拘留涉黑涉恶类嫌疑人216人，破获案件127起，逮捕57人，移诉88人。

【打击刑事犯罪】 2018年，重点打击暴力性犯罪和系列性侵财犯罪，连续13年命案全破。年初，唐山、果里等镇连续发生机井房电缆线被盗割案件，通过视频综合研判，抓获犯罪嫌疑人孙某，破案29起。4月3日，桓台县大桓九宝恩皮革集团有限公司女工姜某在宿舍遇害。经过信息研判、视频追踪，当日在河南省濮阳县抓获犯罪嫌疑人李某。8月25日夜，马桥镇发生2起手机店被盗案，通过合成作战，抓获犯罪嫌疑人胡某，追回被盗手机128部，案值30余万元。是年，加大追逃力度，综合运用合成作战、外出追捕、架网守候、家属规劝、秘密贴靠等多种手段，实施精准缉捕。破获刑事案件492起，刑事拘留212人，逮捕92人，移诉220人，打掉犯罪团伙26个98人，挽回经济损失180万元；抓获逃犯94人，其中外省逃犯24人、本省外市21人、历年逃犯27人。

【打击食品药品环境违法犯罪】 2018年，相继开展打击整治食药环违法犯罪行动、打击食药环违法犯罪"百日行动"、冬季严打食药环违法犯罪"铁拳"专项行动、打击食品药品农资环境犯罪专项行动。与环保部门联勤联动，查处通过不正常运行防治污染设施等逃避监管方式排放污染物、非法处置腐蚀性物质等行政案件10起。研发应用食药环侦大数据管控平台，由后端打击向前端预警转变。6月28日，全省公安机关"刑责治污"现场会与会人员到县公安局观摩。年内，侦办食药环类案件32起，抓获嫌疑人24人，刑事拘留8人，取保候审5人，行政拘留12人，逮捕2人，移诉案件5起14人。

【禁毒缉毒工作】 2018年，继续深入开展三年禁毒人民战争。开展"禁毒宣传进景区"活动，在红莲湖公园设置禁毒宣传展板、标牌、灯箱，联合团县委、县教体局、县妇联成立禁毒志愿者服务队，实施青少年毒品预防教育"6·27"工程，开展2018年秋季开学在校学生毒品预防教育"五个一"活动，组织4万余名在校学生参加全国青少年禁毒知识竞赛。严格审核企业办理易制毒化学品购买许可证（备案证明）、运输许可证（备案证明）手续，加强事后监督检查，核发购买备案证明1995个、运输备案证明5648个。出台社区戒毒社区康复工作考核办法，优化9个镇（街道）社区戒毒社区康复办公室建设。会同县交通局、县交警大队，对辖区45名涉毒驾驶人见面核查、尿样检测并全部建档，注销证照6本。会同村居负责人，对380余名吸毒人员实施动态管控。开展"天目-18"禁种铲毒行动，铲除毒品原植物罂粟1400余株，行政处罚21人，其中行政拘留2人，罚款19人。落实"逢嫌必检"措施，全县"逢嫌必检"执行率100%。投资47万元，购置拉曼光谱分析仪、分子毛发检测仪等装备建成毒品快检室，为快速检测毒品（易制毒化学品）、吸毒人员复吸等情况提供技术支撑。年内，抓获并移送起诉毒品犯罪嫌疑人16人，查处吸毒人员61人，其中行政拘留44人，发现

2018年6月26日，县委副书记、县长边江凤（中）到桓台县公安局调研食品药品安全工作 （摄影：姜晓丽）

新增吸毒人员41人，责令接受社区戒毒9人，强制隔离戒毒吸毒成瘾人员11人，缴获毒品1200克。

【网络安全管理】 2018年，以上合组织青岛峰会安保为契机，加强网络安全基础要素隐患排查，排查基础要素4606个。对全县重点网站不定期漏洞扫描，下发限期整改通知书23份，收到网站整改报告13份、网站安全案事件调查处置情况记录单2份，约谈单位1家，整改安全漏洞1659个，其中高危漏洞25个、中危漏洞7个。推进重要信息系统等级保护工作，测评三级信息系统5个、二级信息系统6个。对网吧进行集中检查，处罚违规网吧46家(次)。互联网信息监控中心落实24小时值班巡查机制，上报舆情信息14740条，被省公安厅网安总队评为全省公安机关网安部门互联网监控工作优秀单位。投入80万元，购置部分取证设备，电子数据勘查取证分析实验室实现提档升级，对省公安厅、市公安局及市内各公安分(县)局委托的178件检材进行电子勘验取证，出具勘验报告33份。扫黑除恶专项斗争期间，为“8·31”专案19件检材进行取证，为公安部指定省公安厅办理的“6·15”专案4件检材进行取证，为淄博市高新区1起涉黑恶案件22件检材进行取证。年内，主攻省公安厅督办“2·1”侵犯公民个人信息案，配侦案件230起，配合其他警种抓获嫌疑人27人，其中上网逃犯8人。

(张玉新)

检 察

【概况】 2018年，县人民检察院共受理审查刑事案件163件212人，批准逮捕117件157人，提起公诉407件519人，不捕不诉68件114人。针对群众反映强烈、易发多发的“两抢一盗”(抢劫、抢夺、盗窃)、故意伤害等侵财侵权案件依法快捕快诉，批准逮捕55人、提起公诉124人。加大对新型犯罪打击力度，积极开展打击电信网络新型违法犯罪专项行动，起诉网络诈骗、贩卖公民信息等犯罪4人。持续加强对危险驾驶、交通肇事等危害公共安全犯罪的打击力度，起诉192人。加强刑事司法政策的研究与适用，认真落实宽严相济、认罪认罚等制度，对犯罪情节轻微、真诚悔罪的决定不捕不诉41人，提出从宽量刑建议100件。受理公益诉讼案件线索19件，审查调查后提起行政公益诉讼1件，诉前监督纠正13件。对相关部门怠于履职行为提出诉前检察建议12件，11件得到及时纠正。坚持以公开促公信，公开案件程序性信息590条，重要案件信息82条，法律文书201份。

【服务大局】 2018年，县检察院起诉非法吸收公众存款、集资诈骗等金融领域犯罪5人，做好风险防控和矛盾化解等社会问题处置。配合中央、省环保督查，依法从快批捕污染环境犯罪4人，办理公益诉讼诉前程序案件4件，监督相关部门处理危险废物20余吨。深入东岳集团、创智谷高新技术产业园区等30余家民营企业、在建重大项目调研，打击强迫交易、敲诈勒索等侵犯民营企业合法权益犯罪18人，帮助企业提出完善管理制度、加强金融风险防控对策7项。

抓实抓好“两会”、上合青岛峰会等重大敏感节点安保维稳政治任务落实，对起风镇、唐山镇、田庄镇、荆家镇、城区街道开展为期两月的信访督导督察工作；妥善处理群众来信来访509人次，未因检察环节处置不当引发赴省进京上访事件。

贯彻落实上级扫黑除恶专项斗争工作部署，成立领导小组和工作专班。抽调2人加入县扫黑除恶专门工作组，召开专题党组会10次，领导小组会7次。建立与县公安、法院15天信息互通工作机制，从严从快批准逮捕涉恶类案件3件4人，检察长带头出庭公诉1件3人，对2017年以来办理的1298件案件认真排查，移送涉恶类案件线索10件，向有关部门提出强化管理、严格执法的检察建议5份。

开展“保障千家万户舌尖上的安全”检察公益诉讼专项监督活动，起诉制售假药劣药、有毒有害食品等犯

2018年12月13日，院党组书记、检察长杨宝刚担任公诉人出庭公诉，县法院党组书记、院长王伟担任审判长开庭审理的被告人于某等涉嫌寻衅滋事、强迫交易案在唐山法庭公开进行 (摄影：张静波)

2018 年 12 月 3 日，申请人于某送来锦旗，对检察机关救助工作表示感谢
（摄影：张静波）

罪 6 人。推动司法救助与精准脱贫衔接，将 5 名因案致贫、因案返贫的困难群众及时纳入救助范围，发放救助金 6 万元。升级改造 12309 检察服务大厅，提升便民服务区功能。发挥派驻检察室贴近基层、贴近群众优势，协助“第一书记”处理辖区干群关系、换届选举等问题 5 个，处理辖区群众来信来访 24 件次。

【法律监督】 2018 年，县检察院受理群众举报、部门移送、自行发现各类监督案件线索 125 件，监督公安机关立案 4 件、撤案 3 件，纠正侦查活动违法 6 件。对法院 4 件刑事判决提出抗诉，法院改判 3 件；审查生效民事行政裁判监督案件 14 件，对 4 件提出监督意见，法院裁定再审 2 件；对民事审判执行活动监督纠正 12 次，对作出不支持监督决定的 11 件案件耐心释法说理，引导当事人服判息诉。监督法院对 4 名违规社区矫正人员收监执行，变更或解除强制措施建议被采纳 45 件，对监管场所可能存在的安全隐患提出检察建议、纠正违法 4 件。办结刑事申诉、国家赔偿案件 6 件。

主动与县监委对接、衔接，全面落实省检察院办理职务犯罪案件衔接办法与工作细则。成立职务犯罪办案组，探索建立重大疑难案件提前介入、监察检察联席会议等工作机制，提前介入调查 3 次，督促补强证据 13 份。无缝对接办理县监察委移送职务犯罪案件 3 件 3 人，决定逮捕 2 件 2 人，提起公诉 2 件 2 人，向县监察委移送职务犯罪案件线索 2 件。

完善“捕诉监防帮”未成年人检察工作模式，全面加强对未成年人的司法保护，依法起诉侵害未成年人犯罪 15 人。严格落实社会调查、犯罪记录封存等制度，依法对涉罪未成年人作出相对不起诉 6 人、附条件不起诉 3 人。加强未成年人犯罪预防，举办检察开放日，深入 7 所学校开展法治进校园暨检察建议进校园专题活动，联合县教体局向全县 10 余万名学生和家长发放倡议书，起凤检察室被团市委、市检察院联合授予“青少年维权岗”称号。

修改后的《人民检察院组织法》《刑事诉讼法》保留检察机关对 14 个罪名的侦查权，进一步明确检察机关的调查核实权。县检察院结合桓台实际，调整充实办案力量，积极开展线索排查、梳理，初步形成与市检察院行使立案侦查权对接办法。全年共对 55 件案件线索进行调查，依法提出监督纠正意见 35 件。

【深化改革】 2018 年，县检察院配合县人大常委会对随机抽取的 5 名检察官开展 2018 年度检察官履职评议工作。严格执行入额领导直接办案责任制，入额院领导带头办理重大疑难复杂案件 57 件，检察长列席审委会 2 次。做好中央政法委对司法责任制改革第三方评估检查准备工作，扎实开展司法改革自查自纠活动，查摆解决问题 9 个。突出检察官监督主体责任，强化检察官监督责任的做法成为全市唯一创新成果在全省转化的项目，实现县委书记贾刚“请县检察院认真落实陈勇检察长批示精神，切实走出一条桓台检察工作的新路子”批示要求。

牵头与县公安局、县法院会签《关于办理经济犯罪案件联席会会议纪要》，实现经济犯罪案件在侦查、起诉、审判三阶段证据认定标准统一。创新与县公安局共同成立专家咨询委

2018 年 12 月 11 日，党组书记、检察长杨宝刚（右二）到桓台县荆家镇中心中学，开展“关注校园、关爱成长”送法进校园暨检察建议进校园专题活动
（摄影：张静波）

员会,聘任32名医学、特教、金融等八个领域业务骨干为专家咨询委员会委员,进一步提高司法、执法专业化辅助水平。联合县公安局、县法院、县司法局会签《轻微刑事案件赔偿保证金提存制度(试行)》,对6名真诚悔过的犯罪嫌疑人在向公证部门提存一定数额赔偿保证金后依法作出不批准逮捕决定,有效解决轻微刑事案件中诉求不合理、无理缠访等问题。

结合新职能,提出新时期基层检察院法律监督数据框架和中长期规划。探索运用人工智能和大数据技术实现法律监督智能化,研发"检察官办案监督职能辅助系统",实现对案件监督事项的智能研判,辅助检察官办案,提高监督效率。

(赵子莹)

法 院

【概况】 2018年,桓台县人民法院(以下简称县法院)共新收各类案件7738件,比2017年增长5.42%,收案数创历史新高,审、执、结各类案件6946件。其中,受理各类刑事案件394件,审结394件,判处罪犯525人;受理各类民商事案件3803件,审结3262件;受理各类行政案件84件,审结56件;受理各类执行案件2776件,执结2578件。被评为全市审判工作先进法院,被省委政法委确定为全省法学院校法治人才培养基地;两名干警分别被最高法院表彰为"全国法院先进个人""全国法院办案标兵"。

【刑事审判】 2018年,公开开庭审理桓台县首起涉恶势力犯罪集团案件。支持配合监察体制改革,公开审理县监委侦办的首例职务犯罪案件,对被告人王某判处有期徒刑五年二个月;依法惩处公职人员职务犯罪8件8人。依法惩处危险驾驶(醉驾)犯罪143件143人。依法审理王某、万鑫等非法吸收公众存款涉众型经济犯罪5件12人。

【民商事审判】 2018年,积极推动家事审判改革,化解婚姻家庭、赡养抚养、遗产继承等家事纠纷525件。化解企业担保圈、资金链风险,依法审理小额借款、民间借贷等纠纷724件,严格依法规制高利贷,准确认定新类型担保的法律效力,缓解中小微企业融资难、融资贵问题。依法审理金融借款、票据纠纷等案件417件,涉案金额9.2亿元,对可能影响区域内金融环境的联保借款案件,实行风险提示、诉前调解、担保置换等多种措施,避免因个案的处理引发系统性的风险。加大破产企业处置力度,依法审理华信面粉、齐泰建工等破产案件4件,涉案标的额2.59亿元,运用和解、重整等司法手段,促进生产要素优化组合,实现债权人利益最大限度保护,实现企业经营能力和竞争活力再生。依法审理农村土地承包合同纠纷21件,对违反法律法规和国家政策,损害国家、集体、第三人利益和社会公共利益的合同依法认定无效,支持清理和规范农村集体经济合同工作,保护农村集体权益。

【行政审判】 2018年,认真落实以"当事人选择管辖"为核心的行政案件跨区域管辖改革,审理全市首起跨行政区划管辖案件。严格落实行政机关负责人出庭制度,行政机关负责人出庭应诉率100%。加大行政争议和解力度,妥善处理申请先行支付工伤保险等新型案件及涉济青高铁拆迁等敏感案件27件。加大非诉行政执行力度,执行环境保护、食药安全、公共卫生等行政处罚案件123件。积极推进简易程序适用,当年简易程序适用率居全市行政审判工作第一名。

【案件执行】 2018年,充分发挥网络司法拍卖公开透明高效的优势,对90案183件标的物在淘宝网拍卖,成交金额9400余万元,为当事人节约佣金390余万元。加大信用惩戒力度,将861名失信被执行人(单位)纳入"黑名单",通过县电视台、户外宣传大屏、征信网站、微信微博等媒体曝光,在融资信贷、市场准入、招投标、出入境、高消费等方面予以限制,定期将公职人员、中共党员等群体失信情况向县纪委监委通报,共有186人迫于压力主动履行义务。针对党委关心、社

2018年6月19日,桓台法院四路出击强制执行,9人被拘,到位金额40余万元

(摄影:杨滟兮)

2018 年 12 月 9 日，举行“法院开放日”活动　　（摄影：杨滟兮）

会关注、群众关切的案件，加大强制执行力度，累计对 3130 案（含旧存）3846 人（单位）采取查询、冻结、扣划存款等强制措施，涉案标的额 17.35 亿元，执行到位金额 7.66 亿元，为本县企业追回外地欠款 2.04 亿元。对 82 案 101 人次决定实施拘留、罚款，查封、扣押被执行人各类机动车 142 辆，查封房产 320 处，强制迁出房屋、土地 24 处，实施搜查 96 次，向公安机关移送涉嫌拒执犯罪 3 案 3 人。

【公信法院建设】　2018 年，加强审判流程、庭审直播、执行信息、裁判文书“四大平台”建设，所有案件流程信息同步录入，公开开庭的案件实现庭审直播，依法应公开裁判文书上网率 100%。加强法院新媒体建设，通过新闻发布会、“法院开放日”等活动，及时发布重大案件、重点工作情况进展，累计发布推送各类信息 7000 余条，其中原创信息 276 条，阅读量 100 余万次，181 篇稿件被《人民法院报》《大众日报》以及最高法院网、大众网等采用。畅通再审救济渠道，充分听取和尊重当事人的意见，立案复查申诉、申请再审案件 9 件，决定再审 2 件。坚持班子成员每周二接访制度，累计接访 132 人次，对符合条件的导入诉讼程序，对穷尽法律救济的做好息诉罢访工作，对无理闹访的 2 名当事人依法予以拘留罚款。

【诉讼服务建设】　2018 年，加强诉讼服务中心信息化建设，完善“12368”诉讼服务热线，6 月，开通网上立案渠道，民商事、行政案件网上立案 1624 件，网上立案率 42%，线上与线下服务深度融合衔接。完善诉调对接机制，成立行政争议审前和解中心，构建人民调解、行政调解、司法调解、律师调解“四位一体”新模式，累计指导化解各类纠纷 1300 余件，过付款项 2100 余万元，纠纷自动履行率 80% 以上。11 月，全省法院行政诉讼改革工作会议召开，桓台法院作为唯一现场观摩点，迎接全省三级法院领导观摩指导。是年，诉讼服务工作在全市“民生社会建设要率先突破”考核中名列第二，一名特邀调解员被评为“全省优秀人民调解员”，诉调改革经验被省高院简报刊发。

【县行政争议审前和解中心成立】　2018 年 11 月 22 日，桓台县行政争议审前和解中心在县法院揭牌成立，这是淄博率先实现全省首家和解中心县区全覆盖，打造多元化矛盾纠纷化解机制的一次创新尝试。当事人提起行政诉讼的，可在开庭审理前申请桓台县行政争议审前和解中心予以处理，中心组织各方当事人及相关部门进行协商，推动当事人在法律规定的处分权限范围内，妥善解决行政争议并达成和解协议。

【桓台县“扫黑除恶”专项斗争第一案】　2018 年 12 月 13 日，县法院公开审理被告人于某等人涉嫌寻衅滋事、强迫交易案件，该案系桓台县“扫黑除恶”专项斗争开展以来开庭审理的首起涉黑涉恶案件，由县法院党组书记、院长王伟担任审判长，桓台县检察院党组书记、检察长杨宝刚出庭支持公诉。12 月 25 日下午，该案件在县法院公开宣判。宣判后，三被告人当庭表示服判不上诉。

【宪法宣传活动】　2018 年 12 月 3 日上午，桓台县“12·4”国家宪法日宪法宣传周启动。12 月 4 日上午，县法院全体干警参加宪法宣誓，随后到宝

2018 年 11 月 22 日，桓台县行政争议审前和解中心挂牌成立（摄影：杨滟兮）

发社区开展普法宣传活动，向居民讲解、宣传、普及宪法知识和相关法律法规，提升社区居民的宪法意识。12月9日上午，与广电局共同举办“小手拉大手·共同学宪法”开放日活动，邀请20余位小记者到县法院参观，并与法官一起学习宪法。桓台县“12·4”国家宪法日宣传周由大众网记者全程记录，制作宣传视频集中发布，利用官方网站和微博、微信等新媒体开展全方位报道，推送相关信息1000余条。

（杨滟兮）

司法行政

【概况】 2018年，桓台县司法局建成公共法律服务实体、热线、网络“三大平台”，实现公共法律服务一站通、一线通、一网通，举办各类法治讲座、法律咨询活动3668次。强化特殊群体管控，建立起规范的社区矫正人员档案，打造社区矫正工作“桓台模式”。全年共开展各类大型精准法治宣讲336场，新建县法治文化公园，刘茅村、后鲁村、少海社区等法治基地22个，其中果里镇后鲁村被评为“全省民主法治示范村（社区）”。

2018年1月31日，市委常委、政法委书记韩国祥（右二）到县法治文化公园调研桓台县法治文化建设情况 （摄影：王丽丽）

【普法宣传】 2018年8月，为进一步提高居民对黑恶势力的鉴别与防范意识，县司法局开展为期一个月的扫黑除恶专题宣传，全年共开展各类大型精准法治宣讲336场。是年，按照全县“七五普法”工作要求，召开全县“七五”普法中期检查验收部署会，举办全县副科级以上领导干部法治培训班、“宪法修正案与依法治国”专题报告会。与新华社、《网易》《大众网》《鲁中晨报》等媒体合作，在《鲁中晨报》开设“聚焦桓台司法”专栏，在《大众网》及时发布桓台县司法行政工作信息及普法活动资讯，累计发布226条。持续推进“个十百千”法治文化基地建设，充分挖掘各镇、村法治文化内涵，制定《法治文化基地建设规划》，协调县镇两级财政资金投入，新建县法治文化公园，刘茅村、后鲁村、少海社区等22个法治基地，其中果里镇后鲁村被评为“全省民主法治示范村（社区）”。

2018年4月25日，在县会务中心第六会议室召开全县公共法律服务联席会议暨司法行政工作会议 （摄影：田 昊）

【公共法律服务中心建设】 2018年，县司法局建成公共法律服务实体、热线、网络“三大平台”，实现公共法律服务一站通、一线通、一网通。转换公共法律服务中心服务模式，实现百分之八十司法行政人员下沉到一线服务窗口。是年，县公共法律服务中心累计接听电话咨询455次，村（社区）法律顾问及公共法律服务中心值班律师为村居和群众举办各类法治讲座、法律咨询活动3668次。

【人民调解工作】 2018年,坚持发展“枫桥经验”,实现矛盾不上交,把排查作为常态性工作,坚持排查在先、关口前移。坚持应调尽调、就地化解,把矛盾就地化解率作为衡量人民调解工作的重要指标。人民调解组织网络应建尽建,实现人民调解全方位全覆盖。加强专职人民调解员队伍建设,提高专职人民调解员比例,推进信息化建设和智能化水平,促进人民调解工作提质增效。是年,各级人民调解委员会调解案件471件。

【法律服务工作】 2018年,发挥“一村一法律顾问”专业职能优势,主动参与党委政府中心工作,在全县集中开展清理规范农村集体经济合同专项活动中,村法律顾问审核全县335个村经济合同4613份,提供法律意见471条。加强律师和基层法律服务工作者的教育和管理,加强执业监督检查,开展案卷评查等活动;通过形势教育和职业道德、执业纪律教育,保证基层法律服务工作正确方向。

【公证工作】 2018年,县公证处制作《山东省桓台县公证处清单服务图文汇览》,畅通咨询答复渠道,实行“上门服务”“预约服务”“弱势群体免费服务”,推进“一链办理”,实现“一次办好”。是年,共办理各类公证1240余件,涉及金额4060万元。

【法律援助工作】 2018年,县法律援助中心继续降低法律援助门槛,畅通申请渠道,扩大受援面,将扶贫对象及“失独”家庭纳入受援范围,开通法律援助“绿色通道”,提供免费法律咨询、代拟法律文书等服务。围绕“一次办好”目标,落实“首问负责制”“一次性告知制度”“来访接待制度”等工作制度。是年,共受理法律援助案件466件,依法维护困难群众合法权益。

【特殊人群教育管控工作】 2018年9月,县司法局组织开展全县社区矫正人员扫黑除恶知识测试,与社区服刑人员签订《扫黑除恶承诺书》,发放《扫黑除恶明白纸》,进行扫黑除恶宣讲,全县在矫人员411人,无一人脱管漏管。是年,检查档案5次,开展档案互评4次,通过不定期检查,建立起规范的社区矫正人员档案,推进档案建设制度化。依托县社区矫正中心建设进一步加强执法管控、矫正转化、警示教育、服务保障,打造社区矫正工作“桓台模式”。依法开展判前社会调查评估,对不遵守规定的社区矫正人员按照《社区矫正实施办法》给予相应处罚,全年共发出警告书39份。加强安置帮教人员安置工作,为帮教人员寻找并提供过渡性就业岗位,帮助他们解决生活困难,在社区矫正中心设置6个床位,用于安置无家可归的刑释解教人员。

(田　昊)

交通安全管理

【概况】 2018年,桓台县交通警察大队(以下简称县交警大队)围绕“防事故、保安全、保畅通”中心任务,聚焦上合组织青岛峰会安保,推进基层基础建设三年攻坚战,补齐短板,做强长板,全县交通安全形势持续平稳向好。是年,全县共发生交通事故3216起,死亡81人,伤2151人,与2017年同期相比,起数上升5.6%,死亡人数减少19人,下降19%,受伤人数上升1.4%,没有发生一次死亡2人及以上道路交通事故。

【道路交通安全管理】 2018年5月,县交警大队选派23名民警组成援青工作组赴青岛平度执行上合组织青岛峰会安保任务,圆满完成安保任务。9月,县交警大队作为全省公安交通管理基层基础建设攻坚工作观摩点之一,“1+N”(“1”代表数字化警务室,“N”代表中队勤务工作组和科技设备,如交通卡口、电子警察、视频监控、重点车辆及驾驶人监管平台等)数字勤务模式和“两站两员”(交通管理服务站、交通管理服务室,交通管理员、交通协管员)建设受到全省观摩点评组肯定。11月21日,县委书记贾刚对大队开展冬季道路交通安全百日攻坚行动作出指示:“县大队近期道路交通综合整治计划周密,执行严格,协

2018年9月19日,山东省交警总队副总队长胡家兴(左四)带领全省公安交通管理基层基础建设攻坚工作观摩点评组到桓台县检查督导公安交通管理基层基础建设攻坚工作 (摄影:滕修龙)

同配合效果很好，请继续发扬这种作风将全县道路安全与环保工作紧密结合，全力推上一个新台阶。”

年内，由县政府与各镇（街道）、各部门（单位）层层签订《2018 年道路交通安全责任书》，全县 6 处市级挂牌督办危险点段全部按时完成整治任务，备案销号。组织开展重型柴油车、危化品运输车辆、农村面包车以及“锦秋”“瑞雪”等系列专项行动，以国省道、城区道路和校园周边道路为重点路段，查处各类交通违法行为 21.9 万起，保障全县重点路段、重点时段和重要节点交通安全，2018 年度内未发生较大以上道路交通事故。

【执法检查】　2018 年，秉承“路面是预防道路交通事故主战场”工作理念，定期召开勤务会议，研判分析，确定阶段性整治重点和工作措施，精准布警，精准打击。利用电视监控、电子警察、测速卡口、号牌自动识别系统等科技设备，加大非现场执法力度。年内，查处超速 48317 起，酒后驾驶 604 起，醉酒驾驶 109 起，涉牌涉证 763 起，超载 3441 起，保障全县良好道路交通环境。

【交通事故处理】　2018 年，开展“破案追逃”暨缉捕网上逃犯专项攻坚行动，加大案件侦破力度，打击交通肇事逃逸犯罪行为，维护人民群众合法利益。年内，侦破交通肇事逃逸案件 39 起，其中死亡逃逸案件 6 起，侦破率 100%；利用人民调解、行政调解、仲裁调解办理案件 1026 起；有 21 人申请道路交通事故救助基金 75.5 万元。每月定期召开交通事故分析研判会议，分析事故原因，明确问题隐患，推送责任部门，督促限期整改。

【车辆管理】　2018 年，县交警大队以推进公安交管“放管服”和“一次办好”改革为契机，实现“一窗通办”“通道式查验”，创新建设车驾管自助服务区，研发配置“不见面”审批自助机，打造 24 小时不打烊车管所。全年办理机动车注册登记 4243 辆，六年内免检车辆 10753 辆，补换领牌证 1602 本，驾驶证初次申领、增驾 4593 人，驾驶证审验 4310 人。

（魏玉兵）

本部类责任编辑　王　静

军 事

人民武装

【概况】 2018年，中国人民解放军桓台县人民武装部（以下简称县人武部）着眼适应新体制、履行新职能、担当新使命的军队体制改革要求，率机关及9个基层武装部，按照“走在前列、建强体系、全面发展”工作思路，坚定维护核心，聚焦练兵备战，突出主责主业，紧盯改革落实，持续转改作风，完成上级和县委县政府赋予的各项任务。县委书记、县人武部党委第一书记贾刚被山东省委、省军区表彰为“党管武装好书记”；县人武部参加全省民兵调整改革静态资料评比取得第一名，静动态综合检查考核名列全市第一；县民兵高炮分队参加全省高炮实弹战术演习被省军区评为“高炮实弹射击优胜单位”；被省国防教育办公室评为“国防知识竞赛先进单位”；被淄博军分区评为“先进团级单位”“民兵调整改革先进单位”和“安全管理先进单位”；基层武装部长参加全市基层武装部长集训考核成绩总评第一；全市征兵“五率”（报名率、上站率、合格率、择优率、退兵率）量化考核总分第一。

【民兵调整改革】 2018年，县人武部组织力量对全县综合、人民武装、经济动员、交战装备等各大类几百项潜力资源数据进行核查，组织各类资源“平转战”专项推演、演练，探索国防动员组织实施的方法；根据“十三五”时期民兵组织调整改革有关要求，按照“任务牵引、创新模式、规范秩序、融合推进”工作思路，统筹辖区潜力资源，调整优化人员编组，建立健全组织机构，完善制定法规政策，解决人员编组、装备预征等重难点问题，完成全县民兵整组工作，期间组织集中教育30余次，印发宣传资料9000余份，悬挂标语口号1200余条。投入资金38万余元，补充部分民兵应急分队紧缺的物资器材。通过以会代训方式，先后5次召开任务推进会，组织专武干部整组工作业务培训和民兵连长业务辅导，分3批次20天组织县民兵应急连强化训练和基层专武干部集训。5月，桓台县代表淄博军分区参加全省民兵调整改革静态资料检查考核评估，取得第一名，民兵静动态综合检查考核成绩名列全市第一。

【战备军事训练】 2018年，县人武部组织干部职工和全县专武干部开展“和平积习大起底大扫除”活动，通过深入学习习近平强军思想特别是关于破除和平积习重要论述和关于备战打仗重要指示精神，深查彻改思想根子上“和平病”，找准制约备战打仗的矛盾问题和影响制约打赢的弱项短板，推动应急作战准备工作落地落实。对现役干部，既坚持平时个人自训，抓好基本技能和基本体能训练，又注重突出新增内容抓好集中训练；对专武干部，采取集中组训、以会代训等方式，强化军事素养，7名武装部长参加全市专武干部资格认证，取得总评第一，有6人成绩位列全市前10名；通过组织应急处突演练、岗位练兵比武、实弹射击考核，对民兵应急分队训练，遂行任务能力得到提升。民兵高炮分队参加全省高炮实弹战术演习首发命中目标，被省军区评为“高炮实弹射击优胜单位”。9月，组织40余名教练员对桓台一中2000余名新生进行为期一周的国防军事教育训练；10月，配合军兵种部队，完成现役部队预编预备役人员返岗复训。是年，桓台县人武部被淄博军分区表彰为军事训练先进单位。

【兵员征集工作】 2018年，县人武部

2018年1月28日，淄博市委常委、淄博军分区司令员王培泉（右二），副司令员高德海（左二）在县长边江风（右一）等领导陪同下对桓台县国防动员大规模作战评估进行验收 （摄影：马卫锋）

2018 年 8 月 9 日，淄博军分区副司令员吕光亮（右五）在县人武部政委苗军（右三）陪同下到桓台预定新兵家中进行廉洁征兵情况调研 （摄影：苏 慧）

在辖区内 4 所高中（中专）、1 所大学广泛开展国防教育和征兵政策进校园活动，通过开设国防知识专栏、设立征兵政策咨询站和发放征兵政策宣传画等形式，向适龄青年宣传最新国防知识、征兵和军校招生政策；组织桓台一中、城南学校、淄博建筑工程学校师生 3000 余人参加全省国防知识竞赛，增强学子国防意识；通过移动公司向全县适龄青年手机群发参军动员短信 10 万余条；利用社区党建长廊、商超电子屏、《桓台大众》、公交车体广告等滚动播放刊登征兵公告和政策，营造“一人参军、全家光荣”良好氛围，增强军人军属荣誉感、社会认同感和人民群众爱国强军意识，激发适龄青年报名参军自觉性和积极性，为征兵工作顺利展开奠定基础。完成全县 3115 名适龄青年兵役登记、49 名应往届高中毕业生报考军校和 50 名定向培养士官的政治考核工作。狠抓征兵体检、役前训练、精准定兵、新兵回访等工作落实，依托“全国征兵网”定兵决策辅助系统，对体检政审合格青年进行网上选择兵员方向及定兵，完成全县 175 名新兵精准征集任务，大学生新兵比例为 86%。聘请全县各行业廉洁征兵监督员 30 名，对征兵体检、政审、定兵全过程监督，无不廉洁征兵事件发生。

【双拥共建工作】 2018 年，县人武部充分发挥桥梁纽带作用，协调民政部门做好八一慰问、立功受奖军人家庭送喜报和军人子女入学等工作。结合八一建军节、抗战胜利日、革命烈士纪念日等重大节日开展宣传教育活动，形成全年教育、全域覆盖态势，协调辖区学校在校园内新设立 30 余块固定国防教育展板，提升国防教育质效；结合征兵宣传和组织学生军训，宣传兵役法规，普及国防知识，不断强化全民国防意识和国防观念。积极参与推进精准扶贫，开展“一帮一、手拉手”活动，主动与 4 名家庭困难学生结成互助对子，资助部分学杂费用，购买学习用品。认真做好涉军维权工作，免费为困难军属提供法律援助，共接待维权军属 3 人，收到部队维权信函 1 份，问题均圆满解决。

【安全管理工作】 2018 年，县人武部每月组织一次安全教育、分析一次安全形势、开展一次安全检查。在部机关中开展“学习贯彻新条令、塑造军人好样子”活动，将安全教育和警示性法制教育纳入年度教育计划，强化干部职工法治素养和安全防范意识。主动对标军委国防动员部《安全细则》，落实加强安全管理通知要求，组织开展夏冬季安全预防工作和“百日安全活动”，采取拉单列条、挂账销号方式，抓好安全问题彻底整改。落实办公会制度，学习贯彻军分区首长办公会议精神，总结讲评上月工作情况，安排部署当月工作。落实军车派遣制度，加强私家车管控，定期组织私家车驾驶员法规安全教育。抓好休假、出差等在外人员管理，建立包干负责制度，定期联系掌握情况。

【后勤保障工作】 2018 年，落实新体制下县人武部后勤保障业务正规化量化标准建设，严格执行单位财务经费开支预结算；结合年度民兵调整改革需求，完成县人武部各类应急方案和其他保障方案的修订，根据编组需要进一步完善民兵装备物资器材采购、

2018 年 6 月 29 日，县人武部部长傅洋（右二）、政委苗军（左一）和山东工业职业学院有关领导共同筹划校园国防教育主题公园建设 （摄影：苏 慧）

国防动员物资统计和预征协议签订工作;落实新兵量体发放服装规范要求,保障全县175名新兵穿着合体被装起运;落实军委国防动员部车辆各类安全条例及保障措施,机关保障车辆安全无事故;完成辖区装备武器报废清理上缴等业务工作;机关各类保障设施进一步完善。

(荆常亮　马卫锋)

武装警察

【概况】 2018年,中国人民武装警察部队山东省总队淄博支队执勤二大队桓台中队(以下简称桓台中队)坚持把思想政治建设摆在首位,严格管理,严格训练,科学建队,全年协助县公安局、县看守所完成临时性勤务70次,出动兵力200余人(次),为桓台县社会治安稳定和人民安居乐业做出应有贡献。

【执勤处突】 2018年,桓台中队落实勤务管控制度,完善执勤配套设施。与县看守所开展"三共"(思想共建、队伍共管、安全共保)活动,签订安全责任书,定期组织开展联系联防会议和"两警"(狱警、武警)处置突发情况联合方案演练,充分设想情况,以贴近实战环境检验"两警"快速反应、协作配合、共同处置突发事件能力,强化协作效能,提高目标安全防范系数。全年协助县公安局、县看守所完成临时性勤务70次,出动兵力200余人(次)。

【思想文化建设】 2018年,桓台中队通过开展演讲比赛、组织群众性大讨论、向烈士献花等活动,激发官兵热情,形成群众性自我教育局面。是年,针对中队文化设施老旧等问题,协调上级机关申请资金,提升中队文化建设软硬件水平。

【后勤保障】 2018年,桓台中队把保中心、保生活作为重点,按照上级有关规定科学制定食谱调剂伙食,规范食品采购、验收、检疫、加工、制作、留样等流程,确保官兵吃得营养,吃得健康。是年,在抓好各类卫生防病工作同时,与县中医院签订对口支援协议,定期邀请县中医院医生到中队为官兵免费体检,保障官兵身体健康。

(阮班福)

人民防空

【概况】 2018年,桓台县人民防空办公室(以下简称县人防办)进一步完善组织指挥体系建设,落实人防机动指挥系统(机动指挥所)专人管理,加强防空警报设备维护,防空警报器鸣响率100%。全县报建人防工程面积比2017年增长106.67%,其中竣工验收并投入使用面积增长585.19%。组织开展形式多样的人防宣传教育活动,累计参与人数万余人。

【通信指挥】 2018年,县人防办进一步完善组织指挥体系建设,落实人防机动指挥系统(机动指挥所)管理制度要求,实现桓台县机动指挥系统与市人防办指挥中心"互联互通"。落实《人民防空训练与考核大纲》要求,分两期参加全市人防系统按纲施训共同科目培训班,参训人员考评均达良好及以上。8月,参加全市模拟实战条件下跨区县人防机动指挥系统拉动演练。维修和更换部分防空警报器,警报试鸣鸣响率100%。结合年度"9·18"防空袭警报试鸣,组织部分学校学生和西苑社区居民进行防空袭疏散演练。

2018年8月,县人防办参加全市跨区县人防机动指挥系统拉动演练

(摄影:徐东明)

2018 年 9 月，在西苑社区组织开展“9·18”防空袭疏散演练（摄影：徐东明）

【工程建设】 2018 年，县人防办贯彻“以建为主、以收促建”原则，全县报建人防工程面积比 2017 年增长 106.67%，其中竣工验收并投入使用人防工程面积增长 585.19%。

【宣传教育】 2018 年，县人防办在少海、西苑等社区组织开展人防法律法规和人防知识宣传活动，发放宣传材料 1000 余份。在桓台一中（含一中附属学校）、城南学校、实验学校等学校落实人防教育进课堂活动，累计发放人防知识教材 5000 余册。

【承接职能下放】 2018 年 12 月，为贯彻落实《淄博市人民政府关于削减一批市级行政权力事项的通知》（淄政字〔2018〕62 号）要求，县人防办承接市人防办下放的包括“单建人防工程建设许可（行政许可事项）”在内的 4 项行政权力事项。

【“9·18”警报试鸣活动】 2018 年 9 月，县人防办按照省、市统一部署，在全县组织开展防空袭警报试鸣活动。防空警报器鸣响率 100%。结合试鸣活动，组织西苑社区、桓台一中、城南学校、实验学校等单位，开展防空袭疏散演练，参演人数 5000 余人。同时利用人防机动指挥系统实时将演练现场画面及声音传送至市、县人防指挥中心。

（徐东明）

本部类责任编辑 王 静

工　业

综　述

【概况】 2018年,全县规模以上企业186个,规模以上工业总产值、利税、利润分别比2017年增长18.90%、27.60%和17.30%。山东金诚石化集团有限公司销售收入529亿元、纳税16.88亿元,在中国企业500强排名中提升39位;山东博汇集团有限公司、山东汇丰石化集团有限公司分别实现销售收入363亿元、344亿元,跻身中国企业500强;山东金诚石化集团有限公司、山东博汇集团有限公司、山东汇丰石化集团有限公司、山东东岳集团有限公司入围中国民企前300强和山东民企前50强。年内销售收入过10亿元企业11个,纳税超3000万元企业21个。位列中国工业百强县第93位。10月,山东东岳集团有限公司等10个企业被淄博市人民政府列入淄博市"工业企业50强"。

2018年桓台县列入淄博市"工业企业50强"情况表

表4

序　号	单　位	授予机关	时　间
1	山东东岳集团有限公司	淄博市人民政府	2018年10月
2	山东金诚石化集团有限公司		
3	山东汇丰石化集团有限公司		
4	山东博汇集团有限公司		
5	山东海力化工股份有限公司		
6	山东钢铁集团永锋淄博有限公司		
7	山东仁丰特种材料股份有限公司		
8	淄博大桓九宝恩皮革集团有限公司		
9	山东贵和纸业集团有限公司		
10	淄博德信联邦化学工业有限公司		

【项目投资建设】 2018年,桓台县被淄博市人民政府列入市重点技术改造项目42个,已全部开工,总投资231亿元,全年完成年度投资67亿元,开工累计完成投资131亿元,项目整体进展顺利。出台《桓台县2018年技术改造突破年实施方案》,在全县启动工业技术改造"重点计划",实施四大重点制造工程,明确产业发展的方向和路径,形成多方位、网格化、立体化、系统化推进格局,推动产业结构优化升级。山东泰宝防伪技术产品有限公司、山东森荣新材料股份有限公司等企业项目入选山东省技术创新项目计划;山东汇丰石化集团有限公司、山东海润环保科技有限公司等4家企业技术中心被认定为山东省第二十五批省级企业技术中心;淄博永丰环保科技有限公司、山东龙泰畜牧机械有限公司等4个企业技术中心被认定为淄博市第十四批市级企业技术中心。截至年底,全县拥有国家级、省级、市级企业技术中心数量分别为1个、22个、17个。推荐企业申报2018年"工业强市三十条"政策扶持项目(设备购置补助类),获得补助资金2923万元,为全市经信部门首位。

【节能降耗】 2018年,树立"绿色发展、生态优先"理念,持续推进节能减排重点任务和智慧节能工程建设。对全县18个重点用能企业开展能源计量器具智能化改造和能耗数据自动化采集,准确掌握重点用能企业能耗情况。严格错峰生产举措,对县域内钢铁、铸造、建材、化工等行业的49个工业企业实行采暖季错峰生产,印发《桓台县2018—2019年工业企业秋冬季错峰生产调控实施方案》,指导企业制定"一企一策"实施方案,明确"一企一策"调控措施。

【企业家培训】 2018年,制定《关于印发桓台县工业和服务业企业三年培训计划(2018—2020年)的通知》,旨在通过系统、科学、规范、系统化精准培训,培养一支具有全球战略眼光、品牌建设意识、市场开拓精神、管理创新能力和社会责任感的优秀企业家队伍,带动全县工业经济转型升级,增强企业综合竞争力、促进创新驱动发展。举办西安交通大学、哈尔滨工业大学、中山大学、武汉大学培训班,培训企业家200余人,在桓台县创智谷园区举办培训讲座5期,参训500余人,拓展本地企业家战略眼光和经营思路。

【新业态发展】 2018年,实施齐鲁创智谷项目建设,打造"一核两翼"发展新格局。截至年底,项目一期竣工并全面入驻办公;二期已完成内部装修及广场绿化等配套工程施工;三期外装已基本完成。共完成投资5.20亿元,占年度投资计划的104%。已有110个申请项目通过入园项目评审,其中生产研发类项目26个,创新平台类项目42个,网络科技及电子商务类项目29个,进出口及服务类项目13个。项目建成后,可实现年营业额100亿元,作为桓台"一核两翼"大园区发展格局的核心引擎,融合周边高铁新城、红莲湖、鸿嘉星城人才公寓、电商产业园等配套要素,为东南翼桓台经济开发区、西北翼淄博东岳经济开发区提供强大创新支撑和智力支撑,打造成鲁中创新创业发展高地。

造纸 印刷工业

【概况】 2018年,全县规模以上造纸、印刷企业18个,骨干企业有山东博汇集团有限公司、山东贵和纸业集团有限公司等。主要产品年产量为:机制纸及纸板191.07万吨,比2017年减少4.19%。是年,工业总产值216.65亿元、营业收入107.30亿元。

【山东博汇集团有限公司】 2018年,山东博汇集团有限公司(以下简称公司)有桓台县和江苏省大丰市两个制造基地,总部设在桓台县。公司在桓台县投资37.20亿元的150万吨包装纸项目5号机(牛皮箱板纸)、6号机(高强瓦楞纸)厂房和仓库封顶,达到投入试运行条件;45万吨高档信息用纸及年产20万吨化机浆项目,完成手续办理、土地平整,开始土建施工。实现销售收入363亿元,纳税4.90亿元。

【山东贵和纸业集团有限公司】 2018年,山东贵和纸业集团有限公司四至为东至少海路,西至规划纵七路,南至耿焦路,北至铁南路,占地面积1600亩,员工1000余人,是以浆纸制造业为核心,集发电供热、废水治理、科学研究为一体的多元化集团。先后投资10余亿元建成包装用纸生产能力70万吨/年,氟化盐生产能力6万吨/年,5万立方米/日污水处理厂1处,总装机量68兆瓦的热电厂1处,已成为一个结构合理、初具规模、潜质较好的造纸专业集团公司。该公司投入6000余万元对30多台设备实施高端化、智能化、绿色化技术改造,同时新上特种纸生产线1条,引进德国、日本先进的控制技术,在工艺操作方面通过自动化控制,实现智能、节能、绿色化生产。造纸生产能力位于全国前30位,主要产品为高强瓦楞原纸、高档纱管纸、特种艺术花纹纸、高档装帧用纸等。生产氟化铝能力位居全国前3位,是国内重要的氟化铝生产基地。实现销售收入33亿元,利税1.20亿元。

2018年,山东贵和纸业集团有限公司新增添的21880纸机(摄影:高 飞)

石油加工业

【概况】 2018年,全县有规模以上石油加工企业5个,骨干企业有山东金诚石化集团有限公司、山东汇丰石化集团有限公司等。是年,实现工业总产值895.65亿元、主营业务收入890.31亿元、利税61.37亿元。

【山东金诚石化集团有限公司】 2018年,山东金诚石化集团有限公司有职工2500人,总资产150亿元。位列中国企业500强第343位、中国民营企业500强第145位、山东民营企业100强第21位,山东省100强企业第39位。荣获"国家两化融合贯标试点单位""山东省节能先进企业""山东省两化融合优秀企业""山东省功勋企业"。公司原油一次加工能力590万吨,综合加工能力1800万吨。生产装置配套完善,生产工艺、技术能力、产

2018 年，山东金诚石化集团有限公司 S－Zorb 催化汽油吸附脱硫装置　（摄影：李仕霖）

品质量均达到国内先进水平，汽油、柴油质量达到国Ⅵ标准，产品畅销全国各地。是年，抓住新旧动能转换的契机，加快转型升级步伐，有 12 个新建项目列入淄博市重点技术改造项目名单，其中列入山东省新旧动能转换重大项目库第一批优选项目名单的 MZRCC 项目，是以山东金诚石化集团有限公司拥有核心专利技术的 MZRCC 装置为龙头，配套建设下游化工生产装置，可形成以丙烯为主的产业集群，构建起油头化尾，炼化一体化发展的格局，至年底装置施工建设完成，进行设备联调联试。实现销售收入 529 亿元，纳税 16.88 亿元。

化学工业

【概况】 2018 年，全县有规模以上化工企业 44 个，骨干企业有山东东岳集团有限公司、淄博德信联邦化学工业有限公司、淄博新宇集团有限公司等。是年，实现工业总产值 671.94 亿元、营业收入 642.27 亿元、利税 49.14 亿元。

【山东东岳集团有限公司】 2018 年，山东东岳集团有限公司（以下简称公司）占地 5.65 平方千米，有 8 个子公司和 3 个研发中心。董事长张建宏参加中国民营企业座谈会并入选改革开放 40 周年百名杰出民营企业家，当选山东省高端化工产业发展促进会首任会长。东岳氯碱离子膜入选国家博物馆改革开放 40 周年成就展，入选山东省庆祝改革开放 40 周年 40 件最具影响力的事件。是年，公司职工 6085 人，实现销售收入、利润、纳税分别为 354.49 亿元、33.89 亿元、13.02 亿元。

2018 年，山东东岳集团有限公司智能化管控中心控制大厅（摄影：于　超）

机械 电器制造工业

【概况】 2018 年,全县规模以上机械、电器制造企业 14 个,骨干企业有山东巨明集团有限公司、淄博义丰机械工程有限公司、山东思达电气有限公司、山东锦华电力设备有限公司等。实现工业总产值 9.74 亿元、营业收入 9.47 亿元、利税 0.34 亿元。

2018 年,山东巨明集团有限公司生产的葫芦瓜果籽粒收获机

(摄影:马建忠)

【山东巨明集团有限公司】 2018 年,山东巨明集团有限公司是与意大利卡拉罗集团合资的企业,坐落索镇和果里镇,总资产 10 亿元,占地面积 20 万平方米,有职工 960 余人,其中,专业技术人员 300 余人。主要生产小麦联合收割机、玉米联合收获机、水稻联合收割机、大马力拖拉机等 7 个自主创新系列产品,80 多个品种,开发出具有技术国内领先水平的葫芦瓜果籽粒收获机,填补该领域的市场空白,收获机的市场占有率居全国前三位。是年,荣获"中国农机行业年度最具影响力品牌""中国用户喜爱的农机品牌""中国用户喜爱的十大玉米机品牌"。产销各种收割机和拖拉机 1 万余台,实现主营业务收入 9.80 亿元,利润 6800 万元,纳税 1115 万元。

制革 革制品工业

【概况】 2018 年,全县规模以上制革、革制品企业 5 个,骨干企业有淄博大桓九宝恩皮革集团有限公司、山东德信皮业有限公司等。是年,实现工业总产值 24.74 亿元、营业收入 25.64 亿元、利税 2.06 亿元。

【淄博大桓九宝恩皮革集团有限公司】 2018 年,淄博大桓九宝恩皮革集团有限公司(以下简称公司)主导产品为中高档牛皮家具革、包袋革等,年产量达 8000 万平方英尺,产品主要销往欧美、日本、澳大利亚、韩国等国家和地区。公司获评淄博市纳税 500 强企业、淄博市工业企业 50 强,是中国制革专业委员会主席单位,被中国皮革协会评为"功勋单位",有员工 1200 余人,总资产 20 亿元,拥有 6 项国家专利,承担两项国家 863 计划项目和多项省市科技研发计划项目。是年,实现销售收入 13 亿元,利税 1.30 亿元。

【山东德信皮业有限公司】 2018 年,山东德信皮业有限公司(以下简称公司)占地 300 亩,有职工 560 人。主要业务包括生产牛皮高档沙发皮和汽车座椅革及沙发制造出口,年加工牛皮成品皮 140 万张。公司被中国皮革协会评为皮革行业杰出单位,被省中小企业局认定为省级"一企一技术"研发中心。公司新建自动化和智能化项目,投资建设新的污水处理厂和废气回收装置,提升企业智能制造水平。是年,实现销售收入 8.50 亿元、利润 4285 万元、纳税 1085 万元。

木器制造工业

【概况】 2018年,全县规模以上木器制造企业1个,为山东万家园木业有限公司。是年,实现工业总产值0.18亿元、营业收入0.21亿元、利税2281万元。

2018年,山东万家园木业有限公司产品展示 (摄影:张桂生)

【山东万家园木业有限公司】 2018年,山东万家园木业有限公司是集设计、研发、生产、销售于一体的现代化木门企业,坐落马桥镇。有职工1350人,固定资产1.80亿元,占地18万平方米。拥有国内外先进的木门生产流水线,达日产木门850余套的生产能力。公司是中国木门油漆技术创新企业、国家木门行业标准起草单位、中国木门协会常务副会长单位、山东门业协会执行会长单位,国家林科院、北京林业大学先后在公司成立技术研发中心与教学科研基地。是年,公司纳税2281万元。

建材工业

【概况】 2018年,全县规模以上建材工业企业21个,骨干企业有山东华伟银凯建材科技股份有限公司、淄博宝鼎水泥建材有限公司等,主要涉及耐火材料、水泥制品等产业。是年,实现工业总产值22.18亿元、营业收入22.39亿元、利税1.98亿元。

2018年,山东华伟银凯建材科技股份有限公司厂区 (摄影:任绪波)

【山东华伟银凯建材科技股份有限公司】 2018年,山东华伟银凯建材科技股份有限公司主营业务为混凝土外加剂研发、生产、销售、货物进出口,是"中国外加剂行业十强企业",公司被评为山东省企业技术中心、山东省高新技术企业、山东省工程技术中心、山东省院士工作站等。"华伟"商标被评为山东省著名商标。公司具备年产10万吨产品能力,有职工112人,实现销售收入7540万元、纳税386万元。

纺织 服装工业

【概况】 2018 年,全县规模以上纺织和服装工业企业 12 个,骨干企业有山东海思堡服装服饰集团股份有限公司、淄博云涛家纺有限公司等。是年,实现工业总产值 2.75 亿元。

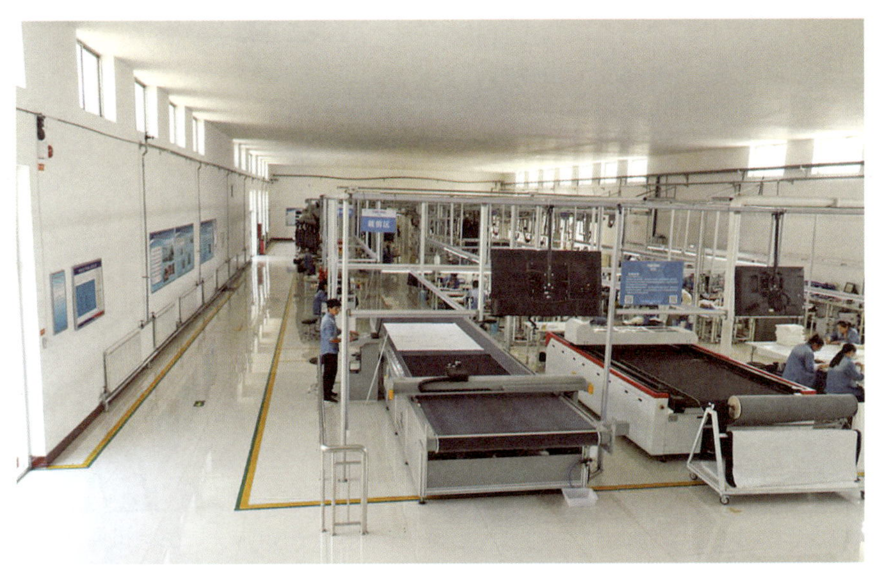

2018 年,山东海思堡服装服饰集团股份有限公司智能制造生产车间 (摄影:佟立安)

【山东海思堡服装服饰集团股份有限公司】 2018 年,山东海思堡服装服饰集团股份有限公司(以下简称公司)坐落在索镇,占地 70 亩,有员工 600 余人。主营业务为生产、销售牛仔服装及面料,个性化订制牛仔服装等,是一家以贸易为主的工贸一体牛仔服装专业化生产企业。打造全球服装个性化定制网络协同制造服务支撑平台,依托平台建设,以用户体验为出发点,将海量个性化需求与大规模定制精准对接,实现产品设计生产的柔性化、高效率和即需即供,有效降低服装库存周期,实现产业智能化生产模式,信息流与物流同步化,有效地节约资源和提高企业效率。1 月,“全球服装个性化定制网络协同制造服务支撑平台”被国家发改委评定为 2018 年“互联网 +”重大工程项目。是年,实现销售收入 2.56 亿元、利润 1577 万元、利税 2250 万元。

塑 料 工 业

【概况】 2018 年,全县规模以上塑料工业企业 17 个,骨干企业有山东万吉塑胶有限公司、山东瑞泰管业有限公司等。是年,实现工业总产值 12.56 亿元、营业收入 12.95 亿元、利税 0.43 亿元。

2018 年,山东万吉塑胶有限公司省级企业技术中心 (摄影:田家喜)

【山东万吉塑胶有限公司】 2018 年,山东万吉塑胶有限公司是一家集 PE 管道产品研发、生产、销售、施工、服务于一体的综合型企业,拥有 10 多项国家专利,位于淄博东岳经济开发区内。公司注册资金 2 亿元,固定资产 2.90 亿元,占地面积 10 万平方米。有员工 260 人,其中专业技术人员 62 人,高级工程师 7 人。公司通过设备技术改造,34 条管材挤出生产线统一安装具有专利技术的自动集中供料系统,相比使用传统生产线的管道生产厂家,产品的生产效率提高 45%,产品出厂合格率为 100%。是年,实现销售收入 4.70 亿元,利税 2650 万元。

食品工业

【概况】 2018年,全县规模以上食品工业企业5个,骨干企业有山东黄河龙集团有限公司、山东梨花面业有限公司等。产品年产量为白酒52.32万升。是年,实现工业总产值8.72亿元、营业收入8.56亿元、利税0.72亿元。

2018年,山东黄河龙集团有限公司糖酒会参展图 (摄影:王 峰)

【山东黄河龙集团有限公司】 2018年,山东黄河龙集团有限公司(以下简称公司)经营“强恕堂”“黄河龙”“乌河”三大品牌。其中,“强恕堂”获评全国首批“中华老字号”,其传统酿酒技艺列入山东省人民政府非物质文化遗产保护名录。企业荣获“山东省白酒企业综合实力30强”“改革开放40年山东酒类行业风云品牌”等。有职工368人,实现主营业务收入3331万元、利润1636万元、纳税2810万元。

冶金工业

【概况】 2018年,全县规模以上冶金工业企业4个,骨干企业有山东钢铁集团永锋淄博有限公司、山东智汇蠕墨股份有限公司等。是年,实现工业总产值89.25亿元、营业收入93.22亿元、利税12.33亿元。

2018年,山东钢铁集团永锋淄博有限公司厂区 (摄影:张 鑫)

【山东钢铁集团永锋淄博有限公司】 2018年,山东钢铁集团永锋淄博有限公司(以下简称公司)位于桓台经济开发区石化路9号,占地1800余亩,属淄博市工业企业50强,有职工1934人。主要产品以建材(棒材、钢筋、线材)为主,同时具备焊线钢、钢绞线用钢、冷镦钢等品种钢的生产能力。主要设备为1350立方米高炉1座,120吨转炉2座,100万吨高强度棒材生产线1条,60万吨高速线材生产线2条及相应脱硫、发电等配套设施,具备年产300万吨钢能力。纳税4.89亿元。

【山东智汇蠕墨新材料科技股份公司】 2018年,山东智汇蠕墨新材料科技股份公司坐落在唐山镇,是一家民营股份制装备制造企业,是国内蠕墨铸铁专业生产厂、中冶焦耐总院焦

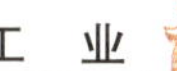

化设备定点厂、国家高新技术企业、国家火炬计划重点高新技术企业、中国铸造行业单项冠军企业,被列入中国铸造行业综合实力百强企业,被评为中国铸造行业优秀会员单位。公司蠕铁件产能行业第一,护炉设备远销国内外100多家大型钢厂、焦化厂;配重铁直供日本三菱重工和美国卡特彼勒公司,年产量达到6万吨以上,机车制动盘已量产并应用于中车集团,铁路件承载鞍也应用于铁路客运、货运列车。销售收入1亿元,纳税712万元。

工艺品加工业

【概况】 2018年,全县规模以上工艺品加工业企业7个,骨干企业有山东东洋泰工艺品有限公司等。是年,实现工业总产值5.00亿元、营业收入4.86亿元、利税0.40亿元。

【山东东洋泰工艺品有限公司】 2018年,山东东洋泰工艺品有限公司(以下简称公司)坐落索镇,公司总占地面积26400平方米,总资产为3500万元。是一家集宠物用品、家居用品研发、设计、生产、出口为一体的专业制造商和出口商。公司先后通过ISO 9001:2008、ISO 14001:2004及SA 8000社会责任管理体系认证。有宠物用品专用塑料槽件专利证书,双面瓦楞纸立柱专利证书。有员工300余人,主营业务收入1.20亿元、利润300万元、纳税300万元,出口创汇1780万美元。

2018年,山东东洋泰工艺品有限公司产品展示 (摄影:孙元洪)

电子信息产业

【两化融合】 2018年,两化融合管理体系贯标试点企业培育工作成绩显著。山东汇丰石化集团有限公司、山东金诚石化集团有限公司2个企业入选国家级两化融合管理体系贯标试点企业,山东中保康医疗器具有限公司、山东晨钟机械股份有限公司2个企业入选省级两化融合管理体系贯标试点企业。全县已有国家级、省级两化融合管理体系贯标试点企业分别为6个和5个,其中6个企业通过国家两化融合管理体系认证。组织山东汽车弹簧厂淄博有限公司的“年产2万吨汽车钢板弹簧智能生产线”等10余个项目申报市智慧车间重点培育项目,完成2个智能工厂、10个智慧车间建设任务,实现机器换人117台(套)。

【企业上云】 2018年,制定下发《2018年桓台县企业上云行动计划》,组织召开全县“企业上云”启动大会、“华为云”专场合作活动、示范企业上云推动会、化工企业信息管理平台应用培训会等系列活动,在新城镇、荆家镇、唐山镇、果里镇、马桥镇等镇进行企业上云政策宣讲,发放企业上云政策明白纸1000余份。是年,全县完成企业上云215个。

(刘星辰)

电力工业

【概况】 2018年，国网桓台县供电公司(以下简称县供电公司)辖8个乡镇供电所、集体企业2个。境内500千伏变电站1座、220千伏变电站4座、110千伏变电站9座、35千伏变电站13座，总容量111.38万千伏安，35千伏及以上输电线路379.95千米，10千伏线路1482.71千米，服务电力客户21.14万户。售电量19.25亿千瓦时。主营业务收入10.09亿元；纳税3328万元，全县纳税企业排第18名。是年，县供电公司获评全县“行风测评优秀单位”；连续24年保持省级精神文明单位。

2018年6月，桓台县供电公司员工进大集宣传安全知识 （摄影：张洪青）

【安全生产】 2018年，县供电公司开展安全督查61次，视频监督现场58处，到岗到位331人次。查禁违章“零容忍”，突出重奖重罚的鲜明导向，争创“无违章员工、无违章班组”，争做优秀工作负责人，有效遏制违章行为。全年查处一般违章15起，无严重违章，违章数量比2017年下降52%。开展“三我”“党员身边无违章”主题党日活动，党员带头学安规、守安规，提升班组成员风险辨识能力。开展“六查六防”活动，对照94项、210条内容排查治理，消除安全隐患。

【电网规划建设】 2018年，县供电公司依靠县、镇、村三级机构开展协调工作，编制2018年电网诊断分析和配网规划“两个报告”，完成“一图一表”村镇规划，顺利通过省公司审查。“四步工作法”入选省公司发展专业“大讲堂”劳动竞赛优秀课程。提升电网供电能力，建成投运110千伏圣林变电站，新建改造10千伏线路50.40千米，安装联络开关85台，10千伏线路联络率达到100%。新增布点37个(容量13930千伏安)，解决马桥镇、新城镇、索镇53个台区的重过载、低电压问题，户均容量提升到2.64千伏安。

【优质服务】 2018年，县供电公司以客户为中心，制定业扩报装“123”服务措施，推行“首问负责制”四步工作法，强化协同机制，让客户“一次办好”，万户投诉率1.0，位列五区三县和淄博国家高新技术产业开发区第三名。与县政府对接，供电业务延伸至县便民服务中心大厅；与新旧动能转换和儒商项目对接，为项目早投产、早送电创造条件。平均接电总时长21个工作日，业扩和分布式电源服务时限达标率均完成100%。受理新装10千伏客户227户，申请容量31.60万千伏安，比2017年上升18.57%。开展不停电作业1442次，增供电量576.80万千瓦时。开展客户配电室达标治理，隐患信息“一户一档”，治理1080户，消除隐患1324处。采录156个专变用户和1023个计量箱数据，常态化比对，治理异常数据1692条，确保营配贯通一致率100%。

（郑　杰　牟军华）

2018年12月，县便民服务中心大厅内县供电公司窗口一角（摄影：陈　雷）

中小企业管理

【概况】　2018年，桓台县规模以上工业实现主营业务收入比2017年增长18.29%；规模以上工业实现利税同比增长27.58%，利润同比增长17.31%。

【企业负责人培训】　2018年，按照《淄博市工业和服务业企业三年培训计划(2018—2020年)》，成立桓台县企业家培训工作领导小组，制定《桓台县规模以下企业家三年培训计划》《桓台县规模以下企业家培训管理实施方案》，依托南京理工大学、青岛大学、奥友国际、士力架培训公司等知名院校和培训平台，聘请高水平师资力量，突出集约集聚发展、创新能力、新旧动能转换、互联网+等重点，先后举办形势政策班、环保安全班、财税金融班等专题培训班，对企业负责人开展一系列系统培训以及县内县外现场教学。举办市、县级规模以下企业培训班9期(其中组织到山东理工大学、青岛大学、南京理工大学外出培训各1期)，每期5天，参训人员2047人，发放结业证2047个，优秀学员证236个，学员出勤率100%，学员满意度100%，实现三年培训良好开局。

【中小企业项目政策申报服务】　2018年，全县有6个企业获批省级中小企业"隐形冠军"，分别是淄博德信联邦化学工业有限公司、山东泰宝防伪技术产品有限公司、山东赛特新材料股份有限公司、山东五维阻燃科技股份有限公司、淄博黄河龙生物科技工程有限公司、淄博华天橡塑科技有限公司。3个企业获批省级中小企业"隐形冠军"入库企业，分别是山东森荣新材料股份有限公司、山东金泰轧辊股份有限公司、山东国源电缆电器有限公司。新增8个省级"专精特新"中小企业，分别是淄博黄河龙生物工程有限公司、淄博东辰磨具股份有限公司、山东将军井电子商务股份有限公司、山东五维阻燃科技股份有限公司、淄博华天橡塑科技有限公司、淄博德信联邦化学工业有限公司、山东国源电缆电器有限公司、山东奥德美高分子材料有限公司。新增6个山东省"一企一技术"研发中心，分别是山东泰宝防伪技术产品有限公司、山东中保康医疗器具有限公司、山东汽车弹簧厂淄博有限公司、淄博永丰环保科技有限公司、山东德信皮业有限公司、山东三玄橡塑有限公司。新增淄博市"一企一技术"研发中心和创新中小企业20个。

另外，起凤镇获批山东省特色产业镇，桓台县起凤(辛泉)暖通设备产业集群被认定为市级中小企业示范产业集群。山东水火土网络有限公司和山东将军井电子商务股份有限获批山东省中小企业公共示范平台。

【组建中小企业细分行业创新联盟】　推动互联网、大数据、人工智能和实体经济深度融合。2018年，由山东海思堡服装服饰集团股份有限公司牵头组织，整合山东泰宝集团有限公司、淄博昆仑瓷业有限公司、淄博大染坊丝绸集团有限公司等全市52个企业，聘请中科院软件所专家、山东行政学院教授、淄博翼云信息科技大数据架构师等著名专家、教授提供技术支持，成立淄博工业互联网个性化定制创新联盟。

【中小企业数字化、智能化】　2018年，桓台县被省中小企业局确定为山东省中小企业数字化、智能化试点县。山东海思堡服装服饰集团股份有限公司、山东东岳化工有限公司被选为全省数字化、智能化改造典型企业。全省中小企业工业互联网推进工程会议在桓台县举办，中国工业技术软件化产业联盟和中德智能制造发展联盟零部件数字化专业委员会、海尔数字科技有限公司等专家团队成员分组与桓台县30个企业代表进行面对面座谈交流，帮助企业剖析数字化智能化改造的难点，商讨改造提升的方法路径。

(李京玉)

本部类责任编辑　张胜利

建　筑　业

【概况】 2018 年,列入统计范围的资质以上建筑企业全年实现建筑业总产值 507.35 亿元,比 2017 年增长 11.10%,实现建筑业增加值 140.80 亿元,增长 6.90%,实现利润总额 17.30 亿元,增长 9.70%,建筑业从业人员 13.90 万人,增长 7.50%。居全省建筑业 10 强县榜首。全县一级资质以上建筑企业产值占全县建筑业总产值的 80% 以上,三家特级资质企业年完成建筑业产值均在 50 亿元以上。山东天齐置业集团股份有限公司被山东省住房和城乡建设厅评为"全省建筑企业综合实力 30 强"。

2018 年,山东天齐置业集团股份有限公司施工的中国移动(山东济南)数据中心获"中国建设工程鲁班奖"　　(摄影: 郭　辉)

【建筑企业】 2018 年,桓台县在册建筑业企业 121 家,其中:施工总承包企业 46 家,专业承包企业 49 家,劳务企业 26 家。施工总承包企业中,房屋建筑总承包企业 33 家(特级 3 家、一级 7 家、二级 22 家、三级 1 家);公路工程总承包企业 4 家(一级 3 家、二级 1 家);机电安装总承包企业 2 家(二级 2 家);水利工程总承包企业 2 家(二级 1 家、三级 1 家);电力工程施工总承包三级企业 4 家;冶金工程施工总承包三级企业 1 家。专业承包企业中,一级 5 家、二级 19 家、三级 4 家,不分等级资质企业 21 家。

【建筑队伍】 2018 年,全县建筑业从业人数 13.90 万人。有建筑专业技术人员 17324 人,其中高级职称人员 580 人,中级职称人员 4928 人。注册建造师 4719 人,其中一级建造师 687 人,二级建造师 4032 人。持岗位证书人员 53821 人,其中持关键岗位证书人员 12124 人。建造师和技术人员总量满足企业经营和市场开拓需求。

【市场开拓】 2018 年,桓台县建筑市场稳定发展,继续在省内市场站稳脚跟,完成建筑业产值 452 亿元。在巩固省内市场的同时,实施"走出去"战略,加大企业"走出去"步伐,全年完成省外建筑业产值 46.28 亿元。在出国施工方面,山东盛华建设工程有限公司与中国石油天然气股份有限公司合作,在沙特和马来西亚承接化工、矿产建设项目,完成产值 6.90 亿元。

【创优夺杯】 2018 年,全县获中国建设工程鲁班奖 1 项,国家优质工程奖 3 项,省泰山杯工程 7 项,市柳泉杯工程 21 项。国家 AAA 级安全文明标准化工地 1 项,省建筑施工安全文明标准化示范工地 8 项,市级安全文明工地 89 项。

2018 年桓台县建筑业获省级以上工程质量类奖项情况表

表 5

奖　项	工程(项目)	企　业
中国建设工程鲁班奖	中国移动(山东济南)数据中心一期工程	山东天齐置业集团股份有限公司
国家优质工程奖	太平洋在线服务中心 1#—4#楼及地下车库工程	山东天齐置业集团股份有限公司
	黄金 1 号公馆 3#楼	山东新城建工股份有限公司
	龙泉科技大厦	山东齐泰实业集团股份有限公司

续表 5

奖　项	工程(项目)	企　业
山东省建筑质量泰山杯	淄博德润天玺 B-1 地块、B-2 地块	山东天齐置业集团股份有限公司
	淄博齐峰办公大楼	山东天齐置业集团股份有限公司
	桓台县城南学校中学部	山东新城建工股份有限公司
	恒生未来城二期 1 组团 58#楼工程	山东鑫炬建工股份有限公司
	惠民县政务服务中心	山东万鑫建设有限公司
	淄博市人民路改造工程(世纪路—东四路)	山东世通公路建设有限公司
	淄博无痛、高压给药装置项目配套餐厅	山东起凤建工股份有限公司

【多元化经营】 2018 年,天齐集团以获批“山东省装配式建筑产业基地”为契机,在德州市临邑县投资建设占地 500 亩的装配式建筑产业园。一期工程投入资金 3 亿元,产品已投入市场,助力集团承接装配式工程,向产业化方向转型。与山东同圆设计集团有限公司、山东省建筑科学研究院签订战略合作协议,参与工程总承包模式项目的探讨实践,在政府投资项目、装配式建筑等工程总承包项目中组建联合体,先后承接济南国际学校、果里镇棚户区改造东和嘉园等工程总承包项目,通过先行先试,及时总结总承包管理经验,适应市场发展的需要。

(王彦林)

本部类责任编辑　张胜利

农 业

综 述

【概况】 2018年，桓台县实现农林牧渔业增加值14.21亿元，比2017年增长3.70%。其中，农业增加值10.22亿元，增长3.10%；林业增加值0.89亿元，增长6.70%；牧业增加值2.14亿元，增长3.0%；渔业增加值0.01亿元，下降0.10%；农林牧渔业服务业增加值0.95亿元，增长8.50%。全县粮食总产量为34.33万吨，蔬菜总产量为5.40万吨，水果总产量为0.29万吨。

【规模经营】 2018年，桓台县新增省级农业产业化龙头企业3个、省生态循环农业示范基地1处、水肥一体化应用面积1.12万亩。发展市级以上示范合作社和示范农场80个、规模以上种粮大户及家庭农场975个，流转土地16.20万亩。完成国家试点3万亩高标准农田建设任务。成功创建为“全国主要农作物生产全程机械化示范县”。

（温鲁肃）

种 植 业

【概况】 2018年，桓台县农业增加值10.22亿元，比2017年增长3.10%。农民人均可支配收入19668元。粮食总产量34.33万吨，棉花产量17.89吨，蔬菜产量5.40万吨。清理农村集体经济合同4413份，增加收益380余万元。

【粮食生产】 2018年，全县种植小麦33.99万亩，平均亩产472.55公斤。种植玉米33.70万亩，平均亩产516.43公斤。在全省率先开展深松施肥整地、小麦根病春季统防统治、小麦新型宽幅精播等技术试验示范，增产小麦2800余万公斤，增收4600余万元。全年病虫害统防统治面积20万亩以上。应用水肥一体化技术3.58万亩，实现节水360万立方米，减少肥料投入（折纯）300余吨，增产粮食300余万公斤，增收800余万元。

【蔬菜生产】 2018年，桓台县种植蔬菜2万亩，总产5.40万吨，总产值4.22亿元。市级以上农业标准化生产基地12处，其中省级农业标准化生产基地4处（新城细毛山药、祁家芹菜、荆家四色韭黄、润丰食用菌）。“三品一标”认证16个，其中当年新增6个（新坐标葡萄、起南辣椒、甜椒、百莘源韭菜、丰农芹菜、青花椒）。市级知名农产品品牌11个，其中马踏湖白莲藕获评淄博市第三批知名农产品区域公用品牌，梨花牌小麦粉、环球牌小麦粉、舒波牌悦色蔬菜、金五果牌葡萄等4个农产品品牌获评淄博市第三批知名农产品企业品牌。

【农村集体产权制度改革】 2018年，全县全面展开农村集体产权制度改革，355个村全部完成清产核资及数据录入，累计清理核实资产总额22.70亿元。清查集体土地51.83万亩。完成成员资格认定村296个，占

2018年3月21日，唐山镇小麦根病综合防治喷药现场 （摄影：许卫霞）

2018 年 4 月 16 日，桓台县农业局举办全县农村集体产权制度改革清产核资培训班 （摄影：高 蓓）

总数的 88.36%，确认村集体经济组织成员 30.24 万人。完成资产量化村 233 个，占总数的 69.55%，累计量化资产总额 5.18 亿元。当年，全县完成改革任务，成立合作社的村 118 个，其中完成注册登记的村 63 个。

【农产品质量安全监管】 2018 年，开展农产品监督抽查 300 批次，风险监测 700 批次，抽检合格率 100%。定期对全县蔬菜标准化生产基地规范化生产进行检查，新增 3 处（桓台县泓基农业专业合作社，桓台县起南绿色蔬菜标准园，桓台县百萃源农业旅游开发有限公司）蔬菜生产基地追溯示范点。2017 年 3 月桓台县被农业部列入第二批国家农产品质量安全县创建试点单位，2018 年 11 月，顺利通过国家农产品质量安全县验收。当年，省、市对桓台县蔬菜监督抽查样品 163 批次，风险监测抽检样品 89 批次，总合格率 98%。

【农村政策落实】 2018 年，全县核定小麦、玉米种植面积分别为 33.99 万亩、33.70 万亩，入保面积分别为 28.56 万亩、28.43 万亩，分别占总播种面积的 84.02%、84.36%。抽查种子经营门店 40 个次，设立市场监管档案，良种覆盖率 100%。全县规模以上种粮大户及家庭农场 748 个，登记注册农民专业合作社 390 个、家庭农场 402 个，流转土地 16.20 万亩。开设新型职业农民粮食产业培训、专项培训、综合能力提升培训等多个班次，参训 4400 余人次。

（董蓬蓬）

林 业

【概况】 2018 年，全县完成造林 273 公顷，林业育苗 600 亩，飞机防治林业有害生物 11 万亩，全县创建省级森林镇 1 个、森林村 4 个；创建市级森林村 6 个。

【义务植树】 2018 年，组织机关干部 150 余人在桓台县孝妇河畔植树 1.80 万棵。马桥、荆家、起凤等镇的 10 余所中小学均在校内及周边组织义务植树 1.50 万余棵，约 300 亩。

【林业有害生物防控】 2018 年，飞防安全作业 186 架次，面积 11 万亩，使用灭幼脲、甲维盐等无公害生物制剂约 5 吨。桓台电视台、桓台大众报、云媒宝、微信平台等播发飞防通告，在镇村张贴通告 2000 余份，印发明白纸 3000 余份，为 200 余养殖户实行 GPS 定位。繁育并释放周啮小峰 7.60 亿头。美国白蛾疫情得到有效控制。

【林地审批】 2018 年，受理使用林地项目 2 个，面积 3.78 公顷，其中唐山镇（前大王村、后大王村）棚户区改造项目使用林地面积 2.43 公顷，S29 滨来高速桓台北互通立交及连接线工程项目使用林地面积 1.34 公顷。

【林业执法】 2018 年，出动警力 160 余人次，出车 60 余辆（次），调处涉林纠纷 39 件（次），群众满意率 100%，实现案件网上办公流转。

（王桂平）

畜 牧 业

【概况】 2018 年，全县生猪存栏 2.97 万头、能繁母猪存栏 0.37 万头，奶牛存栏 0.14 万头、肉牛存栏 0.14 万头，蛋鸡存栏 95 万只、肉鸡存栏 68 万只，蛋鸭存栏 36 万只，肉鸭存栏 48 万只，肉蛋奶总产量达到 2.59 万吨。

【重大动物疫病防控】 示范创建 2018 年，桓台县被市畜牧兽医局列为开展重大动物疫病强制免疫示范场创建试点，全县32个养殖场实行统一疫苗、统一免疫程序、统一管理办法。全市重大动物疫病防控工作现场会在桓台县召开，与会人员对全县重大动物疫病防控工作给予肯定。

疫病检测　2018年，检测样品10060份，省市送样1346份样品。检测项目涵盖高致病新禽流感、牲畜口蹄疫、小反刍兽疫、布病等。在牛羊布病检测净化工作中，检测牛1518头、羊4670只，扑杀布病阳性羊4只。

非洲猪瘟疫情防控职责落实　2018年，开展疫情排查，了解生产、防疫、发病和死亡情况，排查生猪养殖场、交易市场、屠宰场、无害化处理厂等3.30万场次，排查生猪及其产品171万头次。按照农业农村部“七要”“九必究”“五不补”防控措施，逐场落实每条措施，做到“封住场、管住车、守住门、把住料、盯住人、看住猪、关注邻、消好毒”。

2018年2月，桓台县开展畜产品安全专项整治　（摄影：高　慧）

【畜产品质量安全监管】　抽样检测　2018年，完成畜产品质量安全抽样检测374批次，其中农业部、省级检测抽样104批次，市级169批次，县级101批次，检出不合格样品4批次，样品检测合格率98.93%。

信息化监管　2018年，实施病死畜禽委托专业无害化处理厂处理，健全病死动物无害化处理体系，与保险公司联动，推广“互联网+畜牧”模式，开发病死动物无害化处理收集APP系统，病死动物收集现场使用APP系统填报养殖场户信息、病死原因、病死数量等相关资料，现场拍照上传，各镇分所审核通过后方可收集，提高收集效率，解决群众最后一公里的问题，提升全县病死动物无害化收集处理现代信息化水平。

2018年4月，桓台县畜牧兽医局工作人员采样检测　（摄影：高　慧）

污染防治　2018年，坚持巩固、深化、提升的原则，加大各养殖场（尤其是规模养殖场）指导监管力度，确保废弃物处理利用设施建立健全、使用运行正常，杜绝工作成效出现反弹，有效确保畜禽粪污综合利用率达到79%、规模养殖场粪污处理设施装备配套率达到100%。

【畜牧生产】　2018年，完成2017年基层农技推广体系改革与建设项目。开展市级畜禽养殖废弃物资源化利用示范场创建。择优确定3个养殖企业为示范场创建单位，已完成实施，落实资金45万元。

（高　慧）

农业综合开发

【概况】 2018年,桓台县农业综合开发办公室全面完成现代农业园区试点项目,完成起风镇0.80万亩高标准农田建设项目,完成项目管护3万亩。

【现代农业园区项目建设】 2018年7月,桓台县国家农业综合开发现代农业园区试点项目2017年度建设任务全面完成。项目总投资5468万元,其中财政资金3500万元、自筹资金1968万元。项目建设内容:起风镇、唐山镇3万亩高标准农田建设项目(第三期),实现投资2800万元;山东梨花面业有限公司3.50万吨小麦仓储库新建项目,实现投资2251万元;桓台县润农粮食种植专业合作社3万亩智能高效无人机植保服务项目,实现投资210万元;桓台县方程渔业专业合作社承担的4万尾罗非鱼工厂化养殖基地新建项目,实现投资207万元。

【高标准农田建设】 完成了2018年度起风镇0.80万亩高标准农田建设项目,重点配套田间机电井、小型提水泵站设施,完善田间路网和农田林网建设,实现投资1050万元。建成排灌站46座,新打及复配套机电井1口,埋设输变电线路7.13千米,安装变压器1台,河灌控制柜44台,清淤沟渠9.80千米,埋设PVC防渗管道30.31千米,修建桥、涵等55座;新修田间道路17.90千米;种植防护林木0.70万株。

【管护项目建设】 2018年,按照“春季抓林网补植、秋季抓工程整修”的管护思路,制定《2018年度项目管护实施方案》,管护面积3万亩,明确管护主体责任。加大管护资金投入力度,整合各级资金71万元。新建管护大院,加强专业管护队伍建设,调动项目镇管护工作积极性,确保各项目区长期发挥效益。在2018年度运行管护市级验收中获得全市第一名。

【新项目申报】 2018年,申报了2019年田庄镇0.60万亩高标准农田建设项目;完成了2019—2021年产业化发展三年规划。

(王晓璇)

水　利

【概况】 2018年,投资8200万元实施孝妇河治理工程(二期)、引黄南干渠治理工程、大寨沟接长段治理工程,引黄河水1776万立方米,农业水价改革实施面积为10.28万亩。投资142万元对城乡供水水源地、加压泵站、村级供水管理房门及水厂进行维护修缮。投资679.32万元建设桓台县2018年度农村基层防汛预报预警体系建设项目。2018年建设项目水土保持方案编报率达到90%、水土保持方案审批率90%,水土保持补偿费征收294140元。

【东猪龙河综合治理工程】 2016年3月开工,按50年一遇防洪标准对21.60千米主河道及9.50千米支流进行综合治理。2018年12月,工程已基本完工。

【引黄北干渠治理工程】 2018年10月开工建设,按5年一遇除涝标准进行治理,主要对16.80千米河道进行清淤疏浚、堤防加固、修建防汛道路等。12月,主体工程16.80千米河道清淤疏浚工程已完工。

【乌河桓台段治理(二期)工程】 2017年1月开工,按20年一遇防洪标准计划治理河道14.71千米,排沟4.24千米,修建防汛道路等。2018年12月,淤塞20余年的乌河主河道全线打通,主体工程基本完工。

【涝淄河治理工程】 2017年8月开工,按5年一遇除涝标准进行治理,对7.56千米河道进行清淤疏浚、修建防汛道路、修建排水管涵等。2018年12月,河道清淤、排水管涵等主体工程完工。

【马踏湖湿地补水工程】 2018年1月开工,对马踏湖湿地内的部分沟渠进行疏挖、连通,配套部分建筑物。12月,工程完工,疏挖28条河道30千米。

【2018年大中型水库移民后期扶持资金项目】 对新城镇西贾村500米道路进行硬化及马桥镇西潘村634平方米文化广场进行修建。工程自2018年9月开工建设,12月完工。

【引黄供水】 2018年引黄河水6次,累计引水1776万立方米。

【“河长制”管理】 2018年,推行“河长制”管理,落实“一河一策”。制定出台《关于加强河管员工作的实施意见》,投资60余万元在全市率先构建起县级河湖长制信息化管理平台,搭建起便捷式三级河湖长及河管员巡河APP,进一步提高河湖管理智慧化水

2018 年,王庄泵站引水　　（摄影:县引黄局）

平。制定出台《桓台县河道环境综合管理考评办法》,按照每千米堤防5000元标准设立河道管理考评资金。县财政每年列支230万元为河道管理考核资金,用于河道环境综合管理工作监管、考核和奖惩,县河长办公室每月对各镇河道管理情况进行考核,资金发放与考核成绩挂钩。

【农田水利】　农业水价综合改革。2018年,桓台县农业水价综合改革计划完成面积7.50万亩,实际完成面积10.64万亩,其中,桓台县地下水超采区综合治理国家试点项目(2018年度)农业水价综合改革项目区面积7.86万亩,2018年新增农业水价改革项目区(果里镇30个村)面积2.78万亩。涉及索镇、果里镇、唐山镇、新城镇、田庄镇、马桥镇82个行政村,维修机井97口,维修PVC管道46425米,更换出水口1761个,更换出水口防护盖6685套,更换防护管4434个,维修井口保护池330个,安装蝶阀47个,维修更换机井控制器347个,封填废弃机井98口等,完成总投资896万元。

高效节水灌溉项目。2018年高效节水灌溉工程项目共发展面积1320亩,分为市级资金项目和省级资金项目两部分。市级资金项目主要发展高效节水灌溉面积514亩,完成投资107.52万元,其中市财政补助资金50万元。省财政资金项目主要发展高效节水灌溉面积806亩。该项目已于7月6日开工,10月30日全面建设完成,审计结算和资料整理也已完成。

农田水利工程维修养护项目。该项目共维修养护工程面积28208亩,总投资145万元。5月12日项目开工,10月30日全部完成维修养护任务。

【防汛抗旱】　2018年,投资1000万元实施水利工程除险加固。该工程共涉及全县8个镇,10月初开工,12月已完成夏一桥、夏六桥的桩基灌注,拆除辛桥桥旧桥,引黄明渠钢筋铺设完成,混凝土正在浇灌。

【城乡供水】　2018年,完成S29、西五路、西十三路、果里大道西延、海河路东延等重大建设项目中供水管线迁移保护工作,要求水源井周边区域项目建设单位制定水源地避让方案,保护供水设施安全。

（孟　浩）

【水资源管理】　2018年,桓台县水资源总取水量为18609万立方米,其中工业用水为7933万立方米,农业灌溉用水为7783万立方米,生活用水为1142万立方米,生态用水为1706万立方米,规模养殖用水为45万立方米;地下水为8139万立方米,地表水为1000万立方米,引黄水为8988万立方米,微咸水为482万立方米。

节水宣传活动　2018年,开展“世界水日”“中国水周”活动,宣传水资源系列法规、节水知识。期间,《桓台大众》刊发节水宣传专栏5期;5月15日,桓台县精神文明建设委员会办公室、桓台县水资源管理办公室联合举办“争做节水志愿者大签名”活动,全县有28个单位100余名志愿者参加。

用水总量控制红线　2018年,全县水位观测点73个,地下水埋深为17.46米,比目标值18.56米上升1.10米。为山东中保康医疗器具有限公司、山东海奥斯生物科技有限公司、纯梁采油厂、山东天说橡胶有限公司等4个企业办理地下水取水许可

2018 年,引黄明渠钢筋铺设　　（摄影:高宁宁）

证，为山东东岳氟硅材料有限公司办理了引黄水取水许可证，淄博为海景服装水洗有限公司变更取水许可。为山东宝源化工股份有限公司、桓台县汤始建华建材有限公司、淄博德信联邦化学工业有限公司、淄博齐林贵和热电有限公司、淄博永丰环保科技有限公司等5个企业办理取水许可延期。唐山热电、仁丰特种材料有限公司、贵和热电、永丰环保科技有限公司等4个企业引用黄河水，从而减少使用地下水281万立方米，圆满完成地下水超采区压采任务。参加全县新上项目联审会议30余次联审486个项目，提出合理化建议86条。

用水效率控制红线　2018年，根据市水资源管理办公室要求，对全县5万立方米以上的26个和5万立方米以下126个用水户用水计划进行编制下达。经层层筛选确定年内开展水平衡测试的金诚、东岳和山东职业学院等3个用水户上报上级主管部门，督促企业按照要求搞好水平衡测试，山东东岳有机硅有限公司已通过水平衡测试验收，山东金诚石化有限公司申请延期并已批准，山东职业学院申请延期但没批复。

水功能区限制纳污控制红线　2018年，对桓台县2个水源地和7个水功能区巡查15次，编制水功能区水质检测报告12期，水质达标率为78%，超过市下达的71.40%指标。按照要求完成对第一水源地（周家）、第二水源地（逯家）安全保障达标建设评估。编制《淄博市桓台县水功能区划》。

水资源费改税　2018年，对桓台县132个用水户进行用水计量管理。已经安装远程计量设施的企业56个共120口井，时时监控，其他76个用水户实行定期或不定期实地查看计量，每月至少查看一次。全年征收水资源税1800万元，是水资源费改税之前的3倍多。

桓台县荣获国家首批县域节水型社会建设达标县　2018年1月8日，省水利厅受水利部委托对桓台县县域节水型社会建设达标情况进行验收。省水利厅验收组验收程序大体为：听取桓台县县域节水型社会建设达标工作情况和技术评估单位专家技术评估意见的汇报，现场查看山东汇丰石化集团有限公司浓盐水处理回用、山东润农粮食种植合作社水肥一体化滴灌节水项目，查看相关文件资料。最后形成验收意见：桓台县平均得分为97分，达到标准要求，符合验收条件。肯定桓台县县域节水型社会建设达标工作，成效显著。桓台县用水定额管理严格。农业用水计量率达到72%、工业用水计量率达到100%、高效节水灌溉率达到91%、工业企业计划用水实施率100%、公共机构节水型单位建成率达到52%、公共供水管网漏损率达到10.50%。验收组一致认为淄博市桓台县节水型社会建设达到《节水型社会评价标准》的要求。

（张　娜）

农业机械

【概况】　2018年，桓台县争取农机惠农项目7个，资金总额1024万元。截至年底，全县农机总值4.80亿元，在用农机总动力达38.22万千瓦，其中农用排灌动力7.60万千瓦；拥有联合收获机械1346台。获国家购机补贴729.96万元，更新、推广各类农机具472台。9月，在桓台县召开全市三秋全程农机化生产现场会，利用现场机械作业演示、宣讲、发放明白纸的方式加大全程机械化作业宣传力度。当年，向省市争取深松整地项目补助资金105万元，为起凤镇、荆家镇免费实施深松整地作业3万亩。是年，农业部对桓台县农机购置补贴政策落实延伸绩效管理工作进行实地考核，因执行政策规范、制度建设健全、补贴政策实施效果明显，受到农业部考核组、省农机局的一致好评。

【全国主要农作物生产全程机械化示范县创建】　2018年，按照“全国主要农作物生产全程机械化示范县”创建标准，全面完成各项内容建设。新增自走式喷杆喷雾机22台、植保飞机21台，飞防面积已占到全县高效植保面积的50%。新建3处粮食烘干基地，推广粮食烘干机7台，单季烘干玉米

2018年9月16日，全市三秋全程农机化生产现场会在索镇睦和村召开

（摄影：徐　岚）

4.50万吨，实现主要粮食生产全程机械化。是年，桓台县小麦、玉米耕种收综合机械化率分别达到100%、99.66%，高效植保机械化能力88.14%，谷物产地烘干机械化能力45.94%，秸秆处理机械化水平100%，全部达到示范县评选标准，2019年1月3日，桓台县被农业农村部评为“全国主要农作物生产全程机械化示范县”。

2018年5月31日，县农机局在索镇姜庙村东、睦和村西北角麦田内举行植保机械事故应急处置演练 （摄影：胡振东）

【农机安全】 2018年，全县审验农业机械648台。新注册登记拖拉机、联合收割机116台，新办驾驶证24个、换证80个。结合全县“安全生产月”活动，对县内农机维修网点、农机合作社及农机生产、经销企业等行业重点进行大范围安全检查9次，对消防设施配备、安全生产制度完善、从业人员规范操作等内容限期进行整顿，排查并整改安全隐患17处。联合有关部门举行植保机械事故应急处置演练，有效提升监理人员应对突发事件的能力。稳步推进“平安农机”示范创建活动，完成创建省市级“平安农机”示范镇（街道）、农业经营服务组织农机安全生产管理示范单位和农机安全监理示范岗位标兵各1个。

（徐劲光）

本部类责任编辑　张胜利

国内贸易　服务业

综　述

【概况】　2018年，桓台县财贸局突出服务业重点行业领域发展和重点项目建设，推动商贸流通转型升级，煤炭清洁利用监管和成品油市场监管取得明显成效。桓台县财贸局被中国仓储与配送协会、中国商贸物流标准化行动联盟评为“2018中国商贸物流标准化成效突出单位”。是年，实现限额以上批发业销售额为48.04亿元，比2017年增长2.70%；限额以上零售业销售额为33.13亿元，同比增长7.45%；限额以上住宿业营业额为1.15亿元，同比增长7%；限额以上餐饮业营业额为4.72亿元，同比下降4.32%；限额以上社会消费品零售总额为39.43亿元，同比下降11.50%；规模以上服务业营业收入为25.50亿元，同比下降3.50%；其他营利性服务业营业收入为13.45亿元，同比增长16.30%。

【服务业】　2018年，全县实现服务业增加值237.30亿元，比2017年增长6.60%，占GDP比重达38.89%，比2017年提高1.02个百分点。年内，山东汇丰石化集团有限公司油品保税罐区项目、马踏湖生态旅游度假区项目、智慧桓台规划建设项目等总投资75.31亿元、年度计划投资28.34亿元的15个市级服务业重点项目全部开工，累计完成投资29.96亿元，完成年度计划投资的105.70%。鲁中煤炭、中汇化工、和济钢材三大物流基地实现吞吐量650万吨，天齐汽车博览园完成销售额20亿元。是年，山东桓科新材料科技有限公司大功率半导体器件用复合散热基板研发项目、淄博百萃源农业旅游开发有限公司生态农业旅游田园综合体项目共获得市级服务业发展专项资金110万元。是年，组织89人次参加7期淄博市助推新旧动能转换服务业企业家专题培训班。

【商贸流通业】　2018年，四大骨干商贸流通企业（桓台商业集团、山东桓台县联华超市有限公司、淄博信誉楼百货有限公司、淄博银座商城有限责任公司桓台购物广场）实现销售收入15.79亿元、利润5326万元、纳税6523万元。其中，淄博信誉楼百货有限公司实现销售收入6.60亿元，利润4278万元，纳税4038万元。

【电子商务】　2018年，淄博润邦生态农业有限公司的电子商务扶贫项目列入商务部电子商务典型案例。推进全县电子商务三级网络体系建设，结合企业自身发展情况，指导淄博润邦农业科技发展有限公司、桓台戏马台农产品电子商务有限公司开展电子商务扶贫培训，加快全县农村电子商务发展。是年，山东春江源农业科技发展有限公司、山东水火土网络股份有限公司、淄博老孙家扒鸡酱蹄有限公司3家电商企业共获得市级电子商务发展专项资金100万元。

【物流标准化】　2018年，桓台县4个物流标准化试点项目：桓台县联华超市有限公司物流设施设备标准化升级改造项目、淄博乐联农业科技发展有限公司的仓储设施新建项目、山东将军井电子商务股份有限公司的物流标准化仓库新建及配套设备升级改造项目和山东黄河龙集团有限公司的基于标准托盘循环共用的仓储设施新建项目全部通过验收，新建标准化仓储面积2万平方米，企业物流成本占比下降6个百分点，争取国家级资金1376.09万元。

【肉菜追溯体系建设】　2018年，督促纳入肉菜流通追溯体系平台运行的惠仟佳购物广场、桓台县联华超市有限公司、淄博信誉楼百货有限公司的30个节点、1个配送中心建章立制，规范运行，形成“来源可追溯、去向可查证、责任可追究”的质量安全追溯链条，保证城乡居民肉菜食用安全。联华超市ERP系统已对接城市管理平台，大中型超市肉菜追溯覆盖率已达到90%，追溯品类达到10种以上。桓台县联华超市有限公司、惠仟佳购物广场、淄博信誉楼百货有限公司等企业共获得市肉菜追溯体系扶持发展资金8万元。

【煤炭清洁利用监管】　2018年，推广配送洁净燃煤3.32万吨。组织开展2018年散煤治理专项行动，对辖区内所有涉煤企业和单位进行全覆盖检查，清理非法储煤场，清理取缔散煤销售点13处。对全县涉煤单位进行循环式煤质抽检，共抽检136个样本，确保所供应配送洁净煤炭全部达标。

【成品油市场监管】　2018年，全县在营加油站55座，其中，中石化31座、中石油7座、民间加油站17座。同年，全县55座在营加油站已全部完成双层罐改造和厕所改造。

【盐务】　2018年，全县购进盐产品2723.56吨，销售2682.53吨；购进食盐1412.6吨，销售1369.39吨。

（李　康）

商业集团

【概况】 2018年，桓台商业集团实现商品销售46278.30万元，比2017年增长-3.84%；纳税1792.20万元，同比增长8.51%；实现利润471.10万元，同比增长8.95%。

【经营结构调整及实施品牌经营战略】 超市经营 2018年，惠仟佳购物广场超市新增文具专柜，设立免费儿童游艺体验设施。散点、食品货区引进各类网红商品，新增单品数百个。酒水、洗涤货区对货架顶部和端头进行美化陈列，营造活泼卖场氛围。果蔬、生鲜货区延伸服务，增加高端蔬菜及生鲜食谱。洗化组结合章华、瑗露德玛品牌销售，打造体验式营销，协同厂家推出现场染发、皮肤护理服务。果蔬区原产地采购阿克苏苹果和赣南脐橙，做到质优价廉。喜乐佳在原休闲区引入思慕蛋糕经营，提升卖场档次。根据季节变化，随时压缩和调整货区经营场地，确保销售最大化。

服装商品 2018年，惠仟佳购物广场女装区域，华人杰品牌实现由加盟商向省级代理商转换，实现销售250万元，比2017年增长47%。7月，淘汰佧茜文品牌，引进允硕品牌，实现销售70万元。9月，引进厦门卓影品牌，实现销售35万元。下半年，对港人、慧之芳等品牌进行重装升级；整体女装实现销售3300万元。男装区域，6月，对雅戈尔品牌进行重装升级，全年销售180万元。10月，对南区时尚区域进行重装整合，引进EHN时尚潮牌男装，变3个厅为4个厅。整体男装实现销售2900万元。淑女装区域，着力对北区进行调整，打造以片段品牌为主的生活馆，淘汰真情告白、涵诗蒂、拾卡品牌，引进伊芙丽、拉夏贝尔、葆斯奴、伊甸维拉等品牌，将文胸货区调整至最东边，同步对圣迪奥、拉谷谷、cachecache等品牌进行移位重装，全年销售2800万元。针织休闲区域，6月，对森马品牌后面区域重新规划，缩减裤区、内衣区，变4个厅为7个厅，增补毛衫、羽绒2个品类。对童装区重新规划，中岛品牌以婴幼童为主，边厅二次引进巴拉巴拉、安踏品牌并重装开业，同时引进凯撒羊绒、麦拉贝拉婴童系列，全年销售2500万元。百货大楼二楼女装区对港奴品牌进行重装，锦柏谷女装由中间商代理转为厂家直营，将百贡女装从惠仟佳调整至大楼并重装开业。三楼坦博尔货区进行形象升级，新品销售占比达80%以上。整体销售4350万元。服装类商品全年淘汰调整品牌16个，重装升级品牌24个。

鞋帽商品 2018年，惠仟佳购物广场主抓阿迪、耐克等一线运动鞋品牌经营，其中，耐克品牌实现销售1076万元，首次突破千万元；国产运动鞋品牌特步、乔丹、安踏销售均有所增长，其中，特步品牌实现销售158万元，同比增长12%。童装区淘汰乖乖狗品牌，扩大361、大黄蜂品牌经营面积，销售分别实现156万元、80万元。耐克小童品牌立足培养固定客户，实现销售136万元。下半年，淘汰北辰宝贝品牌，引进平价童装小喇叭品牌。12月，淘汰特步儿童品牌，引进邦卫佳尼品牌。皮鞋区她他女鞋品牌实现销售121万元，比2017年增长26%。金利来男鞋品牌实现销售114万元，同比增长15%，其他男鞋品牌豪行、金猴、老人头销售同比增长都在10%左右。百货大楼3个运动鞋品牌稳踏、万事龙、邦威销售同比增长都在15%左右。强人牌皮鞋实现销售68万元，同比增长超过50%。

日化商品 2018年，惠仟佳购物广场对化妆品货区的珀莱雅、高姿、韩束、卡姿兰、嘉莉比奥、美肤宝、兰蔻、果本品牌进行重装升级，淘汰泊美、秀丽韩、茹妆、活泉、膜法世家品牌，引进玛姿宝、化迷彩妆及进口品牌赫拉、百雀羚，将美宝莲彩妆转为联营。首饰货区引进莱绅通灵珠宝品牌，对金至尊珠宝更换供应商。百货大楼首饰货区引进招金银楼品牌，增加高含量黄金货品。

【商品促销】 宣传 2018年，推送公众平台微信2900条、抖音官方宣传作品207个，制作POP海报34391张。6月，百货大楼消夏夜场首次尝试微信红包墙宣传，朋友圈曝光量近15万次。10月，注册抖音官方号，观看量突破5000万次。12月，微信平台升级，仅惠仟佳购物广场店庆夜场宣传朋友圈曝光量达57万次，拥有微信粉丝2.60万人。年内，通过借助村广播站、发放宣传单等形式对促销活动进行宣传，收到良好效果。

超市经营 1月，组织百余厂商举办“超市系统厂商联谊会”，取得圆满成功。年初举行亲子促销活动，举办“盛达基地草莓采摘节”“儿童节DIY蛋糕制作”活动、“手工制作大赛”。对面食、熟食、烘焙等现场加工食品严格质量把关，提升产品口感，扩大销售。年内举办“水果节”“纸品节”及店庆夜场促销，成效显著。

服装商品 7月，联合拉夏品牌厂家进行全品类促销，10天销售67万元。斐然时尚、丽珠、乔顿品牌中空季前特卖，分别实现销售25万元、17万元、22万元。羽绒服户外反季特卖每场次销售都在10万元以上。四季度，举办蚕丝被、轻薄暖套装促销，实现销售65万元。

家电商品 3、4月，分别举办“美的火三月”“格力红四月”促销活动，整体销售3000万元。7月，举办员工内购会和惠仟佳夜场，分别实现销售额800万元、500万元。四季度扩销增盈，大小家电店外销售额400万元。

鞋帽商品 2018年，突出商品特卖和团购促销，其中，361童装特卖销售30.50万元，阿迪、耐克童装特卖销售109万元，团购46万元。

日化商品　2018年，利用各大节日开展促销活动，先后推出婚嫁季珠宝节、表白节、箱包节、品牌会员日等促销节日，采取品牌体验式服务、黄金珠宝编制文化等促销手段，仅一季度促销活动实现销售近1900万元。

夜场及店庆促销　12月，百货大楼及惠仟佳购物广场分别举办夜场促销和店庆促销专场，分别实现销售714万元、3530万元。

【超市连锁经营】　2018年，喜乐佳商贸有限公司有连锁经营店2家。

【企业内部管理】　内部经营机制　2018年，惠仟佳购物广场、喜乐佳商贸有限公司、百货大楼有限公司进一步完善企业内部经营机制，层层签订经营目标责任书，定期进行工作调度和考核。喜乐佳商贸有限公司组织对太阳纸业、瑞福油脂、三星玉米科技产业园进行参观考察，确保商品质量、价格优势。服装商场严格执行合同条款，对联营品牌实行毛利保底。家电商场跟进空调商品打款政策，确保利润实现。日化商场争取延期付款期限和厂家促销费用，减少成本支出。

科技管理手段和水平　2018年年初，惠仟佳购物广场对门店、卡数据服务器进行更换，对总部、门店系统进行优化升级。9月，协调中国移动公司对商场实施手机信号加强工程。年内，移动支付业务实现与中国银行合作。全年制作储值卡24.25万张。

服务质量管理和员工素质教育　2018年年初，喜乐佳组织管理人员进行户外拓展训练。3月，组织员工去河南胖东来商贸集团有限公司参观学习。4—8月，各大商场店部及科室开展服务质量演示交流活动11场次。上半年，惠仟佳购物广场组织新员工培训34期、617人次。各大商场每周开展联合服务质量检查，提高服务质量现场管理水平。8月，惠仟佳购物广场被市工商行政管理局评为淄博市放心消费承诺践诺单位。

【安全稳定】　2018年，开展安全警示教育12场、1000人次。12月，开展传唱“生命至上”安全生产主体歌曲活动。开展安全生产综合整治行动，组织专项检查21次，整改安全隐患89条，投入安全资金23.50万元。年内，各困难企业坚持为下岗职工缴纳社保金近200万元。

（邢汉栋）

供　　销

【概况】　2018年，桓台县供销合作社联合社辖基层供销社10个，直属县直公司6个。完成销售收入20亿元，实现利税1230万元。是年，县供销社被省人社厅、省公务员局、省供销社评为全省供销社系统先进集体。

【日用消费品网络提升】　2018年，发挥联华超市服务城乡居民的作用功能，加大商品进货渠道管理，为居民提供质优价实的生活日用品，保障广大市民的生活需求。在市场竞争激烈的情况下，及时调整经营商品品类，新上架120余种适销商品，加大生鲜基地建设，既保证基地农户收益，也保证采购商品的新鲜度和品质，还降低采购成本增加竞争力，生鲜销售占比45%。不断优化网络布局，调整撤并位置不佳、经营不善的门店，集中有限的人财物建设新的网络，使网络布局更合理，服务更优化，张店马尚直营店自2017年开业取得良好社会效益和经济效益。

【农业社会化服务】　2018年，以桓台供销联华农业服务有限公司为依托，推进农业生产社会化服务，通过规范化、规模化和科学化操作，提高大田作业效率和作业质量，减少环境污染，减轻农民体力付出，降低生产成本，提高大田作物质量，增加农民收入。发挥飞机作业在农业生产中快速有效的作用，开展公共植保、绿色植保作业，在服务全县农业生产的同时，还分别在山东省其他地市以及内蒙古、新疆、安徽等省实施“一喷三防”“一防双减”、重大病虫害防治、根病防治等作业，完成作业面积100万亩。秋季，组织茎穗兼收机30台，深松施肥机20台进行社会化服务，作业面积10万亩。加强农资配送中心和终端网络建设，强化源头控制，严把进货渠道关，落实进货索证索票制度，推行一单式管理，加强化肥进销台账记录，建立可追溯机制，杜绝假冒伪劣农资商品从供销社渠道进入市场，确保农民在供销社网点“买得放心、用得安心”。加强农资储备，组织桓台供销联华农业生产资料有限公司、桓台县田丰农业生产资料有限公司和经营户按市场需求保证库存量，防止断档脱销，保证全县三夏和三秋季节的农资供应。领办农民专业合作社10个；共完成社村共建12个，助农增收690万元；培训农民社员10200人。整合社会资源，吸引社会组织或涉农企业加入到供销社为农服务中来，建成为农服务中心8个。

【搭建农产品进入市场的桥梁】　2018年，以桓台县鲁供天马农产品有限公司为龙头，整合社会资源，突出销售终端建设，发展特色农产品直营连锁店和加盟店，为农产品直接进入市场提供全程服务，做好农产品销售员的角色，实现农产品从基地、农户直接到超市销售的“农超”对接。是年，新建鲁供天马山东特产加盟店180个、社区店50余个。

鲁供天马智慧展厅与日日鲜农业大数据平台建成投用。通过平台的建设，汇集各方资源，构建农业领域特色的大数据研究中心；通过数据整合、采集和加工处理，建设淄博市第一家专业的农业数据资源中心；依据农业大数据相关技术，包括数据采集技术、存储技术、处理技术、分析技术、展现技术等构建农业大数据应用平台;通过分析应用平台,形成成果发布和农业领域专业研究的权威成果发布平台,服务于政府、涉农企业和社会公众,为供需双方搭建起信息共享的平台。解决农户信息相对闭塞、销售渠道狭窄和“单打独斗”缺乏竞争力的问题,通过平台提供的24小时大数据分析,农户和经纪人可以在第一时间掌握市场需求、价格和地域差别等信息,找到价格最好的市场,甚至可以在运输途中临时改变销售目的地,同样采购商通过这个平台也可以找到最有竞争力的产地。该平台还可为农户购买生产资料提供服务,生产者和经营者可以在平台上签订种子、化肥及产品的购销合同,还可以通过集体采购、招标等方式降低采购成本。是年,帮助100余家合作社销售蔬菜水果1万余吨。

（段　毅）

粮　　食

【概况】　2018年,桓台县粮食局辖桓台县军粮供应站,桓台县粮食储备库,桓台县小麦种植面积341951亩,玉米种植面积351334亩。粮食总产量343030吨,其中小麦161589吨,玉米181441吨。粮食购销450934吨,其中小麦432663吨,玉米18271吨。是年,桓台县粮食局以保障粮食安全为中心,以供给侧结构性改革为主线,落实粮食安全县长责任制,开展粮食收购、粮食产业发展、“优质粮食工程建设”、粮食流通监管、储备粮管理、军粮供应、粮食安全责任制考核等重点工作。

【粮食流通】　2018年,商品粮购进237303吨,其中小麦227136吨、玉米10167吨。商品粮销售213631吨,其中小麦205527吨,玉米8104吨。

【经营管理】　2018年,实现销售收入1465万元,其中粮食购销企业1465万元。全年亏损2万元。

【储备管理】　2018年,县级储备粮的收购、轮换、储存管理做到账、表、卡及内容规范统一,库存粮食数量的账账、账实相符,储备粮储存安全;顺利完成县级储备粮轮换任务,做到县级储备粮储得进、管得好、调得动、用得上。是年,投资38万元用于维修储粮仓房及设施。推广应用“双低”(低温、低药)、环流熏蒸、机械通风、微机测温等储粮技术,科学储粮占100%,“四无粮仓”(无虫害、无变质、无鼠雀、无事故)占100%。

【粮食安全责任制考核】　2018年,由县粮食局牵头多次召开粮食安全考核责任单位成员会议,研究部署全县粮食安全工作,落实粮食安全责任目标任务,将粮食安全责任制任务和指标逐一分解到各有关责任部门,列入县对部门考核。各相关部门按照考核要求备齐自评打分的依据材料,编好目录清单,开展自评打分和自查总结上报。桓台县按时提交县级自评总结报告,报告格式和自查评分表统一规范,将工作中形成的材料分类、编号,制作成电子文档,上传省粮食安全责任考核管理云平台,按照时间节点完成粮食安全责任自评工作任务。2017年桓台县粮食安全责任制考核被评为优秀等级,名列全市第二名。

【粮食产后服务体系建设】　2018年,“中国好粮油”行动计划建设项目由淄博桓台天丰专用面粉有限公司、淄博农邦粮食烘干收储服务有限公司2个单位承建,项目总投资636万元,其中争取省级补助300万元。到12月,该项目仍在建设之中。12月29日,桓台县粮食局、桓台县财政局组织工程和财务方面的专业人员对桓台县2017年度粮食产后服务体系建设项目(项目承担基本单位为淄博桓台天丰专用面粉有限公司)开展验收,经过现场查看、查阅资料、核对账簿、专家质询、评审诸环节,一致通过专家组验收。该项目预算资金320万元,其中财政补贴150万元,自筹170万元。经淄博科信有限责任会计师事务所审计,实际使用资金314.66万元,企业自筹资金全部到位。带动农户12510户,户均增收2000元。

【粮食加工】　2018年,全县粮食企业加工面粉210474吨、面条773吨。

【行政执法】　2018年,开展粮食专项执法检查29次,出动检查人员108人次,检查经营主体37家次。发放粮食收购许可证2个。

【山东长江粮油仓储机械有限公司】　2018年,完成各类单机设备507台(套),菱镁保温板21.40万平方米。销售收入11579.55万元,亏损119.22万元,纳税517.34万元。

【桓台华夏粮仓博物馆】　1998年,桓台华夏粮仓博物馆开始建设,坐落桓台县张北路与侯庄路交叉口以东约150米,隶属山东长江粮油仓储机械有限公司。总投资2400余万元,占地600平方米,建筑面积1800平方米,文物2000余件。2018年10月,该馆由山东省文物局核准设立,由桓台县民政局登记注册,是非国有博物馆,11月,被教育部评为全国中小学生研学实践教育基地。馆藏有新石器时代农耕用的石斧、石夯,有数千年的碳化粮食样本,有战国、汉、唐、宋、元、明、清等朝代各地不同的粮仓造型和农耕工具、炊具、食器,有近代和当代的粮食仓储、计量器械、粮票油票、计划单据、统计报表、职工粮食关系迁移证明等。展品载体有文献、实物、图照等。设有6个展区,分别为:序厅,粮食生产与传统工具,古代华夏粮仓,民间百姓存

2018年11月26日，国家发改委党组成员、国家粮食和物资储备局局长张务锋（右二），副省长王书坚（右一）察看山东长江粮油仓储机械有限公司展区

（摄影：赵国华）

粮微场景，票证，现代化科技储粮设施。研学基地日常课程有："历史长河闪烁之光""粮票的故事""让粮食开花结果""圣礼家训""竹筒藏书"等。是年，该馆向社会开放300余天，年接待1万余人次，其中，中小学生占7000人次。

【入展首届山东粮油产业博览会】 2018年11月26—28日，首届山东粮油产业博览会暨全国粮食产业新旧动能转换助力乡村振兴高峰论坛在滨州市会展中心开幕。国家粮食和物资储备局局长张务峰出席开幕式，副省长王书坚致辞，省粮食和物资储备局局长王伟华主持开幕式。企业参展286个，参会2100余人。大会举办粮油产品精品展、全国粮食产业新旧功能转换助力乡村振兴高峰论坛、粮食产销签约仪式、国家粮食产业科技创新（滨州）联盟年会等活动。桓台县粮食局局长伊丕涛等36人参会。桓台县设立特装展位1个，标准展位4个。参展企业5个，其中：面粉企业2个，仓储机械制造企业2个，面粉加工技术服务企业1个。桓台县参展企业签约合作项目4个，其中：产学研合作项目1个，贸易合作项目3个。项目贸易额约1500万元。

【山东省粮食局吕明调研桓台县粮食工作】 2018年7月19日，山东省粮食局政策法规处处长吕明调研桓台县粮食安全、产业发展、军粮供应。先后实地察看桓台县粮食储备库、山东梨花面业有限公司、山东长江粮油仓储机械有限公司3个企业。要求桓台县粮食企业要着眼粮食收储制度、产业经济、产业结构、流通服务等方面的发展变化，向更高层次发展；粮食部门要发挥牵头作用，开展业务指导，有重点地推动粮食精深加工和产业化发展。

（李丙营　吴效浩）

中央储备粮淄博直属库有限公司

【概况】 2018年，中央储备粮淄博直属库有限公司（以下简称中储粮淄博公司）不断提升仓储管理水平，推进仓储标准化管理和"标准仓、规范库"建设，强化粮食数量质量管控，新增粮食卫生指标检测，实施内环流控温、环流熏蒸、机械通风蓄冷等科技储粮技术，采取"人防、技防、法防、经济防"等措施，全方位防范库外储粮风险，辖区粮食实现数量真实，质量良好，储存安全，管理规范。中央事权粮食质量达标率100%，品质宜存率100%。"标准仓""规范库"创建达标率100%。库外储粮粮权公证率100%。

【基建投资】 2018年，中储粮淄博公司累计投资476万元用于仓储设施维

2018年6月28日，中央储备粮集团有限公司总经理、党组副书记邓亦武（前排右二）调研中储粮淄博公司夏粮收购

（摄影：王文安）

修改造，主要包括部分仓房屋面菱镁板改造、仓房门窗改造、库区地面维修、设备购置等 15 个项目，提升仓储设施设备硬件水平。

【安全生产】 2018 年，落实“党政同责、一岗双责、分管主责、全员负责、失职追责”的安全生产责任制，层层签订安全生产责任书；落实领导带班、安全员等制度，相关人员持证上岗率 100%；定期开展安全生产检查整改和安全演练；与工程施工单位签订安全生产协议，实施入场前安全培训和安全交底，落实安全巡查；完成安全风险评估、微型消防站建设；强化安全培训，全年安全培训累计 2300 余人次；顺利通过安全生产二级达标复审。实现全年安全生产无事故。

（耿芙蓉）

本部类责任编辑　张胜利

外经贸与招商引资

【概况】 2018年,桓台县实现进出口总额310.85亿元,比2017年增长46.90%,其中进口额253.97亿元,增长57.90%,出口额56.88亿元,增长12.30%。新增外商投资企业4个,实际使用外资7.53亿元,比2017年增长36.10%。到位外来资金完成153.90亿元,比2017年增长20.30%。

【招商引资】 2018年,全县完成招商引资153.96亿元,完成全年任务目标的103.47%,新引进重大产业招商项目56个,包括1~5亿元项目17个,6~10亿元项目15个,11~15亿元项目16个,16~20亿元项目6个,21~25亿元项目2个。是年,全县外资完成7.50亿元,比2017年增长36.10%,完成全年目标任务136.90%。主要特点:主动走出去招大引强,与世界500强合作不断深化。加大面向长三角、珠三角、京津冀地区的招商力度,共派出招商小分队200余人次开展招商引资活动,走访企业150余个,对接项目200多个。多次赴北京、上海、成都、广州、深圳等地开展招商活动,先后拜访中国中化集团有限公司、清华大学、东旭蓝天新能源股份有限公司、博世上海总部、蓝光文旅集团等企业及高校院所,考察建设项目,寻求合作契机。4月,参加淄博(北京)新旧动能转换项目合作恳谈会暨项目签约仪式,搜集招商资源,对外推介桓台。6月底,举办桓台县(广州)招商恳谈会,与桓台籍在粤创业人士和广州企业家朋友欢聚一堂、畅叙友谊、共谋发展。8月,举行淄博(深圳)新旧动能转换项目合作恳谈会期间,拜访并考察深圳星河控股集团、核子基因有限公司、人人智能有限公司、深圳齐鲁商会、乐天成控股集团、振业集团等,宣传推介桓台,寻求项目合作。10月,举办以"宜业宜居新桓台·合作共赢谋发展"为主题的山东省桓台县(上海)招商推介会暨项目签约仪式,分别与国家技术转移东部中心、上海微创软件股份有限公司以及与上海鼎晶生物医药科技股份有限公司等7个单位现场签约。

【外贸进出口】 2018年,桓台县完成进出口310.85亿元,比2017年增长46.90%,总量居全市第1位,占全市比重32.70%,增幅高于全市11.20个百分点;出口完成56.90亿元,列全市第4位,同比增长12.30%;进口完成254亿元,列全市第1位,同比增长57.90%。主要特点:对外贸易持续增长,稳增长调结构成效进一步显现。加强分析研判和定期调度,掌握工作主动权。密切关注外贸企业订单、市场和行业发展状况,帮助企业解决进出口环节遇到的困难和问题;支持企业开拓市场,加快转型发展。引导企业实施创新驱动和品牌化建设,提高产品附加值和竞争优势,扩大国际市场份额。组织多个企业参加重点境外展会,通过展会补贴形式扩大企业参展规模,支持企业开拓市场,抢抓订单,扩大出口;发展外贸新业态,加快培育外贸竞争新优势。借助阿里国际、一达通以及桓台县中昊对外贸易有限公司帮助企业开拓市场和开展出口代理服务,尤其帮助没有进出口业绩的企业实现零突破。

【对外经济技术合作】 2018年,完成境外实际投资额512.80万元,对外承包工程合同额1.29亿元,营业额完成10.01亿元,派出各类劳务人员281人。主要特点:"走出去"继续深入推进,外经工作层次不断提升。是年,新批境外投资项目1个,淄博林涛工贸有限公司并购美国斯诺雪高有限公司,项目总投资750万美元,实现桓台县境外投资并购新突破。境外工程承包取得新进展,是年前三季度,完成境外工程营业额66337万元,派出劳务人员69人。山东盛华建设工程有限公司"借船"中国石油天然气股份有限公司,在沙特的磷矿项目进入收尾阶段;新签马来西亚炼油厂项目进展顺利。

(荆　帅)

本部类责任编辑　张胜利

园区建设

桓台经济开发区

【概况】 2018年,规模以上工业企业实现总产值653.17亿元,主营业务收入647.20亿元,利润21.60亿元,利税40.71亿元。

【项目建设】 2018年,确定市重大项目15个,总投资233.73亿元,完成投资额103.31亿元;县重点项目20个,总投资149.10亿元,完成投资13.80亿元。其中,淄博科勒有限公司投资5.60亿元的卫生洁具二期项目部分投产,山东序元环保科技有限公司投资电驱动均相模项目进入试生产阶段。

【招商引资】 2018年,引进外来投资项目50个,实际到位外来投资76.70亿元,比2017年增长37.18%。依托齐鲁创智谷载体平台,年内,新入驻创新研发企业54个,涵盖电子信息、健康医疗、节能环保、技术研发等领域。中合农集团有限公司投资12亿元的食品安全智慧城项目顺利落户立项,科勒二期项目、艾格瑞巨明项目、华润医药物流园项目顺利推进。

【招才引智】 2018年,中农发巨明集团签约国家千人计划专家陈振雷建立工作站,华伟银凯引进千人计划专家汪峻峰,序元环保引进万人计划专家张伟博士并实现技术攻关和产品达效,思睿环保徐生龙入选国家高科技人才特殊支持计划领军人才。山东安益矿用设备公司获批山东省院士工作站,与宋振骐、李砚耕两位院士合作建立了“智能化矿山设备研究院”。

【基础设施】 2018年,投资3.10亿元,新修果里大道西延工程,总长度7千米,总面积254亩,成为辖区内第二条东西走向主交通要道。打包投资1.30亿元,开工建设开发区基础设施建设项目,涵盖道路、排水、排污等工程,连通柳泉北路两侧区域,截至年底完成投资5500万元。西五路北延、北京路北延、上海路北延等道路工程均已竣工通车。

【空间拓展】 2018年,排查低效利用土地12宗、面积563.50亩。截至年底盘活5宗,面积237亩。太极搪瓷并购铁荣地基,盘活土地86亩。协调解决流动资金300万元,帮助创尔沃盘活闲置土地10亩。联系2个企业,盘活圣丰工贸土地100亩。

【村庄搬迁】 2018年,投资约20亿元,搬迁改造园区内的官东村、官中村、官西村、吴磨新村、前埠村、东马村、前鲁村和高铁拆迁村龙东村、郝园村。其中东马村、龙东村纳入东和嘉园一期建设,官东村、官中村、官西村、吴磨新村纳入东和嘉园二期南区、北区建设。旧村占地面积1947.80亩,新村占地面积595.11亩,搬迁完成后可腾空土地1352.69亩。共有住宅2967处,截至年底拆除1259处,腾空土地600亩。东和嘉园一期二期、前埠新村、郝园新村已全面开工建设,开工总面积99.69万平方米,完成投资4.30亿元。

【安全生产】 2018年,累计检查企业7000余个次,整改安全隐患近1.50万个。稳妥处置润兴化工己二腈粗品,已转运300余吨,年底全部处置完毕。行政处罚企业50个,罚款56.40万元。

【环境保护】 2018年,从严从细落实中央、省、市督查及“回头看”要求,严格管控25个环保部交办件、10个省环保督察问题,防止反弹。健全网格化管理制度,实现巡查、督查、整改、提升常态化。开展污染源普查摸底排查企业965个,确定工业源企业441个。实施气代煤、电代煤清洁取暖工程,安装壁挂炉3500户、集中供暖1240户。

(田　垚　周　凯)

淄博东岳经济开发区

【概况】 2018年2月5日,淄博市机构编制委员会印发《关于设立淄博东岳经济开发区管理委员会的通知》,为淄博市人民政府派出机构,正处级规格,配备主任1人,副主任2人。撤销原山东桓台东岳氟硅材料产业园区管理委员会正县级事业单位建制;3月22日,中共淄博市委任命李向东为中共淄博市委淄博东岳经济开发区工作委员会书记。3月31日,淄博市人民政府任命李向东为淄博东岳经济开发区管理委员会主任,王成寅、于克俭

为副主任。9月27日,中共淄博市委印发《关于建立中国共产党淄博市委东岳经济开发区工作委员会的通知》。4月16日,桓台县人民政府印发《关于调整淄博东岳经济开发区委托管辖范围的请示》,将唐山镇贵和工业项目集中区、起凤工业园区委托淄博东岳经济开发区管理,实行"一区三园"布局,总管辖面积57.28平方千米。三个区块分别是,淄博东岳经济开发区核心区块:面积51.46平方千米,东至唐华路,南至寿济路以南500米,西至西十三路,北至S29连接线;唐山镇贵和工业项目集中区区块:面积0.96平方千米,东至少海路,西至规划纵七路,南至耿焦路,北至铁南路;起凤镇工业园区规划面积4.86平方千米,其中西片区4.36平方千米,东片区0.5平方千米。6月12日,淄博东岳经济开发区成为中国石油和化学工业联合会化工园区工作委员会会员单位。6月26日,山东省人民政府办公厅印发《关于公布第一批化工园区和专业化工园区名单的通知》,认定淄博东岳经济开发区为专业化工园区,面积4.64平方千米,四至为"东至兴唐路以东,西至园区大道,南至寿济路,北至跃进河"。7月12日,山东省经济和信息化委员会、山东省人民政府节约能源办公室印发《关于公布2018年度山东省绿色制造项目库(第一批)入库项目名单的通知》,确定淄博东岳经济开发区为绿色园区。9月14日,山东东岳集团有限公司与北京化工大学联合成立"特种功能有机硅材料研发中心"。10月24日,山东东岳集团有限公司董事长张建宏入选全国改革开放40年百名杰出民营企业家。11月1日,山东东岳集团有限公司董事长张建宏参加中共中央总书记、国家主席、中央军委主席习近平1日上午在京主持召开的民营企业座谈会,受到总书记的亲切接见。11月13日,山东华夏神舟新材料有限公司入选2018年度"中国石油和化工行业技术创新示范企业"。11月14日,山东华夏神舟新材料有限公司设立博士后科研工作站。12月6日,山东东岳高分子材料有限公司入选2018年山东省新材料领军企业50强。12月16日,山东东岳集团有限公司成功研发全氟离子膜入选山东省庆祝改革开放40周年最具影响力的40件事件之一(2005年,成功研发全氟离子膜,彻底结束了我国氯碱工业受制于人的历史)。东岳氯碱离子膜入选国家博物馆《伟大的变革》庆祝改革开放40周年成就展(中国氟硅行业的龙头企业——山东东岳集团有限公司生产的全氟离子膜,在万吨级氯碱装置上一次通电成功,打破了国外技术垄断)。是年,淄博东岳经济开发区实现地区生产总值214亿元,规模以上企业主营业务收入684亿元,工业总产值699亿元,纳税18亿元,公共财政预算收入9.50亿元,进出口总额5.40亿美元。

【项目建设】 2018年,有3个项目入选山东省新旧动能转换重大项目库第一批优选项目名单,分别是:山东海思堡服装服饰集团股份有限公司全球服装个性化定制网络协同制造服务支撑平台(年产500万件定制化产品)入选新一代信息技术类,山东东岳集团有限公司燃料电池生产基地项目(年产2000万平方米燃料电池膜)入选新能源类,山东东岳集团有限公司功能膜材料及配套高端氟硅新材料项目(年产38.5万吨高性能有机氟产品、61万吨高性能有机硅产品)入选新材料类。是年,列入市重大项目12个,比2017年增加7个。总投资76.90亿元,同比增加54.30亿元。按照新旧动能转换"四新四化"标准要求,建立重点项目储备库,形成项目梯次推进、有效续接的工作格局。在抓好氯碱离子膜产业化项目建设的基础上,成立山东东岳未来氢能材料公司,主攻氢能燃料电池膜,打造开发区建设与发展的新动能、新驱动。制定出台《关于实行政企合力一体化招商的意见》,开展定点精准招商。

【基础设施】 2018年,投资6亿元,新建和改扩建道路12千米,开发区西外环路、跃进河路、中心路3条道路竣工通车,构建起"四纵四横"的开发区道路交通框架;对园区管线进行改造提升,实现雨污分流和污水集中处理;对区域内东猪龙河实施综合整治。园区污水处理厂项目一期建设竣工投产。消防站项目建设进展顺利;按照"上大压小、资源整合、以热定电、提高能效"的目标,对园区内的燃煤发电机组进行结构优化组合,为开发区加快发展提供基础保障。投资2亿元的"园区智能化管控中心"建成运营。

【引黄引江取水】 2018年,聘请山东理工大学化学化工学院编制淄博东岳经济开发区水资源论证报告书(2016—2025)》,经专家评审后,淄博市水利局下发批复意见,为开发区核定了1583万立方米/年的引黄引江取水指标(开发区原取水指标为540万立方米/年,累计新增1043万立方米/年)。

(王希文)

马踏湖湿地保护区

【概况】 2018年,马踏湖湿地保护区为96平方千米,南北最大纵距8千米,东西最大横距12千米。开展湿地联合执法,救助鸟类3只,查处各类破坏湿地行为12起。开展马踏湖土地利用现状调查,完成土地利用现状调查报告。

【湿地联合执法】 2018年,马踏湖湿地保区管理局联合县森林公安局开展非法猎捕野生动物专项行动,救助放飞了长耳鸮、大天鹅、白骨顶鸟类3只。

2018 年 3 月 16 日，桓台县马踏湖湿地保护区管理局整治非法捕捞鱼类

（摄影：宗　正）

联合县公安局、国土局查处破坏湿地案件 12 起，其中占用湿地修路 5 起，非法捕捞鱼类 4 起，非法开荒 3 起。

【马踏湖土地利用现状专项调查】 2018 年，开展马踏湖土地利用现状调查，主要成果有《马踏湖湿地土地权属边界图》《马踏湖湿地土地利用现状图》《各类土地类型面积及空间分布表》《马踏湖土地利用现状调查报告》。

（宗　正）

本部类责任编辑　张胜利

交通　通信

交通运输

【概况】　2018年，全县道路工程新建、改扩建里程37.7千米，总投资13.2亿元。截至年底，全县公路通车里程1261.2千米。其中，县道130千米，乡道里程193.8千米，专用公路里程4.7千米，村道里程932.7千米。全县共有危化品运输企业7家，车辆494台；普货运输企业56家，车辆2493台；客运企业2家，车辆223台；出租企业2家，出租车176台，驾培企业5家，机动车维修企业（业户）253家。

【县级道路建设】　S29滨莱高速桓台北互通立交连接线东延工程　东起G205，西至周荆路，总投资3.8亿元，全长13.2千米。路基宽25.5，路面宽24米，双向4车道，设计时速80千米，2017年2月18日开工建设，2018年10月23日正式开通。

西五路北延工程　该工程为张店西五路向县内北延工程，南起黄河大道，北至寿济路，总投资2.2亿元，全长5.5千米。路面宽40米，双向4车道，2017年9月开工建设，一级公路兼具城市主干路标准建设，设计时速60千米，2018年9月30日正式开通。

原山大道（西十三路）北延工程　该工程为张店西十三路向县内北延工程，北至S29滨莱高速桓台北互通立交连接线（田庄镇）相交处，投资4.1亿元，全长12千米。路面宽24米，双向4车道，按照一级公路标准建设，设计时速80千米，2017年9月开工建设，2018年11月30日正式开通。

果里大道西延工程　由西五路西延至西十三路，投资3.1亿元，全长7千米，路面宽24米，双向4车道，按一级公路兼具城市主干路标准建设，设计时速80千米，2018年5月开工建设，10月27日正式开通。实现张北路、柳泉北路、西五路北延、西十三路北延连接。

【桓台公交新站一期建成使用】　桓台客运中心位于桓台县东陈路、兴桓路交叉口东南角，索镇睦和村地段。项目占地面积约5.9公顷，设计建筑面积6000余平方米，按照二级站标准建设。2016年11月由桓台县发改局立项，2017年10月开工建设，一期工程包括停车场、车辆调度中心、智能充电桩、双电源综合变压器等。截至2018年年底，累计完成投资1619.6万元，部分设施建设完成并投入使用。

【县乡道路养护】　“四好农村路”大中修工程　2018年，桓台县交通运输局按照“建的标致、管的精致、护的极致、运的别致”思路，加强农村公路建设、管理，补齐农村交通发展短板，改建农村公路23.1千米，总投资3000万元。7月，在全省“四好农村路”综合评比中，桓台县被确定为省级“四好农村路”示范县，并获补助资金1000万元。

少海路大中修工程　起点位于东陈路，终点位于宋家村，全长6.7千米，投资2800万元。以上工程均于4月开工建设，6月底交工通车。

农村公路小修保养工程　组织实施县级道路坑槽修补3610平方米，洒油封层完成7万余平方米。

【道路安全防护设施】　2018年，安装、更换标示标牌、道口桩114个，拆除、安装路缘石145米，施划标线1.2万余平方米，安装校车站牌211处，重新施划校车停靠站点标线211处。

【客运】　公共客运　全县共有客运车辆223台，比2017年减少10台。是

建成后的西十三路北延　　（摄影：于　洋）

2018 年，新增新能源车辆　（摄影：李晓路）

年，新增新能源城市公交车 40 台。

2018 年，共有客运线路 34 条。淄博交运集团桓台分公司共有线路 14 条：桓台—滨州，桓台—济南，荆家—济南，鱼龙—济南，桓台—嘉祥，桓台—招远，桓台—平邑，桓台—费县，淄博—路桥，淄博—芜湖，周村—蓬莱，淄博—淮安，桓台—德州，桓台—莒县。

市内线路 10 条　索镇—张店（51 路西线、51 路东线、251 路、185 路），荆家—张店（162 路），鱼龙—张店（164 路），马桥—张店（175 路），索镇—淄川（199 路），田庄—淄川（198 路），荆家—周村（217 路）。其中，162 路为集约化改造完成后，于 2018 年 8 月 28 日新开通的公交线路。

县内线路 10 条　环城公交 611 路，五庄—索镇（602 路），陈桥—索镇（603 路），后孙—索镇（604 路），唐山—侯庄（605 路），索镇—麻家（606 路），索镇—胡家（607 路），果里—雅和（610 路），鱼龙—索镇（621 路），马桥—索镇（622 路）。

出租客运　2018 年，全县有桓台县运输公司、爱使公司 2 家出租车辆经营单位，共有出租客车 176 台。

【公共交通】　是年，全县共有公交线路 8 条，其中：桓台—张店（51 路东线）　桓台公交新站—建筑工程学校（渔洋宾馆）—农贸市场（巨隆家居）—百货大楼—温州批发城—信誉楼—骨伤医院—五里桥—姜坊—西边—汇丰塑料—果里镇政府—果里—黄河龙酒业—泰和公司—山东工业职业学院—宝恩集团—金晶科技—中材玻纤—石化腈纶厂—高速路口—中房青年城—南营—石桥办事处—十里河—魏家庄—潘成粮油市场—海盛水产批发市场—淄博文化艺术城—人才市场—淄博宾馆—淄博饭店—淄博商厦—市第八人民医院—火车站—淄博公交东站。运行里程 21.5 千米；首班发车时间5:00，末班发车时间 18:16，班次间隔时间 6—8 分钟，上下班高峰期间隔 4 分钟；线路运行车辆共 49 台。票价 3 元，刷卡六折。

桓台—张店（51 路西线）　桓台公交新站—龙鼎驾校—恒丰花园—桓台中医院—环保局—电业局—大观园—公路局—信誉楼商厦—骨伤医院—五里桥—姜坊—西边—汇丰塑料—果里镇府—果里（巨明监测站）—黄河龙集团—泰和公司—山东工业职业学院（市福利院）—通宝驾校—金晶科技—三玉集团—三玉窗业—高速路口—中房青年城—南营—石桥办事处—世纪英才—硅苑科技—华瑞园—七院—潘庄—新元学校—中国银行—少年宫—人民公园—天泰金店珠宝城（华夏商厦）—红卫电机厂生活区—交警支队—兴学街—张店宾馆（单行）—火车站（单行）—淄博公交东站。运行里程 25.7 千米；首班发车时间 5:00，末班发车时间 18:17，班次间隔时间 13—15 分钟，上下班高峰期间隔 8 分钟；线路运行车辆共 21 台。票价 3 元，刷卡六折。

桓台—张店（251 路）　桓台公交新站—实验中学—城区街道办事处—西苑小区—少海公园—惠仟佳—桓台二小（银座商厦）—羿景嘉园—齐鲁医院桓台分院—海圣春天—文体中心—橡树玫瑰城—红莲湖公园—前埠—鸿嘉星城—盛圆国际—东马—果里—伊家村—甘家村—金都花园—奥林新城—柳泉路裕民路路口—北营生活区—高新区田氏骨伤医院—市第十一中学—山东电泵—硅苑科技—华瑞园—第七医院—潘庄—新元学校—中国银行—市青少年宫—人民公园—天泰金店珠宝城（华夏商厦）—红卫电机厂生活区—交警支队—兴学街—张店宾馆（单行）—火车站—淄博公交东站。运行里程 27 千米；首班发车时间 5:15，末班发车时间 18:05，班次间隔时间 12—14 分钟，上下班高峰期间隔 8 分钟；线路运行车辆共 21 台。票价 3 元，刷卡六折。是年 12 月 23 日，淄博公交东站建成投入使用，251 路公交车不再进入公交东站，由火车站西行经张店宾馆、兴学街返桓台。

桓台—义乌小商品城（185 路）　桓台公交站—长途站—消防大队—工业路兴桓路口—圣洁医院—西苑小区东门—人民公园—惠仟佳购物广场—兰香园—桓台二中（妇幼保健院）—东岳国际—橡树玫瑰城—红莲湖公园—前埠—鸿嘉星城—东马—果里—伊家村—甘家村—金都花园—奥林新城—柳泉路裕民路口—北营生活区—高新田氏骨伤医院—市第十一中学—山东电泵—硅苑科技—火炬公园—新华医疗科技园（泰美路口）—启家口腔医院—庄园集团—新华医疗小区—百盛集团—大润发超市—莲池公园—移动大厦—义乌小商品城。运行里程 24.9 千米；首班发车时间 6:00，末班发车时间 17:30，班次间隔时间 30—40 分钟，上下班高峰期间隔 20 分钟，线路运行车辆共 5 台。票价 3 元，刷卡九折。

县内绕城公交(611路)(南线、北线相向运行)　桓台公交站—建筑工程学校(渔洋宾馆)—农贸市场(巨隆家居)—桓台百货大楼—温州批发城—便民服务中心(工商银行)—信誉楼—齐鲁医院桓台分院—羿景嘉园—桓台二小(银座商厦)—惠仟佳—五里小区—橡树湾东门站—天煜星河南门—妇幼保健院(桓台二中)—尚清华—实验学校—西苑小区—圣洁医院—北苑小区—工业街兴桓路路口—消防大队—长途车站—桓台公交站。运行里程13.3千米;首班发车时间6:30,末班发车时间18:30,班次间隔时间15分钟,上下班高峰期间隔10分钟,线路运行车辆10台。票价1元,刷卡九折。

鱼龙—张店(164路)　该线路于2017年4月16日正式运行,采用大站快速公交运行模式,共设站点17个,依次为鱼龙站—鱼龙大桥—鱼龙第二小学—起凤田氏(茂杰)正骨医院—夏庄—起凤整骨医院—乌北村委—乌南村委—李家—耿桥医院—中房青年城—石桥办事处—东方星城—淄博饭店—淄博商厦—火车站—淄博公交东站。全程37千米,投用燃气无人售票车15台(含机动3台)。票价实行一票制,票价6元,刷卡九折。

2018年12月26日,随着济青高铁开通运营,164路公交车运行线路自耿桥医院始调整为长途车站—建筑工程学校—农贸市场—桓台宾馆—银座—惠仟佳—五里小区—妇幼保健院(桓台二中)—文体中心(东岳国际)—红莲湖公园—前埠—鸿嘉星城—盛圆国际—鸿嘉星城南门—徐斜—东店—淄博北站。鱼龙首末班发车时间由5:00、17:00分别调整为7:00和18:20。

索镇—鱼龙(621路)　该线路于2017年4月16日正式运行。共设站点43个,依次为公交新站—龙鼎驾校—恒丰花园—桓台中医院—环保局—电业局—二小(银座)—羿景嘉园—齐鲁医院桓台分院—怡苑花园—信誉楼—便民服务中心—温州批发城—百货大楼—农贸市场—建筑工程学校—桓台长途汽车站—制革厂—张桥—宫家路口—宫家百花园小区—耿桥医院—耿桥—小辛—李家—演马路口—乌南南站—乌南村委—乌北村委—辛泉—砂轮厂—西三村—起凤整骨医院—昭亮整骨医院—夏一村—夏庄—夏庄西站—起凤田氏(茂杰)正骨医院—起凤镇政府—鱼龙中学—鱼龙第二小学—鱼四村—鱼龙大桥—鱼一站—鱼龙站。全程运距24千米,投入新能源纯电动空调客车20台(含机动2台),实行无人售票运营模式,票价3元(一票制),刷卡九折。(索镇)首班5:00,末班17:50;(鱼龙)首班6:00,末班18:50;平均间隔12分钟。

马桥—索镇(622路)　该公交线路于2017年12月23日开通,采用双向对开发车运行模式,日运行112车次。途经马桥、新城、唐山、索镇4镇。线路走向为辛庄—金诚石化—北营—被阳花园—康杨—西孙—马桥实验学校—正德小区—鼎馨社区—姜家—马桥镇政府(马桥交管所)—顺河—西史—罗家—陈庄—万家园—张苏—邢家—国缘酒业—西贾—金泰—新城—新城镇政府—新城医院—昝家—聂桥(新盛)—洼子—杨家—王家店路口(非局属)—毛家—古城—郑家—宋店—唐山—楼子—桓台一中—桓台二中(妇幼保健院)—天煜星河南门—橡树湾东门—五里小区—惠仟佳—桓台二小(银座)—羿景嘉园—齐鲁医院桓台分院—怡苑家园—信誉楼—便民服务中心—温州批发城—百货大楼—农贸市场—建筑工程学校—桓台长途站—制革厂—张桥—公交新站等55个站点,全程运距42千米,比2017年增加站点15个,增加运距8千米,投入新能源纯电动车16台,比2017年减少5台。实行无人售票运营模式,票价按3、4、5元分段计费,刷卡九折。对向发车首班5:30、末班(马桥)18:35;末班(索镇)18:25,平均间隔18分钟。

荆家—张店(162路)　该线路为集约化改造后线路,于2018年8月28日正式运行,启用新能源公交车,由原来的中巴车升级为大公交,由市公共汽车公司桓台分公司管理运营,采用大站快速公交运行模式。站点依次为里仁—荆三—荆二—荆四—荆一—荆家镇府(交管所)—高王—吕埠西—关家—牛王—晨钟机械—田庄—田庄镇府—辰龙集团—田庄医院—韩家—王家店—崔楼(八里)—荣家—孔家—万家—周家—闫家—杨楼—北京路齐风大道路口—英雄路北京路路口—英雄路世纪路路口—南光化工—城北人力资源市场—鲁辰公司—新华工业园—中润华侨城(西门)—中润华侨称(南门)—阳光财产保险—中润大道西四路路口—新华医疗科技园(泰美路路口)—火炬公园—高新区公安局—美年大健康(金晶大道路口)—魏家庄—潘成粮油批发市场—东方星城—淄博文化艺术城—市工商银行—北京同仁堂淄博药店—淄博饭店—淄博商厦(齐商银行)—市第八医院—淄博火车站—张南路王舍路口—安康家园—警察训练基地—良乡—公交东站等54个。配备新能源公交车12台,日运行班次72个,实行阶梯票价,全程票价6元。首班荆家(桓台)5:30,末班17:30;张店首班7:00,末班19:05。10月1日起,调整首班发车时间,荆家由5:30调整为5:10,张店由7:00调整为6:45,末班均不变。

【货物运输】　公路货运　2018年,全县有货运车辆2987台辆,货运总吨位50813吨。其中,载货挂车1340台,从业人员23278人。

危险品货物运输　2018年,共有危险品运输车辆494辆、吨位15094吨。危险货物运输驾驶员2987人,押运员7038人。

【运政管理】　交通监察执法　2018年,出动执法人员2325人次,执法车辆965辆次,查处违章1325起。其中,查处危险货物运输车辆各项违章43起,查扣货物扬撒、脱落运输车辆21起,超限超载运输977起,卸货转运94万余吨,查处客运违章62起。

行业安全　2018年,县交通运输局加大"两客一危"(包车客运、长途客运、危险品运输)等运输监管力度,共对运输企业开展监督检查609次,跟踪整改问题隐患1180个,清理挂靠

2018 年，交通运输执法人员与交警联合开展危险货物运输夜查行动

（摄影：任程成）

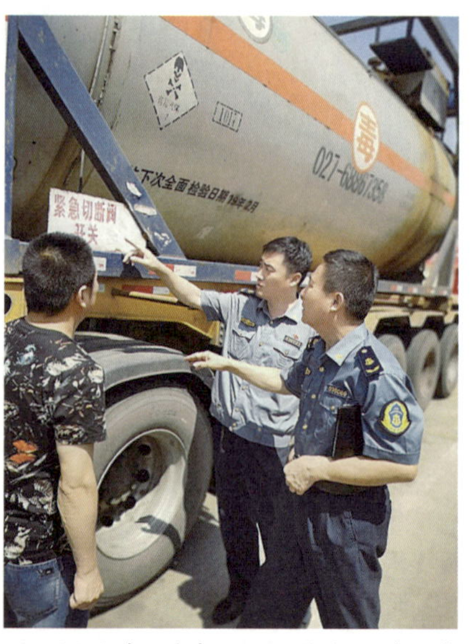

2018 年，对危化品运输企业进行监督检查　（摄影：张　慧）

车辆 136 台。

行政审批　2018 年，全县新增货运经营企业 10 家，新增维修业户 85 家，新增营运车辆 628 台。转出、注销车辆 694 台；审验运输车辆 2603 台。新增龙鼎驾培企业 1 家。换发、补发《道路运输证》582 个。道路运输《从业资格证》报名学习 1493 人，换发《从业资格证》及《押运员证》557 个，办理道路危险货物运输驾驶员、押运员及装卸管理员服务单位登记注册、变更 328 人，驾驶员《从业资格证》继续教育学习报名 7949 人，诚信考核 6311 人。受理审验、变更、报名等各类审批服务事项 2 万余件。

驾驶员培训市场管理　2018 年，全县有注册驾校顺通、海通、顺利达、宏安、龙鼎 5 家。培训驾驶学员 4878 人，考取《驾驶证》3463 人，培训合格率 71%。

2018 年桓台县驾校情况表

表 6　　单位：人、台、条

名称	地址	校长	教练	教练车	综合练习线	学员	驾照
顺通	唐山镇大有村	张丙希	104	82	7	1605	1280
海通	建设街 8 号	杨国峰	59	40	2	1720	1400
顺利达	张北路 69 号	盖博	30	20	1	487	347
宏安	唐山镇后诸村	高朋朋	61	45	3	724	386
龙鼎	兴桓路北首	张启龙	20	20	1	339	50

【路政管理】　2018 年，共计出动执法人员 528 人次，累计巡路 1.2 万余千米，办理涉路工程许可 4 件，发现、整治违法占用路面 4 处。建立微信群，发现问题及时上传汇报，保证及时处理、修复道路安全隐患，确保所辖道路状况良好。

【汽车维修业管理】　汽修企业　2018 年，全县共有汽车维修企业（业户）253 家，比 2017 年增加 85 家。其中一类 2 家，二类 11 家，三类 240 家。整车维修企业质量信誉考核 AA 级以上 9 家，其中，AAA 级 7 家，AA 级 2 家。其中，AA 级比 2017 年增加 1 家。

机动车辆检测　2018 年，共检测车辆 2498 台，其中等级评定车辆 2498 台。比 2017 年增加 591 台。

（王　燕）

公 路

【概况】 淄博市公路管理局桓台分局管养国、省道桓台段总长 70.3 千米。其中,G205 山深线 33.972 千米(一级公路),含桥梁 9 座(中桥 6 座,小桥 3 座);G233 克黄线 20.239 千米(一级公路),含桥梁 9 座(大桥 2 座,中桥 1 座,小桥 6 座);G308 文石线 16.089 千米。

【公路养护】 2018 年,完成国、省道桓台段各类工程投资 1035.4 万元。其中,完成普通国、省道交通安全隐患整治工程投资 176 万元;公路设施安全整治提升工程投资 41 万元;桥梁环保安全设施隐患整治工程投资 221 万元;周家公路驿站建设投资 32 万元;小修保养投资 565.4 万元。完成灌缝 65.1 千延米;刷油 10.6 万平方米;挖补坑槽 5347 平方米;预防性养护实施预拌碎石封层 4 万平方米。

2018 年 4 月,普通国省道交通安全隐患整治工程中隔带封堵施工

(摄影:孙文凤)

【周家公路驿站建成】 周家公路驿站位于 G205 山深线 K626+225 左侧,占地面积 2.6 万余平方米,建筑面积 450 平方米。2018 年 10 月,根据省、市关于普通国省道公路规划布局,投资 32 万元利用原周家公路站部分服务设施改造升级而成。具备车辆停放、公共厕所、室外休息区、路网图四项基本服务功能。

2018 年 10 月,建成交工的周家公路驿站 (摄影:孙文凤)

【路政管理】 2018 年,路政巡查 7.8 万千米,处理路产损坏事案 30 起,收缴赔补偿费 16 万余元,受理并报送涉路许可 8 件,收取国有资源有偿使用费 4.5 万元,拆除立柱式固定非公路标志 20 块,取缔加水点、修车点共 5 处,清理占路经营 2 处,拆除违法建设 10 处、200 平方米。

(孙鲁宁)

铁　　路
济南铁路局淄博车务段桓台站

【概况】 桓台站位于桓台县索镇境内，中心里程位于张东线（淄博至东营）自淄博站起19千米607米处，隶属济南铁路局淄博车务段管辖。车站按技术性质为中间站；按业务性质为货运站；按运量大小和复杂性为四等繁忙站。主要担负货运、军运、装卸、列车到发和会让等职能。2018年10月，张东铁路全线完成电气化扩能改造，实现列车牵引由内燃机车向电力机车转变。

【车站内线路】 2018年，桓台站站场线路共8条。其中，正线3条、到发线1条、货运线1条、中央储备粮淄博直属库专用线1条、山东鲁中煤炭储备物流有限公司专用线2条。

【货物运输】 2018年，桓台站装车品类主要为新闻线、纸卷和面粉等，货物装车4305车、24万吨，与2017年基本持平。到达品类主要为煤炭、矿粉，货物到达18295车、118万吨，分别比2017年增加12816车、82万吨。

（李　波）

邮　　政

【概况】 2018年，中国邮政集团公司山东省桓台县分公司以提质增效为中心，以创新驱动为引擎，实现邮政业务收入5750万元，比2017年增长16.32%。被省公司评为“2018年度山东邮政服务质量十佳县分公司”。

【邮政业务】 2018年，全县邮政储蓄代理存款规模达到20.833亿元，储蓄余额规模占全县个人居民存款规模的9.64%，列全县金融机构居民个人存款第三位。快递包裹寄递84.48万件，较2017年增加22.17万件，增长35.59%。寄递函件17.4万件，增长17.72%。集邮销售邮票50.68万枚。订阅报纸598.52万份，订阅杂志37.30万份，开发汇票3946张。寄递机要邮件761件，机要通信实现第36个质量“全红年”。

【服务“三农”】 2018年，中央财政拨付预算资金84万元，专项扶持邮政服务“三农”项目耿桥区域仓储配送中心建设，建成面积572平方米。年内，全县建成农村电商业务便民服务站368处，实现“买卖惠”线上交易额969万元。

【邮政服务】 2018年，完成县城建设街支局装修改造。全县网点新配备叫号机6台，自助发卡机1台，CRS机1台。深化与法院、税务、交警、石化、电力等部门行业业务合作，17处支局全部开办代开税务发票、代收公安交警罚没款业务。其中，代开税款1777.35万元，代收公安交警罚没款51245笔；368处便民服务站代收电费17.07万笔，通信费12.98万笔。

（王　晔）

通信服务业

·中国移动通信集团山东有限公司桓台分公司·

【概况】 2018年，中国移动通信集团山东有限公司桓台分公司（以下简称桓台移动）为全县通信业三大运营商之一，持续巩固和提升行业领先优势，坚持以服务地方经济发展、服务客户为己任，着力提升网络、渠道、服务、支撑等能力，为全县广大客户提供高速、稳定、可靠的通信服务。是年，运营收入1.61亿元，比2017年增长2.02%。

【业务建设】 2018年，桓台移动持续打造领先的4G+精品网络，落实国家网络“提速降费”要求，推出“宽带全家免费用、流量全家共享、亲情通话免费”等创新产品模式，价格再创行业新低。截至年底，桓台移动手机用户达38.52万户，比2017年增加0.42万户，年净增份额50.93%。其中，4G用户27.41万户，占移动手机总用户的71.16%。4G上网用户普及

率由 2017 年的 70% 提高到 71.43%。

【宽带提速】 2018 年，桓台移动响应国家建设“网络强国”战略号召，建成覆盖全县的高品质光宽带网络，宽带速率提升至 200 兆。是年，依托数字家庭联盟，先后推出“魔百盒”电视、语音遥控器、和家视频通话、家庭相册、游戏专区、应用商店、和目视频监控、智能音箱、智能家居等多种场景应用，满足家庭多样化需求。年内，桓台移动有线宽带用户 6.14 万户，比 2017 年增加 1.14 万户，增长 22.8%。其中，“魔百盒”高清电视业务用户 4.50 万户，增长 37.43%。首次引入桓台本地频道“桓台电视台”，成为本地主要电视业务提供商。

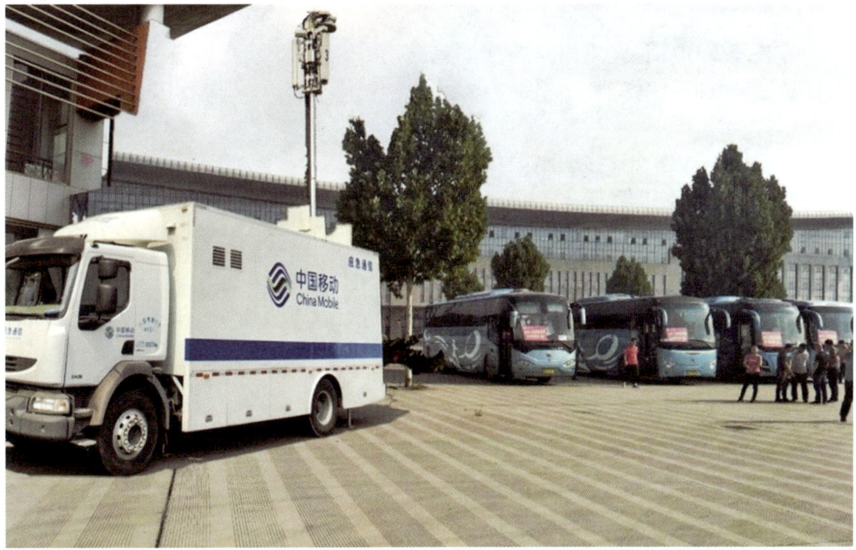

2018 年 9 月，为山工院新生开学提供通信保障　　（摄影：魏　伟）

【网络建设】 2018 年，投资 1000 余万元新建 4G 基站 5 个，4G - FDD (1800/900) 基站 40 个，济青高铁北线沿线基站 32 个，蜂窝物联网基站 31 个，GSM 网改站点 200 个，4G 基站总数达 480 个，实现济青高铁北线 4G 全覆盖。开通室内分布系统 280 处，行政村有效覆盖率达 100%。是年，新建有线宽带小区 14 个，自然村 3 个，扩容 130 个，新增宽带覆盖用户 3 万户。截至年底，全县累计覆盖用户达 25 万户，覆盖自然村 335 个，居民小区 155 个。覆盖率分别由 2017 年的 99%、100% 提升到 100%。

【省级 IDC 机房】 桓台移动 IDC 机房为鲁中地区最大的省级数据中心，面积 7000 平方米，截至 2018 年年底，建成机柜 320 个，托管机架 320 个。其中，分配机柜 201 个，出口带宽达 600G。3 月，县人大代表参观桓台移动 IDC 机房。是年，桓台移动持续优化、整合基础设施和信息设备，通过管理统一化、服务智能化、产品创新化的专业模式，承载各级政府、企业的机房、机柜、服务器、大带宽等租赁业务，并为全县政、企客户提供云计算中心、灾备中心、行业托管等资源与数据服务。截至年底，有 100 余家政府部门、企业及互联网公司入驻，成为桓台县域数据时代的互联与交换中枢。

2018 年 3 月，县人大代表参观桓台移动 IDC 机房　　（摄影：魏　伟）

【信息化建设】 2018 年，桓台移动以全县新旧动能转换为契机，积极开拓政企客户市场，助力县域信息化建设。投资 300 余万元承接全县政务网项目，参与经济转型、市场监管、社会管理和公众服务等各类应用系统的建设与应用，推动全县电子政务重要基础设施建设。投资 200 余万元，建成容灾备份系统，实现全县“智慧城市”数据、应用容灾备份，并提供完善的等级保护测评服务。投资 100 万元，推进、落地“警务通”信息化应用项目，全面提高全县公安干警办案效率，提升警务信息化服务能力。投资 50 余万元，推出“和校园”“和宝贝”“教育云”“空中课堂”“校园一卡通”等多元化教育产品，为“互联网 + 教育”注入新动能。投资 50 余万元，建设村级医疗专线，形成县、镇、村三级卫生系统联动精品专用网络。推动各行业新旧动能转换。

（魏　伟）

·中国电信股份有限公司桓台分公司·

【概况】 2018 年，中国电信股份有限公司桓台分公司（以下称桓台电信）坚持发展是第一要务，响应国家提速降费号召，创新产品模式，推出政务卡和教师卡等流量畅享卡套餐，为政务智能化和智慧化校园发展提供网络支撑。其中,移动电话、宽带用户新增率分别占总户数的6.9%和16.3%。

【主要业务】 2018年,移动出账用户37519户,比2017年增加2584户,其中4G用户31215户,比2017年增加4687户。宽带计费用户13172户,比2017年新增2147户,“天翼”高清电视出账用户6250户,云网融合共发展195核。

【帮助企业信息化建设】 2018年,桓台电信依托光纤互联网和4G高速移动互联网业务,响应省、市政府新旧动能转化战略,助力企业“上云”。年内,与县工业和信息化局合作,通过推介会方式帮助15家企业上云,推动企业信息化水平。

【基站建设】 2018年,共建设56个LTE 4G基站,布放传输光缆40余千米,光改小区31个,迁改FTTB用户2042户。新光纤接入紫悦城,海圣二期,玫瑰城三期,新增光纤覆盖3000余户;建设政企类专线38条(包括数据与语音),布放光缆70余千米,安装政企专线设备38台。

(徐永刚)

2018年,联通公司在起凤镇夏三村建设的4G基站 (摄影:高 强)

·中国联合网络通信有限公司桓台县分公司·

【概况】 2018年,中国联合网络通信有限公司桓台县分公司(以下简称桓台联通)是全县三大通信服务商之一,为全县用户提供全光纤高速宽带、联通高清IPTV、4G高速移动网络和语音固话以及系统集成、“互联网+”等多样化通信服务。

【主要业务】 2018年,是中国联通实施“混改”的第一年,桓台联通坚持以发展为中心,继续响应政府提速降费的号召,实施宽带提速惠民政策,先后为部分家庭用户使用的30、50、80、100M等不同“套餐”提速至200M,实现高速宽带城乡全覆盖。年内,拥有固定电话用户7.10万户,宽带用户5.70万户,手机用户22.15万户。其中,4G手机用户达18万户,占桓台联通手机总用户的81.30%。

【助企信息化建设】 2018年,着力强化高速宽带服务支撑能力,以全光纤高速宽带、4G高速移动互联网为基础,推进“智慧城市”建设。响应政府新旧动能转换战略,赋能山东企业上云,在2017年首次帮助7家企业上云的基础上,通过“云光慧企”活动,帮助12家企业上云;推动互联网、大数据与实体经济深度融合,与阿里合作打造免费智能移动办公平台,为全县80余家企业实施“钉钉”项目,助力企业提高商务沟通效率。

【帮助系统升级】 2018年,先后为县财政局“税源网格系统”、县供电公司“智能巡检项目”、县人社局“网络项目平台”进行系统升级,提高用户互联网化应用和信息化管理水平,为桓台县“智慧城市”和“互联网+”建设奠定坚实基础。

联通公司在果里镇黄河路基站 (摄影:高 强)

【网络建设】 2018年,桓台联通坚持聚焦合作和精准投资,高效建设网络,新建光纤端口8878个、布放光纤120皮长千米,满足全网用户开通IPTV的需求,推进语音、互联网、IPTV业务有效融合。年内,继续加强移动网络建设,新增4G基站43个,累计建成各类基站451个。其中,3G基站191个,4G基站260个。

(鲁 涛)

本部类责任编辑 高大新

城建　环保

城乡建设

【概况】 2018年，全县按照省农村人居环境综合整治要求，突出城乡一体发展和“美丽乡村”建设，制定《桓台县农村人居环境整治行动实施方案》。全县老旧小区改造项目总投资6000万元，整治改造老旧住宅小区40个，47.57万平方米，住宅楼195栋。完成农村危房改造463户。完成建档立卡贫困户旱厕改造476户；农村清洁取暖36953户。是年，桓台县被列为“全省实施农村人居环境综合整治”5个试点县之一。

【基础设施建设】 2018年，全县投资297万元，在城区新建公厕6座。建设公共停车场15处，车位1921个；投资1.2亿元开工建设县档案馆新馆。开工建设绿道网“PPP”项目（续建）绿道9条，栽植绿化苗木13万株，栽植地被10万平方米。投资1200万元，改造提升人民公园、机关一区等社区公园22个。投资7500万元，改造城区雨污水管网1.2万米，新建道路2100米，管廊1500米。投资1500万元，完善城市道路中央隔离护栏及标志、标线、信号灯等交通设施。进行铁路沿线环境综合整治、沿线绿化6万平方米。

【房地产开发】 2018年，全县房地产开发完成投资45.2亿元，比2017年增长275.8%，商品房预售面积21万平方米，增长2.5%。商品房库存量13.76万平方米，下降73.8%。年内，在建房屋工程221个，建筑面积185.3万平方米。其中，新开工程39个，建筑面积35.7万平方米。

【建设街西延工程】 2018年，投资1200万元，开工建设建设街西延工程。西起唐华东路，东至一中西路，全长558米。道路断面型式为机动车道14米、两侧分隔带各2米、非机动车道各3米、人行道各3.5米、绿化带各14.5米。在其两侧新建雨水管线，管径d600，2600×1400雨水方沟，全长947米；南侧新建污水管线，管径d500，全长570米，3月开工建设，10月竣工。

【城区雨污水管网改造】 2018年，投资7500万元，先后改造城区雨污水管网1.2万米。其中，建设街（东岳路—张北路）雨水管线，长1500米，管径d800，1400×1200雨水方沟；兴桓路（城标广场—王徐路）雨水管线长3300米，管径d800，3000×1600雨水方沟；兴桓路（城标广场—王徐路）污水管线，长3300米，管径d500，d600，雨污水管线同槽开挖施工，同时进行路面恢复；张北路（建设街—王徐路）雨水管线长2200米，1600×1200—2400×1600雨水方沟；张北路（工业街—王徐路）污水管线长约1400米，管径d500；同时对施工损坏的人行道等设施进行恢复；桓台大道（赵家西路—少海路）雨水管线，长300米，管径d1200，同时对损坏的非机动车道进行恢复。3月开工建设，11月竣工。

【县档案馆新馆建设】 县档案馆新馆位于桓台大道以南，城南学校以北，少海路以西，赵家西路以东，项目占地面积13390平方米，建筑总面积17580平方米，高34米，建筑地上六层，地下一层，计划总投资1.2亿元，2018年3月开工建设。年内，完成地下一层和人防工程，地上主体正在施工。

【城市防汛】 2018年，与城区防汛有关单位签订“2018年度桓台县城市防汛目标责任书”，划分城区防汛责任区域4个，组建抢险队伍4支，抢险人员400人。备有防汛车辆11辆、挖掘机8台、推土机6台、装载机3台、发电机9个、水泵13个、切割机2个、编织袋10500条、警示牌61个、沙石1630立方米、铁锨290张、铁镐150把、铁丝150千克、方木5立方米、电缆50米、雨衣、鞋400（件）双、手电筒100个。县排污管理站汛前对设备进行检修，保障汛期安全运行。通过报纸、电台、“微信公众号“等方式，宣传防汛基本知识、防范措施、应对办法，增强抗灾自救能力。自6月1日始，全局干部职工实行24小时防汛值班。是年，城区实现安全度汛。

【冬季清洁取暖工程】 2018年，市政府下达桓台县冬季清洁取暖任务35800户，全县实际完成36953户，超任务数1153户，占103.22%。其中，城区新增集中供暖4300户；农村地区32653户（集中供暖向农村地区延伸9165户、“气代煤”21700户、“电代煤”1788户）。其中，果里镇30个村居、9220户；索镇3个村居、1649户；唐山镇8个村居、2741户；马桥镇21个村居、7065户；田庄镇15个村居、5572户；新城镇1个村居、12户；荆家镇9个村、4893户；起凤镇2个片区、501户。

【新建居民生活区】 2018年，全县新建居民生活区7个，其中：碧桂园·翡丽湖樾　位于辽河路以南，黄山路以西，红莲湖南侧，由淄博碧弘房地产开发有限公司开发，总建筑面积15.64万平方米，项目容积率2.05，绿地率35%、建筑密度28%。5月开工建设，年内完成总工程量的35%。

东方紫郡　位于渔洋街1018号，由莱芜市东方明珠房地产开发有限公司开发，总建面积42.4万平方米，项目容积率2.0，绿地率35%，建筑密度32%。7月开工建设，年内完成总工程量的10%。

天齐·花溪地　位于桓台大道以南，赵家南路以北，规划纵三路以东，由淄博中大房地产开发有限责任公司桓台分公司开发，总建筑面积16.37万平方米。一期项目容积率1.2，绿地率35.02%，建筑密度18.73%；二期2.0，绿地率35.08%，建筑密度18.74%。1月开工建设，年内完成总工程量60%。

橡树·上尚城　南邻海河路，北距红莲湖500米，东距柳泉北路700米，西邻华山路。该项目由淄博银亿置业有限公司投资开发，总建筑面积19.29万平方米，容积率1.9，绿地率35%，建筑密度20.33%。8月开工建设，年内完成总工程量的10%。

世茂金洲府　位于果里镇柳泉北路以东，规划海河路以南，总建筑面积15.34万平方米，项目容积率2.0，绿地率35.2%，建筑密度19.98%。6月开工建设，年内完成总工程量的60%。

中南樾府　位于辽河路以南，华山路以东，由淄博锦琴房地产有限公司开发，总建筑面积18.25万平方米，项目容积率2.05，绿地率为35%，建筑密度为22%。5月开工建设，年内完成总工程量的70%。

东岳国际·熙园一期　位于桓台大道以北，渔洋街以北，柳泉北路以西，一中西路以东，由山东东岳联邦置业有限公司开发，总建筑面积12万平方米，项目容积率1.63，绿地率39%，建筑密度21%。1月开工建设，年内完成总工程量的75%。

2018年，中南樾府生活区施工现场　（摄影：刘　君）

【房地产开发管理】　2018年，全县有房地产开发企业24家。其中，二级资质4家（淄博天煜置业有限公司、淄博银亿置业有限公司、山东鸿嘉置业有限公司、淄博中大房地产开发有限责任公司桓台分公司）、三级资质6家（桓台县恒星城建综合开发有限公司、淄博宝龙房地产开发有限公司、山东创新房地产开发有限公司、淄博瑞景房地产开发有限公司、淄博桓荣置业有限公司、山东东岳联邦置业有限公司）、四级资质4家（淄博天星房地产开发有限公司、桓台县中泰置业有限公司、恒生地产淄博桓台有限公司、淄博方大置业有限公司）、暂定资质10家（淄博嘉辰置业有限公司、淄博君汇置业有限公司、淄博群力置业有限公司、山东森美置业有限公司、山东天齐华讯汽车园区发展有限公司、淄博荣恩房地产开发有限公司、淄博齐丰置业有限公司、淄博锦琴房地产有限公司、淄博碧弘房地产开发有限公司、淄博弘正置业有限公司）。年内，办理《开发经营许可证》19个、批准开发经营面积123.13万平方米，办理“建设条件意见书”6个、项目规模68.5万平方米，办理竣工综合验收备案项目7个、建筑面积58.77万平方米。

【老旧小区改造】　2018年，全县投资6000万元，整治改造老旧小区40个，改造面积47.57万平方米，涉及居住户5538户。整治改造内容为清理乱搭乱建、小区绿化提升、完善环卫设施、小区道路人行道改造、安装路灯、雨污水管线疏通改造、修缮落水管、散水坡、楼道窗、楼道灯、安装单元门、外墙粉刷、安装监控设施、配备物业管理用房等19项。3月开工，10月完工。

【建设工程质量监督】　2018年，全县建设工程质量监督按照《2018年全市建筑工程质量安全管理工作要点》要求，实行按图监督、阶段抽查办法，通过现场比对性复核及“三小间”带水验收等对住宅工程质量常见问题进行监督。年内，全县有在建房屋建筑工程236个，建筑面积191.1万平方米。竣工住宅工程90个，建筑面积73.9万平方米。

【优质工程】　2018年，全县工程质量创优获山东省建筑质量“泰山杯”2项、淄博市建筑质量“柳泉杯”5项、省优质结构1项、市优质结构29项、市优良工程3项、全市“十佳”公建1项。

【商品混凝土生产企业监督管理】　2018年，全县有预拌商品混凝土生产企业14家。年内，定期召开由各混凝土生产企业负责人参加的混凝土企业扬尘治理会议，督促各企业严格执行《淄博市混凝土企业扬尘治理方案》。根据《淄博市重污染天气应急预案》《桓台县重污染天气应急预案》要求，落实重污染天气应急预案和重污染天气应急响应措施。每月对全县14家混凝土生产企业扬尘防治落实10个“100”情况进行检查，对一般问题现场整改，较大问题限期整改或责令停工整顿。

【环卫管理】　2018年，全县环卫作业

环卫工人在张北路实施人行道冲洗作业　　（摄影：耿　伟）

实行市场化运作，投入运营经费 5725 万元。其中，城区环卫作业由桓台县鑫旭环卫有限公司负责管理，运营经费 3040 万元，专用车辆 51 台，环卫工人 420 人，道路保洁面积 220 万平方米；各镇环卫作业由山东桓航物业管理有限公司负责管理，运营经费 2685 万元，专用车辆 68 台，保洁员 1630 人，垃圾桶 29368 个。年内，县财政投入经费 297 万元，在城区新建一类公厕 6 座。

【绿道网建设工程（续建）】 2018 年，在接续 2017 年绿道网工程的基础上，对一中西路、工业街、少海路、张北路、S29 连接线进行新建及提升工程，完成长度 52 千米，绿化面积 152.85 万平方米。建设少海路彩色沥青步道 9500 米，驿站广场 5 个，铺装面积 7.3 万平方米。张北路提升改造 4 千米，工业街提升改造 3.3 千米。共计栽植乔木 87472 株，以国槐、法桐、白蜡、千头椿、金枝槐为主；栽植灌木 42795 株，以海棠、紫叶李、红叶碧桃、金叶榆为主；栽植地被 62163 平方米，以小龙柏、金叶女贞、红叶石楠、千屈菜、菖蒲、玫瑰、爬行卫矛等为主。

【城区绿地管理】 2018 年，城区日常养护管理的园林绿地面积 480 万平方米。其中，公园绿地面积 150 万平方米，其他为道路绿地，全部实行市场化管理。年内，继续开展精细化养护管理，对城区养护区域内的裸露地面进行苗木补植，补植乔木 1.7 万余株，灌木 15380 余株，绿篱模纹 22600 平方米（小龙柏、金叶女贞、扶芳藤等），地被 31800 平方米（三叶草、费菜、地锦、鸢尾、麦冬、菖蒲等）。在日常养管工作中，全面推行养护、管理责任制，提高精细化养管水平。其中，城区八标段获“2018 年度市级精细养护示范绿地”称号。

【建设提升城市会客厅（社区公园）】 2018 年，全县投资 1200 余万元，建设或提升人民公园及社区公园 22 个。该项目由淄博建伟工程设计股份有限公司设计，淄博绿景园林工程有限公司施工，山东敬业建设项目管理有限公司监理。共栽植乔木 380 株、灌木 165 株，地被模纹 28500 平方米、草坪 3200 平方米。安装各类健身器材 176 套、儿童滑梯 2 座、座椅坐凳 92 套、铝合金 3D 仿木纹廊架亭 2 座、铝合金 3D 仿木纹廊架长廊 5 座、雕塑 3 组；沥青人行道 2800 平方米、鹅卵石园路 330 平方米、渗水砖园路 1500 平方米，广场铺装大理石板材 3450 平方米。安装防腐木廊架 150 米、防腐木宣传栏 20 座。项目 3 月开工，11 月竣工。

【城建档案管理】 2018 年，县住建局馆藏城建档案 1.6 万余卷。其中，年内新接收城建档案资料 1728 卷，地下管线档案 39 卷，整理老旧档案 2289 卷，全部入库上架。对纸质档案目录进行数字化录入，实现目录电子化。落实“两书一证”制度和办理程序，年内，共签订“山东省工程建设档案移交合同书”71 份，“山东省建设档案预验收意见书（责任书）”36 份，办理《档案合格证“36 份，建设工程档案收缴率达 98% 以上。为社会提供查阅档案 36 人次、查阅档案 68 卷，复制档案原件 3256 页。

【安全监察】 2018 年，深入贯彻“安全第一、预防为主、综合治理”方针，先后深入开展“大排查、快整治、严执

2018 年 9 月 18 日，在 S29 k10 + 600—k11 + 000 北侧栽植地被连翘　　（摄影：张　鹏）

法”“打非治违”“安全生产月”等活动，印发“燃气安全宣传手册”“供热服务手册”等宣传材料2万余份。举办农村“气代煤”村居安全员和农村自建房安全管理等培训，提高安全管理水平。年内，共开展安全生产专项检查56次，排查整改安全隐患208处。

（张　平）

公用事业

【供热】 2018年，全县有桓台县春源热力有限公司、桓台县万通供热有限公司、淄博开创热力有限公司马桥分公司等3家供热企业。其中，春源热力县城供暖面积550万平方米，新增供热面积20万平方米，用户4.23万户；万通供热供暖面积118.8万平方米，用户9842户；开创热力马桥分公司完成马桥镇域集中供暖64万平方米。

【供气】 2018年，全县有桓台中石油昆仑燃气有限公司、淄博三江能源有限公司、淄博津滨燃气有限公司、桓台华润燃气有限公司、桓台鑫能燃气有限公司、淄博贝欧燃气销售有限责任公司等6家燃气供应企业，主要为全县居民及企业供应天然气。其中，昆仑燃气有用户26010户；津滨燃气有用户7万户，年供气1006万立方米；贝欧燃气有用户1186户，年供气5000万立方米；鑫能燃气有用户5210户。

（张　平）

【供水】 2018年，全县工商业生产及居民生活用水由桓台县万泉供水有限公司提供保障。年内，安全供水1387万立方米，比2017年增加41万立方米，增长3.05%，日最高供水量（2月14日）4.8585万立方米。

（张素花）

国土资源管理

【概况】 2018年，全县国土资源完成项目供地165.94公顷，新增耕地20.02公顷，盘活闲置、低效用地100.72公顷；启动桓台县第三次国土调查，完成马桥镇整建制增减挂钩试点工作，不动产登记事项实现“5日办结”目标，马踏湖、红莲湖地热勘查取得新进展。全县国土资源管理逐步向“服务型、基础型、生态型、智慧型、法制型、廉洁型、创新型”转变。

【土地资源】 2018年，全县土地总面积50896.5公顷。其中，农用地34225.83公顷（耕地29537.98公顷，人均耕地0.0589公顷），占总面积的67.25%；建设用地14872.79公顷，未利用地1797.88公顷，分别占总面积的29.22%和3.53%。

【耕地保护】 2018年，落实最严格的耕地保护政策，县政府印发《关于加强耕地保护和改进占补平衡的实施意见》，切实把耕地数量、质量、生态“三位一体”保护落到实处。10月，全县通过全省“2016—2020年政府耕地保护责任目标”期中检查。年内，挖潜耕地后备资源，立项实施苇田开发、坑塘水面土地整理等耕地占补平衡项目31个，新增耕地20.02公顷。

【土地利用】 2018年，全县上报建设用地面积140.26公顷，完成项目供地165.94公顷，分别比2017年减少119.25公顷和48.43公顷。其中，项目供地挂牌出让86.08公顷，成交价款20.29亿元。年内，完成设施农业用地备案2.32公顷。

【征地补偿】 2018年，协调财政部门，足额拨付征地补偿、地面附着物及青苗补偿，涉及征地面积58.33公顷，拨付补偿金额4878万元。

【用地监管】 2018年，全县盘活闲置、低效用地16宗，面积100.72公顷；收回国有土地10宗，面积46.37公顷。

【地籍管理】 2018年，自然资源部下发全县2017年度土地变更调查遥感监测图斑481个，面积697.48公顷。调查数据成果经市国土资源局和省国土资源厅审核后，顺利通过自然资源部验收。

【第三次国土调查】 2018年3月21日，县政府印发《关于开展桓台县第三次国土调查的通知》，成立桓台县第三次土地调查领导小组和工作小组，筹建办公场所，完成作业队伍招标，通过社会购买服务聘用调查员15名，全面启动桓台县第三次国土调查。

【矿产资源规划】 2018年3月28日，县国土局组织《桓台县矿产资源总体规划（2016—2020年）》听证会，县规划、发改、环保、湿地管理局等部门及部分镇政府负责人参加。5月4日，县政府印发《关于〈桓台县矿产资源总体规划（2016—2020年）〉的批复》。年内，完成山东马踏湖省级地质公园规划调整，为更好地开发利用马踏湖自然地质资源、保护生态红线留足空间。

【建设用地增减挂钩】　2018年，马桥镇整建制完成增减挂钩试点，腾空复垦旧村土地19个项目区，面积125.88公顷(其中耕地120.12公顷)。7月、12月先后两次通过市级验收，增加全县建设用地指标125.88公顷。

【地热勘查】　2018年，完成马踏湖特色小镇地热探采井项目验收，井深1509.53米，井口温度60℃，出水量每小时60立方米且处自流状态，水质优秀无油气混杂，有益矿物质丰富，是淄博地区优质热矿水井。8月4日，《桓台县浅层地温能调查评价》通过省国土厅评审。是年，红莲湖欢乐谷“885水世界”地热项目钻探，井深1908.57米，水温32℃、水质锶水、水量60立方米/小时。

2018年7月3日，市级增减挂钩项目验收组对马桥镇整建制增减挂钩试点项目区检查验收　（摄影：宋述红）

2018年，红莲湖欢乐谷“885水世界”地热项目钻探　（摄影：张　锐）

【地质灾害防治】　2018年，编制“2018年地质灾害防治方案”。6月至9月间，实行汛期24小时值班制度。调研分析桓台县索镇、城区地面沉降防控情况，全面提高地面沉降等地质灾害防治防控能力。

【不动产数据整合】　2018年，全县不动产登记数据整合完毕，进入质量互检、入库阶段。年内，先后完成宗地客体信息补录4366宗，宗地图属挂接1769宗，宗地产权关联27341条，宗地小证属性补录66531条；自然幢客体完善9513条(其中新增5672条)，自然幢图属挂接3371条(不含新增的集体建设用地)，房屋基本信息完善177828条，房屋抵押信息补录26550条，房屋查封信息补录8258条，房屋预告登记10108条，房屋小证土地挂接29412条；房产档案扫描14946宗、计308189份，土地档案扫描27366宗、588553份；外业测量1660宗、9484幢；自然幢落宗10618幢；房地关联81578户；质量检查84531户，入库84531户；林权数据属性录入205条，图属挂接并质检入库132条；集体土地所有权属性录入1786条，质检入库1760条；宅基地属性录入99条，新增2111条信息，入库2221条；编制分层分户图931幢。宗地自检完成客体检查2058条，自然幢检查2657条，房屋客体检查14148条。

【不动产登记】　2018年，落实“一次办好”改革任务，开展优化不动产登记专项行动。7月，提前实现不动产登记事项“5日办结”的工作目标。年内，办结登记业务总量30723件。其中，首次登记4092件，转移登记8504件，抵押权(预告)设立登记10760件，抵押权注销登记4998件，(解)查封登记1925件；发放证书21775件。

【测绘管理】　2018年，推进国土资源存量数据向国家2000大地坐标系转换，采集更新建成区40平方千米的1:500DLG数据，进一步丰富完善地理信息数据库。开通应用测量标志动态监管信息系统，巡查保护全县22个各类国家测量保护标志点。实行测绘地理信息市场“双随机、一公开”检查机制，随机抽查淄博盛泽土地房地产评估有限公司、山东路鑫基建工程发展有限公司、淄博中纬土地估价有限公司的地理信息测绘资质、测绘成果质量、测绘成果保密等。年内，全县登记、汇交测绘成果65宗。

【执法监察】　2018年，省自然资源厅下达全县2017年度土地卫片执法监督检查问题图斑481个，2018年省级全天候遥感监测图斑30个，面积207.62公顷，经现场核查、整治，全部通过市局、省厅审核。全县不实耕地需整改54宗，面积31.22公顷，年内完成整改25宗，举证上传待审核27宗。

【督察整改】　2018年4月，国家土地督察济南局对桓台县进行土地例行督察，反馈土地执法问题207个(167.14公顷)。年内，整改到位图斑155个，面积157.36公顷，分别占整改宗数和面积的74.88%和94.15%。反馈永久基本农田占用问题图斑66个，面积135.34公顷，整改到位图斑55个，面积129.25公顷，分别占整改宗数和面积的83.33%和95.50%。

【法治建设】 2018年，落实“谁执法、谁普法”责任，开展“强化日常执法年”“世界地球日”“6·25土地日”等普法宣传。先后委派业务骨干到田庄镇政府、鱼龙中学为镇、村两委成员及机关干部100余人和240余名师生讲授国土资源法律法规知识。在仁丰特种材料有限公司等处开设国土法治宣传教育基地。组织开展第28个全国土地日“地科杯”征文活动，整理学生组征文575篇，社会大众组征文9篇。其中，评出二等奖2篇、三等奖8篇、优秀奖14篇，优秀指导教师10人。

2018年，“6·25土地日”送法进单位——走进田庄镇府　（摄影：牛汝增）

【信访维稳】 2018年，全县国土资源信访共接待群众来信来访120余件次，重点做好“两会”、青岛“上合峰会”期间信访维稳工作，对所有信访投诉案件均按照程序认真调查、严格办理、及时回复上报。

【“大棚房”整治】 2018年，县政府印发《关于开展“大棚房”问题专项清理整治行动坚决遏制农地非农化的方案》，全县排查大棚996个、156.13公顷。其中，桓台县亿林种植专业合作社东方红生态农业园和淄博绿巨人生态农业有限公司违法建设的“大棚房”126个，年内全部拆除整理复耕到位。

（周长斌　田茂坤）

城乡规划

【概况】 2018年，桓台县规划局围绕市、县“一个目标定位、四个着力建设、十个率先突破”工作布局，继续推进新一轮《桓台县县城总体规划（2017—2035年）》规划和各镇新一轮总体规划编制工作。启动排水、给水、热点、供热、燃气和加油加气充电站六项市政基础设施专项规划编制，开展《桓台县科创新城概念规划》编制，组织编制县城区片区控规、街区控规和《桓台县总体城市设计》，完成《乌河（桓台段）全流域改造提升概念方案》编制等，完善城乡规划体系，实施各项规划编制、动态维护和管理。

【规划编制】 县城总体规划编制　2018年，委托中规院（北京）规划设计公司完成《桓台县县城总体规划（2017—2035年）》成果编制，经省住建厅审查通过后，予以公告征询社会各界意见。

组织编制详细规划　2018年，委托淄博市规划设计研究院等5家单位编制完成《桓台县城区控制性详细规划》。

市政基础设施专项规划编制　2018年，委托设计单位启动排水、给水、热点、供热、燃气和加油加气充电站六项市政基础设施专项规划编制，完成招投标、基础资料收集普查、初步

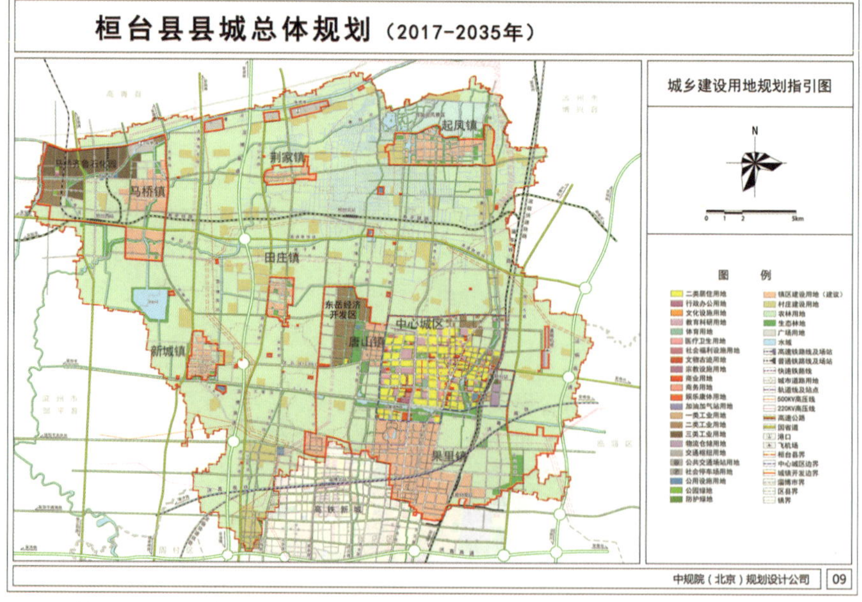

《桓台县县城总体规划（2017—2035年）》　（摄影：金希杰）

县城区控制性详细规划（片区控规） （摄影：全希杰）

方案征询意见等工作。

科创新城概念规划编制　2018年，委托上海大学规划院编制《桓台县科创新城概念规划》，完成概念规划成果。

各镇新一轮总体规划编制　2018年，配合马桥、唐山、田庄、荆家、起凤5个镇完成新一轮总体规划编制、技术审查、专家评审、县规委会审议及报批工作。

编制乌河改造提升概念方案　2018年，委托山东泓创工程设计有限公司编制完成《乌河（桓台段）全流域改造提升概念方案》。

【服务重点项目】　2018年，配合全县各重点项目建设做好规划服务；完成红莲湖配套设施项目、东岳熙园一期、天煜风华、世茂金洲府、碧桂园翡丽湖樾、中南樾府、银亿上尚城、东方紫郡等项目的建筑设计方案审查及规划许可。

【规划审批】　2018年，核发《建设项目选址意见书》14件，《建设用地规划许可证》43件，用地面积187.32万平方米；《建设工程规划许可证》738件，建筑面积278.94万平方米；《建设工程竣工规划核实合格证》28件，总建筑面积93.99万平方米；《乡村建设规划许可证》2件，总建筑面积0.497万平方米。

【社区规划师工作室】　2018年，一季度制定《桓台县社区规划师工作室试点工作实施方案》，确定少海、锦秋、兴华、东城、兰香园等5个社区为试点，招募社区规划师并与社区结对，完成牌匾、制度、工作台账、工作表的制作并挂牌上墙等工作；第二、三、四季度开展进社区走访调研、坐班接待等活动60余次，宣传各项规划政策，协助推进社区停车场地整治、农贸市场建设、老旧小区提升改造。

（刘　超）

2018年9月13日，规划师走进锦秋社区 （摄影：刘　超）

城市管理

【概况】　2018年，桓台县综合行政执法局在日常巡查、执法的基础上，清理、整治占道（店外）经营、流动摊点8500余处次。受理各类投诉举报541件。与县交警大队就机动车商贩占道经营、机动车乱停乱放、非法占用非机动车道等行为开展执法联动，实现“城管取证、交警处罚”的联动模式。年内，圆满完成元宵节扮玩、“两会”及各级领导来桓检查等80余项重大活动的市容保障任务。在全市“城市精细化管理考评”中，综合成绩名列第三。

2018年4月，提升改造后的“天一角”烧烤城　　（摄影：张　迪）

【违法建设治理】 2018年，深化全县违法建设治理，共摸排违建22218处、面积134.11万平方米。拆除违法建设21873处、面积132.23万平方米，拆除违建面积占存量的98.6%。清运建筑垃圾10.9万立方米，增加绿地面积15.5万平方米，建设小绿地小公园53个，增加市民活动场所68个，停车位583个。

【建筑垃圾消纳场建设】 2018年，依托原张桥村窑湾新建建筑垃圾消纳场，占地4.33公顷，可消纳建筑垃圾50万立方米，4月18日开工建设，8月底配套设施安装完毕。

【便民公益设施】 2018年，在县城原行政服务中心广场和惠仟佳广场西南侧设置便民服务岗亭2处，并配备便民服务、值班值勤设施，实现与数字城管指挥平台联网。按照“疏堵结合、以疏为主”原则，在商城、紫悦城、云涛等3个社区分别增加流动摊点安置区，安置各类摊位200余个，设置残疾人等困难群体公益摊位35个。

【餐饮油烟治理】 2018年，城区内共有餐饮门店345家，油烟净化设施安装基本达到应装尽装。将露天烧烤和大排档集中整治范围扩大到东至铁西路、北至工业二路、西至唐华路、南至寿济路的区域。联合县公安局、食药监局、工商局等部门开展烧烤大排档专项整治，先行登记证据保存经营工具260余件。

【烧烤城改造】 2018年4月，组织对城北“天一角”烧烤城提升改造，铺设停车场250平方米，种植草坪600平方米，实现烧烤规范化。

【非机动车停车秩序管控】 2018年，协调各商场、学校、沿街商铺，共同做好规范非机动车辆停放工作，在县新时代文明实践中心周边、少海公园周边、工业街、信誉街、渔洋街等重点部位和路段安装非机动车前轮限位槽。年内，在城区主次干道辅路共划定非机动车停放区域1.8万余米，规划非机动车停车位1000余个。

2018年7月，在建设街划定非机动车线标示和限位器　　（摄影：刘　洋）

【建筑扬尘污染治理】 2018年，加强垃圾处理源头管控，严格渣土运输准入门槛，规范渣土运输车辆标准，全县有8家备案公司、78台标准车辆投入运行，并全部安装北斗定位系统，实现与数字化城管平台数据对接，对渣土运输车辆实施全方位监控。年内，共办理处置核准手续118件，出具验收证明文件2件；查处违规案件13起，收缴罚款8.92万元。

【户外广告整治】 2018年8月20日，印发《桓台县城区户外广告管理办法》。年内，对城区内大型户外广告安全检测率达到60%以上，拆除各类违规广告4万余平方米。投资20余万元，统一更换公安街槐荫路路口至兴桓路段、百货大楼南侧商业街所有门头牌匾。

【城市箱体“蜘蛛网”整治】 2018年，组织对城区的各类箱体、“蜘蛛网”进行全面摸底，在借鉴先进地区经验的基础上，制定专项治理方案，实行招标投标，投入资金14.5万元，喷涂弱电箱体1540余平方米，喷涂箱体底座260余平方米。

【综合执法】 2018年，按照深化综合行政执法改革要求，整合全县16个领域内的全部或部分行政执法权纳入综合行政执法范围，行政执法事项由原来的162项增加到617项。年内共查处环保、规划、畜牧等领域案件74起，收缴罚款331.75万元，结案率98%。其中，立案查处无规划许可手续的化工企业等规划类案件31起，收缴罚款315.97万元，分别占案件总数和罚款总额的41.9%和95.2%。

【示范路创建】 2018年，分别在桓台大道、建设街、柳泉北路、东岳路、少海路、中心大街、兴桓路设立示范路公示牌23处，在城区7条主要道路实行“街长制”，建立起责任明确、制度健全、运行高效的道路管理体系。

【数字化城管平台建设】 2018年，通过与“智慧桓台”互联共享，部门城市部件确权等形式，实现对市容市貌、街

面秩序、园林绿化、违章建筑、渣土运输、户外广告等进行实时监控和无缝隙巡查。建立视频监控、指挥调度、案件办理、监督管理、公共服务的智慧管理新模式,并实现与市级管理平台互联互通。7月28日,通过省、市专家组验收。年内,共派遣案件5140余条,案件处置率、结案率达96%以上。

(张亚男)

住房保障

【概况】　2018年,全县商品房批准预售5544户、面积699039.56平方米。实际办理新建商品房网签4053户、面积531796.8平方米,比2017年分别下降29.35%、24.89%。开工建设棚户区6027户。全县享受政府投入公共租赁住房保障300余户,经适房分配率100%。全县有物业服务企业16家、成立业委会42家。

【棚户区改造】　2018年,全县棚户区改造改往年单个村自筹自建为镇自筹自建,采取政府主导、相关镇作为建设主体、村级负责村民搬迁的工作模式,涉及东马、龙东、官东、官中、官西、吴磨新村,前大王、后大王、于堤等9个村,共6027户。年内,先后全部开工建设。4月2日,县委副书记、县长边江风到果里镇东和嘉园视察棚户区改造项目。

2018年4月2日,县委副书记、县长边江风(左三)视察果里镇东和嘉园棚户区改造项目　(摄影:王　龙)

【住房保障】　2018年,在全县保障性住房的分配管理中,继续实行资格登记、房源公示、抓阄选房、结果公示和轮候制度,受理住房租赁补贴30户,分配公共租赁住房25户;发放住房租赁补贴21万元;受理经济适用房申请61户,分配经济适用房25户。全县经济适用房自2011年开始建设,至2018年2月,共建设经适房989套,并全部分配。根据经济适用房报名及房源情况,经研究,自2018年2月23日起,全县经济适用房暂停申购。

2018年10月12日,桓台县公租房分配现场　(摄影:张绍文)

【房地产市场】　2018年,加强预售资金监管,严格按工程进度节点拨付资金,全年为15家开发企业拨付监管资金226笔、296057.3万元。年内,对全县170余家中介机构进行执法检查,整顿和规范中介市场和存量房交易行为,办理中介经纪机构备案18家。其中,新增9家;复审年检9家。

【商品房预售】　2018年,为开发企业办理新建商品房《预售许可证》115个,预售面积699039.56平方米,预售户数5544户。实际办理网签面积531796.8平方米,新建商品房网签合同备案4053户,分别占预售面积和户数的76.1%和73.1%。网签备案合同解除178户,变更506户。

【物业管理】　2018年,把城区内的49

个住宅小区纳入物业公司管理服务范围，有物业服务企业16个。其中，达到星级标准的小区32个，小区物业星级服务率65.3%。全县成立业委会42家，占城区纳入管理小区总数的85.7%。年内，对全县72个住宅小区物业管理开展行政巡查及业主满意度和调查评价活动，“业主满意度”评价覆盖率100%。

【县直机关生活区管理】 2018年，对直管公房水、电、暖日常检查、维修，并妥善完成各类应急工程维修30余次；投资6万余元改造原机关一区食堂、外贸小区、机关一区楼顶面积1680平方米；实施机关二区公厕维修工程，更换阀门、洗手液盒等公厕配套设施。年内，聘请消防员进行消防知识培训40余人；配合居委会成立机关一、二、三区业主委员会。

（罗　静）

环境保护

【概况】 2018年，全县生态环境质量持续改善，空气质量良好天数209天，同比增加3天，良好率59.5%。四项主要污染物二氧化硫（SO_2）、二氧化氮（NO_2）、可吸入颗粒物（PM_{10}）、细颗粒物（$PM_{2.5}$）分别比2017年改善26.3%、8%、2.6%、12.9%。全县主要河流断面水质主要指标全部达到地表水Ⅳ类标准。全年确定环保治理任务313项，除部分烟囱拆除项目未完成外，其余全部完成。

【督察整改】 2018年，发挥环境保护工作委员会办公室的综合协调调度作用，召开全县生态环保调度会议。对166件中央和省级环保督察交办整改落实情况进行“回头看”核查；配合中央环保督察“回头看”督察组对全县2017年转办信访件75件全部完成整改销号；对省督察组转办信访件29件，除涉及永锋钢铁卫生防护距离内居民搬迁的2个问题外，其他均完成整改销号。

【污染减排】 2018年，全县共有山东金天包装有限公司等31家企业取得《排污许可证》。县政府办公室印发《桓台县第二次全国污染源普查实施方案的通知》，完成省普查办对全县第二次全国污染源普查工作的调研督导和前期准备及清查阶段省级质量核查；开展环境统计和重点排污单位筛选，确定70家工业企业和3家畜禽养殖场纳入2017年度环境统计，确定59家企业纳入2018年度重点排污单位管理。年内，完成二氧化硫减排4592.926吨，氮氧化物减排1983.35吨，分别为2017年的154.16%和149.3%。

【大气污染防治】 2018年，全县空气质量良好天数209天，良好率59.5%，比2017年增加3天。四项主要污染物二氧化硫（SO_2）、二氧化氮（NO_2）、可吸入颗粒物（PM_{10}）、细颗粒物（$PM_{2.5}$）平均浓度分别为27微克/立方米（下同）、47微克、97微克、57微克，同比分别改善26.3%、8%、2.6%、12.9%。年内，对《桓台县重污染天气应急预案》及减排清单重新进行修订、完善，落实重污染天气应急措施，启动蓝色预警1次、黄色预警2次、橙色预警7次。

【企业整改】 2018年，开展固定源废气挥发性有机物监测，对县域内相关企业VOCs排放源的种类、数量进行摸排，对112家企业全部安装VOCs治理设施；开展秋冬季大气污染综合治理攻坚行动，对排查出的2271家“散乱污”企业的378台燃煤锅炉全部完成改造或拆除；对全县103台燃气工业锅炉开展燃气工业设施深度治理；对149家淘汰类燃煤小锅炉实行“台账式销号”，其中，拆除取缔42台、改为其他清洁能源107台。年内，全县推进环保部“2+26”城市大气污染防治强化督查，共检查企业450家，污染源点位823个，查处环境问题11件。

【水污染防治】 2018年，全县主要河流断面水质主要指标全部达到地表水Ⅳ类标准。其中，乌河入预备河断面主要指标COD、氨氮浓度分别为30.3毫克/升（下同）、1.61毫克；猪龙河入

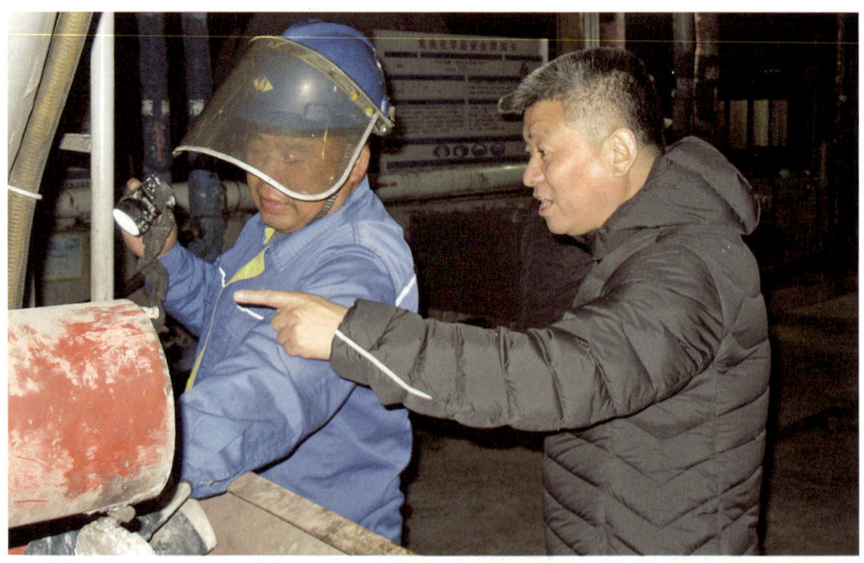

2018年11月5日，县委书记贯刚（右一）带队夜查空气异味整治情况

（摄影：田　华）

小清河处主要指标 COD、氨氮浓度分别为 33.5 毫克、0.431 毫克。是年，印发《桓台县饮用水水源地保护专项排查整治工作方案》，完成饮用水源地划定方案编制及修改；制定《桓台县氟化物专项治理工作方案》，确定控制企业外排水 COD 浓度、开展氟化物专项治理等 8 项措施；组织对东岳化工产业园区、马桥产业园区及园区外化工企业开展地下水水质监测，完成地下水污染调查实施方案。全县共确定监测点位 155 个，完成采样 68 个，新建监测井 13 处。

2018 年 6 月 3 日，副县长郭凯出席庆祝“六・五”世界环境日系列活动开幕式　（摄影：田　华）

【生态保护】　2018 年，对马踏湖生态保护红线进行调整优化，最大限度对马踏湖生态环境进行保护和修复；完成“2016 年农村环境综合整治”项目自验和复核，上报“2018 年农村环境综合整治”项目库，督促田庄镇、起凤镇和马桥镇编制“2018 年农村环境综合整治实施方案”。

【土壤修复】　2018 年，对全县重点行业企业用地土壤污染状况情况进行核实调查，确定全县涉土壤污染调查重点行业企业 37 家；组织山东金诚石化集团有限公司等 8 家企业签订“土壤污染防治责任书”。

【固体废物监管】　2018 年，督促淄博大桓九宝恩皮革有限公司等 16 家企业完成 2017 年度一般固废申报登记；开展全县窑湾坑塘及固废产生企业摸底调查，共排查窑湾坑塘 608 个，排查全县一般工业固废年产量 10 吨以上企业共 44 家，一般固废贮存、填埋场所 19 处。

【环境宣传】　2018 年，在淄博环境网站发稿 158 篇，在市县级报刊发稿件 47 篇。利用桓台“环境微信公众号”、桓台“环保新浪微博”等新媒体平台采集和发布环保信息，向群众展示全县环保工作成效。实行行政处罚案件“第一时间”公开公示制度，督促全县重点排污单位开展 2018 年度企业公开信息填报。年内，组织第 47 个“六・五”世界环境日宣传活动，举办“美丽中国，我是行动者”桓台“葛洲坝水务杯”中小学环境现场书画比赛暨葛洲坝水务（桓台）有限公司环境教育科普基地命名挂牌仪式。

【环境安全】　2018 年，开展辐射单位放射源安全专项检查，共出动人员 630 人次，检查辐射工作单位 20 家；对 68 家企业的突发环境事件应急预案进行专家评审并备案。年内，开展全县环境安全隐患“大排查、快整治、严执法”集中行动，现场检查涉及重点环境风险企业和重金属企业 70 家，出动监察人员 189 人次，收贮鑫马纸业放射源 2 枚，博汇纸业放射源 5 枚，残联纸厂放射源 1 枚；与 42 家重点危废产生和经营企业签订“危险废物安全管理责任书”，为 5 家企业出具跨省“转移意见”8 份，出具“危险废物说明”2 份。

【项目审批】　2018 年，全县环保所有行政审批事项全部进驻县政务服务中心，共审批环境影响报告表（书）409 个、环境影响登记表网上备案 703 个。

【环境监管网格建设】　2018 年，推行智能“天网”环境监管模式，推进信息化环境监管网格体系建设，实现县级环保信息平台与市级环保信息平台对接共用。完成全县 9 个镇（街道）高精度视频监控点位设备安装，并投入联网试运行；推进“智慧环保平台”建设，完成 93 台空气质量监控站点选址、安装及软件平台上线工作。印发《桓台县环保专职网格员管理办法》，推广应用“网格监管 APP”，实现全天候监管。

【环境监察】　2018 年，环境现场检查覆盖面较 2017 年增加 835 家，抽查率由 25% 提高到 50%。年内，共监察企业 2400 余家次，出动监察人员 8596 人次，立案查处环境违法行为 201 起，罚款总额 1494.403 万元。其中，向法院申请强制执行行政处罚案件 33 件，移送公安机关环境污染行政拘留案件 9 件。

【环境信访】　2018 年，共受理环境信访事项 461 件，办结率 100%。

（张丰艳）

本部类责任编辑　高大新

综合管理与监督

发展与改革

【概况】 2018年,全县国民经济和社会发展稳中向好,达到年度计划编制主要预期目标。其中,完成地区生产总值610.13亿元,地方公共财政预算收入38.82亿元,支出44.0亿元,分别比2017年增长7.2%、10.0%和10.64%;粮食生产实现"十六连丰"。其中,小麦单产连续八年居全省首位;桓台县列"中国工业百强县"第93位,规模以上企业产值、利税、利润分别增长18.29%、27.58%和17.31%;居民人均可支配收入32837元,增长8.6%。

【年度计划编制】 2018年,全县国民经济和社会发展主要预期目标是:地区生产总值增长7%以上,一般公共预算收入增长6%左右,固定资产投资增长9%左右,城镇居民人均可支配收入增长8%左右;农村居民人均可支配收入增长8.2%左右,人口自然增长率控制在6‰以内,全面完成省、市下达的各项节能减排约束性指标。

【年度计划执行】 2018年,全县完成生产总值610.13亿元,比2017年增长7.2%;固定资产投资比2017年增长9.4%;公共财政预算收入完成38.82亿元,比2017年增长10.01%;农村居民人均可支配收入达到19668元,城镇居民人均可支配收入达到40899元,分别比2017年增长7.9%、7.5%。

【固定资产投资计划管理】 2018年,共受理固定资产投资计划326项,总投资297.5亿元。其中,备案262项、投资112.9亿元;核准18项、投资136.0亿元;审批46项,投资48.6亿元。

【农业经济】 2018年,全县小麦、玉米平均亩产472.6千克、515.3千克,实现"十六连丰",县域小麦单产连续八年居全省首位。新增省级农业产业化龙头企业3家、省生态循环农业示范基地1处、水肥一体化应用面积1.12万亩。新创建"三品一标"6个、知名品牌5个。发展市级以上示范合作社和示范农场80家、规模以上种粮大户及家庭农场975家,流转土地16.2万亩。完成国家试点3万亩高标准农田建设任务。创建"全国主要农作物生产全程机械化示范县"。农村集体产权制度改革清产核资全面完成。

【工业经济】 2018年,全县规模以上工业总产值、利税、利润分别比2017年增长18.29%、27.58%和17.31%。金诚销售收入529亿元、纳税16.88亿元,在中国企业500强排名中提升39位;博汇、汇丰分别实现销售收入363亿元、344亿元,同时跻身中国企业500强;金诚、博汇、汇丰、东岳全部入围中国民企300强和山东民企50强。年内,销售收入过10亿元企业11家,纳税超3000万元企业21家。桓台县列"中国工业百强县"第93位。

【服务业】 2018年,15个市级服务业重点项目完成投资29.96亿元。鲁中煤炭、中汇化工、和济钢材三大物流基地实现吞吐量650万吨,天齐汽车博览园完成销售额20亿元。4个物流标准化试点项目全部通过验收,新建标准化仓储面积2万平方米,企业物流成本占比下降6个百分点。3家骨干企业完成服务业剥离。四大重点商贸流通企业实现营业额15.79亿元。其中,信誉楼商厦完成6.5亿元、纳税4227万元。县电子商务公共服务中心挂牌运营,水火土上线特色农产品板块,润邦入选商务部电子商务典型案例。

【建筑业】 2018年,完成建筑业总产值507.35亿元,增长11.1%,蝉联全省建筑业10强县首位。新签工程承包合同额472.78亿元。天齐中标25万平方米大体量项目。天齐、万鑫入围省建筑企业30强。创建鲁班奖、广厦奖各1项,国优工程奖4项、泰山杯奖10项。

【固定资产投资】 2018年,固定资产投资增长9.4%,民间投资逐步回稳。重大项目建设加快推进,总投资408亿元的37个市重大项目完成投资136亿元,10个项目竣工投产或试运行,在全市"重大项目建设要有新突破"考核中位列第一名。总投资729亿元的152个县重点项目完成投资159亿元,项目发展后劲持续增强。

【创业创新】 2018年,高新技术企业达到28家,新建院士工作站2家、博士后科研工作站1处。5个项目列入省新旧动能转换重大项目库第一批优选项目。华夏神州入选首批国家单项冠军、省高新技术创新能力百强。金诚、汇丰入选国家"两化"融合贯标试点企业,东岳化工列入工信部绿色制造名单,泰宝入选首批物联网示范基地,海思堡入选全省智能制造标杆企业。首届膜产业"马踏湖高峰论坛"圆满举行。

【对外开放】 2018年,实现进出口总额310.8亿元,增长46.9%。汇丰石化入选中国对外贸易500强。林涛工贸并购美国斯诺雪高有限公司,境外

并购实现零突破。引进重大产业项目56个,完成招商引资154亿元,总投资14.2亿元的燃料电池膜及配套化学品产业化项目、总投资29.8亿元的有机硅单体及有机硅下游产品深加工项目有序推进。

【城乡基础设施建设】 2018年,圆满完成济青高铁桓台段建设、淄东铁路电气化改造拆迁。西五路北延、西十三路北延、果里大道西延等工程建成通车。绿道网建设工程完成绿化面积230万平方米。新建社区公园20个,改造提升老旧小区47.57万平方米。53千米大外环、320千米"九纵九横"主干路全线贯通。新增国家级改革试点5个,省级改革试点8个。"一次办好"改革成效显著,超前实现国务院和省、市政府提出的"3545"目标时限要求。农村集体产权制度改革进展顺利,全县335个村全部完成清产核资工作任务。

【社会事业】 2018年,全县民生支出34.47亿元,连续11年将民生作为"一号工程",城乡居民人均可支配收入分别增长7.9%和7.5%。全县5171户、10044名建档立卡贫困人口全部实现脱贫。教育信息化水平稳步提升,"一对一"数字化教学学校增至23所。463户农村危房完成改造,476户建档立卡贫困户完成旱厕改造。县级"12349养老服务信息平台"投入运营。重点人群家庭医生签约率93%,"两癌"免费筛查实现城乡全覆盖。

(张琪晨 荆树田)

物价管理

【概况】 2018年,全县物价运行总体趋稳,居民消费价格累计上涨2.9%。其中,食品价格上涨2.2%,非食品价格上涨3.1%。工业生产者出厂、购进价格平均上涨7%和6.8%。

【价格管理】 城市燃气价格管理 2018年4月1日起,非居民用天然气最高销售价格由3.03元/立方米调整为2.80元(下同);11月1日起,由2.80元调整为3.36元。4月4日起,车用天然气最高销售价格由4.27元调整为3.88元,6月1日起,放开车用燃气价格。居民生活用天然气销售价格仍执行2.70元,并执行阶梯价格政策。

城市供水价格管理 2018年,城市供水价格无变化。基本水价继续执行1.22元/立方米(下同);居民生活用水污水处理费1.00元,非居民用水污水处理费1.20元。

城市供暖价格管理 2018年,城区供暖价格无变化。供暖期限为135天,自当年的11月8日至次年的3月23日。城区居民供暖价格继续执行按套内面积为23元/平方米(下同);学校、幼儿园等供暖价格为按建筑面积22元;非居民采暖价格为按建筑面积35元。

综合电价管理 2018年4月1日起,将大工业用电、一般工商业用电及其他用电合并为一般工商业用电及其他类别,电价标准为(不满1千伏,下同)0.7525元/千瓦时;5月1日起,农业生产用电价格(不含农业排灌)由0.5600元降为0.5400元,取消农业排灌用电类别,农业排灌执行农业生产用电价格。工商业及其他用电由0.7525元/降为0.7335元,7月1日起,由0.7335元降为0.7059元,9月1日起,由0.7059元降为0.6773元。居民生活用电"一户一表"用户继续执行0.5469元,并执行阶梯电价(第二档0.5969元,第三档0.8469元),合表用户执行0.555元。

药品和医疗服务价格管理 2018年,药品和医疗服务价格政策无变化。公立医疗机构销售药品(含二类疫苗,中药饮片除外),以实际购进价格为基础,实行零差率销售。公立医疗机构销售中药饮片,以实际购进价格为基础,按顺加不超过25%的加价率制定销售价格。

出租车运价管理 2018年出租车价格政策无变化。出租车起步费继续执行标准型7.5元/3千米,豪华型8元/3千米。

旅游景点门票价格管理 2018年,旅游景点门票价格无变化。王渔洋故里景区忠勤祠门票价格27元/人次(下同),王渔洋故居门票价格50元,通票价格70元。

【行政性事业性收费管理】 2018年4月1日起,停征首次申领居民身份证工本费。自2018年1月1日至2020年12月31日,暂免征收证券期货行业机构监管费。

【监督检查】 2018年,加强对商品零售行业、交通运输行业和旅游市场等民生领域的价格监管,先后组织开展教育收费、涉企收费、殡葬服务收费等专项检查以及停车场收费明码标价、宾馆餐饮业明码标价等专项整治活动。年内,"12358"价格举报电话管理信息系统平台24小时畅通,共计受理办结举报案件193件,实现举报办理工作信息化。

【成本调查与监审】 农产品成本调查 2018年,全县所调查的小麦、玉米(亩)产值为1177.74元、1012.91元,比2017年的1468.52元、1036.77元分别减少19.8%、2.3%,成本分别为1116.62元、979.39元,同比上涨13.01%、13.41%,净利润分别为61.12元、33.52元,同比降低87.28%、80.64%,现金收益则分别为452.78元、401.91元,同比下降49.82%、23.38%。

受生猪价格下跌影响,散养生猪(头)产值有所减少,受成本降低因素影响收益较2017年增加。2018年生猪散养产值为1396.54元,比2017年的1740.91元降低19.78%,成本为1789.96元,与2017年的2084.55元相比，降低14.13%。

2018年，受鸡蛋价格上涨等因素影响，全县大规模蛋鸡、中规模蛋鸡（百只）产值分别为16940.80元、15968.25元，比2017年的13720.90元、13392.50元分别增加23.47%、19.23%。饲养成本分别为15183.17元、14990.4元，分别比2017年的14313.84元、13732.25元上涨6.07%和9.16%，净利润分别为1757.63元、977.85元，分别比2017年增长396.43%、387.81%。

成本监审　2018年，对桓台县万泉供水有限公司2016—2017年度的供水成本情况进行审核，共计核减不合理成本588.96万元。

【价格服务】　价格信息服务　2018年，继续实行价格监测报告制度，每月对居民生活消费品、农资及服务价格行情、生产资料价格等200余个品种实行专人定时采价，并实时汇总、上报。继续利用少海公园、东岳国际等LED电子显示屏搭建的电子信息平台，定期发布价格监测信息，实现县城内价格监测信息发布全覆盖。依托《桓台大众》微信平台，在“看市场”栏目定期公布农贸市场和超市肉蛋菜等居民生活消费品市场行情。6月、9月，按照县政府《桓台县土地征用补偿暂行规定》分别对新上市小麦、玉米市场价格实施全面监测，监测结果报请县政府同意后，确定6月30日新上市小麦市场价格1.21元/500克和9月30日新上市玉米市场价格0.84元/500克，作为年内县政府补偿被征地农民利益的价格依据。

价格事务服务　2018年，按照全市价格认定工作质量评查及案卷评查工作要求，以规范行为，提升案件质量为主线，完善案卷内容，提高案卷质量，案卷评查获全市第一名。年内，受理办结涉刑事价格认定业务130件、认定标的额381.73万元；受理办结涉纪价格认定业务1件、认定标的额19.17万元；办理各类价格争议调解案件3件，涉及价格争议金额0.6万元。

（荆树田　韩忆晨）

统计管理与调查

【概况】　2018年，全县完成地区生产总值（GDP）610.13亿元，按可比价格计算，比2017年增长7.2%；地方公共财政预算收入38.82亿元，支出44.0亿元，较2017年分别增长10.0%和10.64%。9月，启动全国第四次经济普查，招聘普查人员721人。年内，完成清查单位11413家，个体工商户32924户。索镇、马桥、果里3镇建成“省级统计规范化单位”。

【全国第四次经济普查】　2018年，桓台县启动全国第四次经济普查，成立以县委书记、县长任“双组长”，常务副县长、分管副县长任副组长，相关部门主要负责人为成员的桓台县全国第四次经济普查领导小组，各镇（街道）均成立相应的领导小组。9月23日，县委、县政府在文体中心召开全县第四次经济普查会议，县委副书记、县长边江风出席并对普查工作提出要求。普查对象为县内从事第二产业和第三产业的全部法人单位、产业活动单位和个体工商户。第四次经济普查分为单位清查（2018年7月至12月）和正式登记两阶段（2019年1月至9月）。

【普查员培训】　2018年8月30—31日、12月20—21日，县统计局在桓台宾馆先后举办桓台县全国第四次经济普查单位清查、登记业务培训班，参加人员为各镇、街道统计所全体人员、普查指导员和普查员；培训内容为单位清查办法、普查区划分、普查对象的界定与单位划分、PAD操作与数据采集、部分专业知识及培训普查登记阶段涉及的通用业务知识。

【基层建设】　2018年，县政府召开常务会议，专项研究“双基”建设。组织9个镇（办）统计所长到青岛胶州市统计局学习基层基础建设和统计中介机构培育工作经验。年内，果里、马桥、索镇建成“省级统计规范化单位”，唐山、起凤、荆家建成“市级统计规范化单位”。

【业务培训】　2018年，全县除开展第

2018年9月23日，在文体中心召开全县第四次经济普查会议，县委副书记、县长边江风出席　（摄影：左　松）

四次经济普查培训外,先后进行投资统计、住户调查、1%人口抽样、GDP核算等基层培训会8场次,镇、村和企业参训260余人次。

【入户调查】 截至2018年年底,全县共招聘普查人员721人,先后经过市、县、镇6次培训,完成清查单位11413家,个体工商户32924户。

【统计年鉴出版发行】 2018年9月,由县统计局编辑、济宁市珺璐瑶科技有限公司印刷的《桓台统计年鉴2018》出版,印数330册,该年鉴全面反映2017年桓台县国民经济和社会发展情况。

(郑　坤)

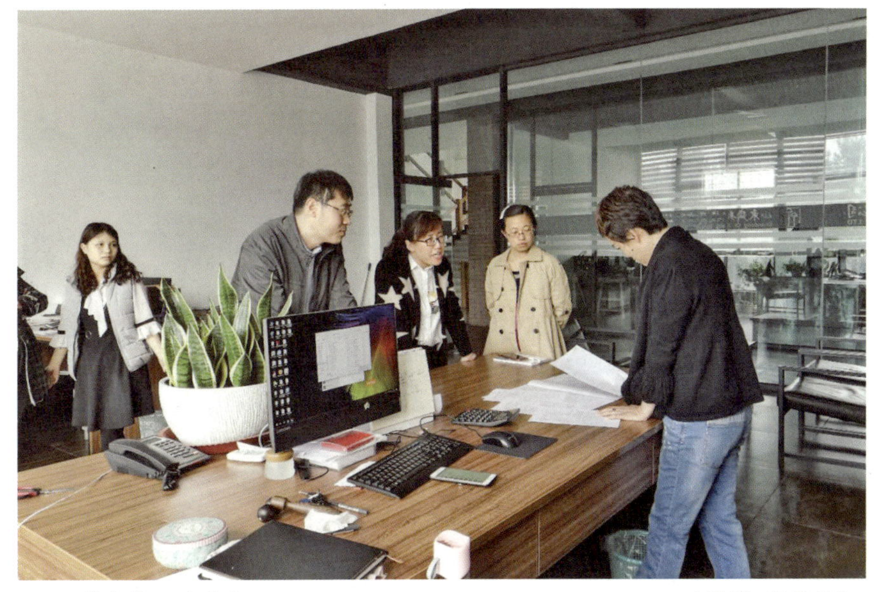

普查员入户登记　　(摄影:任鹏程)

工商行政管理

【概况】 2018年,全县工商行政管理持续强化事中事后监管,改革创新,优化营商环境,以“双招双引”工作为抓手,在全市率先开展“证照分离”及“名称自主申报”工作,新增市场主体4809户、注册资本69.95亿元,全县市场主体总量达40015户,注册资本总量490.9亿元;新增注册商标338件,处结消费者申诉举报1054件,为消费者挽回经济损失60余万元;办理动产抵押登记业务115笔,助企融资55.2亿元;新成立非公有制企业党支部21个,全市个私党建工作现场会在桓台县召开。连续11年被评为省级“文明单位”。

【注册登记】 2018年,深化“一次办好”改革,牵头组织实施压缩企业开办时间专项行动,协调编办、政务服务中心、公安、税务、银行等部门,减环节、缩时限、降成本,实施工商登记全程电子化改革,推广“手机APP”模式,实行企业名称自主申报,实现营业执照办理1个工作日内办结,新开办企业公章刻制、银行开户、涉税办理等事项3个工作日内完成。破解“准入不准营”问题,牵头有关部门召开全县“证照分离”改革部署会议,在全县对第一批106项涉企行政审批事项,分别按照“直接取消审批、审批改为备案、实行告知承诺、优化准入服务”等四种方式实施“证照分离”改革。围绕县委“十个率先突破”工作部署,支持“个转企、小升规、规改股、股上市”,引导全县个体工商户转型升级为小微企业37家,新增现代服务业小微企业539家、广告业小微企业53家。年内,新增市场主体4809户、注册资本69.95亿元。截至年底,全县实有市场主体总量40015户,注册资本490.9亿元,比2017年分别增长12.31%、16%。其中企业类市场主体8702户,注册资本464.55亿元,增长16.03%、15.64%;个体工商户30911户、注册资本18.71亿元,比2017年分别增长

2018年4月8日,省工商局巡视员蔡福安(左三)对创智谷广告园区建设情况进行调研　　(摄影:燕翠萍)

2018 年 5 月 4 日，在桓台宾馆举办全县商标战略与马德里商标国际注册培训班（摄影：荣 鹏）

11.38%、26.68%；农民专业合作社 402 户、注册资本 7.60 亿元，增长 6.63%、14.01%，保持持续平稳态势。

【企业信息公示】 2018 年，继续通过邮寄“致全县市场主体一封信”，在营业执照上打印“温馨提示”，在《桓台大众》、桓台电视台刊发年报公告及“年报温馨提示”、滚动字幕及通过“微信公众号”“微信群”提醒年报等形式，提高市场主体信用意识和履行公示义务自觉性。是年，企业年报 6924 户，年报率 93.61%；个体工商户年报 26793 户，年报率 97.55%；农民专业合作社年报 356 户，年报率 96.22%。开展信用联合惩戒，联合税务等部门对查无下落且连续两年以上未申报纳税的企业进行清理，共梳理相关企业 149 户。

【商标管理】 2018 年，在全县实施商标战略，组织开展“商标助企大走访”活动，走访民营企业 100 余家。5 月 4 日，在桓台宾馆举办“全县商标战略与马德里商标国际注册”培训班，推动全县商标战略和品牌强县建设。年内，全县新增国内注册商标 338 件，马德里商标 3 件。全县共有驰名商标 7 件，地理标志证明商标 5 件，马德里国际注册商标 11 件。

【广告管理】 2018 年，全县处结涉嫌虚假广告举报 14 起，查处虚假广告案件 3 起。是年，县政府将齐鲁创智谷广告产业园争创国家产业园区工作列入全县重点工程，并制定三年工作规划。7 月，齐鲁创智谷被市政府命名为“淄博市广告产业园”。

【消费维权】 2018 年，在全县“3·15 国际消费者权益日”宣传活动期间，围绕“品质消费美好生活”年主题，开展“市民点单、你选我检”、走进信誉楼进行消费体验、召开消费维权座谈会、15 日无理由退货承诺等活动。在全市率先开展“放心消费幸福桓台”创建工作，公示“放心消费创建示范店”（单位）试点 33 家。其中，专业市场 1 个、大型商超 5 家、餐饮 9 家、其他类型商店 18 家。是年，将“12315”与“12345”受理投诉职能整体合并，实行一个平台受理，一个平台分流，一个平台反馈。年内，共受理消费者投诉举报咨询 1054 件。其中，投诉举报 580 件，咨询 474 件，处结率 92%，为消费者挽回经济损失 60 余万元。

【流通领域商品质量监管】 2018 年，结合大气污染防治和中央环保督查，先后 8 次对 165 个、321 批次的成品油及车用尿素进行质量抽检，实现流通领域成品油抽检两次两个 100% 全覆盖。是年，先后抽检消防器材 4 个批次、小家电 4 个批次、电线电缆和开关插座 9 个批次、纸尿裤 8 个批次，抽检结果按法定程序进行送达，并通过桓台政务网公示。

【公平交易】 2018 年，全县加大对房地产、医药、教育、“红顶中介”商业贿赂、商标侵权、“网络传销”、虚假违法广告等违法行为的整治力度，突出抓好网络市场监管，全面落实《淄博市第三方交易平台经营行为规范》，查处网络虚假宣传案件。6 月，处结以闫某某为首的销售标识为“蓓尔菲”牌的化妆品网络传销案，依法取缔传销窝点 5 个，劝返涉传人员 50 余人，

2018 年 3 月 15 日上午，在惠仟佳购物广场开展第 36 个“国际消费者权益日”宣传（摄影：燕翠萍）

2018 年 6 月 27 日，中共桓台县个体私营企业党委成立揭牌仪式

（摄影：燕翠萍）

罚没款入库 14.5 万元。该案为 2018 年度全市首起传销大案，在全市打传培训班上作典型案例介绍。是年，共办理一般程序案件 169 起，罚没款 74.12 万元。分别比 2017 年增长 43%、454%。其中，万元以上案件 5 起，10 万元以上案件 3 起，大案要案数量再创新高。

【合同管理】 2018 年，组织由 45 家企业代表召开国家级、省级“守合同重信用”企业申报工作会议，贯彻国家工商总局关于“守合同重信用企业”公示精神，并对网上申报、系统评价、函询监管等内容进行现场解答。是年，全县申报的 160 家省、市级“守合同重信用”企业均顺利通过公示。年内，开展银企对接、动产抵押等工作，先后召开银企见面会、座谈会 5 次，发放动产抵押材料 1000 余份，办理动产抵押登记业务 115 笔，融资金额 55.2 亿元。

【市场监管】 2018 年，县工商局以国家级卫生县城创建常态化为契机，开展农贸市场消防隐患大排查，对水产经营区进行改造，加强对乡镇首集监管与服务，对 9 个乡镇首集实行“月考核”评分制度。年内，开展文明诚信市场创建活动，其中，山东（桓台）天齐汽车博览园被省工商局和省文明办公示为“山东省文明诚信市场”。

【个体私营经济管理】 2018 年 2 月 23 日，举行全县个体私营经济“重整行装再出发，实现非公党建和工商事业双提升”非公党建专题培训，探索“小个专”党建的新思路、新模式、新制度。6 月 27 日，全市非公党建工作推进会在桓台县召开，县工商局在会议上作典型发言。与会人员先后参观山东将军井电子商务有限公司、山东天艺市政工程有限公司、山东信誉楼商厦有限公司等党支部。

【中共桓台县个体私营企业党委挂牌成立】 2018 年 6 月 27 日，中共桓台县个体私营企业党委正式挂牌成立，市工商局局长石广博，县委副书记刘帅为其揭牌。全县个体私营企业有党员 1017 人，建立党组织的企业 104 家，覆盖企业 124 家，指导员 26 名。年内，成立非公有制企业党支部 21 个，非公有制企业党组织累计 198 个，党员 771 名；建立“党建示范点”5 家；党建“结对共建”单位 1 家。

（燕翠萍）

质量技术监督

【概况】 2018 年，全县企业在国、省抽检质量技术监督中，合格率均为 100%，市抽合格率 98.57%。年内，全县有国家标准 3 项，行业标准 3 项，省地方标准 4 项，国家级团体标准 3 项。

【名牌 标准化战略】 2018 年，东岳集团有机硅公司申请增补为“山东名牌”产品认定范围（征求意见稿）；山东东岳有机硅材料股份有限公司等 4 家企业申报为“山东名牌”；王渔洋文化研究保护中心申报为“山东服务名牌”。山东创尔沃热泵技术股份有限公司创建“国家高效空气太阳能热泵集成化研发与应用服务标准化”示范项目；县检察院申报的省“基层检察院办案场所标准化试点项目”，被列入山东省实施标准化战略（国家标准化综合改革试点工作）项目之一。

【特种设备安全】 2018 年，先后制定“全县特种设备安全监察工作要点”、《上合组织峰会期间特种设备安全大检查行动方案》《特种设备安全生产大检查工作方案》，在特种设备安全监察工作中，引入“专家查隐患”工作机制，与山东九洲安全技术有限公司签订安全技术服务合同，由第三方机构对全县 21 家重点企业特种设备安全进行检查。年内，共检查企业 25 家次，整改查出隐患 28 条。

【技术机构建设】 2018 年，县检验检测中心通过省农业厅审核小组现场审核，获《山东省农产品质量安全检测机构考核合格证书》。8 月，通过政府购买服务方式，委托省质量技术审查评价中心有限公司，依据“2018 年桓台县资质认定检验检测机构监督抽查工作方案”进行监督抽查。年内，全县检定各类计量器具 3 万余台件。

（王京雷）

食品药品监督管理

【概况】 2018年，全县食品药品监督管理以创建“省级食品安全县”为主线，创新监管方式，加快全面实现“智慧食药监管平台”应用进程。是年，全县有食品药品生产经营使用单位5735家。其中，食品生产企业59家、食品加工小作坊404家、食品流通单位2040家、餐饮服务单位716家、小餐饮1043家、保健食品经营单位319家、药品生产企业3家、药品经营单位296家、药品使用单位397家、医疗器械生产经营单位241家、化妆品经营使用单位217家。

【创建“省级食品安全县”】 2018年5月11日，县政府在县会务中心召开全县创建省级食品安全县工作会议，印发《桓台县创建省级食品安全县工作方案》，与34个有关单位签订责任书，将创建工作任务纳入“食品安全责任书”，制定各部门单位创建任务责任清单、各项工作制度和责任分工，健全和完善创建工作体制机制。8月15日，省食安办第二检查组对桓台县创建“省级食品安全县”工作进行督导检查，听取县政府关于食品安全工作情况汇报，实地检查山东黄河龙集团有限公司等13个业态及15个现场检查点，并查阅相关创建资料。经省食安办检查组反馈，桓台县创建“省级食品安全县”工作通过督导检查。

【“食安山东”建设】 2018年，全面落实《食用农产品合格证》和《市场销售凭证》“双证制”管理，促进“食安山东”建设深入发展。年内，先后开展“食品工厂规范化”“明厨亮灶”工程、规范化农贸市场、“五好食堂”“健康餐厅”和“健康厨房”等品牌创建活动。全县有32名执行人员被聘任为156家学校、幼儿园“食品安全校长”；有学校（含幼儿园）食堂79家，其中A级41家，B级38家；有省级“食安山东”示范单位65家。

【药品 医疗器械监管】 2018年，在全县推行“四定网格化监管”，健全完善药品市场监管机制，制定实施药品、医疗器械监督检查实施方案，明确生产、经营、使用等环节的检查范围。年内，监督检查药品经营企业149家、药品使用单位42家、医疗器械经营使用单位296家。

2018年3月28日，集中销毁食品药品稽查涉案物品 （摄影：魏丽君）

【监督抽检】 2018年，组织对粮食及肉制品、乳制品、调味品、餐饮食品、食用农产品、保健食品、食盐等31大类开展监督抽检2568批次，其中，不合格产品61批次，合格率为97.62%；肉制品合格率为94.02%，合格率最低。不合格项目主要涉及农药残留、兽药残留、食品添加剂、金属及污染物、非法添加、微生物、品质指标、真菌毒素、标签标识等9个方面。年内，对药品经营、使用监督抽检126批次，不合格产品4批次，合格率为96.83%。其中，抽检化学药55批次、中成药27批次，合格率均为100%；抽检中药饮片44批次，不合格4批次，合格率为90.91%。共录入药品不良反应事件646例，收集上报医疗器械不良事件342例，收集上报化妆品不良反应事件38例。

【专项整治】 2018年5月始，组织对药品、酒类产品生产经营违法行为专项稽查行动。年内，出动执法人员968人次，检查各类业态647家，查处零售企业和使用单位伪造记录、非法渠道购销药品等案件102起。其中，食品案件89起，药械案件13起，结案90起，结案率88.2%，罚没款101万余元。向公安部门移送案件24起，通报案件线索17起。

【“智慧食药监管平台”建设】 2018年，全县推进“智慧食药监管平台”建设，自主研发“放心肉菜”检测、健康服务管理、零售药店电子处方服务、可视化监管、监管执法移动终端、一企一档管理等6大系统，全面提升食品药品监管能力，实现食品药品监管“可视化、可追溯、可研判、可防控”目标。是年，县政府将“智慧食药监管平台”纳入“智慧桓台”建设总体框架。

（魏丽君）

审计管理

【概况】 2018年,桓台县审计局共完成审计项目60个,查处违规资金5.4亿元,管理不规范资金46.9亿元;审计发现非金额计量问题151个;提交要情、专报、呈阅件26期;提出审计建议268条;23家被审计单位制定详细整改措施。向纪委、监察委移送案件6件。

【预算执行审计】 2018年,县审计局加大对县级决算草案审计力度,实施"四本预算"全口径审计,规范预决算编制的管理。围绕实体经济发展、供给侧结构性改革、放管服改革等重大决策部署,强化政策措施落实情况的跟踪审计,重点关注减税降费促进实体经济发展、科技专项资金使用、财政资金保障和投入、存量资金盘活等政策措施的贯彻落实和效果。年内,完成8个部门的预算执行审计,税收征管情况专项审计。7月26日,受县政府委托,县审计局局长于海军向县人大常委会报告了"2017年度县级预算执行和其他财政收支的审计情况"。

【经济责任审计】 2018年,全县经济责任审计按照"全面推进、突出重点、健全制度、规范管理、提高质量、深化发展"要求,以领导干部履行经济责任、廉洁自律为重点,聚焦中央"八项规定"精神落实、"四风"纠正情况,注重风险预警防范。是年,调整县经济责任审计工作领导小组组成人员,印发《桓台县领导干部离任经济责任事项交接暂行办法》。年内,完成县民政局、物价局等单位21名领导干部的经济责任审计。

【政府投资审计】 2018年,坚持以"建设依法规范、投资有效控制、资金合规使用、质量达到标准、效益全面实现"为审计目标,完成邢家人工湿地工程结算等6个政府投资审计项目,提报值2.93亿元,审减额4945万元,审减率16.9%。

【专项资金审计】 2018年,组织开展精准扶贫政策落实及资金管理使用、深化科技体制改革政策落实、"美丽乡村"等项目专项审计调查,促进完善制度6项。

【村居审计】 2018年,制定《桓台县审计局村居审计工作方案》,规范审计内容6项。组织对村居审计业务培训,村居审计实行"五统一"(统一审计工作方案、统一审计实施时间、统一定性处理依据、统一处理处罚标准、统一审计文书格式)。年内,完成直接审计项目18个,移送案件线索1起。

【审计创新】 2018年,县审计局创新项目管理,实施"一二三四"(一个目标,争创省、市级审计先进单位;两个保障,干部队伍建设的组织保障、业务建设的职业保障;三个模式,"政策+""绩效+""廉政+"审计模式;四个新突破,大数据审计、审计制度、优秀审计项目和内部审计要有新突破)工作法。年内,县审计局荣获全市审计业务能力大赛一等奖,3人获"淄博市行业岗位能手""淄博市青年岗位能手""淄博市巾帼技能标兵"称号。

(耿伟健)

安全生产监督管理

【概况】 2018年,全县安全生产以遏制一切生产安全事故为目标,建立长效机制,细化工作措施,完善责任体系,创新执法模式,全县安全生产形势稳定。是年,对10余家企业实施"体检式"执法,发现问题隐患600余条。检查企业3433家次,查处违法行为和隐患12904条,处罚企业529家。

【责任落实】 2018年,重新修订《桓台县安全生产责任清单》,进一步明确各级安全生产责任。6月27日,在东岳礼堂召开全县贯彻《地方领导干部安全生产责任制规定暨山东省生产经营单位安全生产主体责任规定》会议,邀请省安监局领导对其解读,强化各级安全生产责任落实。是年,在全县347个村(居)设立安全监督员,形成"横到边、纵到底、网格化、实名制"安全监管体系。村居网格员共上报信息85256条,排查发现违法行为39015条。

【改革发展】 2018年5月24日,县委、县政府印发《关于深入推进安全生产领域改革发展的实施意见》。对照市57项重点工作任务分工方案,分别于6月26日、8月10日召开专题会议,推进工作落实。截至年底,全县57项任务全部完成。

【专项整治】 2018年,在全国、省"两会",上海合作组织"青岛峰会"和春节、中秋、国庆等重要时节点,组织开展"地毯式"排查,全面消除事故隐患。印发《全县深入开展风险隐患大排查快整治严执法集中行动确保重点行业领域安全生产形势稳定工

2018 年 6 月 27 日，在东岳礼堂召开全县安全生产会议　　(摄影：吕　朋)

作方案》，明确 28 个部门整治重点，共检查企业 2876 家次，排查各类隐患 4369 条。

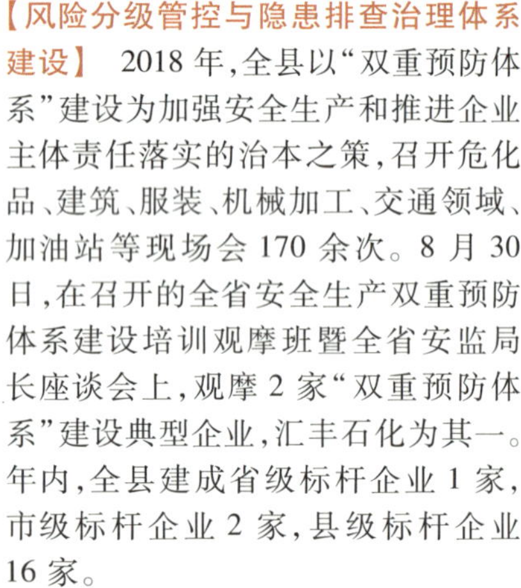

【风险分级管控与隐患排查治理体系建设】　2018 年，全县以“双重预防体系”建设为加强安全生产和推进企业主体责任落实的治本之策，召开危化品、建筑、服装、机械加工、交通领域、加油站等现场会 170 余次。8 月 30 日，在召开的全省安全生产双重预防体系建设培训观摩班暨全省安监局长座谈会上，观摩 2 家“双重预防体系”建设典型企业，汇丰石化为其一。年内，全县建成省级标杆企业 1 家，市级标杆企业 2 家，县级标杆企业 16 家。

【挂包机制】　2018 年，全县继续实行县委常委对挂包镇办和副县长对分管行业进行安全督导检查机制督导检查镇办 35 次，检查企业 120 余家次。其中，9 月 27 日，县委书记贾刚到山东东岳氟硅材料有限公司督导安全生产工作。年内，严格实行约谈、通报制度，实现责任追究前置化。组织巡查镇办 8 轮次，督查企业 264 家次。其中，约谈镇办 2 个、企业 23 家。

【应急救援】　2018 年，全县在健全安全生产应急管理机构，完善各类应急预案的编制、评审、备案、修订基础上，统筹全县各级各类应急救援力量，定期组织综合演练和重点行业、企业演练，全面开展应急管理宣传教育和培训，不断提高对突发事件的应急响应水平、综合处置能力和部门协同作战能力。是年，全县 83 家危化品企业全部安装应急救援平面图，对 78 家重点企业的 438 个摄像头进行信号修正，实施全天候监控。12 月 12 日，全省危险化学品事故综合应急演练在汇丰石化举行。

(吕　朋)

2018 年 9 月 27 日，县委书记贾刚(右二)到山东东岳氟硅材料有限公司督导安全生产工作　　(摄影：吕　朋)

消防管理

【概况】　2018 年，全县共发生各类火灾救援事件 610 起。其中，火灾 523 起，抢险救援 87 起。全年排查各类单位 2824 家，发现隐患 4536 处，督促并整改各类火灾隐患 4496 处，责令“三停”单位 32 家，临时查封 7 家，罚款 207.36 万元。是年，县消防大队被县委、县政府授予“集体三等功”。

【火灾防控】　2018 年，以冬春火灾防控和夏季消防安全大检查为主线，结合“两节”“两会”、上合组织青岛峰会安保、“119 消防宣传月”等重要节点，重点开展电气火灾、中小学幼儿园、易燃易爆、商(市)场、出租屋群租房、电动车、城市商业综合体、文物古建筑等消防安全综合治理专项行动。年内，县委、政府领导先后带队开展消防安

2018 年,全县消防工作会议现场　　（摄影:李晓玲）

全检查20余次;召开全县消防工作会议、消防工作联席会议、专题会议等11次,协调多部门解决消防工作难题5次,挂牌督办重大火灾隐患单位2家,与各机关直属部门、镇和消防安全重点单位签订“消防工作目标责任书”,进一步夯实消防安全立体化责任体系。

【消防宣传】　2018年,以消防宣传“七进”(进机关、进学校、进社区、进企业、进农村、进家庭、进网站)为抓手,开展各项消防宣传教育活动,发动全县警务助理、派出所相关工作人员在显著位置及公共场所张贴《关于规范电动车停放充电加强火灾防范的通告》4500余份。在全县45块宣传栏、36块户外大屏、5家KTV、2家电影院、4家网吧不间断播放消防公益广告。

【消防培训】　2018年,培训6个镇(办)、5个政府部门和25个单位,受教育员工3800余人。年内,针对改制转隶职能的拓展,开展石油化工专业队训练,先后3次邀请企业专家到队授课,加强专业知识学习。

【消防演练】　2018年,围绕“高低大化”等重点单位和场所,组织开展实战拉动演练,共开展重点单位实地演练327次,修订完善灭火救援预案200余份。

【全省石化企业灭火救援实战演练】2018年12月9日至12日,由省政府主办,省应急管理厅、省消防总队、淄博市政府承办,桓台县消防大队组织协调筹办的全省危险化学品事故应急救援演练在汇丰石化举行。此次演练,调集淄博、济南、东营、潍坊、滨州市消防支队、齐鲁石化消防队等消防车55辆、指战员300余名、远程供水系统4套及淄博市公安、安监、卫计委、住建、环保、气象等联动力量参演,集中体现了全省消防救援队伍实战化练兵成果。

【出警救援】　2018年,共接火警求援610起。其中,火灾523起,求援87起,出动消防车1370辆次,抢救财产价值496万元。其中主要火灾分类为:平房火灾51起、杂草火灾158起、汽车火灾29起、露天堆垛火灾85起、带电设备、线路火灾29起。较2017年同类火灾分别下降15%、7.8%、6.5%、10.7%、5.6%。年内,完成重大活动现场保卫3次,全县未发生重特大火灾事故。

【支援寿光抢险救灾】　2018年8月18—20日,受台风“摩羯”“温比亚”叠加影响,山东多地连降暴雨。其中,寿光市遭遇有历史记录以来最强降雨,引发严重内涝。接淄博市消防支队指挥中心调度,桓台县消防大队于8月25日起,先后分三批组织47名指战员赶赴寿光参与抢险救灾,历时7天,先后转战3个村庄,共填装运送沙袋400余个、水泥100余袋,清理淤泥、清理道路5千余米,搜寻、掩埋死亡畜禽300余只,喷洒防疫药剂500余平方米,协助村民入户清理107户,抢救物资7.5吨,排水排涝约5000立方米,拯救蔬菜大棚14个。

【提升保障】　2018年,争取地方财政列入消防经费预算833.10万元并全部拨付到位。根据《关于调整政府专职消防队员工资标准的通知》,按每人200元/月标准对全体政府专职消防员发放艰苦地区补助。

2018年12月12日,全省危险化学品事故应急救援演练(消防支队　供稿)

【消防队站建设】 2018年，全面推进消防队站建设。其中，根据马桥化工产业园消防要求，将马桥消防中队由二级消防站升级为特勤消防站，年内已完成图纸设计；东岳氟硅产业园区配套消防站完成选址；果里新消防站完成规划立项、土地平整。马踏湖消防站完成规划立项；金城企业消防站完成入驻并形成战斗力；汇丰企业消防站完成建设，投入500余万元，订购明光浩森25吨大功率水罐泡沫消防车、MAN(曼)牌大功率泡沫消防车、奔驰牌高喷车各1辆。

【装备购置】 2018年，针对解决火灾事故现场灭火剂和器材装备数量不足问题，向县政府申请资金398万元，购买斯堪尼亚25吨重型泡沫消防车1辆；投入88.5万元，购买灭火救援器材装备12项、400余件。

【水源普查】 2018年，组织开展辖区水源普查，重新制作消防水源档案，与相关部门协调消火栓建设，新建消火栓30具。

【体制改制】 按照中共中央、国务院2018年3月公布的《深化党和国家机构改革方案》，公安消防部队不再列武警部队序列，全部退出现役。公安消防部队成建制规划应急管理部，承担灭火救援和其他应急救援工作，充分发挥应急救援主力军和国家队的作用。10月9日，公安消防部队移交应急管理部交接仪式举行，消防部队正式退出现役。11月9日，国家综合性消防救援队伍授旗仪式在人民大会堂举行。中共中央总书记、国家主席、中央军委主席习近平向国家综合性消防救援队伍授旗并致训词，提出“对党忠诚、纪律严明、赴汤蹈火、竭诚为民”的“四句话方针”。截至年底，基本完成改革转制。

（孙云学）

油区管理

【概况】 2018年，桓台县油区工作办公室(以下简称县油区办)是为油区生产生活和地方经济建设服务的县政府直属副县级事业单位，办公地址位于马桥镇红辛路546号。桓台金家油区是个集油气勘探、开发、处理和集输为一体的综合性油区，油井主要分布在马桥、荆家、起凤、田庄、唐山、索镇等6镇、63个村。探明含油面积23.92平方千米，石油地质储量6923万吨。

【油区生产】 2018年，油区共有油井552口。其中，生产油井259口。年内，新钻探油井9口。采油单位为胜利油田桓台金家石油开发有限责任公司、中国石油化工股份有限公司胜利油田分公司纯梁采油厂、胜利油田鲁胜石油开发有限责任公司桓台分公司(2018年1月始，托管给胜利油田桓台金家石油开发有限责任公司)3家，原油年产12万余吨。其中，胜利油田桓台金家石油开发有限责任公司有油井348口，生产中油井149口，年产8万余吨。中国石油化工股份有限公司胜利油田分公司纯梁采油厂有油井144口，生产中油井68口，原油年产量2万余吨。胜利油田鲁胜石油开发有限责任公司桓台分公司有油井58口，生产中油井42口，年生产原油1万余吨。

【长输油气管道】 2018年，县境内有油气长输管道四条。其中，2002年建成的沧淄输气管道，由河北沧州至淄博。管径508毫米，设计使用年限40年，压力4.0MPa，管道主体单位山东中油天然气有限公司。境内管道全长30.18千米，途经马桥、新城、唐山、果里等4镇、27个村，穿越滨博高速公路、205国道、张田路、寿济路和县、镇、村路23处，穿越小清河、猪龙河等中小型河流16处。2007年建成的鲁皖成品油管道二期。由青岛至安徽。管径457毫米，设计使用年限50年，压力6.4MPa。管道主体单位中国石化华北分公司济南输油处。境内段管道长度500米，经果里镇太平村南，沿济青高速路北。2015年建成的济青二线，由青岛至济南。管径813毫米，设计压力8Mpa，设计使用年限30年。

2018年4月10日，县油区办在马桥村进行管道安全知识宣传

（县油区办 供稿）

2018年5月22日，在县油区办召开全市油气管道安全管理现场调研会

（县油区办　供稿）

管道主体单位山东天然气管道有限责任公司。境内管道长度23.254千米，经索镇、唐山、田庄、荆家、马桥等5镇、30个村。2016年建成的烟淄重油管道，由烟台至淄博。通往金诚管径355毫米，长度27.3千米，通往汇丰管径323毫米，长度11千米，设计年限30年，设计压力6.4Mpa。管道主体单位山东联合能源管道输送有限公司。经索镇、果里、唐山、荆家、田庄、马桥等6镇、36个村。

【管道安全知识宣传】　2018年，先后组织开展应急疏散救援演练5次，提升油气管道安全生产应急能力。演练的计划、组织、成效被市油区办作为典型经验在全市推广。加强油气管道保护宣传4次，精准入户宣传200余户次，发放宣传材料600余份；组织管道主体企业进企业、进社区，开展管道保护知识宣传大签名活动。

【管道安全监管】　2018年，共开展管道安全检查62次，组织油气管道企业召开安全生产分析会4次，组织协调市、各区县油区办主要领导到桓台召开油气管道安全管理现场调研会和座谈交流。完善油气管道保护和安全管理长效机制，处理占压隐患3处，制止违法施工2处，下发“停止违法施工告知书”2份，第三方施工备案19处。汇集全县各镇（涉及7镇、68个自然村）油气管道走势图、向县规划局提供在境内管道企业基本资料和在桓台县近远景规划等。

【沧淄线改线工程】　2018年，沧淄线受淄博高铁新城建设影响，对位于高新区和县境内的4720米管道进行改线处理，改线管道为5576米，其中，境内860米。3月始，县油区办全程协调与监督境内改线工作。该工程涉及果里镇西埠村95户农田、菜地、绿化树、水井、水渠、农用灌溉电缆、农田生产砂石路、坟地和果园等，及时足额兑付95户农户各种补偿费用计73.1771万元。11月13日，改线工程全面完成，14日恢复供气，11月底完成工程现场及周边生态环境、地貌恢复。

【综合治理】　2018年，县油区办在油区设置宣传牌24处。组织回收落地原油6次，出动回收人员36人次，车辆9车次，组织日常巡查30余次，与马桥镇安办联合拆除私接天然气1处。

【油田开发服务】　2018年，为油田开发协调处理工农关系345起；协助胜利油田注气18次，作业37次，钻井9次，泥浆处理2次，上变压器6台，铺设进井路3000米，挖电缆沟690米，上电穿越192米，铺设电缆1200米，铺设气管线210米。年内，新打油井9口。其中，马桥镇4口，荆家镇5口。

【油井分布】　截至2018年，桓台境内共钻探油井552口，比2017年增加9口。其中，东胜公司348口、纯梁采油厂144口、鲁胜公司58口，鲁明公司2口。是年，有生产井259口，比2017年减少5口。其中，东胜公司149口、纯梁采油厂68口，鲁胜公司42口。在各镇分布为：马桥镇427口、荆家镇112口、起凤镇7口、田庄镇3口、唐山镇2口、索镇1口。

（李开学　王　萍）

2018年，果里镇西埠村沧淄线段改线工程现场　（县油区办　供稿）

行政审批服务

【概况】 2018年，全县深入推进“一次办好”改革，以“互联网+”为支撑，抓住“数据信息互联共享”和“标准化”两大重点，以提升企业和群众办事便利度、快捷度、满意度为目标，坚持政务服务事项“一不三一”（不见面审批、一门办理、一窗受理、一网通办）工作标准，构建网上大厅办事为主、自助终端办事为辅、实体大厅办事为补的高效快捷的政务服务模式，打造审批服务改革先行县和示范县。年内，共办理政务服务事项45万件，接待办事群众60万人次；行政审批事项的实际办理时限比法定时限缩短83%，80%以上行政审批事项实现不见面审批，居民办事零次和1次跑腿率达100%。一系列改革做法被《中国改革报》《大众日报》等媒体登载。桓台县行政审批服务成为全省党委秘书长会议暨改革办主任会议、全省深化“一次办好”改革现场推进会现场观摩点。

2018年11月30日，县委副书记、县长边江风（右五）出席桓台县行政审批服务局挂牌仪式 （摄影：张 鹏）

【“一门办理”】 2018年，县级政务服务事项按照“应进必进”原则，全部进驻县政务服务中心和纳入山东政务服务网，并实行网上办理。年内，全县进驻政务服务中心部门56个，工作人员390人，设置窗口248个。共纳入行政许可事项406项、公共服务543项。新纳入水电气暖等便民事项，进驻中心事项总量比2017年增长10%，建立起集审批与服务、线上线下为一体的政务服务体系。

【“一窗受理”】 2018年，全县政务服务优化流程、整合办事窗口，设置商事登记、社会事务、投资项目和不动产登记等7类综合受理窗口，实行“前台综合受理、后台分类审批、统一窗口出件”工作流程，实现“全链条”办理事项48件。取消涉及48个部门的186个复印件。不动产登记实现5个工作日完成，新开办企业实现3个工作日内完成；企业上项目由最多向17个部门提交材料，改为向综合受理窗口提交一次材料即可进行联审联办，从项目立项到施工许可由法定155个工作日缩短到20个工作日。

【“一网通办”】 2018年，打破企业和群众办事过程中存在的住所地、居住地或户籍地限制，全县759项“一次办好”事项、镇（街道）146项政务服务事项及51项“全市通办”事项全部实现“一网通办”。年内，网上办理事项4.7万件。

【“不见面审批”】 2018年，桓台县政务服务中心设置“24小时自助服务区”，在全省率先实现全年365天、全天24小时不见面审批。不见面审批自助服务终端集办事指南查询、审批事项网上预审、申报材料存放、办事进度查询、证照打印等多功能为一体，业务办理由每周5天、8小时延长为每周7天、24小时。

【桓台县行政审批服务局成立】 2018年11月27日，中共桓台县委、桓台县人民政府批准设立“桓台县行政审批服务局”，挂桓台县政务服务管理办公室牌子，11月30日正式挂牌。首批特殊行业、省市垂管部门之外的27个县直部门单位169项行政许可事项、79项关联事项及审核、现场勘查人员55人，划转到县行政审批服务局，启用“行政审批服务专用章”，实现“一枚印章管审批”。

（刘 芳）

本部类责任编辑 高大新

财政　税务

财　政

【概况】 2018年，全县财政实现一般公共预算收入388228万元，一般公共预算支出440005万元。县级一般公共预算收入112565万元，一般公共预算支出397006万元。公共财政总收入突破70亿元大关，达到74亿元。民生支出达34.47亿元，占一般公共预算支出的78.34%，增长8.33%。

【一般公共预算收入】 2018年，全县实现一般公共预算收入388228万元，完成预算的100.93%，增长10.01%。其中，税收收入333540万元，非税收入54688万元。主要税收收入完成情况：增值税160048万元，企业所得税69008万元，个人所得税13212万元，城市维护建设税25973万元，城镇土地使用税12080万元，土地增值税13065万元，房产税6867万元，耕地占用税1858万元，契税20589万元。

【一般公共预算支出】 2018年，全县一般公共预算支出440005万元，完成预算的104.84%，增长10.63%。重点支出项目为：

农林水事务支出53588万元　主要是统筹整合涉农资金，支持美丽乡村建设；农机具购置等惠农补贴发放工作；加大扶贫资金投入力度，巩固脱贫攻坚成果；推进农村综合改革，扶持村级集体经济发展。

社会保障和就业支出51388万元　主要用于完善社会保障体系，稳步提高城乡居民、企业退休人员和机关事业单位退休人员基本养老保险待遇；全面落实城乡低保、困难残疾人等困难群体救助政策；健全完善就业保障机制，全面做好就业再就业工作。

医疗卫生与计划生育支出42189万元　主要完善城乡居民基本医疗保险制度和大病保险制度，将基本公共卫生服务经费人均政府补助标准由每人每年50元提高到55元；落实财政补助资金，推动基本药物制度改革；落实农村计生家庭奖励扶助和计生伤残家庭特别扶助政策；落实优生优育政策。

教育支出90522万元　主要用于完善义务教育保障机制，促进城乡义务教育均衡发展；强化教育基础设施建设，加快实施桓台一中附属学校、经济开发区实验中学等新改扩建，提前两年完成“全面改薄”任务；落实校车公司化运营补贴政策。

节能环保支出45243万元　主要为深入推进清洁燃煤提升工程，完成1.8万户“气代煤”“电代煤”年度改造任务，空气质量明显提升；支持企业开展生态文明建设，补助企业进行脱硫脱硝、污水提标等项目建设；推进水污染防治和生态修复，改善河流湖泊生态环境。

当年全县一般公共预算收入388228万元，加上级税收返还和转移支付补助157222万元、调入预算稳定调节基金306万元、调入资金20017万元、上年结转收入19109万元，减全县一般公共预算支出440005万元、上解上级支出121463万元、安排预算稳定调节基金6665万元、结转下年支出16749万元，收支平衡。

【一般公共预算执行】 2018年，全县县级一般公共预算收入112565万元，一般公共预算支出397006万元。当年县级一般公共预算收入，加上级税收返还和转移支付补助157222万元、下级上解收入246588万元、调入预算稳定调节基金306万元、调入资金20017万元、上年结转收入19109万元，减县级一般公共预算支出，上解上级支出121463万元、补助下级支出13924万元、安排预算稳定调节基金6665万元、结转下年支出16749万元，收支平衡。

政府性基金预算　全县实现政府性基金预算收入221732万元，增长49.72%。主要收入项目完成情况：国有土地使用权出让收入199055万元，城市基础设施配套费收入11295万元，国有土地收益基金收入9809万元，农业土地开发资金收入398万元。

政府性基金预算支出202657万元，增长27.75%。主要支出项目完成情况：城乡社区事务支出199164万元，社会保障和就业支出267万元。

当年政府性基金预算收入221732万元，加上级补助1317万元、上年结转收入256万元，减政府性基金支出202657万元、调出和上解支出20017万元及结转下年支出631万元，收支平衡。

社会保险基金预算　全县实现社会保险基金收入197503万元。其中，保险费收入109337万元，财政补贴收入28629万元。社会保险基金预算支出224536万元，年末滚存结余66918万元。

国有资本经营预算　全县国有资本经营预算收入31万元，国有资本经营预算支出31万元。

结余结转资金　全县结余结转资金共计17380万元。其中，一般公共预算结余结转资金16749万元，政府性基金预算结余结转资金631万元。

预备费使用　2018年预算安排预备费4057万元，用于机关事业单位增加的工资性支出。

县对镇转移支付执行　2018年，结合中央、省、市支持，县对镇公共预算转移支付13924万元。其中一般性转移支付 7610 万元，专项转移支付 6314 万元。

政府债务　市政府核定桓台县 2018 年度地方政府限额 47.63 亿元，当年新增债务限额 0.52 亿元。截至年底，桓台县地方政府债务余额 44.01 亿元，没有突破政府债务限额，政府债务风险可控。

（张思敏）

税　　务

【概况】　2018 年，根据《国税地税征管体制改革方案》，原桓台县国家税务局、原桓台县地方税务局于 7 月 20 日正式合并，成立国家税务总局桓台县税务局，有干部职工 240 人。年内，全县完成税收 71.58 亿元，比 2017 年增加 9.31 亿元，增长 14.96%。

【税收征管】　2018 年，全县加强欠税清理，通过发布欠税公告、约谈欠税企业负责人、采取强制执行、参与破产清算等形式清缴欠税。其中，强制执行 59 户，清理欠税 1932 万元；加强“散乱污”企业治理，实行工作进展情况定期通报制度，核实“散乱污”企业 2271 户，对复产经营中的 1160 户企业纳入管理；对持有房产价值 200 万元以上的自然人开展税收风险分析，完成自然人商业地产税收风险应对 51 人，核实入库税款 92 万元；采取提示提醒、纳税辅导、调查巡查、纳税评估等多种形式，组织入库税款、滞纳金及罚款 4861.51 万元。

2018 年桓台县税务局收入情况表

表 7　　　　单位：万元

项　　目	2018 年	2017 年	增减	增减%
一、各项收入合计	715827	622682	93145	14.96
中央级收入	356432	316738	39694	12.53
省级收入	1107	1566	-459	-29.31
市级收入	-11133	815	-11948	-1466.01
县级收入	369421	303563	65858	21.70
二、税收收入合计	682015	598839	83176	13.89
其中：县级税收（财政口径）	333539	276375	57164	20.68
增值税	322243	266883	55360	20.74
消费税	64717	94136	-29419	-31.25
营业税	-1553	-44	-1509	
企业所得税	172519	114162	58357	51.12
个人所得税	33029	22506	10523	46.76
资源税	1624		1624	
城建税	28757	19835	8922	44.98
房产税	6876	6797	79	1.16
印花税	6620	5725	895	15.63
土地使用税	12094	11872	222	1.87
土地增值税	5229	9271	-4042	-43.60
车船税	2156	1985	171	8.61
车辆购置税	8032	7169	863	12.04
耕地占用税	1858	24323	-22465	-92.36

续表

项　　目	2018 年	2017 年	增减	增减%
契税	16520	14219	2301	16.18
环保税	1294		1294	
三、非税收入合计	33812	23843	9969	41.81
教育费附加	17780	11836	5944	50.22
地方教育附加	11853	7890	3963	50.23
文化事业建设费	12		12	
残疾人就业保障金	425	418	7	1.67
其他罚没收入	13	18	-5	-27.78
地方水利建设基金	2922	2920	2	0.07
工会经费	807	761	46	6.04

2018 年税收收入分行业完成情况表

表 8　　　　单位:万元

项　　目	累计完成	2017 年同期	比 2017 年同增减收	比 2017 年同期增减%
各项收入合计	715827	622682	93145	14.96
一、第一产业	172	198	-26	-13.13
二、第二产业	580347	479920	100427	20.93
(一)采矿业	4920	3819	1101	28.83
(二)制造业	517914	434523	83391	19.19
其中:1. 造纸业	19927	38100	-18173	-47.70
2. 石油加工业	235557	202177	33380	16.51
3. 化工业	153294	104912	48382	46.12
(三)电力、热力、燃气及水的生产和供应业	9966	10667	-701	-6.57
(四)建筑业	47547	30911	16636	53.82
三、第三产业	135308	142564	-7256	-5.09
(一)批发和零售业	28046	22121	5925	26.78
(二)交通运输、仓储及邮政业	5693	4844	849	17.53
(三)住宿和餐饮业	792	490	302	61.63
(四)信息传输、软件和信息技术服务业	2514	417	2097	502.88
(五)金融业	17248	21157	-3909	-18.48
(六)房地产业	54742	42956	11786	27.44
(七)租赁和商务服务业	7004	18033	-11029	-61.16
(八)科学研究和技术服务业	2135	2079	56	2.69
(九)水利、环境和公共设施管理业	585	1149	-564	-49.09
(十)居民服务、修理和其他服务业	2891	2589	302	11.66

续表

项　　目	累计完成	2017 年同期	比 2017 年同增减收	比 2017 年同期增减%
(十一)教育	527	424	103	24.29
(十二)卫生和社会工作	591	624	-33	-5.29
(十三)文化、体育和娱乐业	86	139	-53	-38.13
(十四)公共管理、社会保障和社会组织	6909	20464	-13555	-66.24
(十五)其他行业	5545	5078	467	9.20

【国家税务总局桓台县税务局挂牌】 2018 年，县税务机构改革，原桓台县国税与地税机构合并。7 月 20 日，在原地税局办公楼举行挂牌仪式。市局党委委员、副局长闻其和，县委常委、副县长刘俊出席并为其揭牌。

2018 年 7 月 20 日，市局党委委员、副局长闻其和（左二），县委常委、副县长刘俊（右二）为新机构揭牌　（摄影：李冠廷）

【减税降费】 2018 年，全县落实各项税收优惠政策，助力新旧动能转化重大工程。年内，实现增值税留抵退税 18176 万元；福利企业退税 619 万元；鼓励高新技术发展优惠减免 6065 万元；节能环保减免 8550 万元；房产、土地等地方各税优惠减免 11958 万元。对 9 户符合办理延缓缴纳税款的纳税人办理缓缴税款 17.28 亿元。

【个税改革培训】 2018 年，组织自然人数据清理培训会 4 场和个人所得税改革现场培训会 3 场，发放宣传资料 1 万余份，处理数据 7300 余条，上门辅导 159 次，培训扣缴单位 1000 余户，涉及纳税人近万人；组织填报专项附加扣除信息 13400 余人，全县完成财政统发单位系统采集、专项附加扣除填写、税款计算等 150 户。

2018 年 12 月 26 日，组织个人所得税改革培训　（摄影：张　赛）

【纳税服务】 2018 年，县税务局实行办税服务厅领导值班制度，成立“一次办好”现场办公室，落实“首问”责任制。以开展“问需求、查短板、帮发展”活动为契机，通过加大调研、加大纳税人意见需求征集、强化大厅业务办理动态监控等举措，先后梳理前后台衔接事项 30 余项。

（李冠廷）

本部类责任编辑　高大新

银行 金融证券 保险

银 行 业

·中国人民银行桓台县支行·

【概况】 2018年末，全县本外币各项存款余额405.42亿元，较年初增长30.21亿元；本外币各项贷款余额409.46亿元，较年初下降13.54亿元。其中人民币各项存款余额399.26亿元，较年初增长32.17亿元；人民币各项贷款余额407.21亿元，较年初下降2.97亿元。全县涉外企业实现进出口总额66.48亿美元，收付汇总额49.45亿美元。年内，全县有国有及民营股份制商业银行17家，银行业员工1382人，营业网点115个。

【支持县域经济发展】 2018年，全县金融业贯彻稳健中性货币政策，加大对“供给侧”结构性改革和“新旧动能”转换重大工程支持力度，协助县委、县府举办“2018年项目发布暨新旧动能转换重点项目集中签约仪式”，现场授信762.78亿元；与县发改委、项目办等部门定期调度项目资金落地情况，对县域重点项目实行银企双向筛选，落实主办银行，助力42个市重点技改项目落实资金来源，支持全县“智能、精品、强基、绿色”四大重点制造工程建设。12月末，全县非金融企业及机关团体贷款余额286.22亿元，占比69.9%。年内，汇总编辑《桓台县信贷产品实用手册》（电子版），纳入辖区15家银行的融资产品64个，对接小微企业户数93户，对接融资约4亿元；对接全县重点项目185个，对接率超过30%，对接融资150亿元。

【支持乡村振兴】 2018年，探索“央行资金+乡村振兴”引导模式，召开“央行资金产业扶贫贷”调度会，建立扶贫贷项目库，2家银行共发放“央行资金产业扶贫贷款”820万元，带动58户建档立卡贫困户实现脱贫，成为市贷款规模最大、带动贫困人数最多的典型代表。年内，制定金融支持乡村振兴工作思路和规划，不定期召开座谈会，定期调度相关信贷产品和服务情况，发放光伏按揭贷款31笔、240.55万元。

【风险处置】 2018年，配合地方政府及有关部门妥善处置企业资金链风险，参与完成《桓台县风险处置“一企一策”方案》，派专人参加县“风险处置集中办公”活动。通过《送阅信息》《专报件》及时向县委、县府、银行等进行风险预警。与检察院、公安局等五部门联合印发《关于严厉打击逃废银行债务行为的通告》，联合采取各类措施，打击和惩戒逃废、逃避金融债务行为。实行风险企业主办银行报告制度，按周调度重点风险企业处置情况。定期召开法人金融机构风险防控联席会议，强化重大事项报告制度，推动风险精准有效化解。率先开展“淄博市金融顾问团走进桓台”系列活动，对东岳集团、海思堡等企业进行“融知融智”服务专题调研。金融部门帮助资金困难企业续做业务12笔，涉及资金近2亿元；组建“债权包”13个，处置不良贷款19.04亿元。

【金融服务】 2018年，落实“放管服”和“一次办好”要求，打造“家人式”服务品牌。加强服务大厅建设，通过“思想认识、制度建设、业务技能、应急管理、补充机制”五个到位提升服务效率，实现客户办理业务“只跑一趟”，企业开户资料齐全立等办结开户许可，全县实现企业开户1.5个工作日内办结。其中，在全市率先办理单笔金额最大目标企业增值税留抵退税业务，10分钟内将山东海力化工有限公司1.68亿元留抵退税款划到其账户。是年，加强支付结算系统市场准入及清算市场管理，完成东营银行等13家银行的同城清算系统准入、变更、撤销等请示；对2家银行、35家POS机特约商户和7家服务桓台的卡友支付商户进行现场核查。持续推进“零币池”建设，盘活“沉睡”硬币50余万枚。与县供水公司签订“用水交费信息共享合作协议”，按季收集供水企业的欠费信息。新增“金融惠民服务综合服务站”3家。

【征信服务】 2018年，县人行在全省首家实现征信查询业务进驻政府行政服务大厅，在便民服务中心增设征信查询机1台，提供个人信用报告35615份，企业信用报告541份，国家机关查询6份，受理异议处理5份。

【省域征信服务平台建设】 2018年，与县税务局协调建立纳税信用信息共享机制，录入2017年度纳税信用等级评价企业A、B、C、D级数据；向县财政局收集2017年农业支持保护耕地补贴收入信息87352户。

【宣传活动】 2018年，县人行集中开展“6·14信用记录关爱日”暨《征信业管理条例》颁布五周年专题宣传活动，发放宣传彩页1500余份，为300多人次讲解征信知识。在大厅柜台、书报架等发放反假货币、征信、账户管理、金融消费者权益保护资料千余份，发放“便民服务卡”150余份，答复业务咨询300余人次，处理假币收缴纠纷6起，反假币宣传等活动被电视台“3·15”节目报道。分行周逢民等3位行长到大厅进行调研指导，其经验做法被济南分行《组织人事工作交流》第七期刊发。

【外汇管理】 2018年，县人行外汇管理部门在全市率先开展“智汇行”服务重点企业活动，为5家重点外向型企业制定“融资+融智”的本外币一体化个性服务方案，推动全县涉外经济健康发展。依托外汇管理与服务“信息互动、外汇服务、监督管理”的“三个平台”，送外汇业务知识进企业。年内，全县涉外企业累计实现进出口总额66.48亿美元，收付汇总额49.45亿美元。

2018年桓台县金融机构人民币存款统计表

表9 单位：万元

单　位	各项存款余额	其中：个人住户存款余额	非金融企业及机关团体存款余额
全辖汇总	3992578	2161612	1784337
农发行	27619	0	27619
工商银行	369156	168181	200675
农业银行	842036	524051	317899
中国银行	287388	68162	218696
建设银行	311046	148874	162124
交通银行	86446	25091	61352
中信银行	63651	13680	49971
光大银行	119743	11160	108583
招商银行	79995	29832	50161
浦发银行	17004	13724	3280
恒丰银行	4081	1634	2447
青岛银行	51724	9568	42156
齐商银行	255215	68755	186460
东营银行	49185	22773	26412
农商行	1075657	782457	293200
邮储银行	273067	250622	22445
青隆银行	33905	23048	10857
财政性存款	45660	0	0

2018年桓台县金融机构人民币贷款统计表

表10 单位：万元

单位	各项贷款余额	其中：个人住户贷款余额	非金融企业及机关团体贷款余额
全辖汇总	4072131	1232415	2839716
农发行	191030	0	191030
工商银行	541727	180279	361448
农业银行	569683	207602	362081
中国银行	445773	86019	359754
建设银行	361968	181328	180640

续表

单位	各项贷款余额	其中:个人住户贷款余额	非金融企业及机关团体贷款余额
交通银行	132581	35167	97415
中信银行	57726	12326	45400
光大银行	161906	306	161600
招商银行	123286	32546	90740
浦发银行	72834	25332	47502
恒丰银行	11337	0	11337
青岛银行	41881	18701	23180
齐商银行	242174	28897	213277
东营银行	18183	3053	15130
农商行	951515	286236	665279
邮储银行	112261	100524	11736
青隆银行	36266	34099	2167

（胡　剑　王红梅）

·银行业监管·

【概况】　淄博银监分局桓台办事处(以下简称银监办)为淄博银监分局派出机构,编制3人。办公地点位于镇南大街380号。2018年,辖内共有银行业金融机构17家,营业网点115个,各项本外币存款余额405.42亿元,各项贷款余额409.46亿元。

【监管工作】　2018年3月,银监办召开桓台农商银行2017年度审慎监管会议,并对总部高级管理人员2017年度履职情况进行监管考核。按照《商业银行监管评级内部指引》等有关要求,完成对桓台农商银行2017年度监管评级工作。针对桓台农商银行存在的主要监管指标出现预警或不达标问题,采取约见高级管理人员谈话,下发监管提示等措施,向桓台农商银行发出"监管意见书"2份、"监管提示"5份、"约见谈话"2次。年内,完成6项高管任职资格及5项机构变更等监管核准、审批事项。

【督促工作】　2018年,银监办督促桓台农商银行建立健全大额贷款限额运行机制,建立大额贷款监测台账,明确各自职责及考核体系;督促桓台农商银行根据省局联动监管意见书和《农村合作金融机构信贷资产风险分类指引》要求,压缩以同业及特定目的为载体投资业务,制定3年压缩规划;核实风险底数,制定不良资产处置预案。

【不良资产处置】　2018年,全县各银行机构累计处置不良贷款19.6亿元。其中,现金清收1.76亿元、核销14.7亿元、分类上调3.09亿元。

（宋文杰）

金融证券　保险

【概况】　2018年,全县共有上市、挂牌企业101家。其中,上市企业2家、挂牌企业99家。证券企业2家,保险企业33家。小额贷款、民间资本管理公司各1家,融资担保公司3家。

【挂牌企业】　2018年12月21日,全县有爱亿普环保科技、万森木业等26家企业集中在齐鲁股权交易中心挂牌,比2017年增加5家,增长23.8%。各挂牌企业主要负责人参加挂牌仪式,县政府副县长史锐出席并做典型发言。

2018 年桓台县挂牌企业情况表

表 11

序号	公司名称	登陆板块	股票代码	登陆时间
1	山东爱亿普环保科技有限公司	齐鲁股权交易中心	100710	2018. 12. 21
2	山东双杰仓储股份有限公司	齐鲁股权交易中心	100706	2018. 12. 21
3	淄博宝晶新材料股份有限公司	齐鲁股权交易中心	303198	2018. 12. 21
4	淄博瑞彩陶瓷颜料股份有限公司	齐鲁股权交易中心	303216	2018. 12. 21
5	淄博凯特工程机械有限公司	齐鲁股权交易中心	303255	2018. 12. 21
6	淄博彩洲星印务股份有限公司	齐鲁股权交易中心	303257	2018. 12. 21
7	山东众诚新能源股份有限公司	齐鲁股权交易中心	303260	2018. 12. 21
8	山东享和木业股份有限公司	齐鲁股权交易中心	303261	2018. 12. 21
9	山东汇杰印务股份有限公司	齐鲁股权交易中心	303262	2018. 12. 21
10	淄博新源通塑业股份有限公司	齐鲁股权交易中心	303263	2018. 12. 21
11	淄博盛泰冶金材料股份有限公司	齐鲁股权交易中心	303265	2018. 12. 21
12	淄博铭洋装饰工程股份有限公司	齐鲁股权交易中心	303277	2018. 12. 21
13	淄博美凯杰汽车服务有限公司	齐鲁股权交易中心	303295	2018. 12. 21
14	山东万森木业股份有限公司	齐鲁股权交易中心	303298	2018. 12. 21
15	山东亿佳缘纸业股份有限公司	齐鲁股权交易中心	303299	2018. 12. 21
16	山东裕丰助剂股份有限公司	齐鲁股权交易中心	303300	2018. 12. 21
17	山东易正合包装股份有限公司	齐鲁股权交易中心	303305	2018. 12. 21
18	淄博海景服装水洗股份有限公司	齐鲁股权交易中心	303306	2018. 12. 21
19	淄博沛孚生物科技股份有限公司	齐鲁股权交易中心	303308	2018. 12. 21
20	山东新生泰水处理设备股份有限公司	齐鲁股权交易中心	303311	2018. 12. 21
21	淄博洪盛机械股份有限公司	齐鲁股权交易中心	303312	2018. 12. 21
22	山东龙图家居股份有限公司	齐鲁股权交易中心	303315	2018. 12. 21
23	山东惠泽电器有限公司	齐鲁股权交易中心	303317	2018. 12. 21
24	淄博建宏模具股份有限公司	齐鲁股权交易中心	303319	2018. 12. 21
25	淄博金诺丰建筑工程有限公司	齐鲁股权交易中心	303331	2018. 12. 21
26	淄博汇祥荣印务股份有限公司	齐鲁股权交易中心	303338	2018. 12. 21

【证券公司业务】 2018 年，全县有证券公司 2 家。海通证券股份有限公司淄博桓台东岳路证券营业部 位于桓台县东岳路 1261 号，员工 9 人。是年，客户总数为 4.4 万户，股基交易市场份额 0.0816‰。通过股权融资、融资租赁、委托贷款等方式调度区域外资金，累计为地方企业、公司融资 5.23 亿元，比 2017 年增加 2.23 亿元，增长 63.4%。

中泰证券股份有限公司淄博桓台中心大街证券营业部 位于桓台县中心大街 2265 号，员工 9 人，证券经纪人 2 人。截至 2018 年年底，客户总数为 6550 户，比 2017 年增加 284 户；托管总资产 1.49 亿元，比 2017 年增加 6340.51 万元。年内，推荐齐鲁股权交易中心挂牌企业 2 家；股票质押式回购项目累计为企业融资 10.64 亿元。

【保险企业】 年内，全县共有保险机构 33 家，其中财产险机构 13 家，人身险机构 20 家，新增都邦财险 1 家保险分支机构。全年实现保费收入 12.34 亿元，比 2017 年增长 9.6%。其中，财险保费 2.16 亿元、增长 3.22%，人身

险保费10.18亿元、增长11.08%。

【小额贷款公司】　2018年，全县有桓台县汇鑫小额贷款有限公司1家，共发放贷款350万元。其中，“三农”贷款2笔、250万元，贷款余额692万；中小企业贷款1笔、100万元，贷款余额1833万元。

【融资性担保公司】　2018年，全县共有3家融资性担保公司，员工51人。机构股本总额50060万元，总资产51974万元。其中，总负债816万元，净资产51158万元，资产负债率为1.59%。年内，累计为中小企业和个人提供担保贷款20.91亿元，无发生代偿业务。

【民间资本管理公司】　2018年，全县有淄博鸿基民间资本管理股份有限公司1家，完成对外投资102笔、4173万元，分别比2017年增加84笔、2424.31万元，增长466.7%和138.6%。

（胡　鑫）

本部类责任编辑　高大新

科技　文化

科　　技

2018 年 12 月,县科技局组织召开高新技术企业税收及科技政策培训会现场　　（摄影:巩　科）

【概况】 2018 年,全县科学技术发展坚持以高新技术企业认定、科技计划项目申报、自主创新平台培育和产学研合作为重点,引导企业增强科技创新意识,加大科技创新投入。全县净增高新技术企业 8 家,高新技术企业增至 28 家;承担各级科技计划项目 20 项,新增自主创新平台 4 家,获批院士工作站 2 家,入选淄博市"英才计划"4 人。

【高新技术产业】 2018 年,全县有山东国源电缆电器有限公司、山东海润环保科技有限公司、山东爱亿普环保科技有限公司、淄博凯越电气有限公司、山东龙泰畜牧机械有限公司、山东淄博环宇桥梁模板有限公司、山东新昊化工有限公司等 7 家企业首次通过高新技术企业认定,首次认定企业数量为历年最高。年内,山东华伟银凯建材科技股份有限公司、山东森荣新材料股份有限公司、山东泰宝包装制品有限公司、山东泰宝防伪技术产品有限公司、山东中保康医疗器具有限公司、山东东岳高分子材料有限公司、山东东岳有机硅材料股份有限公司、山东巨明机械有限公司和山东聚鑫化工有限公司等 9 家企业重新通过认定。截至年底,全县有效期内高新技术企业达到 28 家。高新技术产业产值占工业总产值比重的 34.57%,比 2017 年提高 4.45 个百分点。

【科技计划项目】 2018 年,全县共有科技项目立项 20 项。其中,东岳未来氢材料获批山东省重点研发计划(厅市会商重点项目);黄河龙生物获批山东省重点研发计划(中小微企业创新竞技行动);华天橡塑获批山东省重点研发计划(重大科技创新工程);仁丰特种材料、妇幼保健院获批淄博市重点研发计划(政策引导类);国源电缆、金诚石化等 7 家企业获批淄博市科技发展计划;序元环保、锦华电力等 8 家企业获批淄博市创新发展重点项目,其中东岳有机硅材料、汽车弹簧厂等 3 家企业获批淄博市高新技术创新"双十"项目。

2018 年桓台县科技计划项目表

表 12

序号	项目名称	项目类别	承担单位
1	适应高盐废水零排放需求的新型双极膜研发	淄博市创新发展重点项目(市高新技术创新"双十"项目)	山东序元环保科技有限公司
2	汽车钢板弹簧全流程智能制造关键技术研发	淄博市创新发展重点项目(市高新技术创新"双十"项目)	山东汽车弹簧厂淄博有限公司

续表

序号	项目名称	项目类别	承担单位
3	高性能阻燃硅橡胶研发与产业化	淄博市创新发展重点项目(市高新技术创新"双十"项目)	山东东岳有机硅材料股份有限公司
4	基于 FPGA 控制的三相功率平衡装置的研制	淄博市创新发展重点项目	山东锦华电力设备有限公司
5	高品质聚醚多元醇产品技术开发	淄博市创新发展重点项目	淄博德信联邦化学工业有限公司
6	CDI 多圆盘浓缩机的研制	淄博市创新发展重点项目	山东晨钟机械股份有限公司
7	造纸用回收纤维改良酶的制备方法及其应用	淄博市创新发展重点项目	淄博永丰环保科技有限公司
8	中国禽用蛋黄抗体开发及应用	淄博市创新发展重点项目	山东德利诺生物工程有限公司
9	海洋工程混凝土用阻锈型聚羧酸系减水剂	淄博市科技发展计划	山东华伟银凯建材科技股份有限公司
10	HDPE 强力交叉膜	淄博市科技发展计划	淄博金豪塑料新材料股份有限公司
11	基于 SiC 的高功率密度光伏发电储能变换器研究	淄博市科技发展计划	山东国源电缆电器有限公司
12	废旧钢铁循环利用项目	淄博市科技发展计划	淄博博达再生资源有限公司
13	污水处理提质升级及其应用技术	淄博市科技发展计划	山东金诚石化集团有限公司
14	阻燃高性能复合材料气体均流器自动化生产线的研发及产业化	淄博市科技发展计划	晶辰(淄博)环保科技有限公司
15	多肉植物品种研发及高效栽培模式示范	淄博市科技发展计划	淄博润邦生态农业科技发展有限公司
16	FENTON 法处理造纸废水关键技术研究	淄博市重点研发计划(政策引导类)	山东仁丰特种材料股份有限公司
17	桓台县城区青少年视力低下防控研究	淄博市重点研发计划(政策引导类)	桓台县妇幼保健院
18	聚氨酯塑胶跑道无毒无溶剂喷面材料制备技术研发及产业化	山东省重点研发计划(重大科技创新工程)	淄博华天橡塑科技有限公司
19	适用于西式高端生鲜肠的胶原蛋白肠衣新技术研发及应用	山东省重点研发计划(中小微企业创新竞技行动)	淄博黄河龙生物工程有限公司
20	高性能燃料电池全氟质子膜工程化关键技术及示范	山东省重点研发计划(厅市会商重点项目)	山东东岳未来氢能材料有限公司

【自主创新平台建设】　2018 年,将军井众创空间和海思堡创客中心获省级众创空间备案。山东泰宝防伪技术产品有限公司获批创建"淄博市物联网信息安全研究与应用重点实验室"。将军井电子商务获批"市级公共服务平台"项目。

【产 学 研合作】　4 月,组织企业到北京对接清华大学、北京化工大学等高校,联系专家,推进项目合作。5 月,组织参加市科技局组织的兰州科技周活动。其中,东岳、汇丰、宝源、五维等企业对接兰州大学、兰化所等高校和拜访院士,洽谈项目。9 月,四川大学和华中科技大学专家先后到桓台县企业调研指导，为企业解决技术和人才需求问题。10 月下旬，组织企业赴华中科技大学和四川大学开展项目对接，为企业与两所高校密切联系、开展项目合作搭建桥梁。

【院士工作站建设】 2018 年，中国工程院孙金声院士与淄博锐捷新技术开发有限公司、中国工程院蹇锡高院士与山东序元环保科技有限公司申报的院士工作站获批创建，全县院士工作站增至 15 家。

【科技人才培育】 2018 年，山东序元环保科技有限公司张伟、淄博锐捷新技术开发有限公司冯玉军、山东中保康医疗器具有限公司张敏和淄博德信联邦化学工业有限公司刘韶峰入选 2018 年度市“英才计划”。

【科技成果招商】 2018 年，全县在第十七届中国（淄博）新材料论坛上，共有 8 位院士与 7 家企业进行对接，其中 3 位院士到 4 家企业进行调研指导；4 位“千人计划”与 3 家企业进行洽谈合作；20 余家企业在论坛期间的各类成果对接会上，与高校院所进行对接交流，达成合作意向。

（耿卓然）

2018 年 3 月 21 日，孙金声院士（左六）与淄博锐捷新技术开发有限公司签订院士工作站协议 （摄影：张珊珊）

防震减灾

【行政审批】 2018 年，对全县一般建设项目进行行政审批 13 项，按照“两告知一服务”要求，对 13 个重点项目工程抗震设防实行上门告知。

【防震演练】 2018 年，组织开展地震现场工作队演练，先后参加以临淄发生 4.4 级和桓台 4.2 级地震为背景的综合演练。其中，9 月 30 日，参加起凤镇 4.2 级模拟地震综合演练。11 月，县地震局在省、市防震减灾工作考核中分获第十名和第一名，被省地震局表彰为“山东省防震减灾工作先进单位”。

2018 年 7 月 28 日，在县文体中心举办桓台县纪念唐山大地震 42 周年暨诗歌朗诵会 （摄影：耿卓然）

【科普宣传】 2018 年，全县利用防灾减灾日、地震纪念日、科技活动周开展多种形式的宣传活动，深入街道、社区、学校发放宣传材料，先后举办地震知识进社区书画展，纪念“汶川地震 10 周年”和纪念“唐山大地震 42 周年”暨诗歌朗诵会。在起凤小学、邢家中学等学校开展“地震大讲堂”活动，由地震宣讲员为全校师生讲解地震相关科普知识。城南学校建成淄博市“中小学地震互动体验基地”。

【宣讲比赛】 2018 年，选拔 2 名选手参加市地震科普宣讲比赛，分获一等奖和二等奖；起凤小学老师周晓军代表市参加省防震减灾科普宣讲大赛，其演讲的“不同场合的避震自救”获三等奖。

（耿卓然）

知识产权保护

【概况】　2018年，全县持续做好知识产权创造、优势企业培育、专利奖评选、知识产权宣传培训和知识产权保护工作，引导企业增强知识产权意识，加大创新投入。年内，新增国家知识产权示范企业1家，国家知识产权优势企业3家，山东省知识产权优势企业3家。获中国专利优秀奖1项，获淄博市高价值专利6项。

【知识产权创造】　2018年，围绕桓台县经济发展中心工作，深化实施知识产权战略，推进国家知识产权强县工程示范县建设，加强知识产权创造、运用、保护和管理。年内，全县申请发明专利1145件，发明专利授权80件，有效发明专利拥有量591件。其中，有效发明专利拥有量比2017年增加46件，增长7.8%。

【优势企业培育】　2018年，山东泰宝防伪技术产品有限公司被国家知识产权局列为“国家知识产权示范企业”；山东东岳高分子材料有限公司、山东中保康医疗器具有限公司和淄博德信联邦化学工业有限公司被国家知识产权局列为“国家知识产权优势企业”。山东东岳化工有限公司等3家企业被山东省知识产权局列为“山东省知识产权优势企业”。

【专利奖评选】　2018年，山东华夏神舟新材料有限公司专利项目“锂电池电极粘结剂用聚偏氟乙烯的无皂乳液聚合方法”获第二十届中国专利奖优秀奖。山东泰宝防伪技术产品有限公司专利项目“具有智能微缩二维码的防伪纸及其制备方法和应用”，山东东岳高分子材料有限公司专利项目“一种增强型复合离子膜的连续制备方法及设备”，淄博永丰环保科技有限公司专利项目“造纸用回收纤维改良酶的制备方法及其应用”，山东奥德美高分子材料有限公司专利项目“一种高抗倒光水性聚氨酯转移胶的制备方法”，淄博德信联邦化学工业有限公司专利项目“不饱和度高活性聚醚多元醇的制备方法”，山东中保康医疗器具有限公司专利项目“冷沉淀凝血因子制备仪”获淄博市高价值专利项目。年内，组织开展桓台县专利奖评选活动，全县评选专利奖16项。其中，“一种增强型复合离子膜的连续性制备方法及设备”专利项目获一等奖，“具有智能微缩二维码的防伪纸及其制备方法”等5项专利项目获二等奖，“一种多段串联臭氧催化氧化深度处理装置”等10项专利项目获三等奖。

2018年桓台县专利奖情况表

表13

序号	单位名称	项目名称	奖　项
1	山东东岳高分子材料有限公司	一种增强型复合离子膜的连续性制备方法及设备	桓台县专利一等奖
2	山东泰宝防伪技术产品有限公司	具有智能微缩二维码的防伪纸及其制备方法和应用	桓台县专利二等奖
3	山东海奥斯生物科技有限公司	肠衣自动装框系统	桓台县专利二等奖
4	山东海润环保科技有限公司	一种稀土改性SCR脱硝催化剂及其制备方法	桓台县专利二等奖
5	淄博永丰环保科技有限公司	造纸用回收纤维改良酶的制备方法及其应用	桓台县专利二等奖
6	山东创尔沃热泵技术股份有限公司	风冷热泵机组的集成系统	桓台县专利二等奖
7	山东金诚石化集团有限公司	一种多段串联臭氧催化氧化深度处理装置	桓台县专利三等奖
8	山东奥德美高分子材料有限公司	一种高抗倒光水性聚氨酯转移胶的制备方法	桓台县专利三等奖
9	淄博德信联邦化学工业有限公司	不饱和度高活性聚醚多元醇的制备方法	桓台县专利三等奖
10	山东同力化工有限公司	水解剂螺旋喷雾法制备超高分子量聚丙烯酰胺的工艺	桓台县专利三等奖
11	山东晨钟机械股份有限公司	高干度污泥挤压脱水设备主轴	桓台县专利三等奖
12	淄博气宇空调节能设备有限公司	能量回收全热换热器粘接设备	桓台县专利三等奖
13	山东汽车弹簧厂淄博有限公司	板簧端部切角挤边复合模具	桓台县专利三等奖
14	山东永汇新材料股份有限公司	多聚甲醛合成酚醛树脂的制备方法	桓台县专利三等奖

续表

序号	单位名称	项目名称	奖 项
15	山东爱亿普环保科技有限公司	烟气脱硝脱二噁英特种陶瓷催化剂及其制备方法	桓台县专利三等奖
16	淄博华天橡塑科技有限公司	用于农用汽车发动机减震支架的聚氨酯弹性体透明胶料及其制备方法	桓台县专利三等奖

2018 年 5 月 9 日，淄博市知识产权局副局长胡庆乙到桓台县开展知识产权工作调研 （摄影：苏 菁）

【知识产权宣传培训】 2018 年，开展“倡导创新文化、尊重知识产权”为主题的“知识产权宣传周”活动，通过上街发放宣传材料、深入企业调研和报纸宣传等方式，宣传党和国家关于加强知识产权保护的政策措施。采取深入企业调研和召开座谈会、专题培训相结合的形式，先后到起凤、马桥、荆家、唐山、新城等镇对近 800 家企业负责人进行知识产权专题培训；邀请市局对口科室到东岳集团、山东贵和显星纸业有限公司等专利优势企业进行中科院专利拍卖会政策宣讲；先后组织 13 家贯标企业 30 余人参加全市“高价值专利培育”专题报告会，5 家企业参加省局举办的“企业知识产权管理与应用培训班”；邀请市局对口科室及专利代理机构有关专家，开办“专利质押融资及专利政策讲解座谈会”，培训 20 余家企业负责人。

【知识产权保护】 2018 年，开展假冒侵权专利专项执法检查 8 次，共检查带有专利标识的商品、产品 3200 余件。

（苏 菁）

气 象

【概况】 2018 年，全县气象构建以新型农业经济体为主要服务对象机制，推动农业气象科研成果、服务产品向生产力转化。年内，县气象局被市气象局表彰为“全市气象部门综合目标管理考核优秀达标单位”“全市气象服务先进集体”“全市气象科技服务先进集体”“全市人工影响天气先进集体”。

【气象服务】 2018 年，县气象局发布气象服务材料及各类气象信息 300 余份。其中，干旱监测信息 36 份、周预报 52 份、气候分析材料 5 份、雨情材料 57 份、预警信息 66 份；春播预报 4

2018 年 9 月 6 日，在新城山药基地开展农用气象服务 （摄影：陈志良）

2018 年 8 月 20 日，第 18 号台风“温比亚”造成唐山镇部分地段玉米倒伏

（摄影：陈志良）

期，麦收期间，实行麦收天气滚动预报。秋播预报 6 期，重要天气公告 14 期。通过党政办公网向县委、县政府、各镇(办)等部门单位发布清明节、五一、端午节、中秋、国庆节假日天气趋势预报各 1 份。高考期间开展专题气象信息服务。每次重要天气过程，通过手机短信向县委、县政府领导发送天气信息。利用微信平台为全县种粮大户和合作社开展气象信息服务。

【灾害性气象】　2018 年，全县降水较往年偏多，出现 2 次灾害性降水过程。其中，6 月 25 日至 26 日，气象局站降水量 119.9 毫米，果里区域站 120.7 毫米，荆家区域站 143.8 毫米，唐山区域站 120.6 毫米，马桥区域站 141.9 毫米，田庄区域站 101.2 毫米，此次降水天气造成道路、河流以及麦田积水，短时间内无法排出，影响玉米的正常生长发育，造成减产。8 月 19 日，受第 18 号台风“温比亚”影响，全县出现强对流天气。根据监测，全县 8 个站点平均降水量 135.9 毫米。其中，县城日降水量 171.2 毫米，突破 2009 年 5 月 10 日的 148.2 毫米最大日降水量。受其影响，造成唐山镇部分地段玉米倒伏。

【防雷检查】　2018 年，组织对易燃易爆企业、人口密集场所等进行常规防雷安全检查 100 余家次。

【防雹作业】　2018 年，全县有人工增雨 37 毫米高炮 13 门、火箭发射架 1 部，炮手 36 人、火箭手 4 人。4 月，全县 36 名炮手、4 名火箭手参加市、县人工影响天气办公室举办的培训班，全部实现持证上岗。完成高炮、火箭年检，炮手均加入人身保险。11 月，对 5 门高炮进行升级改造(此前已升级改造 8 门)，全县 13 门高炮实现远程控制，达到自动化、信息化建设标准。年内，组织防雹作业 2 次，发射炮弹 389 发。

【科普宣传】　2018 年 3 月 23 日，组织《桓台大众》小记者团在县气象局开展“3·23 气象日”科普宣传活动。年内，先后参加全县以“防雷安全常识”“雷击灾害案例”“气象灾害预警”知识等为主要内容的“科技宣传周”“法制宣传日”等宣传活动，发放各种宣传材料 600 余份。

【创新服务模式】　2018 年，县气象局以新型农业经济体为主要服务对象，统筹“三农”相关项目、课题，构建“一三三一”气象为农服务模式：(一个目标)以突破为农服务“最后一公里”瓶颈为目标；(三个桥梁)以山东省气象服务中心制作的“锄禾问天”APP、自制“气象为农服务记录簿”、桓台县气象微信公众号为桥梁纽带；(三种手段)以大面积培训、重点服务、微信群互动为手段；(一种模式)构建一个有活力、长期联络的“互动互助型”基层气象为农服务体系，摸索气象为农服务有效供给模式，推动农业气象科研成果、服务产品转化成生产力。

（陈志良）

2018 年 3 月 23 日，在县气象局开展“3·23 气象日”科普宣传活动

（摄影：陈志良）

王渔洋文化研究保护

【概况】 2018年，王渔洋文化研究保护中心以新城“王氏家风”为重点，深入挖掘王渔洋文化时代价值，推进王渔洋文化通俗化研究和“四进”活动。加强景区管理和“政德基地”建设，开展政德专题讲解近千场；接待游客27万人次。

【景区管理】 2018年，加强对保安保洁、园林养护等合作服务单位的管理，定期开展安全检查与设施维护，排查整改事故隐患，制定重大活动安全应急预案。年内，组织开展消防安全演练3次，安全检查11次，新建微型消防站2处，接待游客27万人次。

【学术研究】 2018年，以新城“王氏家风”为重点，持续推进王渔洋文化通俗化研究，设计制作新城王氏家风专题陈列“家风传世”。加大与学术界互动交流力度，积极参与承办省、市历史文化研究项目；省级重点社科项目《齐鲁先贤家谱整理研究·新城王氏家谱整理研究》即将出版；《文化淄博·桓台卷》《历代诗咏·淄博大观》桓台部分通过编委会初审；年内发行《王渔洋文化》3期，在《中国经济史研究》等专业学术刊物发表论文5篇。

2018年6月22日，淄博市妇联在王渔洋故里景区挂牌“淄博市家风家训教育基地”（摄影：荣朝晖）

【王渔洋文化宣讲】 2018年，深入推进王渔洋文化“四进”（进机关、进社区、进镇村、进学校）活动，先后到市住建局、淄博京剧院、县委组织部、文体中心、田庄镇、宝龙社区、起凤小学等进行新城王氏家族文化志愿宣讲10余场。举办“渔洋文苑”讲堂、“桓台大讲堂”，开办新城“王氏家族文化”和“桓台历史”主题讲座20期。利用“微信公众号”开展新城“王氏家风”微讲座2次，进一步扩大王渔洋文化的辐射度和渗透力。

【现场主题教育】 2018年，针对不同游客群体开展以优秀传统家风为主题的现场教育讲解2000余场次，接待各级机关、企事业单位党员干部1.5万余人次。其中，市级及以上机关企事业单位及外地部门单位100余家、8000余人次。6月22日，市妇联“淄博市家风家训教育基地”在王渔洋故里正式挂牌。

【政德基地建设】 2018年，深入挖掘新城王氏家族“忠勤报国，洁己爱民”的政德要义，整合党员干部党性教育、政德教育资源，通过课程研发、专题调研等多种方式丰富政德教育内涵和载体。省、市多个部门单位将王渔洋文化政德教育列入干部教育重点内容。年内，开展政德专题讲解近千场次，教学点现场教学近100场次。景区教育基地建设迈入全省示范行列，被中国山东网称为“齐鲁文化地标”。

【馆校共建】 2018年，充分发挥王渔洋故里景区文化资源和基地建设优势，持续开展馆校共建活动，新增“馆校共建”协议单位5处，新增小志愿者56人。利用“行走齐鲁”网络平台，组织开展山东省中小学生研学实践教育活动，策划“金石全形·博古传真”研学游、“讲家风·立德行”现场体验课等研学课程，增强青少年学生文化传承的使命感。5月，王士禛纪念馆被评为首批“淄博市中小学研学旅行基地”，成为全县唯一入选单位。

【文化惠民】 2018年，以王渔洋故里景区为载体，推出多种形式的文化惠民活动。其中，先后在元宵节、文化遗产日、国庆节等重大节假日、纪念日，组织开展猜灯谜、门票折扣、景区优惠、特色展览等活动，进一步丰富王渔洋文化宣传载体。在“5·18国际博物馆日”“中国旅游日”，景区实行免费开放、志愿讲解，并组织开展新城王氏家风渔洋诗词书画邀请展、特色旗袍秀、广场舞等活动，与广大游客一起品味新城王氏家族文化。

【宣传推介】 2018年，组织参加市旅游局推介会6期，先后赴4省、14地市及高校进行文化旅游宣传推介；继续加强与同程、美团等电子商务平台的合作营销，拓宽景区宣传渠道。围绕新城王氏家规家训，先后在山东卫视、

《淄博日报》等传统主流媒体刊发稿件 10 余篇。组织策划和建设王渔洋文化电子传播平台，拓展王渔洋文化挖掘、展示、教育、传播信息化渠道，推动优秀传统文化传承发展。

【讲解员队伍建设】　2018 年，创新采用星级讲解员管理办法，每季度对讲解员进行考核定级，以讲解比赛、岗位练兵、政德教育实践等为重点，提升干部队伍整体素质，促进服务管理上台阶、上水平。3 月、11 月，先后举办新城王氏家风专题讲解比赛和集中开展讲解员冬季集训，丰富讲解内容，增强讲解特色。采取早晚半小时读书模式，每天对读书成果进行互评纠错，不断提升讲解服务质量。

（胡晓金）

2018 年 3 月 15 日，王渔洋故里景区举办新城王氏家风专题讲解比赛

（摄影：荣朝晖）

文化出版

【概况】　2018 年，全县不断强化农村公共文化服务设施提升力度，改造扩建镇文化站 3 家，提升农村文化大院（广场）120 余家，新建戏台子 10 个，为 15 处农村“广场戏台子”配套灯光、音响等设备，选取 13 个文化大院典型配备 LED 电子屏，打造“文化视窗”。为 100 余家经济薄弱村文化大院、农家书屋发放书橱桌椅 200 余套。年内，组织送戏下乡 342 场，放映公益电影 4784 场，举办各类艺术活动 400 余场次；桓台县图书馆被评为国家“一级图书馆”。

【群众文化活动】　2018 年，组织开展桓台百姓春晚、桓台少儿春晚、机关企事业单位春节晚会等活动 20 场。举办全县元宵节民间扮玩活动。开展文化惠民送戏下乡活动 342 场，送戏曲进校园 32 场，放映农村公益电影 4181 场，校园公益电影 603 场。开展“文化舞动・美丽村居”2018 年广场舞系列培训 250 余场。举办“新时代基层文化大讲堂”系列讲座 45 场。组织开展 2018 年“百姓大舞台”村村行演出和“庆祝改革开放 40 周年振兴中华传统文化”艺术展演等活动。文化馆开展“七彩摇篮”文艺培训公益学堂 220 期。培训舞蹈《采薇》参加“我们的中国梦六艺秀淄博 2018 年舞动淄博舞蹈大赛”获舞台组一等奖。

2018 年元宵节扮玩　　（摄影：韩　佳）

【新编大型历史京剧《手镜》首次演出】　2018 年 9 月 21 日晚，由淄博市京剧院原创、以王渔洋家风教育为题材的新编历史京剧《手镜》首次在县文体中心大剧院上演，近千名观众观看演出。该剧进一步挖掘王渔洋清正廉洁、勇于担当、忠勤报国、洁己爱民的品质。入选“山东地方戏振兴与京剧保护扶持工程”资助剧目和“淄博市重点文艺创作项目”。

【“三个最美”评选】　2018 年，组织全

2018 年 4 月，开展“扫黄打非·护苗 2018”活动，为教学培训机构发放绿书签　（摄影：周　鑫）

县第二届“三个最美”评选活动，评选出最美基层文化工作者 30 名、最美基层文艺团队 10 支、最美群众文艺明星 20 名。

【文化惠民消费季活动】　2018 年，在全县引导城乡居民扩大文化消费，先后在市“e 韵平台”、山东省第二届消费季“文惠购平台”签约企业 8 家。印发“文化惠民消费季”优惠券、“明白纸”各 5 万余份。通过开展传统工艺精品展销、文创产品展览体验，举办文化创意体验课堂、“让非遗飞”等活动，宣传文化惠民消费季工作。

【文物保护管理】　2018 年，完成桓台耿家大院一期维修保护工程并通过验收。对县内 7 处省级以上文物保护单位进行每周定期巡检，确保文物保护单位的日常安全巡护到位。与县消防大队联合开展文保单位消防安全自查和抽查，完善消防安全设备，做好值班记录，确保博物馆和文物建筑的消防安全工作落到实处。年内，楼二村张氏长支世业祠、张氏始祖庙、张氏灵寿祠 3 处不可移动文物，被市文物局公布为“文物暂时保护单位”。

【电影放映】　2018 年，县电影公司有数字电影放映队 16 支。自 4 月 23 日始，实施“一月一村放映一场电影”和“每学期中小学生免费观看两部爱国主义教育影片”目标。年内，共放映公益电影 4784 场。其中，农村公益电影 4181 场，校园放映 603 场。电影城与全国同步上映影片 320 部、1 万余场。

【文化出版市场管理】　2018 年，制定“扫黄打非”五大专项行动实施方案，开展春节、“两会”“青岛峰会”、中高考、寒暑假等重要时间节点文化市场专项检查，实行文化市场协管周报制度，开展联合执法检查 4 次。年内，检查经营场所 1100 余家（次），收缴盗版出版物 2000 余件，查办案件 60 起。

【“扫黄打非”活动】　2018 年 8 月，召开全县“扫黄打非”基层站点规范化、标准化建设推进会，全县有 212 家村（居）列入“扫黄打非”进基层示范点后续建设。其中，紫悦城社区被评为全省“扫黄打非”进基层示范点。开展“绿书签 2018”系列宣传，在学校、图书馆、公园等场所开办《护苗·网络安全课》课件视频讲座。深化“扫黄打非”进校园活动，组织中小学学生参加全省“扫黄打非”手抄报大赛，全县分别荣获小学组优秀奖 1 名、中学组三等奖 4 名、优秀奖 3 名。

【行政许可和新闻出版管理】　2018 年，全县有网吧 67 家、歌舞娱乐场所 19 家、艺术品经营单位 46 家、文艺表演团体 13 家、出版物零售单位 48 家、印刷企业 89 家、复印打印单位 97 家、电影放映单位 2 家。是年，桓台县“行政审批规范化建设示范点”获文化和旅游部、省文化和旅游厅通报表彰；淄博市赤橙文化产业有限公司被山东省新闻出版局评为“山东省版权示范单位”。

【安全生产督查】　2018 年，县文化市场综合执法大队与全县各文化经营单位负责人签订“安全生产责任书”。召开文化市场安全教育培训 5 次；组织开展消防演练活动 2 次，至年底，检查文化经营单位 1100 余家（次）。

2018 年 8 月，在鸿杰印务有限公司开展消防演练　（摄影：周　鑫）

【桓台博物馆】　2018年，桓台博物馆继续执行免费开放政策，有馆藏文物5000余件。其中，一级文物85件、二级文物16件、三级文物81件。设有《东夷文明之光》《齐国瓦当艺术》《古泉汇展》《铜镜鉴赏》《古代书画》《玉器、骨器、瓷器》《薄姑国青铜器》《印章、封泥、陶文》等9个陈列专题，《彩蝶世界》和其他2个展览厅，展出面积4000余平方米，展品上起8500年的后李文化，下至明清。其中，2个展览厅不定期举办古代文物和海内外近现代艺术品展览。年内，节日期间正常对外开放，接待观众13.988万人次。

博物馆研学游活动　2018年，依托“行走齐鲁”山东省中小学生研学实践教育活动网上平台，采取线上线下预约相结合的形式，面向幼儿园、中小学推出系列化、常态化的博物馆主题研学游活动，成为中小学生研学游教育基地和校外第二课堂。共接待中小学生研学游团队近50个，学生1万余人。其中，县实验中学、城南学校和世纪中学的初一级部学生，到博物馆开展研学游活动形成常态化。

传统文化体验　2018年，以馆藏文物、传统节日、传统技艺等优秀传统文化为载体，组织开展“我们的节日”、春节送“福”字、元宵节猜灯谜、清明节红色经典诵读会、“六一”儿童节生肖印章体验等活动，提升群众对传统文化的了解与体验。

志愿服务　2018年8月，举办博物馆“春蕾”中学生志愿服务队第4届培训班。其中，城南学校10余名中学生加入志愿服务队。全体志愿服务队员轮流到博物馆开展义务讲解、游客引导、卫生清洁等志愿服务活动，志愿服务200小时，服务游客8000余人。年内，在庆祝“5·18”博物馆日、文化和自然遗产日期间，组织志愿讲解服务12场。

学习交流　2018年，先后组织到中国课本博物馆、高密市博物馆和高密市夷安文化博物馆、白羊山博物馆、凤仪服饰文化博物馆、非物质文化遗产博物馆及县内华夏粮仓博物馆、八里庙民居博物馆等非国有博物馆学习交流，学习借鉴其新馆建设、陈列展览、内部管理、讲解服务等方面的经验和做法。

720°全景数字化博物馆上线运行　2018年底，“720°全景数字化博物馆”上线运行。720°全景数字化技术的应用，将线下实体博物馆引入到手机网络上，被称为“指尖上的博物馆”。

安防设施　2018年，投资14万余元，对监控设备进行全面升级改造，提高治安和突发事件的防控能力，确保文物安全。

廉政教育专题展览　2018年9月20日，由县纪检委、县监察委员会主办，城区街道办事处、桓台博物馆、县老年大学、县老干部书画学会承办的“清廉桓台·你我同行”廉政教育专题展览在桓台博物馆开展。此次展览共分为“图解图说”“漫说漫画”“警钟长鸣”“六慎箴言”“工作展示”“巧手剪廉”“笔墨书廉”“丹青绘廉”8个篇章。

【桓台县文化馆】　2018年，县文化馆举办各类文化艺术活动400场(次)，辅导万余人(次)，创作歌曲、小戏、各类文学作品等共计40件。

群众文化　2018年，全县群众文化以“乡情乡音”“七彩摇篮”“一艺一普及”“让非遗飞”等活动为重点，开展送戏下乡、送文化下乡、送戏进校园演出400余场。其中，开展“一村一年一场戏”“送戏进校园”演出342场。

艺术比赛　2018年，先后举办“文化助梦　舞动桓台”广场舞大赛、中国语文朗读大会桓台县全民朗读分赛区、“放飞的童心”桓台县第十二届少儿器乐电视大赛等29场比赛，并先后组织参加淄博市2018舞蹈电视大赛、第十五届全市优秀民间剧团大展演、2018淄博市第八届合唱艺术节、淄博市赛歌会等赛事。

文化志愿服务活动　2018年，先后开展以“拥抱新时代·践行新思想·实现新作为”、学习贯彻党的十九大精神、“享乡情乡音　传文化心声”等为主题的进敬老院、特教学校、军营、农民工、社区等“五进”文化志愿服务活动7场次。年内，文化馆“志愿服务　文化同行”志愿服务项目被评为“山东省2017—2018年度文化志愿服务”项目。

文艺创作　2018年，县文化馆创作编排小戏《卖孙女》，参加市小戏调演，入选第十一届淄博市文学艺术奖。创作小戏《王六郎》《赎罪》《李娥救父》。小戏《九月三》《大英雄》《夜斗》入选淄博市第五批《梧桐花开》文艺作品集；创作相声《评理》《桓台话》；创作《江北青箱代代传》《不倒的牌坊》《推开那扇大门》《那就是你》《枝繁叶茂树参天》《辕固》《留仙曲》等歌词7首，其中成曲2首；创作《红莲湖赋》《起凤桥》歌词2首，成曲1首；创作《我是警察》《因为有你》《警察妈妈》歌词3首，成曲1首；创作《笑夕阳》《新时代、新桓台》《文明花开幸福来》《芝麻开花节节高》，全部成曲；

2018年8月，第十二届少儿器乐电视大赛　（摄影：王　舒）

创作长篇散文《故乡》发表于《齐风》杂志；由释修振创作的长篇小说《牛老师和他的学生们》在《桓台大众》连载。

【桓台县图书馆】 2018年，县图书馆藏书27万册。其中，电子图书5万册。有效“借阅证”1.7万个，流通图书12万册次，新书介绍400余种，接待读者16万人次。8月，桓台县图书馆在第六次全国公共图书馆评估验收中，被文化和旅游部评为国家“一级图书馆”。

全民阅读活动 2018年，联合社会机构开展“小小艺术家”公益小课堂，开展手工、朗诵等少儿类活动14期，参与读者500余人次；组织二小附属幼儿园、一中附属、城南等3所学校学生走进图书馆1000余人次，开展亲子阅读、国学诵读。12月，联合县新华书店开展“你选书·我买单”（读者从书店选书，图书馆买单）活动。

2018年12月8日，在红莲湖城市书房开展“你选书 我买单”活动

（摄影：王 斌）

地情资料阅览室揭牌 2018年5月29日，县图书馆举行“地情资料阅览室”揭牌仪式，桓台县地方史志办公室向县图书馆赠送《桓台县志》（1988—2012）、《桓台年鉴》（2003—2017）共100册，并签订捐赠协议。

成立理事会 2018年8月17日，县图书馆召开第一届理事会成立大会，理事会由9名理事、3名监事组成。

（韩 佳）

广播电视

【概况】 2018年，全县广播电视坚持围绕中心、服务大局、牢记使命、守正创新，在省级以上主要媒体发稿80余条，其中，在中央级媒体发稿43条。制作《桓台新闻》300余期，发稿2000余条。直播《政风行风热线》48期。是年，构建“移动互联网＋广电”视听传播新格局，继2017年，桓台手机台再次获“全国优秀手机台”殊荣。

2018年6月，记者到田间地头采访夏收 （摄影：殷佃杰）

【新闻宣传】 2018年，《桓台新闻》围绕全县重大项目建设、新旧动能转换、乡村振兴、“认真、专业、担当、作为”“大学习、大调研、大改进”作风建设活动、“新时代、新理念、新担当”大讨论活动，“河长制”建设、民生项目建设、生态环保、安全生产、拆除违建、省委巡察、扫黑除恶专项行动、中央环保督察组“回头看”、深化“一次办好”优化营商环境、“新时代文明实践试点县”创建等重点工作，先后开设10余个专栏，采编制作《桓台新闻》300余期，发稿2000余条。

【党建宣传】 2018年，《桓台党建》栏目围绕全县党的建设和组织工作重点，及时报道全县党建工作动态，深入挖掘报道全县各条战线的优秀党员和先锋党组织30余个；播出习近平总书

2018 年 11 月"开票有喜"发票摇奖活动现场　　（摄影：吴　军）

记关于治国理政的系列微视频 20 余个，成为党员群众学习教育的"红色阵地"。

【对外宣传】　2018 年，加大在对中央和省级主要新闻媒体的宣传力度，对外发稿 180 余条。其中，中央级媒体发稿 43 条、省级媒体发稿 40 余条、市级 100 余条。其中，在中央电视台播出《迎新春 各地特色民俗活动 喜庆又欢乐》《山东淄博：救护车遇堵 市民帮忙疏导交通》等新闻类稿件 5 条；在中央人民广播电台播出《春节长假结束 回到工作岗位的劳动者用奋斗创造美好未来》《山东桓台评选表彰"担当实干好干部"和"激情创业好团队"》等稿件 38 条；在省级主要新闻媒体播出《在习近平新时代中国特色社会主义思想指引下——交好答卷保障和改善民生 让人民生活更美好》《在习近平新时代中国特色社会主义思想指引下——进入新时代 党员新作为 沈山祥：为创新提供服务保障》《弘扬企业家精神 聚力高质量发展 张建宏：缔造中国化工"芯片"》等稿件 40 余条；在市级主要新闻媒体播出《桓台：践行认真专业担当作为 吹响新旧动能转换冲锋号》《东岳集团：以信息化为手段 推动"两个替代"工程加快发展》《山东金诚石化集团：瞄准炼化一体化激发新动能》《桓台：乡村振兴添活力 产业兴旺田野梦》等稿件 100 余条。新闻中心获山东广播电视台"电视宣传先进集体一等奖"。

【广播电台】　2018 年，桓台广播"937"创新节目形式和传播手段，加大信息资讯、生活服务、娱乐伴随、各行业凡人善举等本土节目采访、制作、播出力度，增强与听众互动。年内，配合纪检、监察部门直播《政风行风热线》48 期。分别与县纪委、司法局、县公安局联办《清廉桓台》《法治之光》《桓台警方在线》等节目；与县文联、县音乐家协会联合举办"好久不见杯"《全民 K 歌》海选比赛。作品《"行调"吟诵传承人王昊：为往圣继绝学》获山东省新闻出版广电局"山东省优秀广播电视节目评选一等奖"。

【广播电视活动】　2018 年，先后举办"森美恒丰杯"青春少年才艺展示、桓台县首届英语口语大赛、"桓台电视台 2018 春秋季车展""桓台电视台亲子运动会""全民健身广场舞展演""广电夏令营"等品牌活动。其中，依托《广电小记者》栏目举办的"广电夏令营"成为中小学生观光旅游、磨炼成长的平台。10 月，按照县政府《桓台县发票摇奖管理暂行办法》要求，县广电局与税务局、财政局、司法局联合承办桓台县发票摇奖活动，促进发票管理秩序，助推税收增长，实现"开票增税收、群众得实惠"的双赢局面。

【文化惠民】　2018 年 10 月，在马踏湖国家湿地公园，协助市台举办"纪念改革开放 40 周年生态淄博现场直播"活动，宣传家乡水系，保护生态环境。年内，制作播发"社会主义核心价值观""讲文明 树新风""精准扶贫""生态环保""安全生产""扫黑除恶""食品安全""禁毒"等公益广告 300 余条，月均播出量达 4000 余次。

【桓台手机台】　2018 年，通过构建"移动互联网 + 广电"视听传播新格局，实现传统广电和新兴媒体深度融合。新闻板块及时推送县内工作动态；原创文学板块服务本土文学爱好者，推送原创文学达 1000 篇。年内，桓台手机台为淄博上线运行第一家手机融媒体，先后对桓台"百姓春晚"

2018 年 10 月，纪念改革开放 40 周年生态淄博直播现场　　（摄影：耿秀伟）

"元宵扮玩""全民健身广场舞展演"等活动进行现场直播推送,不断提升群众关注度、参与度。再次获"全国优秀手机台"称号,山东省广播电视台给县委宣传部发贺信通报嘉奖。截至年底,桓台手机台有注册人数1.5万人,总阅读量达700万人次,日阅读量近万人次。

(王晓寒)

图书发行

【概况】 2018年,全县加强图书发行经营管理和营销活动,实现营业收入3496万元,比2017年增加444万元。年内,中心门市部被省文化厅评为全省"最美书店"。新增城南学校校园书店1处,营业面积500平方米。

2018年12月,开展"我们的中国梦——文化进万家"活动 (摄影:苗 山)

【新时代文明实践】 2018年,与县图书馆联合开展新时代文明实践"你选书、我买单"公益活动。将红莲湖新华书店打造为"城市书房",读者在其处可选择最新图书,由新华书店加工成为馆藏图书,读者成为图书馆的主人。年内,组织新时代文明实践志愿者走进乡村集市,开展"我们的中国梦——文化进万家"活动。

【图书销售】 2018年,图书销售325.6万元,文体用品销售35.3万元,多元产品销售14.8万元。其中,政治学习类图书销售良好,《习近平新时代中国特色社会主义思想三十讲》销售25286册,总金额73.3303万元。11月,创新销售模式,利用微信、短视频、抖音等展开营销竞赛。月内,销售《十万个为什么》71套、《曹文轩套书》15套、《福尔摩斯》6套、《明朝那些事儿》24套、山东文艺版"四大名著"110套,总金额33166元。

【渔洋书院公益讲座】 2018年,先后推出"渔洋书院之桓台名师讲名著""渔洋书院之桓台名家说桓台""渔洋书院之桓台非物质文化遗产讲座""渔洋书院之父母学堂""渔洋书院之绘本故事会"等公益讲座26场,参加人数达3600余人次。

2018年8月,"渔洋书院公益讲座"现场 (摄影:巩明明)

【教材发行】 2018年,发行幼儿园用书3736册,总码洋154071.70元;小学用书576748册,总码洋5718500.93元;初中用书90828册,总码洋9466295.27元;高中用书89276册,总码洋13056489.85元。

【经营管理】 2018年11月,山东新华书店集团开展全省组织机构改革,。桓台分公司顺利完成机构改革。改革后定员定岗,实现绩效管理。是年,在山东省新华书店集团开展的"五个年"经营评比中,获"数字建设提升年"及"文化活动创新年"全省优秀称号,为淄博市新华书店系统最佳。中心门市部被省文化厅评为全省"最美书店"称号。

【经营效益】　2018 年，新华书店桓台分公司营业总收入 3496 万元，实现利润 360 万元，分别比 2017 年增加 444 万元和 35.29 万元。

（吕志强）

新时代文明实践服务中心

【概况】　2018 年，桓台县文化体育中心为区域内的图书馆、文化馆、天承书画城、齐纳国际影城等 12 家入驻单位及各类会议、体育活动提供安保、保洁、水电、空调等基础物业服务和管理。其中，承接各类会议 1026 次，比 2017 年增加 412 次；承办各类体育文化活动 30 余场次。10 月 30 日，“桓台县文化体育中心”更名为“桓台县新时代文明实践服务中心”（以下简称中心）。12 月，中心通过省级“文明单位”验收。

【设施改造】　2018 年，县财政投资 420 余万元，中心完成设施改造项目 27 个。其中，投资 140 余万元，把室外 230 余盏景观灯全部更换为具有低耗、绿色环保特点的 LED 光源的新型景观灯。对景观湖北岸的芬兰木区域进行升级改造，统一更换为大理石地面；更换健身广场塑胶场地设施 1500 平方米；更新区域健身器材及文化设施；对中心内道路、木质座椅等设施进行维护。

2018 年 5 月 29 日，桓台县第八届全民健身运动会开幕式　（摄影：周城城）

【体育活动】　2018 年，在中心利用场馆举办各类体育活动 30 余场次。其中主要活动有：“东岳置业杯”桓台县首届 12 小时超级马拉松接力赛、桓台县第八届全民健身运动会、中国桓台高智尔球联盟第二届全国邀请赛、“联合卡车”杯篮球邀请赛、老年乒乓球大赛等。

2018 年 3 月 2 日下午，举办元宵节扮玩活动　（摄影：周城城）

【演出活动】　2018 年 2 月 11 日晚，在中心大剧院举行“桓台县 2018 年百姓春晚”，来自全县各行业“道德模范”“身边好人”“文明家庭”代表及社会各界观众 900 余人观看演出。年内，先后举行“中国梦 · 天煜情”戏曲晚会，淄博市“2018 文化和自然遗产日”系列活动启动仪式暨桓台县第三届非物质文化遗产推广交流会并演出新编历史京剧《手镜》。其中，9 月 21 日晚，由淄博京剧院打造以王渔洋家风教育为题材的新编历史京剧《手镜》首次在县内演出。

【元宵节活动】　2018 年 3 月 2 日下午，全县元宵节民间扮玩活动在中心举行，各镇（街道）参加扮玩队伍 9 支，参加表演演员 5000 余人，观众达数万人次。

【会务服务】　2018 年，中心承接服务各类会务 1026 次。其中，全县学习“习近平新时代中国特色社会主义思想暨县委理论学习中心组专题报告会”，东岳集团“2017 年度兑现奖励大会”先后在大剧院举行。

【公益宣传】 2018年，中心在区域内增设以创建促进机关工作和健康教育为宣传内容的公益性广告。设置LED显示屏、宣传栏、宣传橱窗、桓台公众网、微信订阅号等宣传设施。在中心所有公共场所适当位置增设禁烟标识及导示牌。

【中心更名】 2018年，原桓台县文化体育中心被列为全国50个更名试点县(区、市)之一。10月30日，中共桓台县委印发《桓台县新时代文明实践中心建设实施意见》的通知，桓台县文化体育中心正式更名为“桓台县新时代文明实践服务中心”。

【参观活动】 2018年，先后组织有关人员到淄川区双杨镇赵瓦村，罗村镇大鸳桥村、东官村、南韩村，马桥镇前金村、后金村、马桥村、姜家村和鼎新社区参观学习新时代文明实践站建设经验做法。是年，整理汇编新时代文明实践礼堂、新时代文明实践连廊的各项上墙制度、仪式程序等。

(孙　玉)

本部类责任编辑　高大新

教育　体育

教　　育

【概况】　2018年，全县教育体育事业立足高位优质均衡特色发展，深化基础教育综合改革，提升教育教学质量，促进全县教育体育事业发展。年内，全县有各级各类学校59所、在校学生52272人、教职工4746人。全县普通高考本科上线率87.76%；竞技体育、全民健身等体育健身事业协调发展。

【学前教育】　2018年，有各级各类幼儿园86所，其中，公办幼儿园2所、教育和集团办园47所。有省级实验示范幼儿园15所、市级示范幼儿园48所；市"十佳"幼儿园7所。在园幼儿13528人，学前三年入园率99.2%。

【九年义务教育】　2018年，有小学34所、在校生19973人，初中24所、在校生18266人。小学升初中入学率和小学、初中在校生巩固率均为100%。

【普通高中教育】　2018年，有高中学校3所、在校生11146人，其中，一年级3548人、二年级3709人、三年级3889人。年内，县籍考生参加全国普通高考3283人，各类本科上线2881人，本科上线率87.76%；自主招生上线939人，比2017年增加127人。

【特殊教育】　2018年，桓台县特殊教育中心占地面积2.5万平方米，校舍面积2500平方米。设9个班、在校生64人，教师10人。

【职业教育】　2018年，淄博建筑工程学校在校生2887人、71个班级，设建筑、机电、化工等16个专业，任职教师198人。

【社区教育(成人教育)】　2018年，全县有镇成人教育中心学校8所。年内，培训农民、企业职工47350人次。

【民办教育】　有注册民办学校2所，注册审批校外教育培训机构21所。

【管理干部培训】　2018年，先后组织校长、教育管理干部参加全国新时代学校评估与教育质量评价改革研讨会、全国第四届"和谐杯"学校文化与办学特色研讨会。11月，组织中小学校长、教育管理干部80余人，参加浙江大学桓台县中小学校长管理能力提升培训班。

【名师名校长及优质课评选】　2018年，桓台一中崔佃金被教育部评为全国"万人计划"教学名师，成为全县首位"万人计划"专家。实验学校王凤作为"万人计划"人选被推送到教育部。荆家镇后刘中学吕晓杰入选教育部"乡村优秀青年教师培养奖励计划"。桓台一中耿文超获"2018年基础教育国家级教学成果奖"。2名教师获淄博市"最美教师"和提名奖。63名教师入选淄博市第六批骨干教师，评选县级骨干教师100名。年内，在全省中小学实验教学说课评选活动中，5名教师获一等奖。在2018年淄博市"一师一优课，一课一名师"活动中，全县义务教育段学校获市级优课58节。

【城乡交流同课异构活动】　2018年11月4日，组织全县30名优秀教师执教城乡交流同课异构观摩课60节，参加活动教师近3000人。

【家校共育】　2018年，桓台县被确定为全国"家校(园)共育"数字化试验区，25所学校(幼儿园)入选试点校(园)。招聘全县第二批家庭教育讲师团成员19人。组织全县各镇中小学、幼儿园作巡回报告20余场，受益家长2万余人。推送"乡村学校家校共育种子教师万人培育计划"种子教

桓台一中崔佃金被评为"全国万人计划教学名师"　　（摄影：周亚楠）

师58名。5所学校获评“淄博市首批优秀家长学校”称号。11月,桓台县家庭教育经验在全国家长学校建设实验基地经验交流会上推广。

【教育宣传】 2018年,在省教育厅、市教育局网站刊发信息626条;编播《教体新视窗》52期;编发《桓台大众·教育周刊》50版。在省级以上报刊刊发新闻10余篇,在市、县级电视、报刊刊发教育新闻1270篇。年内,在“桓台教育”微信公众平台定期推送图文消息337条,关注用户8100余人。

【全国义务教育优质均衡发展县创建验收】 2018年,11所学校操场塑胶化改造基础硬化工程全部竣工,4所学校整合优化教育资源,19所学校新建改扩建项目全部立项。11月,接受市督导评估组对全县义务教育优质均衡发展县创建工作验收。

【学前教育发展】 2018年,先后印发《桓台县普惠性幼儿园创建方案》和《桓台县第三期学前教育行动计划(2018—2020年)》。新设立的8处镇中心幼儿园和3处县属学校附属幼儿园为公办幼儿园,新增编制382个,镇中心幼儿园设置为独立法人事业单位。年内,全县新建幼儿园4处、改扩建幼儿园13处全部完工,完成投资9435万元。

【图书报刊资料征订】 2018年,征订各种教育报刊48万余册,地方教材约16万余册,寒、暑假生活作业8万余册。

【“全免一补”及贫困生救助】 2018年,拨付各类资助金566.305万元,惠及学生9294人次。免除建档立卡学生学前保教费、高中学杂费、高校学费共93.792万元,惠及学生573人次。为1315名学生办理助学贷款,合同金额1056.38万元。

【“县管校聘”和校长职级制改革】 2018年,全县评审认定一级校长20名,二级校长36名,三级校长15名。各级各类学校核定正高级岗位5个,高级岗位892个,一级岗位2318个。

【教师招聘及跨校竞聘】 2018年,签约高层次紧缺专技人才13名,新招聘教师103名,竞聘在编中小学教师岗位78名。跨校竞聘交流教师82人。

【素质教育】 2018年,编写《桓台县传统文化研学之旅》——“王渔洋文化”和“马踏湖文化”两套读本。在市第四届乡村学校少年宫书法成果展示活动中,桓台县获优秀组织单位奖。田庄中学作为山东省唯一一支乡村学校少年宫代表队,参加全国乡村学校少年宫活动展示交流会。2名学生入选第四届“淄博美德少年”,田庄中学学生公玉博荣获淄博市“最美中学生”称号。

【陈家庚被评为全国“新时代好少年”】 2018年5月22日,中央文明办、教育部、共青团中央、全国妇联、中国关工委在河南洛阳举办2018全国“新时代好少年”事迹发布会,桓台一中学生陈家庚入选。全国共10人获此殊荣,山东省惟陈家庚1人入选。

【魏盛强获“世界记忆大师”称号】 2018年12月20—22日,第27届世界脑力锦标赛全球总决赛在香港举行,县实验中学初二九班学生魏盛强经过三项角逐,以十个项目总分3295分,新晋为世界记忆大师。是迄今全市共3位世界记忆大师中唯一儿童记忆大师,为桓台县世界记忆大师第一人。

【职业技能大赛和教科研】 2018年6月11日,由教育部主办的2018年全国职业院校技能大赛中职组建设职业技能比赛在江苏省南京市闭赛,淄博建筑工程学校代表队在中职组工程测量项目中取得全国第四名,荣获一等奖,建筑CAD、模具制作技术分获三等奖。11月4日,山东省职业院校技能大赛中职组“建筑CAD”项目比赛在淄博举行,该校获一等奖第一名。年内,该校迎接“山东省第一批示范性中等职业学校建设项目”中期评估。

【科技教育】 2018年,印发《桓台县第十七届中小学“布谷”科技节活动实施方案》,开展“布谷”科技节系列活动。组织全县150余名教师参加奇迹创意、智力七巧板专项培训。组织参与淄博市科技创新大赛、淄博市信息学奥赛、淄博市“电子制作”“奇迹创意”“七巧科技”等比赛,获一等奖65个,二等奖101个,三等奖269个,先进个人55人,优秀组织奖17个。

【教育扶贫】 2018年,组织全县艺术教师、书画爱好者129人,为国家级贫

2018年5月22日,桓台一中学生陈家庚入选2018年全国首批“新时代好少年”

(县教体局 供稿)

困县贵州省贵定县捐赠字画 248 幅，总价值 100 余万元，拍卖资金全部用于救助贫困地区。

【中小学生艺术比赛】　2018 年，在山东省第六届中小学生艺术展演中，城南学校朗诵《力量·鲁迅》、桓台一中器乐合奏《迎春曲》获一等奖，县教体局获优秀组织奖。3—6 月，举办全县第二十届中小学生“百灵”艺术节，参与学生 1.2 万余人。7 月，组织参加淄博市第二十届中小学生“百灵”艺术节，11 个艺术节目、12 幅艺术作品、5 个手工坊、4 篇艺术案例获一等奖，列全市第三。桓台一中、县城南学校获淄博市艺术教育“优秀组织单位”称号，6 人获淄博市艺术教育“突出贡献个人”称号。

【东岳教育奖励基金评选】　2018 年，联合东岳集团举办东岳教育奖励基金表彰大会，颁发东岳教育奖励基金 70 万元。奖励教育教学贡献奖 19 人，优秀学子奖 1 人，新时代好少年奖 1 人，优秀班主任奖 100 人，优秀教师（教育工作者）奖 100 人，“东岳救助基金”100 人，“读书富脑”工程基金 100 个。

【教育督导】　2018 年，先后制定《2018 年度对镇政府教育督导考核细则》《2018 年度教育体育系统事业单位绩效考核专项指标》，完成对 32 家事业单位的绩效考核。是年，深入推进督学责任区建设，制定《桓台县幼儿园责任督学挂牌督导实施方案（试行）》，实现中小学幼儿园责任督学挂牌督导全覆盖。组织开展春季开学学校安全、义务教育优质均衡发展、秋季开学学校安全、幼儿园规范办园行为、中小学（幼儿园）冬季取暖等专项督导。

全县所有校车进入公司化运营　　（县教体局　供稿）

【“一次办好”改革】　2018 年，制定《教体局行政权力和公共服务事项办理清单》，编制“服务指南”和“业务手册”。在山东政务服务网公示行政权力事项 32 项、公共服务事项 12 项。由“一事一流程”整合为“多事一流程”，实现“民办教育机构”审批“一链”办理。

【提升“共同体 + 联盟”集团化办学模式】　2018 年，全县拨付集团化办学奖补资金 150 万元。有 36 所乡镇中小学融入集团化办学，乡镇中小学纳入集团化办学比例达 80%。

【全面实行校车公司化运营】　2017 年 10 月始，全县进行校车公司化运营改革，制定《桓台县校车公司化运营实施方案》，拨付专项资金 1000 余万元。至 2018 年，全县新购置标准制式校车 44 辆，全县所有校车进入公司化运营。

【特色学校教育品牌建设】　2018 年，印发《桓台县教育体育局关于推进特色学校（幼儿园）建设的意见》，启动特色学校建设。年内，桓台二中通过第一批省、市级特色学校复核。特色学校建设顺利启动，24 所学校通过桓台县第一批学校文化建设与特色办学实验学校立项答辩会。

【规范和治理民办教育培训机构】　2018 年，全县 12 个部门联合下发《桓台县校外培训机构规范治理工作方案》。按照“准入一批、规范一批、取缔一批”的要求，先后组织摸底排查 2 次，公布校外培训机构黑白名单，规范治理校外培训机构。

【国防教育】　2018 年，桓台第一中学、淄博建筑工程学校、县实验中学、县世纪中学被教育部评为全国“国防教育特色学校”。

（刘延东　石　珂）

体　育

【县第八届全民健身运动会】　2018 年 5 月 29 日，2018 年“中国体彩·东岳置业杯”桓台县第八届全民健身运动会在东岳国际社区熙街健身广场开幕。该运动会是每年举办一届的全民健身运动会的品牌赛事，共设 33 个大项，参与人数 3 万人次。其中，开幕当日，全县 103 个参赛单位的 2000 余名运动员分别参加平板支撑、俯卧撑、跳绳、拔河、踢毽子、飞镖、台球等 14 个项目比赛。

2018年9月17—30日，桓台县首届中小学生阳光体育节举办

（摄影：刘延东）

【环马踏湖轮滑马拉松赛】 2018年11月3日，2018年“天齐杯”中国·桓台环马踏湖轮滑马拉松赛在马踏湖国家湿地公园开幕。国家体育总局社会体育指导中心综合业务部副主任辛毅，山东省轮滑运动协会秘书长张宝山，市体育局局长高义波，县委副书记、县长边江风出席开幕式并致辞。来自全国各地千余名轮滑选手参加比赛。赛事设儿童追逐赛，自由式轮滑赛，及全程、半程和迷你马拉松赛。其中，在11月4日举行的全程马拉松赛中，桓台0533速度轮滑队一队的孟哲以1小时15分27秒73的成绩获第一名。

【高智尔球全国邀请赛】 2018年9月15日，由县体育总会、县文体中心主办，县高智尔球俱乐部承办的“桓台高智尔球联盟第二届全国邀请赛”在县文体中心体育场举行。来自北京、滨州、济南、潍坊、威海等地的32支代表队、200余名运动员参赛。高智尔球是一种以智谋结合，动静相争的对抗性球类活动，具有安全性高、对场地要求限制少的特点。每场赛时为50分钟，双方每队7人，每人各持一球进行对抗。球为红白两色，分别编号为1号至7号，队员手持各自号码的球，以击中对手队的球为目的，先使对方场上不再有自由球的一方为胜。高智尔球为县内进行推广的一种球类运动。

【省第三届残疾人象棋锦标赛】 2018年8月21日，山东省第三届残疾人象棋锦标赛暨第二届飞镖锦标赛在桓台县聚荣宾馆举行，来自全省12个地市的50名残疾运动员参加比赛。其中，象棋比赛分为肢体残疾、听力残疾和视力残疾三类，分设男、女共6个级别26名运动员参赛；飞镖比赛分为肢体残疾男、女站姿和坐姿组，听力残疾男、女组共6个组别，24名运动员参加比赛。

【“一动一静”特色教学】 2018年，先后举办桓台县首届中小学书法骨干教师教学技能培训班、全县中小学生体育乒乓球班级联赛和县联赛。12月，一中附属学校“一动一静”特色教学活动表演参加2018年淄博市学校体育展演，获一等奖和优秀组织奖。

【全县首届中小学阳光体育节】 2018年9月17—30日，举办桓台县首届中小学生阳光体育节。项目有田径、跳绳、踢毽子、乒乓球操、书法操、创意大课间和特色体育活动等，较以往新增学校创意大课间体育活动、学校体育特色活动等内容。

【青少年竞技体育】 2018年4—10月，全县有170余名运动员参加第二十四届省运会，取得金牌25枚、银牌24枚、铜牌27枚，创历史最好成绩。组织参加市青少年锦标赛和举办桓台县中小学生体育联赛。年内，桓台一中学生胡宝刚获全国体育传统项目学校联赛田径分区赛东部赛区男子乙组标枪比赛第一名；桓台二中学生何辰轩获得全国体育传统项目学校联赛田径分区赛东部赛区男子乙组3000米比赛第一名。县第二小学获全国足球特色学校联赛第一名；县实验学校获2018年山东省“中国体育彩票杯”大中小学生体育联赛初中男子组第一名。桓台一中、陈庄中学被省教育厅确定为“全国青少年校园足球特色学校”。

【游泳进校园】 2018年5月29日，成立桓台县游泳运动管理中心，启用

开展“游泳运动进课堂”活动

（摄影：项绪忠）

城南学校游泳馆。整合鸿嘉星城、侯庄、金沙健身俱乐部游泳馆等社会资源，在全县中小学开展“游泳运动进课堂”活动，参与学校6所、学生3500余人。

【全民健身设施提档升级】 2018年，争取国家、省市各类资金345万元，为全县50多个村配置体育健身器材300余件，建设荆家中学十一人制足球场1个、马桥体育公园五人制笼式足球场2个、索镇张桥村东方文武学校仿真冰场1个。年内，建成马桥、田庄、起凤等镇级文体中心，总投资9900余万元，总面积11万平方米。

【全民健身活动】 2018年，全县举办各类赛事活动500余场次，参加健身人群4万人次。连续六年被省体育局表彰为“全省全民健身运动会先进单位”。其中，先后承办2018年全国演武堂少年“泰拳”金腰带冠军赛、全国高智尔球邀请赛、全省大众广场舞比赛、全市第二十一届“市长杯”青少年校园足球赛等大型赛事；连续四年承办全市中小学生五人制足球比赛；组织轮滑、广场舞、太极拳培训；组织全省百万老年人打太极业务骨干展示活动，县镇村分会场参加展演总人数近4000人次；举办全县第八届全民健身运动会。全县有三级社会体育指导员2025人。

【体育产业发展】 2018年，全县致力打造马踏湖精品赛事聚集区，建成轮滑、长跑、自行车、定向越野等体育基础设施。鼓励和引导社会投资建设特色体育健身俱乐部，推动体育产业跨界发展。其中，淄博太奇文化旅游开发有限公司采用“光伏+体育+”新模式，建成高空拓展、攀岩、室外滑雪场、室内蹦床、野战露营等休闲健身项目，可同时容纳400人食宿。11月3—4日，“天齐杯”中国·桓台环马踏湖轮滑马拉松大赛分别在马踏湖国家湿地公园和县文体中心举办。年内，全县体彩销售新增网点6家，总数达65家，年销售额7000余万元。马踏湖国家级湿地公园被山东省体育总会命名为“山东省绿色生态休闲体育活动基地”。

（刘延东　石　珂）

本部类责任编辑　高大新

卫生和计划生育

【概况】 2018年，全县卫生计生系统编制为3137人，实有在岗4349人。其中，卫生技术人员3406人，占总数的78%。医疗卫生机构442处（含村卫生室309处），编制床位3518张，实有床位4109张。是年，优化镇、村卫生计生机构队伍，推进卫生计生服务管理一体化。全县人均基本公共卫生服务经费由2017年的50元提高到55元。年内，继续坚持计划生育党政主体责任，落实全面两孩政策，全县共出生4694人，比2017年减少1657人；人口出生率9.3‰，人口自然增长率1.97‰，出生人口性别比106.9，分别比2017年下降26.1%、3.29‰、1.97‰、0.15‰和1.06。

【卫生计生机构改革】 2018年3月16日，县政府办公室印发《关于优化镇（街道）村（居）卫生计生机构队伍推进卫生计生服务管理一体化工作的实施意见》。整合镇（街道）卫生计生行政管理网络和技术服务资源，镇（街道）卫生和计划生育办公室，按不少于总人口万分之一的比例配备工作人员。在镇（街道）专设计划生育协会，配备会长（由各镇及城区街道办事处分管领导兼任）、专职副会长和秘书长等工作人员。计划生育技术服务职能移交镇卫生院（中心卫生院），城区街道办事处计划生育技术服务职能由县妇幼保健计划生育服务中心承担。各镇卫生院（中心卫生院）加挂“妇幼保健计划生育服务站”牌子，业务上接受县基妇科、县妇幼保健计划生育中心和镇（街道）卫计办的指导。原村（居）计生专干更名为村（居）卫生计生专干，从原来单一的计生工作执行者向“大健康、大卫生”的法规宣传员、健康服务员、监督协管员转变，业务上接受镇卫计办和镇妇幼保健计划生育服务站的指导，原计划生育孕期随访服务、产后访视职责与基本公共卫生服务项目，由相应的镇（中心）卫生院（妇幼保健计划生育服务站）或社区卫生服务机构承担。乡村医生在各镇（中心）卫生院（妇幼保健计划生育服务站）的业务指导下，在承担基本医疗、基本公共卫生服务等工作的基础上，协助做好卫生计生政策知识宣传、优生优育指导、流动人口计划生育相关服务工作。城市社区卫生服务机构在妇幼保健计划生育服务机构的业务指导下，做好妇幼保健和计划生育技术服务工作，采集相关信息，做好流动人口计划生育相关服务。村卫生计生服务室建设，在原村卫生室设施、设备的基础上，增设卫生计生专干办公室（协会会员之家）、计划生育技术服务室（计生药具室）、人口学校（教室）等。至3月底，各镇（街道）、村（居）卫生计生机构挂牌、人员设置、建设等工作全部完成。

卫　生

【卫生队伍】 2018年，全县卫生计生系统编制3137人，实有在岗4349人（卫生技术人员3406人，占总数的78%）。其中，执业（助理）医师1457人（含执业医师1210人），注册护士1237人，药师（士）214人，技师175人（检验技师111人，影像技师64人），其他卫生技术人员323人（含见习医师147人），其他技术人员171人，管理人员99人，工勤技能人员175人。全县有乡村医生669人。

【医疗卫生机构】 2018年，全县有医疗卫生机构442处，编制床位3518张，实有床位4109张。县级医疗卫生机构有县人民医院、县中医院、县妇幼保健院、县疾病预防控制中心、县卫生和计划生育综合执法大队、县结核病防治所6处。镇级医疗机构有索镇卫生院、索镇耿桥卫生院、唐山镇邢家卫生院、荆家镇卫生院、马桥镇陈庄卫生院、果里镇周家卫生院、唐山镇卫生院、果里镇侯庄卫生院、起凤镇中心卫生院、田庄镇中心卫生院、马桥镇中心卫生院、新城镇中心卫生院、果里镇中心卫生院13处。民营医疗机构及专科医院有桓台骨伤医院、桓台济民医院、桓台少海医院、淄博圣洁医院有限公司、桓台起凤整骨医院、桓台史氏医院、桓台龙光医院、桓台茂桐整骨医院、桓台田氏整骨医院、桓台田氏正骨医院、桓台夏庄昭亮医院、桓台华沟银屑病医院、桓台仁爱医院（8月份停诊）、桓台后金光明医院14处。县精神病医院与索镇耿桥卫生院合署办公。村卫生室309处。社区卫生服务站13处。诊所、卫生所、医务室80处。

【提高基本公共卫生服务经费】 2018年，全县人均基本公共卫生服务经费由2017年的50元提高到55元。

【绩效考核】 2018年，制定《基本公共卫生服务项目考核办法》，建立公共卫生服务逐级考核机制，考核结果作为核拨基本公共卫生服务经费的依据，将每处卫生院辖区内考核成绩后5位村卫生室列入全县全年基本公共卫生督导重点。年内，按照绩效考核，总计拨付到基层卫生院（中心）、村卫

生室、社区卫生服务站经费 2732.91 万元。

【居民健康档案建档及档案复核升级】 2018 年,桓台县被列为淄博市全民健康信息平台二期项目试点区县。4 月,更新居民健康档案系统,组织全部公共卫生人员和乡村医生参加档案系统操作培训。是年,全县有常住居民 501452 人,共建电子健康档案 395993 份,电子建档率 78.9%,健康档案动态使用率 57%。居民健康档案复核升级工作全部完成。

【健康教育】 2018 年,各医疗卫生机构共更新宣传栏 2124 期,组织面向公众的健康教育咨询活动 217 次,"健康大讲堂"宣讲 2077 场次。

【预防接种】 2018 年,全县应建预防接种证 3850 人,建立预防接种证 3850 人,建证率 100%。

【0～6 岁儿童健康管理】 2018 年,全县活产 3623 人,接受 1 次及以上访视的新生儿 3024 人,新生儿访视率 83.5%。0～6 岁儿童 25069 人,接受 1 次及以上随访 23169 人,儿童健康管理率 92%。

【孕产妇健康管理】 2018 年,孕 13 周之前建册 3007 人,产妇出院后 28 天内接受产后访视产妇 3007 人,产前健康管理率 83.7%。

【老年人健康管理】 2018 年,各单位采取镇到村集中查体、对行动不便的老年人入户查体和单位组织车接车送到医院查体等多种形式,对老年人进行查体,并书面反馈查体结果。是年,65 周岁及以上老年人健康管理 48429 人,健康管理率 69%。

【高血压患者健康管理】 2018 年,组织基层医疗机构医疗技术人员参加淄博市基本公共卫生服务项目培训和国家基层高血压防治管理指南现场培训,对《国家基本公共卫生服务项目国家基层高血压防治管理指南》进行系统学习,"云鹊医"平台系统培训考试获证共 746 人,获证率 90%。是年,全县管理高血压患者 36409 人,规范管理率 69%,高血压患者血压控制率 57%。开展居民高血压和食盐摄入量相关因素调查,并实施低盐膳食干预。协助开展小型餐饮单位减盐指导,餐饮单位减盐技术指导率 100%。

【2 型糖尿病患者健康管理】 2018 年,全县登记管理 2 型糖尿病患者 14022 人,规范管理率 71%,糖尿病患者血糖控制率 58%。

【严重精神障碍患者管理】 2018 年,全县有登记的确诊重性精神疾病患者 2291 人,最近一次随访时分类为病情稳定患者 2213 人。

【中医健康管理】 2018 年,全县继续推进中医药服务,开展 65 岁及以上老年人体质辨识及 0～3 岁儿童中医药服务,管理率均在 45% 以上。

【肺结核患者健康管理】 肺结核患者管理率、规则服药率均达标。

【传染病及突发公共卫生事件报告和处理】 2018 年,全县各基层医疗机构均建立健全传染病疫情报告管理和突发公共卫生事件信息报告等制度,各项工作均有专人负责,及时报告率 100%。年内,全县未发生突发公共卫生事件。

【卫生计生监督协管服务】 2018 年,全县各医疗卫生单位均按要求开展卫生监督协管服务,覆盖率 100%,卫生监督协管信息报告率 100%。

【省级项目】 2018 年,全县各医疗卫生单位对育龄期妇女、冠心病患者、脑卒中患者、残疾人进行健康指导,并按照规范要求,纳入系统化管理,管理率均达 30% 以上。

(于　军)

计 划 生 育

【计划生育党政主体责任】 2018 年,坚持各级党政"一把手"亲自抓、负总责,定期研究、部署计生工作,为工作开展提供强有力的组织保障。2 月 12 日,县政府对计生工作指标薄弱的荆家镇和起风镇主要负责人进行约谈;3 月 1 日,召开全县卫生与健康大会,县委、县政府主要负责人部署新时代计划生育工作;3 月 20 日,市卫计委在桓台县召开全市基层卫生计生资源融合观摩现场会,推广经验做法。县委、县政府印发《关于深化改革推进健康桓台建设的实施意见》,将健康融入各项政策,建立"六个一"改革督察制度。明确镇(街道)妇幼保健计划生育服务站工作经费由各镇(街道)财政承担。根据政府购买服务的原则,由县财政局依据各镇(街道)总人口数量,按每服务 1 人 5.5 元的标准将工作经费统筹到县财政,县卫计局根据年度考核情况及时拨付。7 月 12 日,县政府主要负责人专题调研卫生计生工作;县人大、县政协相继对卫生计生工作进行视察。

【落实全面两孩政策】 2018 年,跟踪评估全面两孩政策效果,准确把握人口形势,8 月,开展全面两孩政策实施效果评估,科学预测出生人口变动趋势;发布人口预警分析 11 期。取消生育登记前置条件;建立村(居)代办服务机制,生育登记实现卫计主任全程代办;推行首接负责制、个人承诺制,将窗口办理和村(居)代办相结合,全面实现简政便民目标。

【计生服务管理】 2018 年,全县采取育龄妇女健康查体与婚检、孕优、孕检、两癌筛查、机关企事业单位健康查体、送医下乡和社会查体等相结合办法，查体车进村（居）上门服务，实行统一的质量控制、绩效考核和运营管理。对婚前医学和孕前优生检查，启用“医孕通全生命周期”信息化管理软件，实现对婚检、孕优大数据的信息化采集及管理，婚检孕优一体化率达100%；为6054名适龄夫妇进行孕前查体，目标人群覆盖率100%。

【建立“互联网+”生育服务平台】 2018年，开发“互联网+全生育周期健康服务管理”平台，实现妇幼计生数据实时推送、数据共享、实时监管。“建好‘互联网+’特色平台，引领优生优育全程服务”项目平台获全省计划生育服务管理创新奖。整合基本公共卫生和计生技术服务共14类、45项服务项目，将婚、孕、育、节育和药具等计划生育项目融合至从新生儿开始直到老年的十个生命阶段，给予规范化保健服务。

【流动人口清理清查】 2018年，开展清理清查流动人口3375人；对24项流动人口基本公共卫生计生服务均等化进行任务分解，并对实施情况进行评估。

【落实利益导向政策】 2018年，在全县实施计划生育特殊家庭暖心行动，开展“一次对困难失独家庭的走访慰问、一次志愿者上门服务、一次集体交流活动、一次心理健康服务、送上一份保险”等“五个一”活动。针对计划生育特殊家庭需求，重点开展以精神慰藉、心理疏导为主的关怀帮扶活动。按照因需施助原则，印制“计生特殊家庭心理帮扶指南”1万份，对全县200多名“心丝带”志愿者进行专题培训。为计生特殊家庭发放物资及慰问金60余万元。开辟医疗绿色通道，计生特殊家庭挂号、就诊、取药、住院、检查等享受“五优先”，为292户计生特殊家庭进行健康查体，落实“家庭医生”签约服务。投入14.76万元为292户“失独”家庭492人购买“幸福安康”综合保险，住院陪护费由100元提高到150元。年内，全县计划生育民生工程投入4500余万元，比2017年增加2.05%。加大政府购买服务力度，实现婚前查体、孕前优生、技术服务和健康查体等公共服务全覆盖，每年财政投入500余万元。

【出生人口性别比治理】 2018年，全县把出生人口治理工作列入领导挂包责任制，对三年来出生人口性别比偏高的镇（街道）实行重点帮促，纳入县委、县政府重点督查事项，全面落实干部孕情包保责任制。与育龄群众签订“禁止私自流引产知情同意书”；强化孕产全程服务管理措施，严把孕情跟踪、严格流引产鉴定、住院分娩实名登记、终止妊娠、B超管理等关口，对孕情无故消失的，列为“两非”案件重要线索，逐人见面，倒查追责。建立经常性、制度性的投入机制，实现计划生育家庭婚、孕、育、医、养全覆盖；落实计生双女户奖励扶助政策，消除性别歧视，提高男女平等意识。加大督导检查力度，卫计、食药监和工商等部门组成联合执法队伍，查处“两非”案件，定期对全县31家医疗机构、260家药品批发零售企业进行联合执法检查，对医疗机构B超管理、流引产药物管理、终止妊娠证明查验及通报制度落实等重点工作进行专项督查，对查处的问题及时下达整改意见。年内，全县出生人口性别比由2017年的107.96下降为106.9。

（于　军）

本部类责任编辑　高大新

社　　会

人力资源和社会保障

【概况】 2018年，全县城镇新增就业11139人，比2017年增长42.99%；城镇失业人员再就业6726人，比2017年增长30.60%；就业困难人员实现就业499人，比2017年增长19.09%，城镇登记失业率在1.05%的较低水平。落实就业创业政策补贴383.85万元，发放创业担保贷款715万元。社会保险基金征缴总额为16.43亿元，比2017年增长12.15%，基金支出总额16.48亿元，比2017年增长13.13%。企业退休基本养老保险实现14连调，基本养老保险覆盖31.49万人，12.74万人享受社会养老待遇，基本医疗保险覆盖47.31万人，大病保险覆盖城乡居民参保人员。

【人力资源市场】 2018年，依托县人力资源市场，组织"春风行动""就业援助月""民营企业周""2018年春季人才招聘会"等大型招聘活动，吸引县内外进场企业560个，提供就业岗位14100个，办理求职登记13950人次，开展职业介绍11160人次，介绍成功7812人次。是年，开展创业和就业技能培训1285人，其中技能培训421人，创业培训864人。

【创业带动就业】 2018年，为72人发放创业担保贷款715万元，带动就业183人。为全县234个单位发放社保补贴558万元。为2个定点培训机构发放培训补贴和职业技能鉴定补贴153.98万元。为10个小微企业发放一次性创业补贴12万元和一次创业岗位开发补贴6.20万元，为45个个体工商户发放一次性创业补贴22.50万元。

【创业大赛】 2018年，组织桓台县创业大赛暨淄博市第四届创业大赛、山东省第四届创业大赛、第三届"中国创翼"创业创新大赛桓台赛区选拔赛，选出11个企业（团队）推荐参加市级决赛，淄博欧泊陶瓷玻璃科技有限公司、淄博锐捷新技术开发有限公司入选并获得市级二等奖，淄博八骏马商贸有限公司入选并获得优胜奖。为9个企业发放创业大赛补贴13.50万元；推荐山东清秀村环境科技有限公司参加山东省首届退役军人创新创业大赛并获得二等奖。

【创业型街道（镇）和"四型就业社区"创建】 2018年，马桥镇被淄博市人力资源和社会保障局评为市创业型镇，推荐紫悦城社区、宝发社区、东城社区、锦秋社区4个社区申报市级"四型就业社区"并通过验收；商城、恒星两家社区被山东省人力资源和社会保障厅认定为省级"四型就业社区"，为桓台县4个市级"四型就业社区"发放奖补资金20万元；为2个省级"四型就业社区"发放省、市配套奖补资金奖补16万元。为马桥镇发放市级创业型街道（镇）奖补10万元。

【接收毕业生与就业】 2018年，登记应届非师范类高校毕业生1624人，未就业104人，就业率93.60%。推荐4个优秀大学生创业项目参加"淄博市优秀大学生创业项目"评选活动，为入选的4个优秀大学生创业项目发放扶持资金20万元。

【企业养老保险】 2018年，全县参加养老保险单位2218个，参保人数101318人，征缴养老金79608万元，城镇职工基本养老保险覆盖率占99.90%。征缴一次性养老补助1027万元。取消企业退休人员社会化管理费，降低实体经济成本负担。是年，企业退休基本养老保险实现14连调，为全县2.60万名企业退休人员及供养亲属按时足额发放养老保险待遇5.25亿元。

2018年5月25日，桓台县创业大赛暨淄博市第四届创业大赛、山东省第四届创业大赛、第三届"中国创翼"创业创新大赛桓台赛区选拔赛颁奖现场（摄影：王泽鹏）

2018 年桓台县企业退休基本养老基金缴纳情况表

表 14　　　　单位:个、人、元

<table>
<tr><th colspan="2">全民、集体、合资、私营、乡镇企业比例(%)</th><th>个体比例(%)</th><th>基数(最低缴费)</th><th>基数 300%</th></tr>
<tr><td>单　位</td><td>个　人</td><td rowspan="2">20</td><td rowspan="2">3465</td><td rowspan="2">17325</td></tr>
<tr><td>18</td><td>8</td></tr>
</table>

【机关事业养老保险】 2018 年,全县有 237 个机关事业单位、10680 名在职人员参加社会养老保险,征缴养老保险基金 21762 万元,财政补助收入 13850 万元,征缴率 100%。按规定为 5299 名离退休人员发放离退休费 32418 万元,及时完成退休人员调资工作,拨付率和社会发放率均为 100%。

【居民养老保险】 2018 年,全县有 20.29 万人参保,收缴保费 5478.56 万元,新增参保 4554 人。全县待遇领取人员达到 9.61 万人,实现 60 周岁以上居民应保尽保,自 2018 年 1 月 1 日起,居民基本养老保险基础养老金最低标准由每人每月 100 元提高到 118 元。为全县 114.49 万人次发放养老保险待遇 1.65 亿元。

是年,开展被征地农民纳入居民基本养老保险,落实社保资金 4842.12 万元,将 119133 名被征地农民纳入社会保险范围,为 32825 人发放被征地社保待遇 1167.77 万元。财政补贴到位 1.49 亿元,其中省、市级财政补贴 8132.23 万元,县级财政补贴 6758.48 万元。

【医疗保险】 2018 年,全县城镇职工医疗保险参保 9.74 万人,基金收入 51147 万元(含上级补助收入),基金支出 62870 万元(含上解支出);全县城乡居民医疗保险参保缴费 37.99 万人,基金收入 59326 万元(含上级补助收入),基金支出 62140 万元(含上解支出)。按上级部门要求,自 2017 年开始实行医保基金统收统支,医保基金征缴收入全额上解,支出资金由市医保处根据年度基金支出计划拨付。

【失业保险】 2018 年,全县失业保险参保单位 2652 个,参保人数 79093 人,征缴失业保险金 3165.47 万元,完成年度计划的 114.77%。落实省市《关于继续阶段性降低失业保险费率的通知》精神,费率从 1.50% 下调至 1%。是年,累计为 2695 人发放失业金 1977.91 万元。

【工伤保险】 2018 年,全县工伤保险参保单位 2497 个,其中机关事业单位 221 个。参保职工 121200 人,比 2017 年增长 16.31%,其中事业 10697 人,企业 58986 人,建筑施工企业农民工 51517 人。基金征缴总额 3529 万元,比 2017 年增长 24.13%,其中事业单位工伤保险基金 213 万元。全面开展工伤保险建筑业"同舟计划",新建和在建项目参保率均达 100%。是年,为 675 人次支付工伤保险待遇 3094 万元。

【生育保险】 2018 年,全县生育保险参保企业单位 2212 个,参保人数 58909 人,比 2017 年增长 10.47%,基金征缴总额 2553 万元,比 2017 年增长 19.41%。为 2895 人次支付生育保险金 2033 万元。

【人才交流】 2018 年,组织开展"百名博士桓台行"活动,举办高洽会、人才招聘会近 200 场次,组织 12 个单位赴 4 个城市 6 所高校招聘,现场达成就业意向 36 人,招聘教育系统紧缺人才 12 人。获批国家级博士后科研工作站 1 个,招聘引进各类人才 1632 人,其中博士 7 人,硕士 32 人,大学生 1000 人,高技能人才 180 人,高级职称以上人才 400 人,海外专家 1 人。

【人才新政】 2018 年,组织各镇进行"淄博人才新政 23 条"宣讲,培训 8 个镇企业负责人和村干部 1000 余人。依托高层次人才服务窗口,落实高层次人才相关政策待遇,实现高层次人才服务事项"一站式"办理,为 6 名高层次人才申请"淄博精英卡",为 4 名博士和 7 名硕士申报安家补贴、生活补贴。

【公务员管理】 2018 年,全县公务员(含参照公务员法管理人员)1819 人,其中县直公务员 1283 人,镇公务员 343 人,参照公务员法管理群团机关 21

2018 年 11 月 27 日,桓台县打击欺诈骗取医疗保障基金专项行动启动会

(摄影:毕　克)

人，参照公务员法管理事业单位172人。9—10月，组织开展新旧动能转换与产业结构升级教育培训，参训1762人，合格率97%。

2018年11月18日，山东华夏神舟新材料有限公司博士后科研工作站揭牌仪式 （摄影：巩 云）

【专业技术人员管理】 2018年，组织桓台县专业技术人员继续教育及事业单位工作人员在岗培训，全县10019人次报名并参加考试。开展2018年度专业技术职务资格评审，做好符合乡村振兴政策人员的职称申报。推进职称制度改革，开展中小学教师中级专业技术职务资格评审和各系列初级资格评审、确认。本年度高级职称申报926人，其中正高级9人，中小学教师高级683人，卫生高级130人，综合类104人；中级职称申报655人，其中中小学教师一级392人，综合类263人；完成初级职称评审及确认469人，其中中小学教师二级156人，综合类313人。完成197人经济师考试现场资格审核，发放2018年会计初级资格证书185人次。推荐淄博东岳经济开发区完成省级专家服务基地申报，指导山东华夏神舟新材料有限公司博士后创新实践基地完成博士后科研工作站的申报。

【招考录用】 2018年，通过全省招考，全县录用公务员（含参照公务员法管理人员）22人，其中县直15人，镇7人。公开招聘事业单位工作人员204人，其中教育系统102人，卫生系统56人（其中公立医院新聘用人员按照深化公立医院编制人事制度改革有关规定实行人员控制总量管理），其他事业人员46人。指导监督教育、卫生系统完成2018年度招聘。为103名新聘用人员发放事业单位聘用人员通知书。为城区街道招聘社区专职工作者77人。推进事业单位人事制度改革，完成86个事业单位岗位设置，其中管理岗位168个、专业技术岗位525个、工勤岗位22个。

【职能鉴定】 2018年，新增初级工78人，高技能人才168人（其中高级工141人，高级技师27人），被山东省人民政府评为齐鲁首席技师3人，被淄博市人民政府评为淄博市首席技师3人，被淄博市人力资源和社会保障局评为淄博市有突出贡献的技师3人。开展初级职业技能鉴定考试，参加鉴定379人，发放通过初级鉴定合格证书370本。完成中级职业技能鉴定两项（理论和实际操作）149人考试，发放证书124本。山东金诚石化集团有限公司入选市“新型学徒制”培养企业之一，参训50人。圆满完成桓台县第七届职业技能竞赛，涉及5个工种，参赛选手300余人。开展各参赛企业申报成绩优异选手晋升职业资格等级。

2018年11月20日，桓台县第七届职业技能竞赛巨明赛区 （摄影：徐 锐）

【工资福利】 2018年，开展机关事业单位工作人员级别晋升、晋档、晋升薪级工资工作，审批133个单位，晋升级别250人，晋升档次971人，晋升薪级6955人。根据国办发〔2018〕112号、鲁人社发〔2018〕64号、淄人社发〔2018〕122号文件精神，调整桓台县机关事业单位工作人员基本工资标准，审批调整10139人，自2018年7月起执行。组织各单位开展晋升职级人员的初审、民主测评、考核、公示及工资待遇兑现工作，全年晋升54人，其中晋升正处级1人，晋升副处级16人，晋升正科级14人，晋升副科级23人。批复桓台县员额法官、检察官、司法辅助和行政人员2018年度绩效奖金总量。为县政法委、县司法局45名工作人员审批政法委机关工作津贴，为县公安局、县法院、县检察院380名人民警察审批执勤岗位津贴、核定

2017至2018年度法定工作日之外加班补贴总量并进行批复。为教育系统1269个中小学班级核定2017至2018学年班级管理团队激励资金总量并进行批复。根据岗位聘用情况，为26名桓台县广电网络有限公司划转人员审核审批工资。审核各机关事业单位人员信息，启用淄博市人事管理系统工资管理模块。

【退休干部管理】 2018年，机关事业单位299人到龄办理退休手续。组织全县机关事业单位3880名退休人员在县人民医院进行健康查体。开展2018年春节家庭困难退休干部济困慰问工作，统一发放走访物资，共计100人。

【企业职工工资管理】 2018年，全县最低工资标准为1730元/月，小时最低工资标准为17.30元。企业职工货币工资增长基准线为7%，上线为（预警线）为11%，下线为3%。

【劳动合同鉴证】 2018年，全县新增劳动关系开户企业1191个，新签劳动合同备案14070人，劳动合同签订率98%。新签集体合同6份，集体合同签订率达96%。

【劳动仲裁】 2018年，立案处理各类劳动争议案件545件，按期结案率100%，完成指标的105%，调解成功率90%，完成指标的150%，终局裁决占裁决案件总数的58%，完成指标的193%，依法为当事人追回应得利益993万元。

【劳动保障监察】 2018年，接待职工来信来访1976人次，受理查处案件124起，时效内结案率100%。开展2017至2018年度农民工工资支付情况专项检查、清理整顿人力资源市场秩序专项行动、遵守劳动用工和社会保险法律法规情况专项检查、防暑降温专项检查，对1100个用人单位开展劳动保障监督检查，下达《询问通知书》157份，下达《责令改正通知书》65份，下达《行政处罚决定书》11份，追发劳动者工资待遇等1977.10万元，督促单位与职工补签劳动合同1200余份，督促100余个单位修订其规章制度并报送职工花名册，督促缴纳社会保险费393.44万元，对7起拒不执行行政处罚（或行政处理）决定的案件申请人民法院强制执行。

【信息化管理】 2018年，为群众办理发放金融社保卡11491张，实现中农工建和农信5个银行全部即时制卡，即时制卡总数达到6512张，实现参保群众制卡立等可取，累计发放社保卡49.80万张，基本实现全县参保群众持卡全覆盖。开展个人网上自助办理挂失注销业务，推进社保卡业务网上办理自助服务模式。继续对未采集个人信息的人员、企业进行信息录入，为1497个机关企事业单位进行信息采集及数字证书办理。推进完成自助服务终端、手机APP缴费等工作，全面实现企业、个体灵活就业人员及居民医疗缴费自助办理。

【综合柜员制】 2018年，开展全局综合柜员业务及上机培训，组织业务培训班30余期，参训2000多人次。7月份正式推出人社保障综合柜员，成为全市人社系统首家应用综合柜员制服务单位，整合综合柜员窗口27个，取消无法规依据证明盖章71项，实现127项业务即时办结，公布“一次办好”事项清单100项。

（李　珲　孟　浩）

民　政

【概况】 2018年，历时4年的桓台县第二次全国地名普查结束，编纂2年的《桓台县地名志》等地名系列丛书出版发行。全县农村、城市低保标准分别为每人每年4200元和每月526元。农村特困人员供养标准为每人每年5500元。全年拨发各类救助资金2722.07万元，保障困难群众9642人次。为3153名优抚对象发放抚恤定补金1797.09万元。安置退役士兵12人，职业技能培训99人，发放自主就业一次性经济补助247.05万元，退役士兵落实保险待遇335人。山东省双拥创城考核组赴桓台县进行验收，给予肯定。

【行政区划】 2018年，桓台县辖索镇、新城、田庄、起凤、唐山、荆家、果里、马桥8个镇和城区街道，有329个村民委员会和21个社区居委会，316个自然村。

【区划地名】 2018年3月，准备相邻区县边界线联检任务材料，对边界地名存在的纠纷问题进行专项排查。5月，完成桓台—周村线、桓台—邹平线两条县界联检，防止发生矛盾纠纷。

【创建边界和谐走廊】 2018年，创建边界和谐走廊，以行政区域界线为基础，界线两侧附近地区以平安边界建设为纽带，通过开展全方位、多形式的区域共建，打造沿线一带人员友好往来的新长廊，促进边界和谐稳定和区域内经济社会协调发展。

【桓台县第二次全国地名普查】 桓台县第二次全国地名普查从2014年7月1日起至2018年6月30日结束，分为组织准备阶段、普查实施阶段、普查验收与成果转化阶段。历时四年。

【地名普查成果】 2016年10月至2018年10月，编纂出版《桓台县地名图集》《桓台县地名录》《桓台县地名词典》《桓台县地名志》《桓台县地名故事》等系列丛书。

【《桓台县地名志》出版发行】　2018年10月，桓台县民政局编纂的《桓台县地名志》，历时2载，7易其稿，由方志出版社出版发行，印刷单位为山东麦德森文化传媒有限公司，82万字，印刷2000册。主编王允强，副主编田兴军、王秀芳。执行主编徐承来、张春兴。设16章，823条，另有历史地名34条、照片499张。该志是桓台县地名通志。

【《桓台县地名词典》出版发行】　2018年10月，桓台县民政局编纂的《桓台县地名词典》，由方志出版社出版发行，印刷单位为山东麦德森文化传媒有限公司，47.30万字，印刷300册，编纂人员与《桓台县地名志》为一套班子。该词典有行政区划和自然村、社区、居民点名称，有自然地理实体名称，有具有地名意义的事业、企业单位和人工建筑名称，有名胜古迹和纪念地名称，共四大类。其中，镇(街道)以上行政区划9条，其他区域1条，居民点351条，路、街、巷34条，自然地理10条，交通运输设施16条，科教文体事业单位59条，名胜古迹与纪念地68条，农业与水利设施48条，企业与服务业单位127条，共有723条。该词典编纂依据为1991年编纂的《桓台县地名词典》和桓台县第二次全国地名普查中出现的新地名。

2018年9月15日，省双拥考评组到桓台县考评验收　（摄影：张　洋）

【《桓台县地名图集》出版发行】　2018年10月，桓台县民政局编纂的《桓台县地名图集》，由方志出版社出版发行，印刷单位为山东麦德森文化传媒有限公司，5.30万字，印刷200册。《桓台县地名图集》共收录桓台县各个历史时期的政区地名图、城区图和镇(街道)政区地名图25幅，其中历史地名图15幅。编纂人员与《桓台县地名志》为一套班子。

【双拥】　2018年，为35名生活困难的优抚对象发放救助金4.20万元，为904名年满70周岁的老退伍军人发放慰问金、救助金115.39万元。对荣立三等功的28户立功军人家庭走访慰问。9月15日，省双拥创城考评组到桓台县考评验收，对双拥工作给予肯定。

2018年8月17日，桓台县民政局婚姻登记处工作人员为新人颁发结婚证　（摄影：韩俊青）

【优待抚恤】　2018年，为3153名优抚对象发放抚恤定补金1797.07万元。其中义务兵家庭优待金每户每年20043元，艰苦地区义务兵家庭优待金每户每年40086元，进藏义务兵家庭优待金每户60129元。同年，在乡烈士遗属家庭优待金每户每年9060元。在乡因公牺牲军人遗属、病故军人遗属、在乡残疾军人、复员军人优待金由每月1686元增加到每月1822元。在乡参战退役人员、带病回乡退伍军人优待金每月600元。

【退伍安置】　2018年，安置退役士兵12人。依托淄博技师学院、山铝职业学院等培训机构，推荐99名退役士兵参加职业技能培训。7月前按时足额发放自主就业一次性经济补助274.05万元。是年，协调县财政、人社、房管、公安等部门，为335名符合条件的退役士兵落实保险、住房、公益性岗位等政策。

【婚姻登记】　2018年，办理结婚登记3081对，离婚登记1379对，补领结婚证1992对，补领离婚证240人，登记合格率为100%。

【社团管理】　2018年，桓台县注册社会组织230个，其中，社会团体92个、民办非企业单位137个、基金会1个。

【殡葬管理】　2018年，火化遗体4100余具。为城乡低保对象、农村五保供养对象、城市“三无”人员、重点优抚对象和无丧葬补助人员600余人减免丧葬费65.55万余元。

【城乡低保】 2018年,有城乡低保对象3014户5469人,发放低保金及电价补贴1701.25万元;为1179人次发放低保高龄补贴41.01万元。是年,新增低保136户238人,取消307户730人,因收入和人员发放变化而变更的934户1335人。

【社会救助】 2018年,医疗救助2732人次,救助金403.01万元;临时救助422人次,救助金108.10万元。是年,为27名孤儿、31名事实无人抚养儿童、45名困境儿童,发放孤儿及困境儿童基本生活费60.36万元。

2018年5月30日,桓台县民政局开展低保申报户调查 (摄影:徐 晓)

【特困人员供养】 2018年,为835名分散供养农村特困人员发放生活补贴及电费补助354.20万元,为184名敬老院集中供养老人发放各类补贴114.50万元。

【老龄工作】 2018年,为16000余名老人发放补贴约625万元;为2000余名老人办理优待证;为309人次发放补贴18540元;为8000余名残疾人发放残疾人两项补贴约780万元。重阳节前夕,对全县所有百岁老人、养老机构进行走访慰问,送去慰问金和慰问品,投入资金13.50万元。是年,为12处养老机构落实省、市、县养老服务业专项扶持资金367.25万元,为2处养老机构落实省市财政扶持优秀养老机构奖补资金23万元;新增养老机构1处,改造提升养老机构6处,建设示范性社区养老服务中心2处,新增养老床位700张。依托桓台大爱阳光居家网络服务中心搭建县级12349养老服务信息平台,正常服务300余名老人。

2018年9月22日,桓台县民政局工作人员走访慰问困难老人

(摄影:张 洋)

【基层政权和社区建设】 2018年,按照每百户居民拥有综合服务设施不低于30平方米的国家标准,对不达标城市社区服务用房进行改造提升。桓台县完成11个社区(少海社区、西苑社区、兰香园社区、紫悦城社区、兴华社区、宝龙社区、宝发社区、东岳国际社区、恒星社区、东城社区、商城社区)的服务用房面积提升工作。完成永安、新民、西镇、永和、赵家、五里6个村的“村改居”工作。是年,完成村和纯城市社区居委会换届选举。

(张 焱)

民族宗教

【概况】 2018年,全县除汉族外,有29个少数民族成分,645人。其中,满族100人、彝族67人、蒙古族67人、回族60人、拉祜族53人、佤族49人、苗族34人。其他民族都不到20人。县内少数民族处于散居状态。

是年,县内有合法登记宗教活动场所32处,其中,天主教9处、基督教22处、佛教1处。基督教活动小组144个。全县共有宗教教职人员53人,其中,天主教设神甫1人,基督教设牧师2人、长老3人、传道员36人,佛教设比丘6人,比丘尼5人。至年底,全县有信教群众6610人,其中,天主教1318人、基督教5241人、佛教50人、道教1人。

【民族事务管理】 2018年4月在县法治文化宣传广场、8月在兴华社区集中开展民族团结进步教育宣传。发放宣传明白纸200余份,现场讲解30人次,悬挂横幅5条。9月,开展全县第十八次“民族团结进步宣传月”活动,围绕“中华民族一家亲,同心共筑中国梦”的民族工作总目标,发放宣

传材料500余份，悬挂条幅30余条。桓台县实验小学被淄博市民族宗教事务局评为全市民族团结进步示范单位。10月，县民族宗教事务局与县食药监局联合对辖区内11处挂有“清真”字样的清真食品、餐饮店进行安全检查。

【宗教事务管理】　2018年3月，县民族宗教事务局与各宗教团体、各宗教团体与各活动场所层层签订《平安宗教活动场所责任书》。4月，举办全县《宗教事务条例》培训班，县宗教工作领导小组成员及各镇（街道）分管宗教工作人员、宗教团体、宗教活动场所负责人共计50余人参加培训。基督教举办封闭式培训班1期，由各活动场所负责人、活动小组组长约200余人参加，学习内容为《宗教事务条例》、宗教方针政策、法律法规和基督教教义教规。7月，开展宗教政策法规大宣讲活动，各镇（街道）党政干部、各村（社区）负责人共计600余人参加了此次培训。6—8月，集中力量对全县各活动场所进行安全、财务专项检查，督促各宗教活动场所规范安全运行。

（郝　旋）

旅　　游

【概况】　2018年，全县有国家4A级旅游区1个、3A级旅游区2个，有国家历史文化名镇1个、省旅游强乡镇2个、省旅游特色村3个，有国家级农业旅游示范点1个、省级农业旅游示范点4个、省级工业旅游示范点2个，有旅行社3个、旅行社服务网点26个，有3星级饭店2个、3星级餐馆2个、2星级餐馆3个。全县接待旅游人数330万余人次，实现旅游消费总额85亿余元。淄博百萃源农业旅游开发有限公司获省级乡村旅游后备箱工程奖励补助20万元。

2018年2月，桓台县民俗趣味运动会　　（摄影：魏建国）

【旅游公共服务设施】　2018年，推进旅游厕所新建改建工作，投资3000万元，新建旅游厕所24座，改建旅游厕所32座。投资近30万元，在新修道路通往各A级景区、农业旅游示范点

2018年12月，桓台县设置道路交通指示牌　　（摄影：张宇峰）

路口处设置10个旅游交通指示牌；在红莲湖景区、淄博百萃源农业旅游开发有限公司、山东金五果农业科技开发有限公司、泓基田园综合体、淄博沣亿农场、淄博润邦生态农业科技发展有限公司、淄博太奇生态休闲度假中心、桓台县八里庙老醋店博物馆内共设置8个大型桓台县全域旅游地图展示牌。桓台县游客集散中心建成投用，马踏湖游客集散中心完成方案设计和土地划拨，马踏湖游客服务中心主体工程已完工，马踏湖生态停车场基本建成。

【重点旅游项目建设】　2018年，马踏湖旅游度假区项目游客服务中心主体建筑已完工，生态停车场、大小游船码头、电瓶车站等配套服务设施基本完工。红莲湖配套设施项目，占地面积230亩，总投资10亿元。水上世界娱乐项目正在建设中，打造成为集水世界、休闲、游乐、教育、文化、服务为一体的现代化主题游乐园。

【宣传】　2018年新年春节期间，举办好客山东贺年会——共筑中国梦　桓台过大年摄影大赛，收集到来自全县摄影爱好者优秀作品300余张，评选出一等奖1个、二等奖2个、三等奖6个、入围奖7个、佳作奖10个。2月3日，桓台县旅游局在荆家镇伊家村举行2018年“我们的节日·春节”送福下乡、桓台旅游商品年货大集、民俗趣味运动会等系列2018桓台好客山东贺年会活动。民俗趣味运动会共设置比赛项目8个、奖项24个，100

余人参加，活动现场赠送了400余个“福”字。春节期间，县旅游局发放大红灯笼6300余个，福字、福娃各1万余份。4月，组织王渔洋故里景区参加市旅游发展委员会组织的赴京津冀及省内临沂、莱芜等地市的旅游推介会，发放宣传材料1000余份、景区门票300张。5月19日，在桓台县金五果农业生态园开展了“5·19”中国旅游日宣传活动。在活动现场公布了2018年好客山东贺年会——共铸中国梦 桓台过大年摄影大赛获奖名单，为获奖者颁奖。组织广大游客在文明旅游条幅签名，争做文明旅游践行者。

【培训】 2018年7—11月，桓台县A级景区、乡村旅游企业等负责人45人，分别参加市旅游发展委员会2018年度旅游千人培训7场。

【监督检查】 2018年，全县检查旅游市场30次，检查企业29个，发现问题5个，整改率100%。受理旅游投诉8件，结案率100%、满意率100%。

（于 琛）

居民收入

【农村居民收入】 2018年，桓台县农村居民人均可支配收入19668元，比2017年增长7.90%。

【城镇居民收入】 2018年，桓台县城镇居民人均可支配收入40899元，比2017年增长7.50%。

（郑 坤）

本部类责任编辑 张胜利

镇 街道

索 镇

【概况】 2018年,全镇总面积76.82平方千米,辖建国、东镇、后毕、马家、杨家、北王、刘茅、张茅、崔茅、睦和、姜庙、宫家、徐家、苏王、王沟、小辛、北辛、任庄、东雅、西雅、兰柳、刘家、邢刘、东逯、张桥、义和、耿桥、李家、桃园、河崖头、永安桥、于家、三岔、花园、东辛、孟家、南辛、李贾、前毕39个行政村,西镇、新民、永和、永安、赵家、五里6个居委会,总人口65397人,人口出生率9.07‰,死亡率7.82‰,自然增长率1.25‰。农民人均纯收入26532元。城乡居民医疗保险参保人数50811人,基本养老保险参保人数28439人。医疗机构47处,床位数260张,医疗机构技术人员134人。规模以上企业152个,实现主营业务收入162.98亿元,工业总产值29.30亿元。实现税收107900万元,地方财政一般预算收入30444万元。工业企业实现销售额29.50亿元,利税2.35亿元。完成社会固定资产投资10.50亿元。

【项目建设】 2018年,山东云涛家纺有限公司年产3万吨针织品技改等9个项目被列为县重点项目,年度完成投资2.90亿元,除中能源(山东)物流有限公司智能物流项目正在洽谈外,其余8个项目均进入试运行阶段。

【服务业】 2018年,以提质增效为目标,不断增创县城驻地镇优势。信誉楼百货等传统零售百货商场在确保线下市场同时,拓展线上销售渠道,信誉楼商城营业收入持续增加;迅动电子商务、云涛纺织天猫店铺等电商平台发展迅猛。建国批发城、新世纪家具城、北辛建材城、新世界装饰材料城等专业市场功能进一步凸显。

【农业】 2018年,淄博沣亿农场1600平方米火龙果大棚完工,火龙果生长良好。大棚草莓等供游客采摘。益农等专业合作社发展良好。

【环境保护】 2018年,落实环保网格化管理各项工作,巡查企业达12000次,填写巡查记录,对发现的环境影响问题立即上报并采取相应措施;开展“2+26”环保部督查迎查,均无被采纳的上报问题;配合完成中央环保督察组和省环保督察组开展的督查“回头看”。加强对李家、耿桥、宫家等3处污水处理设施的管理,确保污水有效处理;完成北城小区、李家村及张桥村雨水管线改造,避免污水直排;投资8000万元的乌河生态走廊景观改造项目和投资5000万元的乌河入湖口人工湿地一期工程顺利施工;在乌河于家段处、李家段处各设立水质监测点1处;完成对乌河沿岸排水口全面改建修整工作。贯彻落实“河长制”,组织镇村两级河长对分管河道进行巡查1000多次。妥善处理群众信访案件120多件次;集中完成对重点环保任务的推进工作;加强对辖区内空气的检查监管,责令施工工地落实防尘抑尘“六个100%”,加大对主要区域和道路洒水降尘的覆盖面和密度;对240多个企业进行档案归类整理;全国污染源普查工作有序推进。

【市县重点项目迁占】 2018年,S29滨莱高速连接线东延、少海路绿道网、县档案馆大楼、乌河入湖口人工湿地一期工程、济青高铁等迁占工作基本完成,项目顺利施工;S294连片改造和医养结合保健中心项目正常推进。

【违建治理】 2018年,拆除违建369处,约3.60万平方米。王沟、北辛、花园等重难点村拆违任务扎实推进。土地卫片整治已基本完成。

2018年4月12日,省委农村工作领导小组副组长王军民(前右一)到淄博沣亿农场调研旱厕改造后续管护 (摄影:孙 杰)

【整建制美丽乡村建设】 2018年，整建制美丽乡村建设有序进行，28个村已基本建成；任庄村完成市级美丽乡村建设。任庄、张桥等10个村的美丽乡村连片打造、乌河沿岸10个县级美丽乡村建设以及李家、永安桥2个连片创建县级美丽乡村示范村建设，相关工作正在有序推进。

【棚户区改造】 2018年，花园村旧址改造历史遗留问题妥善解决，东方紫郡项目展厅已开放，项目正在施工。

【精准扶贫】 2018年，政策兜底、产业扶贫、孝善扶贫、扶贫专岗等多策并举，助力脱贫攻坚。通过政策兜底，使254户518人低保户、129户132人五保户达到脱贫标准；开展产业扶贫项目，带动贫困户493户775人增收；着力落实孝善扶贫优惠政策，倡树“孝善义”传统美德，惠及104户136位贫困老人；开展扶贫专岗工作，11户贫困户为23户贫困户提供家政、养老护理等服务，搭建互帮互助桥梁；完成全镇28户未脱贫、返贫贫困户脱贫任务；组织县镇帮扶干部，完成对512户贫困户的全年走访工作，并发放相关慰问物资。

【社会事业】 2018年，投资200多万元的顺河路北辛段绿化、人行道铺装及小广场建设工作已基本完成；投资100多万元改善辖区学校教育教学环境，提升教学质量；完成3处中小学音乐美术教室改建，推动“义务教育优质均衡县”创建；农村集体产权制度改革进入扫尾阶段；21处贫困户危房改造完成；组织索镇2018欢乐村村行在各村、居进行演出，完成15个村文化大院提升改造。加快文明村镇创建和乡村文明行动示范区连片建设；秸秆禁烧取得阶段性成绩；清洁供暖顺利进行，宫家村、前毕村已全部完工；以国家卫生城市创建为契机，下大气力开展整治镇域主要街道、围城村存在多年的乱涂乱画、乱摆乱放、乱堆乱放、店外经营、占道经营等现象得到改变；民政工作有序推进。

【改革】 2018年，全面深化改革持续推进，淄博沣亿农场农业“新六产”成为村居信息化示范点项目；山东爱亿普环保科技有限公司、桓台县乐鑫家庭农场、山东龙泰畜牧机械有限公司、山东五维阻燃科技股份有限公司等单位荣获省级表彰；一把手抓改革事项全面完成；“一次办好”改革扎实推进，服务群众效率显著提高。

【安全生产】 2018年，开展领导干部挂包企业、“大快严”集中整治等工作，落实“四个清单”。按照“严执法、全覆盖，快查处、依规罚”原则，全年检查企业321个(次)，发现隐患673条，其中立案处罚47起，罚款50.18万元；构筑安全生产“网格化”体系，处理村居安全生产网格员上报安全隐患13036条。开展“双重预防体系建设”专题培训会22次，累计2000余人参加；开展应急值守和安全事故演练工作等。

【社会稳定】 2018年，发挥51名警务助理作用，加强夜间巡逻。妥善处理信访老户诉求；扫黑除恶专项斗争扎实推进，累计发放明白纸1.50万余份，张贴通告300余份，悬挂标语横幅150余条，粉刷扫黑除恶固定宣传标语50余条等。多措并举，深挖线索，持续加大对涉黑涉恶势力的打击力度。

【荣誉】 2018年，于家村获评全国示范农家书屋，山东爱亿普环保科技有限公司入选山东省2018年第一批入库科技型中小企业，桓台县乐鑫家庭农场获评山东省优秀农民田间学校、山东省第三批家庭农场省级示范场，山东五维阻燃科技股份有限公司、山东龙泰畜牧机械有限公司入选第一批全省中小企业工业互联网推进工程重点培育企业，山东鑫炬建工股份有限公司、山东桓台建设工程有限公司等8个企业被评为年度山东守合同重信用企业，淄博大桓九宝恩皮革集团有限公司被评为淄博市工业企业50强，桓台县精神病院荣获中国农村癫痫防治项目县级集体二等奖，山东五维阻燃科技股份有限公司被评为2018年山东省中小企业隐形冠军企业、山东省“专精特新”中小企业，索镇耿桥联办小学获评全国家校共育数字化试点学校，索镇人民政府、永安村被评为2018年度省级文明村镇，张桥等13个村入选2018年度山东省第一批卫生村。

(孙　杰)

唐　山　镇

【概况】 2018年，唐山镇面积72.80平方千米，辖田孟、宋家、吉托、于家、前许、后许、演马、前诸、后诸、郇家、邢家、东营、波扎店、黄家、张茂、后七、东莫王、西莫王、郭店、白辛、大有、唐一、唐二、唐三、唐四、唐五、贾家、前七、郑家、王茂、仁合、巴王、邢里、前大王、后大王、宋店、徐店、石店、西毕、西马、古城、薛庙、八里、楼一、楼二、郭家、兴旺、东周、浒家、于堤，共50个行政村。人口6.10万。基层党支部107个，党员3625人。全镇完成税收13.23亿元，比2017年增长39.10%，实现公共财政收入7.27亿元，同比增长39%；规模以上工业企业实现主营业务收入454.70亿元，利润35.20亿元，固定资产投资15亿元。农村居民人均纯收入1.80万余元。位列全国综合实力千强镇第411位。

【项目建设】 2018年，全镇投资过千万的市县重点项目35个，总投资额125.60亿元，全年计划完成投资22.30亿元，实际完成投资22.90亿元。山东东岳未来氢能材料有限公司氢能源功能膜及相关关键材料项目、淄博东岳经济开发区基础设施建设项

目、山东海思堡服装服饰集团股份有限公司智能工厂改造项目等市县重点项目均按投资计划完成年度建设任务。

【环境保护】 2018年,配合开展蓝天保卫战重点区域强化督查,开展网格化巡查,助推"散乱污"企业和燃煤锅炉进行"回头看",完成环境综合治理任务,配合推进污染源普查,按计划推进涉VOC企业全年监测,完成空气质量监测考核,加大对重点排放企业的检查力度,落实河长制,强化水源地保护,建立投诉专线,发挥群众举报优势,加大对重点污染企业的环境公示力度。

【安全生产】 2018年,坚持以安全生产"大快严"集中行动为主线,定期开展各领域安全隐患排查整治,有效防范和遏制各类生产安全事故。切实做好省政府安委会巡查整改落实回头看、民生建设新突破考核等重点安全生产,安全生产形势持续稳定,开展"双重预防体系"建设、村居网格化安全、装卸环节安全设施提升改造、外协施工队伍作业、特种作业人员、建筑施工、道路交通、消防等各类专项排查治理行动,对非法违法生产、经营、建设、运输、储存单位严厉打击。全年执法检查企业247个(次),发现安全隐患1253条,已全部整改完毕;针对主体责任落实不到位的企业,立案处罚34个(次),罚款46.11万元。聘请第三方专业技术服务单位检查企业39个(次),开展服务项目123项,发现隐患688条,均已整改完毕。打击各类非法违法行为4处,均已整改清理到位。

【金融风险化解】 2018年,山东淄博万鑫集团有限公司集资兑付情况良好,群众情绪稳定可控,万鑫集团破产重整有序推进,12个企业全部通过债权人会议,正在进行资产审计评估。万鑫集团工业板块已基本恢复生产,房地产板块已破除政策制约因素,销售前景良好,从整体面上来看,万鑫集团已逐步走出困境,向利好的方向发展,逐步建立起产权清晰、权责明确、管理科学的现代企业制度。此外,山东贵和纸业集团有限公司、山东智汇蠕墨新材料科技股份有限公司、山东锦华电力设备有限公司等企业所面临的信贷担保圈风险也得到有效管控,全镇整体金融风险化解稳定有序。

【招商引资】 2018年,采取实地招商与产学研相结合的方式,开展氟硅材料加工项目招商引资。中国钢研高端表面处理新材料项目、有机硅精深加工项目、高纯度纳米氧化铝项目、微孔膜智能化技术改造项目等4个投资5000万以上重点招商引资项目进展顺利。

【基础设施建设】 2018年,投资2.10亿元、全长11千米的开发区西外环、中心路、跃进河路竣工通车。投资2亿元的开发区污水处理厂一期1.50万吨/天处理设施已投入使用,二期5000吨/天的扩容增量改造工程正在加速推进。投资1000余万元的园区应急中心已完成招投标。投资3000余万元、全长4.50千米的镇区驻地雨污管网及立面提升工程全面竣工。投资1100余万元的高标准农田建设项目验收完成,110千伏桓台桃园电站第二电源工程和500千伏青州换流站配送工程迁占任务基本结束,总长近14千米的引黄输送工程迁占任务全面完成。

【美丽乡村建设】 2018年,楼二村棚户区改造项目立项已批复,所有前期手续已办理完毕,一期(2、5、6、7号楼)已经完成主体封顶。郭家村棚户区改造项目立项已批复,旧村拆除同步进行中。于堤村棚户区改造项目立项已批复,临建工程已完成,准备进行一期项目建设(两栋23层,三栋17层共640户住宅)。涉及淄博东岳经济开发区周边5个村搬迁的唐泰嘉园项目,勘测定界、可研报告、环评、能评已完成,土地预审和规划预审已经办理,立项已批复,初步规划设计已完成,申请的52亩土地指标已批复,施工和监理招标已完成,正在等待拟搬入地旧村拆除。全年计划投资3000余万元,整建制完成美丽乡村建设,至年底已完成墙面粉刷70万平方米,绿化完成90%;后诸村省级美丽乡村建设已完成招投标,波扎店村市级美丽乡村建设正在安装百米长廊;9个特色精品村连片创建工程前期拆除迁占工作正在进行,总体规划设计方案已出炉,立面找补、墙面粉刷、节点工程逐步实施。25户危房改造任务全面完成;全年处理涉及违法占地36宗,拆除违建159处,面积11490.80平方米。全面完成2018年气代煤工程,涉及7个村及1个小区,对村委、卫生室、幼儿园等近7000余平方米的62个公共场所实施电代煤改造工程。

【农田项目】 2018年,国家农业综合开发现代农业园区试点3万亩高标准农田建设项目唐山镇项目区治理面积占地2万亩,涉及16个行政村,人口3.50万人,项目总投资1100余万元。至年底,新建排灌站107座、小型扬水站107座,配套机电井111口,包含潜水泵配套111口;新建隐蔽井池31个,闸阀井配套110个;新修生产路16860米。7月,淄博市农业综合开发办公室对工程进行了验收。

【河长制落实】 2018年,完成总投资7000余万元的桓台县地下水超采区治理项目;建立河长制工作网络,聘请桓台县隆顺市政有限公司对所有河道进行日常维护;运用淄博河长制手机APP客户端进行河道全面巡查,每次巡查不少于1个小时,按时填写巡河日志;清理河道22.84千米,清理杂草和废弃物30余吨,拆除河道违建15处,在东猪龙河沿岸唐一村、唐二村新建雨污分流管线300米,解决东猪龙河村庄内生活污水排污问题。

【扶贫】 开展2018年底贫困户收入核实,由驻村干部及村干部入户核实收入,填写《2018年度家庭收入情况明细表》,形成电子档案。扎实开展扶贫专岗工作,扶贫专岗岗位对象52个,服务对象97名,已全面上岗;全面开展"孝善扶贫",179名贫困老人自愿纳入保障范围,子女共缴纳赡养费244200元,补贴发放29304元。全镇15名副科级干部对2018年未脱贫贫困户15户、25人实行"一对一帮扶",

建立帮扶台账，明确帮扶任务，细化帮扶措施。对全镇7户未通自来水贫困户全部接通自来水，对全镇建档立卡贫困户的旱厕改造情况进行摸底，其中64名贫困户有意愿改造旱厕，6月底前全面改造完毕。产业扶贫实现收益全覆盖，投入县级财政专项扶贫资金100万元，用于山东万吉塑胶有限公司PE管道技术改造项目，按照每年保底收益7%拨付收益，8月27日项目已完工，9月28日发放收益315361.55元，惠及贫困户547户、962人，收益发放覆盖率达91%。扎实开展2019年度贫困户信息采集，在全县率先完成。

【民生保障】 2018年，加大对困难群体的资金扶持力度，走访慰问困难群众、优抚人员502人；足额为低保户、优抚对象发放低保补贴、定额补助，“八一”期间为全镇优抚对象发放慰问金74万余元。做好困难人员的大病医疗救助和生活救助，医疗救助17人，发放救助金71653元；生活救助3人，发放救助金7000元；低保救助2人，发放救助金16502元；为全镇2263名80岁以上老人发放县级生活补贴428290元，为全镇90岁以上老人发放镇级生活补贴45270元，为9名失能老人发放补贴3240元。“慈心一日捐”募捐40余万元，完成留守儿童摸底排查及村级信息员录入。

【社会综合治理】 2018年，开展扫黑除恶专项斗争，召开专题会议进行部署安排，发动群众，舆论宣传，在全镇范围内形成“有黑必扫、有恶必除”的态势。开展四类风险专项排查，加大对进京非访的骨干人员、涉法涉诉信访老户的管控力度，确保其始终处于可知可控状态，开展重大决策及重大项目的社会稳定风险评估，实施以奖代补政策落实严重精神障碍患者监护责任；推动“星级”示范村创建。

【卫生】 2018年，邢家卫生院托管唐山镇敬老院建成的幸福医养院运行良好，唐山卫生院自办的唐山颐养中心推进顺利。创建一级乙等乡镇卫生院，辖区2个卫生院按照《山东省乡镇卫生院建设与管理标准》的要求，于8月24日通过市级专家组评审；实行住院病人回访制度，回访满意度达到95%以上。举办村级计划生育协会换届现场观摩会，在全县率先完成50个村协会换届选举，修订计划生育村民公约。建立计划生育协会万元基金帮扶项目，对全镇计划生育特殊家庭定期开展志愿帮扶活动。开展优生优育进村居活动，免费为全镇育龄妇女进行两癌筛查和健康查体，建立育龄妇女健康档案。

【教育文化】 2018年，推进教育共同体办学，投资80万元对中心学校进行优化提升。投资1000余万元，占地3303平方米的镇中心幼儿园项目主体已建设完成。对辖区20余所校外托管办学机构进行逐一摸底，建立台账。村级文化大院提升改造13个，开展文化活动161场，启动中心文化团队培训，每周安排4课时，对镇中心文化团队100余人进行系统培训。沿唐华路打造10个村乡村文明示范片区，投资500余万元建设唐山镇综合文化服务中心。

【新时代文明实践】 2018年，投资1亿元、占地84亩的新时代文明实践中心建设已进入招标阶段，12月11日开标，现场清理同步开展。投资300余万元，推进后七、前诸2个村的文明礼堂建设。开展节日系列活动49次，推进全国文明镇创建，东周村、于堤村公益性公墓建设初具成效，打造八里庙民居博物馆、后七知青记忆陈列馆等一批传统民俗文化站点。

【唐山镇违法建设治理部署会】 2018年3月16日上午，唐山镇召开全镇违法建设治理部署会，全镇违建治理工作迅速展开。镇政府安排宣传车进村入户宣传，各村通过广播、悬挂横幅、召开村民代表会议等方式，进行广泛宣传，营造拆违攻坚、违建零容忍的高压氛围；通过违建再摸排，建立违建治理“一村一方案、一户一对策”台账，建立拆违时间表；各管区、国土所、执法中队等职能部门形成合力、重拳出击、铁腕治理，违建治理持续推进。

（赵　旭）

田 庄 镇

【概况】 全镇总面积50.02平方千米，辖田庄、牛旺、仇王、刘家、曙光、张王、大庞、小庞、西家、胡东、胡中、胡西、宗王、高楼、关家、付桥、史家、于铺、李寨、小寨、大寨、旬北、旬西、旬东、文庄、辕北、辕南、北埠、东埠、西埠30个行政村，总人口48061人。人口出生率8‰，死亡率8.9‰，自然增长率-0.9‰。少数民族常住人口52人，少数民族流动人口4人。规模以上工业7个，实现工业总产值9.77亿元，主营业务收入8.33亿元。实现社会消费品零售总额14422万元；消费品市场8处。田庄镇卫生院有21个科室，170张床位。卫生技术人员76人，其中执业医师41人，注册护士21人。农家书屋22个，文化大院30个，文化广场30个，戏台14个。城乡居民养老保险参保人数9832人。城乡居民医疗保险参保人数33784人。实现税收19890万元，比2017年增长68.03%，实现公共财政预算收入10135万元，同比增长59.43%。

【重点项目】 2018年，总投资1.50亿元，12000平方米的室内滑雪场正在施工中。山东淄博环宇桥梁模板有限公司智能化、数字化工厂建设项目，投资5000万元，围绕产品设计与智能焊接两个工序进行技术改进。购入日

本发那科生产的自动焊接机器人15台，实现焊接工艺的全面技术升级，全面打造智能化、数字化工厂。机器人3台投入使用。田庄镇污水处理项目，总投资1200万元，铺设污水管线4800米，安装处理器3台；在胡中村建设旱厕污水处理设施1处，每年为全镇改厕户免费抽厕一次。该项目设备已安装调试完毕，正常运行。田庄镇康寿养护中心项目，投资5200万元，建筑面积15000平方米，设立床位数800个，立项已完成，已张贴拟征地公告、征地补偿安置方案公告，土地手续正在办理中。田庄镇温馨老年公寓建设项目，建筑面积11000平方米，设立床位500张，提供老年公寓350套，项目已开工。

【市县重点工程服务】　2018年，S29连接线东段、西段东侧800米、西十三路北延工程已全部通车。跃进河生态修复工程完成90%，孝妇河二期河道综合治理工程迁占完成80%，南干渠河道综合治理工程迁占工作已完成，进入施工阶段。引黄明渠除险加固工程迁占工作基本完成。

【拆违治理和美丽乡村建设】　2018年，整建制完成拆违的村有24个。建立长效督查考核机制，将违建整治抓在日常，将其纳入常态化管理。同时，结合拆违、环保、巷巷亮等重点工作，统筹推进美丽乡村建设，对整建制完成拆除的村进行主干道两侧墙面粉刷、美化绿化，全镇30个村整建制完成巷巷亮、路路通工作，李寨、旬北等12个村初步建成美丽乡村。2017年度市级美丽乡村刘家村建设工作已全面完成，2018年度市级美丽乡村辕南村招投标等手续已完成，正在进行施工前期准备。

【精准扶贫】　2018年，帮扶干部按季度开展贫困户走访工作。采取“项目＋扶贫车间＋贫困户”的模式，打造太奇文化旅游拓展项目等3个产业扶贫项目，将项目收益用于提升贫困户生活质量和水平。在兰天服装、金海洋纸业设置“扶贫车间”，吸纳多名贫困人员就业。推行“孝善养老”新模式，是年发放孝善养老金27.21万元，惠及233名贫困老人。设立“扶贫专岗”，通过“穷帮穷”“穷帮病”“穷帮弱”助力精准脱贫，有9名专岗人上岗服务。为贫困户清理环境卫生，送去过冬棉被，提升贫困户幸福指数。

【教育】　2018年，镇中学、中心小学音美教室整修改造完工。在国家资助的基础上，拓宽扶贫济困渠道，400余名困难家庭学生受到不同类别的资助。中学自排的舞蹈《甲骨印象》获山东省中小学生校园艺术节展演活动一等奖。

【卫生】　2018年，开展省级健康促进示范县创建、镇村卫生计生资源整合工作，镇妇幼保健计生服务站、刘家村作为示范点迎接了市县卫计部门领导观摩。田庄镇中心卫生院国医堂顺利通过国家验收，增设“安宁病房”与康复中心实行分区联片运行模式，先后被评为“山东省群众最满意的数字化预防接种门诊”和全国“群众最满意的乡镇卫生院”等。院长杨臣获评“全国乡镇卫生院优秀院长”。村级卫生室28个，100平方米以上的标准化卫生室16个，每个卫生室配备1～3名乡医，卫生室与县医院建立心电图远程会诊服务。

【文化】　2018年，利用原镇计划生育办公室旧址，提升改造镇综合文化站。投资近200万元，提升改造文化广场7处，举办“我们的节日”文艺演出、“百姓大舞台”巡演、文化惠民送戏下乡、“迎中秋·庆国庆”书画展等新时代文明实践文化活动320余场次。开展“中国梦·新时代”百姓宣讲活动，由田庄镇中心艺术团推荐的杨伟珂、颜硕组合，荣获县级三等奖，代表桓台县参加全市比赛。

【环境保护】　2018年，落实重污染天气应急响应和错峰生产，开展环境保护综合治理，迎接生态环境部大气污染防治强化督察十五轮次检查，开展中央环保强化督察“回头看”，保障田庄空气质量改善。要求全体环保网格员加大巡查工作力度，实施现场巡查记录，对巡查出的问题，依法依规处理，密切监控企业环保动态，特别是对23个关停取缔企业、75个治理提升企业、51台淘汰取缔燃煤锅炉加大巡查力度，严防污染问题死灰复燃。督促燃气锅炉企业进一步完善环评手续，重点污染源企业网上公开企业环境信息。开展第二次全国污染源普查，加大经营性燃煤场排查整治力度，对固定污染源挥发性有机物排放进行专项治理。对全镇窑湾（塘湾）开展专项排查。开展全镇化工企业周边地下水检测。

【安全生产】　2018年，开展“大排查·快整治·严执法”集中行动。开展涉爆粉尘企业、起重机械行业、职业卫生等专项检查。对辖区内企业进行201次安全隐患排查。下达责令整改书109份。处罚24个企业，罚款16万元。

【平安田庄建设】　2018年，推进雪亮工程建设，在各村村委和主要路段、幼儿园以及部分卫生室，安装视频监控系统，扩大监控覆盖面，实现技防与人防相结合的治安防护。全面落实“一村一警务助理”工作机制。开展“两会”“上合峰会”期间及后续社会稳定工作，对各村不稳定因素进行摸底调查，制定应急方案。加大对禁毒预防知识、毒品违法犯罪举报奖励办法、打击传销违法犯罪等内容的宣传力度。强化校园、道路交通、消防和食品药品安全监管，确保社会持续和谐稳定。制定实施《桓台县田庄镇关于组织开展反邪教斗争三年攻坚行动工作方案》，健全完善打防管控一体化机制。

（宋玉娟）

新 城 镇

【概况】 2018年，全镇总面积44.52平方千米，辖毛家、韩家、存留、石家、逯家、祝家、西巴、昝家、义和、崔楼、杨家、新王、见家、洼子、聂桥、新盛、城东、城西、城北、城南、花园、新立、乔南、乔北、乔西、耿三里、刘三里、四里、徐家、崔家、邢庙、宫家、河南、西贾、东贾、邢家、罗苏、赵苏、张苏、江苏40个行政村。总人口3.50万人，人口出生率9.30‰，死亡率7.90‰，自然增长率1.40‰。规模以上工业企业29个，完成销售收入6.95亿元，比2017年增长－39.34%；利润总额完成0.17亿元，同比增长－74.86%；利税完成0.37亿元，同比增长－61.85%。是年，全镇税收6411万元，同比增长27.25%。财政收入3648万元，同比增长27.06%。资质三级及以上建筑企业1个。主要旅游景点有忠勤祠、王渔洋故居、四世宫保坊、米脂祠、耿家大院等。全年接待国内外游客56万人次，实现旅游总收入2.80亿元。有小学3所，在校生646人。普通初中1所，在校生746人。有体育锻炼场所42处、公共图书室29处、文化娱乐场所42处。有卫生院1处，卫生室37处；卫生技术人员116人，其中执业医师19人，助理医师34人，注册护士14人。城乡居民养老保险参保人数7395人。

【重点项目】 2018年，总投资1.60亿元的德利诺生物科技项目，占地35亩，该项目可年生产冻干疫苗82.80亿头/羽份，灭活疫苗5亿毫升，抗体1.80亿毫升，多项最新工艺和技术为国内先进水平，已经获得农业部颁发的12个产品的生产批号，7月份已上市销售，完成销售额210万元。企业转型升级速度加快，重点为山东淄博金泰轧辊有限公司等过500万的4个技改项目。山东淄博金泰轧辊有限公司、淄博恒兴物流股份有限公司等8个企业已成功挂牌。加大招商引资力度，全年洽谈6个招商项目。新城建工位列全国建筑业综合实力50强，是中国建筑业AAA级信用企业。

【服务业】 2018年，总投资5.20亿元的恒兴物流园项目，完成产值1.52亿元，完成税收485万元，新增牵引车18台，生活服务区、物流信息服务中心、车辆检测维修中心、园区自备加油站以及部分仓储库已建设完成并投入使用。将军井电子商务创业孵化园项目，总投资1.60亿元，已建设综合仓储楼8620平方米，配套数据化拣货系统、自动封箱系统10套、办公设备1000套、运输车辆50台，已有30个企业入驻，开展电商培训、小微企业创业孵化、展览、私人定制云客服中心等业务。

【农业】 2018年，新城镇被评为全省平安农机示范镇，推荐申报市级示范合作社1个，市级示范家庭农场1个。新城细毛山药为国家地理标志保护产品，以专业合作社为依托，开发山药特色产品，不断延伸产业链条，拓展销售渠道，是年，河南村入围前六批全国一村一品示范村镇监测合格名单，新城细毛山药入围中国品牌价值评价榜。桓台县泓基田园农业合作社被评为农民专业合作社省级示范社，一期投资1.20亿元，建成600亩的生态高效示范基地，其中生态蔬菜种植基地100亩，水果基地500亩，大棚21个，实现营业收入700余万元。其中，灌溉系统通过2017年高效节水灌溉工程省扶持“水肥一体化项目”，投资60万元新征200亩土地建设水肥一体化项目。投资200万元改造的20个大棚为有基机制栽培。成功举办2018渔洋紫葡萄节。

【文化】 2018年，按照县委、县政府关于“加快文化旅游融合发展”的要求，以保护开发和弘扬传承王渔洋文化为突破口，充分挖掘和利用王渔洋文化资源，打造传统文化特色旅游品牌。打造优秀教育基地，景区教育基地再升级，景区教育基地建设迈进全省先进行列，社会教育功能日益凸显；依托景区平台，推出优秀传统家风惠民措施，进一步丰富王渔洋文化宣传载体；以新城王氏家风为重点，持续推进王渔洋文化通俗化、接地气的研究；强化景区宣传推介，提升管理服务水平，线上线下形成合力，王渔洋文化品牌辐射力不断扩大。

【精准扶贫】 2018年，落实党委书记作为扶贫第一责任人制度，充实扶贫干部力量。实施党员干部结对帮扶，开展贫困户大走访慰问活动，推行“扶贫专岗”“孝善扶贫”，开展扶贫信息采集和动态调整。完成2018年扶贫专项资金项目方案编制、项目建设，扶贫收益惠及贫困户471户976人。实施泓基农业、太奇农业、君灿新能源产业扶贫项目，以及映瑞市政、澜涛经贸2个扶贫车间，加强产业扶贫项目和扶贫资金监管。实施新城细毛山药残疾人就业扶贫基地建设，带动周边残疾人脱贫。完成21个村31户困难户危房改造。

【社会事业】 2018年，投资15万元对10个村的文化大院进行提升改造，送戏下乡演出35场，综艺类文化惠民演出10场次，设立县文化馆新城分馆。投资300余万元的镇综合服务中心正在建设中。配合完成古县城暨渔洋文化生态保护区规划编制和《记忆桓台·文化篇》的资料收集整理。创建全国义务教育优质均衡发展县，代表桓台县迎接省创建文化强省建设先进县考察验收。邢家小学整体并入新城中学，投资30多万元对昝家小学、韩家小学操场进行硬化改造。投资100余万元的新城中学和昝家小学的音美教室手续正在完善中。四里村、洼子村、

江苏村入选山东省首批健康村试点。迎接省国家基本公共卫生项目考核小组专家对新城镇公共卫生工作考核指导。提升改造城东村、四里村、义和村3个卫生室。以家庭医生签约为契机,设立居民健康档案,举办健康教育讲座。开展计生和食品药品监管。

【社会保障】 2018年,落实"一次办好"政策,实施居民养老保险、医疗保险、劳动就业工作,城乡居民医疗保险参保率达到99%。开展退役军人和其他优抚对象信息采集,截至12月底登记750余人。

【基础设施建设】 2018年,西十三路北延工程、500千伏高压线迁占协调工作顺利进行。扎实推进气代煤工程,已通过验收。总投资70万元的敬老院消防工程基本完成。深入推进旱厕管护,发放旱厕服务卡。落实河长制及清河行动,推进涉及新城段6个村的大寨沟接长治理工程项目。全面开展禁烧与防汛工作。创建省级卫生镇村,涉及16个村,重点为环境卫生清理,申报材料已审核通过。推广清洁燃煤。

【路域综合整治】 2018年,全面完成S238(高淄路)集中整治,拆除违法建设43处,提升改造道路两侧绿化,粉刷公路两侧建筑外立面2万平方米,清理乱扯乱挂、广告牌1000余处。全年共拆除村内违法建设100余处,同时对全镇违法占地进行清理。开展高淄路、寿济路城区段两侧占道经营大整治活动,制定城镇管理考核办法。

【乡村连片治理】 2018年,开展乡村连片治理试点项目,争取上级财政资金900万元。创建城南村等5个省级和市级美丽乡村示范村;创建四里村、耿三里村等5个村美丽乡村"精品示范片区",提升改造涉及1.50千米的老张田路,按照规划方案逐村逐项确定施工项目,开展沿线厂房、废旧收购点搬迁清理。

【社会综合治理】 2018年,落实"一岗双责"维稳责任制,网格化与信访相结合,强化警务助理综治网格员作用。落实"一次办好"便民政策,加强街面和重点区域巡逻,开展入村走访。创建平安村居、技防示范村,强化矛盾纠纷多元化化解,开展安全隐患排查防范四类风险,推进"一村一法律顾问",促进行政调解有序开展。8月,镇综治中心完成提升改造,设置公共法律服务站等"一站六室"功能区,实现县镇村三级视频监控互联互通。开展"九小场所"的消防安全隐患排查。新城镇被评为市级深化"平安行·你我他"行动先进单位。重点开展全国"两会"、青岛上合峰会安保维稳,确保全镇社会和谐稳定。开展扫黑除恶攻坚战,加大宣传力度,深挖彻查摸排黑恶线索,落实中央扫黑除恶督导组反馈意见整改。

【安全生产】 2018年,制定下发《关于调整充实新城镇人民政府安全生产委员会的通知》,重点开展全国"两会"期间、青岛上合峰会期间安全生产工作。严格落实企业主体责任,稳步推进"两个体系"建设。多元化开展生产经营单位安全检查,常态化安全检查、专业化安全检查和联合执法相结合。开展重点领域专项整治。开展外来施工队伍及特殊环节作业、高效煤粉炉、冶炼铸造、烟花爆竹、大快严等专项整治。深入企业生产车间,对211个经营单位进行日常监察,重点检查生产过程中需要注意的关键点、疏忽点、盲点。

【环境保护】 2018年,配合"蓝天保卫战"强化督查,迎接中央环保督查16轮次,督查企业140余个,对中央环保督察反馈问题实施整改。对全镇222个散乱污企业回头看,确保无死灰复燃现场。对所有企业开展不间断巡查,进行环保夜查,重点检查企业夜间治污设施运行情况及重污染天气落实情况。开展村居安全网格化工作,落实属地监管责任。开展打非治违行动,排查闲置院落、废弃厂房、窑湾等区域139处,打击五小非法企业,对违法生产行为露头就打,绝不姑息。落实《桓台县2018年工业企业采暖季错峰生产调控措施实施方案》;响应重污染天气预警,落实停产限产生产方案,严禁露天焚烧。对取缔的燃煤锅炉不定期回头看,防止死灰复燃。有计划拆除废弃烟囱。监管工业企业的污染物排放,对涉粉尘企业、VOC企业等进行检测,确保治污设施正常运行,达标排放。开展第四次经济普查和第二次全国污染源普查。

【村务管理】 2018年,规范村务管理,执行村级议事制度和"四步决策法",重新修订《新城镇农村集体"三资"管理办法(试行)》,加大对重要项目预算、招投标程序和施工合同签订的审核力度。严格村级财务管理制度,严禁违规以现金形式支付相关费用。推进农村产权制度改革,完成40个村农村产权制度改革清产核资阶段工作。规范清理农村集体经济合同,召开5次工作部署和调度会,列入镇重点工作考核,成立工作组到各村走访指导,理清分析各类合同,对清查出的问题合同进行深入整改。

【省创建文化强省建设先进县考评组对新城镇现场考察】 2018年1月25日,省创建文化强省建设先进县考评组赴桓台县进行实地考察验收。省考评组对新城镇城北村、城南村、乔北村基层综合文化服务中心进行现场考察。

【省委农村工作领导小组副组长王军民调研新城镇农村工作】 2018年4月12日,省委农村工作领导小组副组长王军民一行调研旱厕改造后续管护、节水农业、水肥一体化等工作。实地调研新城镇泓基田园综合体节水农业灌溉项目,参观机井房节水灌溉操作流程及工艺。

【驻淄省人大女代表调研新城镇】 2018年6月22日,驻淄省人大女代表、淄博市妇联主席、党组书记马召芹等一行30人赴新城镇调研。其间,在王渔洋故居举行"淄博市家风家训教育基地"挂牌仪式,对桓台县新城细毛山药农民专业合作社关于巾帼带头人做大做强品牌,带动妇女就业致富,巾帼建功、提质增收和村妇联组织作用发挥开展调研。

【宋建朝到河南村山药基地调研】 2018年6月28日,农业农村部党组成员宋建朝带队,就十三届全国人大一次会议重点督办的关于加强农产品质量安全追塑体系建设的建议赴新城镇调研。调研组一行,对新城镇河南村新城细毛山药基地进行实地考察,召开调研座谈会,听取其工作情况汇报。

2018年6月28日,宋建朝(前排右二)到河南村山药基地调研
(摄影:高 鹏)

【司法所规范化建设】 2018年10月19日,全市区(县)镇公共法律服务中心规范化建设提档升级现场会在桓台县召开,其间,与会的50多人到新城镇公共法律服务中心考察司法所规范化建设及提档升级建设情况。
(刘苗苗)

马 桥 镇

【概况】 2018年,全镇总面积79.12平方千米,辖祁家、罗道、北岭、西岔、北岔、东岔、张庄、码头、前金、后金、五庄、马桥、姜家、红庙、北一、北二、北三、辛庄、冯马、齐马、胡马、康杨、小庄、东圈、西圈、南营、西孙、姚郭、宗崔、东杨、黄郭、小王、陈一、陈二、陈三、罗家、西史、顺河、段家、滕寨、前薛、中薛、后薛、辛桥、南郭、东潘、西潘、郝寨、木佛、南薛、马辛、宰相52个行政村,总人口5.38万人。全社会完成固定资产投资681844万元。资质三级及以上建筑企业4个。有小学3所,普通初中2所。有体育锻炼场所54处。有卫生院2处,卫生室44处,其中执业医师和助理医师108人。农民人均可支配收入29751元。全镇规模以上工业企业15个,实现销售收入899亿元、利润26.50亿元、税收23.50亿元,同比分别增长14.06%、-6.19%、15.86%。全镇实现财政收入9.70亿元,比2017年增长16.75%。是年,位列全国千强镇第224位,获评省级文明镇、省级森林镇。山东金诚石化集团有限公司实现销售收入531亿元,成为全县第一个销售收入超500亿元的企业。

【新旧动能转换】 2018年,聚力提升发展质量,加快新旧动能转换。山东金诚石化集团有限公司投资97亿元的MZRCC联产EPM及配套工程项目,基建和设备安装全部完成,达到投入试运行条件;投资3.10亿元的S-Zorb催化汽油吸附脱硫项目建设完成,达到投入试运行条件。山东博汇纸业股份有限公司投资37.20亿元的150万吨包装纸项目5号机(牛皮箱板纸)、6号机(高强瓦楞纸)厂房和仓库封顶,达到投入试运行条件;45万吨高档信息用纸及年产20万吨化机浆项目,完成手续办理、土地平整,开始土建施工;山东海江化工有限公司ABS和丙烯腈项目9月份顺利投产,MMA(甲基丙烯酸甲酯)项目立项完成。

是年,按照全市"技改突破年"部署要求,指导企业制定三年技改方案。

2018年,山东金诚石化集团有限公司投资97亿元的MZRCC联产EPM项目
(摄影:李仕霖)

2018 年，山东博汇集团有限公司投资 37.20 亿元的 150 万吨包装纸项目

（摄影：何育才）

全镇共有重点技术改造项目 31 个，总投资 168 亿元，年度计划投资 67.20 亿元。其中，山东金诚石化集团有限公司技改项目 14 个，项目总投资 127.80 亿元；山东博汇集团有限公司技改项目 17 个，总投资 57.80 亿元。山东金诚石化集团有限公司荣获国家节能考核优秀单位。

【双招双引】　2018 年，央企山东蓝星东大有限公司与县、镇两级签订投资协议，计划总投资 50 亿元，一期投资 20 亿元建设年产 30 万吨新型高性能聚醚多元醇项目。山东金诚石化集团有限公司投资 100 亿元的轻烃综合利用项目已通过初审，项目建成后将与蓝星东大形成上下游产业链条。配套引进了蓝星东大 2 个省级科研中心，山东金诚石化集团有限公司聚烯烃研究院完成开工建设准备。

【园区建设】　2018 年，先后编制完成马桥化工产业园园区总体发展规划、产业发展规划、整体性安全风险评价报告、环境影响报告书、规划水资源论证报告。6 月，马桥化工产业园通过评审，成为全省首批省级综合化工园区。投资 2780 万元的园区污水处理厂（一期）、投资 5000 万元全长 27 千米的雨污分流管网工程基建基本完工，贝欧燃气投资 1.20 亿元的管道天然气和 LNG 调峰站实现管道供气，投资 2 亿元的 220 千伏变电站项目完成选址、设计，园区引水净水项目开始规划设计。

【拆迁复垦】　2018 年，拆除旧房、清理旧基础 1500 余户，验收 1890 余亩，超额完成全年 1800 亩的目标任务，4 栋老年公寓、1 栋综合办公楼等配套设施开工建设。

【城镇建设】　2018 年，对新生小城市规划进行调整完善，按照规划稳步推进。投资 8000 余万元的新时代文明实践中心项目主体完工达到使用条件，投资 1200 万元的新时代文明实践广场、投资 1000 余万元的新时代文明实践礼堂投入使用，构建起“三位一体”的镇级活动阵地。投资 2000 余万元对金诚东路、红辛路、金马中路提升改造，对镇域内 8 个主要路口、杏花河北路等主要道路、泰和游园、泰和小区等节点进行绿化。投资 150 万元，对全镇 9 处小型生活污水处理站进行设备提升改造。

【惠民实事】　2018 年，投资 500 万元的农村厕污资源化综合利用项目建成投用，为全镇 5498 户旱厕改造户提供免费上门抽厕服务。马桥片区 15 个村和社区完成环卫模式改造，投资 500 万元在泰和花园南门建设休闲园，投资 100 万元在起马路等 3 条道路两侧安装路灯 200 余盏，改造农村危房 29 处。

是年，对全镇低保人员 300 余户 600 余人进行低保资格复核，取消低保 9 户 21 人，新增低保 14 户 22 人。为残疾人及其家属办理网络版旅游年卡 3000 余张，发放残疾人辅助器具 52 件。新办残疾证 98 人次，并及时为符合条件的残疾人办理两项补贴。开展 1800 余名退役军人及其他优抚对象的信息采集。

全年，办理求职登记 2300 余人次，失业登记 1580 余人次，就业登记 1900 余人次，就业困难人员认定 82 人

2018 年，马桥镇投资 8000 余万元马桥镇新时代文明实践中心项目

（摄影：郑　伟）

次,发放《就业失业登记证》911 份,为 54 个单位提供招聘服务,成功创建"淄博市创业型镇"。开展社会保险扩面征缴,对全镇 335 个需要排查的企业进行拉网式排查,有 233 个企业开立社保。对辖区内 335 个用人单位进行信息采集,纳入基层平台信息系统进行管理。规范退休人员社会化管理服务,对转入的企业退休人员及时进行编组、建档,完成认证 1565 人。

【农业】 2018 年,开展粮食高产创建,推广农业新技术新成果,实施攻关田、示范方、测土配方施肥等各项管理技术,顺利完成小麦、玉米、棉花面积核实,开展小麦一喷三防和玉米病虫害飞防。成立 3 个督导巡查组,精心设计巡查路线,分别在南片区、北片区、各环保网格区域对农作物秸秆露天禁烧进行日常巡查,实现巡查各村全覆盖。总投资 3000 余万元、占地 20 余亩的山东千亩园葡萄酒庄有限公司建成投用,产品主要包括以"青桓"冰葡萄为主要原料的冰葡萄酒,以"清河谷"雪桃、重庆市石柱县悦来镇(马桥镇对口帮扶镇)"脆红李"等为要原料的雪桃酒、桑葚酒和红果酒。是年,对 2 万多亩树林进行飞防,在植物园及后薛村桃园安装 2 盏杀虫灯监测林业病虫害,《山东省桓台县马桥镇森林乡镇建设总体规划》通过省里验收,获得省级森林镇称号、马桥村获得省级森林村称号。召开村防疫员会议,实行非洲猪瘟排查日报,排查 2960 户,排查猪 241740 头。

【扶贫】 2018 年,对各贫困户收入支撑材料收集整理,形成"两表、一台账、一册、一卡"材料清单。完成 2018 年度贫困人口动态调整,有建档立卡贫困户 704 户,1374 人。发展桓台县大成建设有限公司为扶贫产业项目,投入县财政专项扶贫资金 140 万元,每年返还 7% 的项目收益用于贫困户增收。是年,项目收益发放总额为 355965 元,覆盖贫困户 438 户 822 人。将 43 个村 204 名 60 周岁以上建档立卡贫困户人口纳入孝善扶贫帮扶范围,帮扶对象子女共交纳孝善基金 476100 元,发放配套资金 57132 元(配套资金比例为 12%)。确定 9 个村 25 人为扶贫专岗人员,33 人为专岗帮扶对象,为 1339 人办理特惠保险,帮助 20 名学生申报"雨露计划"项目。

【"河长制"落实】 2018 年,全镇 12 名镇级河长、46 名村级河长、46 名河管员,全部通过河长制 APP 开展巡河。46 名河管员上岗开展每日巡查,建立问题及时处理机制。镇河长办、管区、公安、司法等部门开展联合行动,对小清河非法种植树木开展集中清理整治,在大寨沟接长的河道整治工作中对河道内的树木进行清除。

【农村集体产权制度改革】 2018 年,召开全镇农村产权制度改革暨农村集体资产清产核资工作会议进行动员、培训,参与产权制度改革的村 35 个。各村按照有关法律法规要求,严格环节流程,全部完成清产核资,资产总额 37474.75 万元,集体土地面积 80689 亩。

【文体活动】 2018 年,投资 20 余万元,开展庆"三八"文艺汇演、第四届文化艺术节(包含广场舞、歌手、综艺三个专场比赛)、牡丹节文艺晚会等多场大型文艺演出,开展文化下乡演出活动 50 余场,全镇 2000 余名群众参与。对节目《欢乐腰鼓》、舞蹈《幸福马桥》进行重新编排,参加全县元宵节民俗展演。指导各村在春节、元宵节、五一、十一等节日开展各类文艺演出 60 余场,举办书画培训、舞蹈培训、化妆培训、书画展览活动等 80 余场。

【妇女工作】 2018 年,举办"美在家庭"创建活动启动仪式,推选出 2 个示范村、100 户示范户。召开"美在家庭"创建工作情况命名会、推进会(调度会)2 次,指导各村成立"美在家庭"创建评选小组,开办"美在家庭"创建活动培训班 3 期。全年成立巾帼志愿服务队 52 支,入户帮助困难家庭 200 余户。

【卫生】 2018 年,马桥镇中心卫生院深挖中医科特色科室潜力,开设中医内科、中医妇科、针灸推拿科等 3 个门诊,熟练开展针刺、推拿、灸法、拔罐、穴位注射、穴位贴敷、中药熏洗、耳穴压豆等中医药适宜技术,针灸科年门诊量达 9000 余人。10 月初开始家庭医生签约服务和个人基本信息复核升级,所有签约居民同步进行个人基本信息更新,及时录入电子平台。

是年,继续推进和完善计划生育服务管理,已婚育龄妇女 9125 人;总出生 474 人,其中男孩 247 人,女孩 227 人,性别比为 1.08;农村部分计划生育家庭奖励扶助对象 3471 人,新增 423 人。

【教育】 2018 年,协助县幼教集团实施马桥实验幼儿园接管,完成调研课题《心理学知识在学校教育和家庭教育中的应用现状调查》,开展千名教师访万家活动,各中小学分别开设家长学校课程 8 课时。完成中小学校园监控与县局联网,对北营小学教学楼顶进行加固,完成西孙幼儿园室外场地施工及马桥实验学校扩建手续审批。镇中心校参加县百灵艺术节获得六个一等奖,6 月份开展庆六一文艺展演活动和校园青春节活动,陈庄中学入选"全国青少年校园足球特色学校"。

【新时代文明实践】 2018 年,组建镇级文明实践工作队伍,在全镇 52 个村每村遴选 2 名综合素质高的村民担任文明实践宣讲员。加大资金投入,打造马桥镇新时代文明分中心及促进姜家村、前金村、后金村、马桥村、北二村、陈三村、鼎馨西区等村居联片发展。围绕"讲、评、帮、乐、庆",以习近平新时代中国特色社会主义思想专题宣讲为核心,整合文明家庭等评选活动、各村志愿服务队、"爱马桥 · 惠民生"文化艺术节、传统节日主题活动等一系列项目,探索具有马桥特色的文明实践工作路子。获评省级文明镇,滕寨村获评省级文明村。

【社会稳定】 2018 年,与各村签订社会稳定工作责任书,以"五个不发生"为目标,维护全镇社会大局持续和谐稳定。开展各类社会矛盾调处与化

解，运用多元化矛盾纠纷化解机制，化解各类纠纷75件。制定安保维稳工作方案和责任体系，圆满完成全国“两会”、青岛“上合峰会”安保维稳。

是年，深入开展扫黑除恶专项斗争，围绕政治站位、依法严惩、综合治理、深挖彻查、组织建设、组织领导6个方面，实施中央扫黑除恶第5督导组通报问题的整改落实，多次接受市县领导、纪委和督导组的督导检查。承办“平安淄博”建设现场会、全市反邪教警示教育阵地建设现场会，开展雪亮工程、平安小区、技防示范村、镇村综治中心建设，雪亮工程、平安小区、镇村综治中心均通过市级验收。重新调整52个村的法律顾问，11名法律顾问与52个村重新签订法律顾问合同。

【环境保护】 2018年，督导6个企业开展采暖季错峰生产、运输，督促相关涉气企业实施重污染天气应急响应各项工作。加大执法检查力度，检查企业310余次，查出隐患2000余条，已基本完成整改。依托网格化管理，对104个“散乱污”企业全部高标准整治到位，严格监管73台燃煤锅炉，杜绝“散乱污”企业、燃煤锅炉出现反弹。

【安全生产】 2018年，推进双重预防体系建设，提升安全生产工作质量。实行外包工程登记备案管理制度，安排专人对重点工地开展日常巡查，定期会同第三方安全技术服务公司对外来施工队伍进行审核检查，对进入本镇的147支外包工程队伍、每天涉及的180项特殊作业开展监管。扎实推进村居网格化安全监管，上报安全隐患8000余条，全部处理完毕。开展打击非法柴汽油经营专项整治行动5次，集中整顿、取缔柴汽油非法储存点、加油点4处。

（胡梓彬）

荆 家 镇

【概况】 2018年，全镇总面积57平方千米，辖荆一、荆二、荆三、荆四、高王、陈桥、姬桥、里仁、东孙、前孙、后孙、王庄、滩子、姚王、前高、后高、吴园、柳村、王明、大园、崔家、辛庄、双跃、小园、周董、后刘、伊家、前刘、东刘29个行政村，总人口4.65万人。人口出生率9.94‰，死亡率7.80‰，自然增长率2.14‰，有少数民族12个、46人。全镇实现工业总产值17597万元；主营业务收入15371万元；税收1787万元；财政收入1221万元。

【招商引资】 2018年，引进山东意祥市政工程股份有限公司重大新型产业招商项目，已落地投产；引进与山东农大合作，山东安贵宝生物科技有限责任公司生物饲料加工项目，选好厂址，签订厂房租赁合同，已立项，正在办理环评手续。

【重点项目】 2018年，桓台鲁桓热能有限公司投资1500万元的散热器、工业机械加工项目，设备生产线全部安装到位，已进行试生产；山东意祥市政工程股份有限公司投资5200万元的沥青、水稳、商品混凝土混合料拌合站项目手续已办理完毕，正在进行试生产；淄博百苹源农业旅游开发有限公司生态农业旅游田园综合体项目累计完成投资3000余万元，正在进行当地特色餐饮、农家住宿、水上娱乐、特色农业观光、生态种植养殖采摘、农产品深加工建设的改造提升；淄博金晨阳光农业发展有限公司高档花卉项目投资1000万元，土地手续正在办理中。

【“两化”融合】 2018年，指导山东中科天泽净水材料有限公司和山东永汇新材料股份有限公司2个化工企业开展“四评级一评价”，督促企业完善相应的材料并配合上级部门和第三方开展验收。

【经济环境】 2018年，加大对中小企业的关注、扶持力度，争取上级支持。支持意祥市政、鲁桓热能、天泽净水、新源通塑业、贻天新能源和山东猪八戒酱蹄餐饮有限公司等6个企业进行技术改造，淄博新源通塑业有限公司和桓台县物华管业有限公司2个企业完成规范化公司改制。

【特色农业】 2018年，发挥四色韭黄和实秆芹菜两个国家地理标志证明商标的优势，完善农田水利基础设施，鼓励各村发展特色农业种植，提升产品质量、档次和市场知名度，大园村水稻、吴园村秋葵、陈桥村萝卜、百苹源瓜果蔬菜等一批特色农作物大获丰收。

【旅游观光生态农业】 2018年，淄博百苹源农业旅游开发有限公司的生态农业旅游田园综合体项目涵盖特色餐饮、农家住宿、水上娱乐、特色农业观光、生态种植养殖采摘、农产品深加工等，新增300亩油菜花、200亩向日葵，瓜果蔬菜形成自创品牌，园内架设观光桥，沟渠相连，体现“水岸花田”特色。淄博阡陌生态农业科技发展有限公司生态观光园流转土地600余亩，发展观光农业和乡村旅游业，园区栽种白皮松、国槐、樱花、流苏等高档苗木3万余棵，特色地瓜种植60亩，养鱼水面200亩。

【农村产权制度改革】 2018年，推进农村产权制改革，清产核资工作全面完成，29个村全部系统录入完毕。各村股份经济合作社成员界定工作全面推开，全镇有10个村进入第三环节股权量化阶段，5个村（高王、姬桥、周董、崔家、东孙）成立合作社，全镇土地流转10000余亩（后刘1800亩，周董1754亩，前刘1272亩，里仁1100亩等）。

【环境整治】 2018年，围绕市县重点工作和中心任务要求，环保专职网格员检查企业200余个次，检查企业治污设备运行、粉性物料苫盖等问题，做到有巡查、有记录，发现问题立查立改、即改即成。迎接环保部强化督察组9轮次，到荆家镇检查点位49个次，均未上报问题。2017年4项12369中央环保信访件、3项省信访件完成省、市、县验收。

【安全生产】 2018年，镇安监办检查企业113个次，排查各类隐患272条，整改272条，整改率100%；组织召开"两个体系"建设培训会6次，培训企业68个次，组织召开现场会11次，参与企业100余个次，召开"两个体系"建设调度会6次，参加企业班前会67次，抽查企业一线班组岗位400余人次，全镇2个县级标杆企业已全部通过县局验收，完成省双重预防体系平台信息录入并运行。

【拆违及土地复垦】 2018年，开展党员干部职工"零违建"落实情况"回头看"活动，对部分违建未拆除党员进行约谈。全镇剩余38处违建已拆除28处。前刘村等7村土地整理复垦项目拟新增耕地6.58公顷，工程进入后期验收阶段。

【扫黑除恶】 2018年，下发《中共荆家镇委荆家镇人民政府关于印发〈荆家镇扫黑除恶专项斗争工作方案〉的通知》，制订《荆家镇扫黑除恶线索摸排工作方案》。两次召开荆家镇扫黑除恶专项斗争推进会对全镇扫黑除恶专项斗争进行安排部署。张贴悬挂各类扫黑除恶宣传标语300余条，张贴公告50余份，发放明白纸、一封信10000余份，摸排涉黑涉恶疑似线索37条，全部移交镇派出所进行线索核实。

【扶贫】 2018年，继续选择山东中科天泽净水材料有限公司作为产业项目的载体，镇政府、公司与29个村400多户贫困户签订三方财政专项扶贫资金项目帮扶协议。按照项目方案完成扶贫项目收益分配共计34.96万元。克服危房改造资金短缺、部分危房改造户不理解、不配合等困难，完成危房改造48户。

【教育卫生】 2018年，将前高小学并入荆四小学，实现校车接送，东刘幼儿园顺利并入后刘幼儿园；3处中学、3处小学塑胶操场铺设已经顺利展开，工程场地硬化进入收尾阶段；3处中学美术、音乐教室经改造已经达标。制定完善镇卫生院公共卫生目标管理考核体系，组织考核，规范服务流程，提高医疗质量；组织医务保健人员到各村举办健康大讲堂21场，将健康知识送到群众身边，为全镇1182名贫困人口制作发放健康卡、明白纸，使贫困人口及时就诊并享受有关优惠政策。

【社会事业】 2018年，围绕满足群众文化需求，组织本镇4个村参加全县广场舞比赛，其中大园村广场舞队进入决赛并获得优秀奖。落实双拥优抚各项政策，按要求完成优抚人员的生活补贴发放，协助开展涉军人员的维稳工作。组织供电站、安环办、民政办对镇敬老院进行专项安全排查，进行整改。研究探讨敬老院供养体制改革。投资300万元，克服雨季施工、土方短缺等困难，完成荆家镇足球场建设。

（李　超）

起　凤　镇

【概况】 2018年，全镇面积55平方千米，辖付庙、华沟、鱼一、鱼二、鱼三、鱼四、夏一、夏二、夏三、夏四、夏五、夏六、夏七、起南、起北、西三、西四、东巩、西巩、穆寨、辛泉、乌东、乌北、乌南24个行政村。总人口61000人，人口出生率9‰，死亡率7.6‰，自然增长率1.4‰。有少数民族8个、13人。全年税收14820万元，财政收入8006万元。规模以上工业企业生产总值24.20亿元。入选第七批山东省特色产业镇、乡村振兴齐鲁样板示范镇。

【工业项目】 2018年，山东仁丰特种材料股份有限公司年产十万吨特种材料项目完成投资2亿元，投入试运行。山东泰宝集团有限公司推进科技创新与知识产权融合可视化防伪技术电子标签等6项技改项目，累计完成投资9800万元。引进江苏波杜农牧股份有限公司，盘活原山东海王农牧公司闲置资产6000余万元。企业改制完

2018年4月，起凤镇第一季度工作观摩点评会现场　　（摄影：周敬旻）

2018 年 5 月，起风镇道路环境综合整治　　（摄影：魏娅丛）

成 4 个。

【农业】 2018 年，实施国家农业综合开发现代园区三期项目建设及 2018 年度农业综合开发高标准农田建设，修建生产桥 3 座、涵闸 37 座，硬化田间混凝土路 4.10 千米，铺设电缆 5.80 万米，管道 2.10 万米，安装配电箱 600 个，泵站 30 个，绿化林木 1.10 万余株，受益面积 1.80 万亩。土地开发整理项目总施工规模达 260 多亩，净增耕地约 200 多亩。桓台县盛泽园农业专业合作社迷你小南瓜标准化生产基地、桓台县丰农蔬菜标准化基地、桓台县马踏湖白莲藕基地、桓台县起南绿色蔬菜标准园等 4 个基地被评为市级农业标准化基地。马踏湖白莲藕获淄博市第三批知名农产品区域公用品牌。

【服务业】 2018 年，马踏湖景区配套设施不断完善，游客服务中心、生态停车场基本完工。湖区土地收储工作稳步推进，盛华园酒店拆迁已全部完成，齐王阁处已达成协议，内部清理已结束，其他小型拆迁业户已完成 102 处。支持发展马踏湖白莲藕、金丝鸭蛋和草柳编加工等湖区特色农产品，芦苇工艺品已走向国际市场，湿地特色品牌效应逐渐显现。引进山东万中实业集团有限公司旗下鲜生活连锁超市项目，总投资 2000 余万元，营业面积 4000 平方米，鱼龙店、起风店已正式营业。

【道路综合整治】 2018 年，对宫夏路、宫荆路、起马路开展道路综合整治，清理广告牌及杂物 1321 处、占道遮阳棚 155 处、占道经营 1109 处，粉刷墙体近 3.70 万平方米，投入绿化资金 120 万元。招聘城镇管理员 22 人，负责辖区内镇村容貌的日常巡查管理。

【美丽乡村建设】 2018 年，拆除违建 149 处，面积 4200 平方米。对完成违建拆除及美丽乡村建设任务的村兑现奖励 80 万元。投资 1000 万元建设高标准群众文体健身广场。

【河道治理】 2018 年，发挥河长制作用，对乌河、东分洪河沿岸 92 处雨污排口进行排查登记，设立标识牌，纳入河长制考核，实行专人监管、实时监控。完成东分洪河乌东桥北侧等位置铺设污水管线 1200 米，砌筑检查井 103 口，污水收集池 11 座。

【安全环保】 2018 年，检查企业 171 个，查出违法行为和安全隐患 1083 条。餐饮业整治稳步推进，镇餐饮污水处理中心一期项目建设完毕，进入试运行，日处理污水能力达 200 吨，污水处理后达到地表 IV 类水标准。

【服务群众】 2018 年，完成全镇农村住房安全普查 1.80 万余户；免费为老百姓土地进行深松作业 2.75 万亩；开展精准扶贫，办理扶贫特惠保险 1285 人次，完成贫困户危房改造 71 户；组织 65 岁以上老年人免费健康查体 3500 余人；帮扶救助困难群体 45 人次，救助金额 11.60 万元；为 478 名优抚对象发放优抚金 280 万元。

【社会事业】 2018 年，投入 100 余万元，对镇域内 6 处幼儿园进行隐患整改、摄像头和报警器安装。组织全镇广场舞大赛、全市象棋邀请赛、“夏吧之夏”、才情起风我代言海选等各类文艺演出、民俗扮玩、体育比赛 70 余场。辛泉村文体总会被评为“淄博市基层体育工作先进单位”。

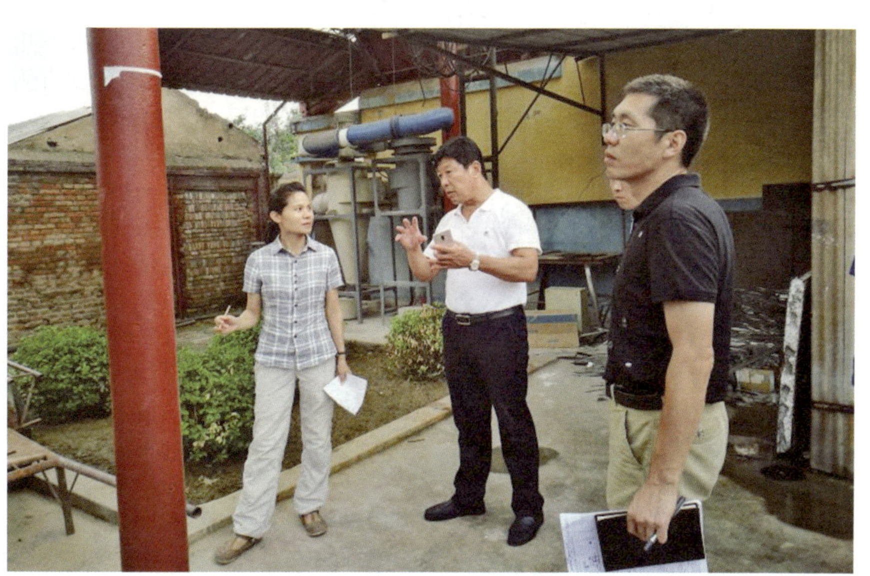

2018 年 6 月，起风镇开展环保督查　　（摄影：孟　岩）

【鱼龙三村】 2018年，鱼龙三村占地面积3900亩，村居1051户，3553人。鱼龙三村党总支有干部3人，党员113人。

新建新时代文明实践站1处。2018年，总投资185万元，占地2960平方米，建筑面积900平方米，集服务大厅、党群议事厅、村史馆、百姓大舞台、书画室、农家书屋、党建长廊、卫生室、老年活动室、阳光村务平台、志愿服务站、文明实践广场等多功能于一体。

创新村务管理。2018年，该村清点村集体财产，设立台账，收回村民无偿借用的集体财产，制定集体房屋管理和使用办法，对闲置的房屋实行年租赁制度。安装触摸查询机1台，村务、财务双公开，村内账目随时查询、人人监督。

农民变为股民。2018年，鱼龙三村为桓台县农村集体产权制度改革的试点村，流转土地1679亩，注册成立桓台县鱼龙三村农村集体经济股份合作社。6月20日，合作社近3000名股民第一次分红。8月，成立鱼龙三村股份经济合作社，土地由"集体共有"转换为"按份共有"，农民变为股民。合作社成立后，将土地连成一片，实行统一播种、统一施肥、统一管理、统一收获、统一销售，由农田变为农场。

打造美丽乡村。年内，对村中心大街等5条道路提升改造。硬化道路34000平方米，"户户通"比例为95%，道路两侧更换太阳能LED路灯，亮化率达到100%。农村无害化卫生厕所覆盖率为80%。村内道路更换路沿石、修建花池，绿化面积8000平方米。建设排水管渠4542米，清理乱搭乱建41处，设有垃圾处理点15处，配备卫生保洁人员9人；墙面粉刷3万平方米，绘制文化墙70平方米，将村中的5条河道进行疏浚、整治、绿化，把村中心河道建设成为直通马踏湖的景观河道，建成具有水乡特色的旅游村。是年，该村投入11万元，安装大型净水设备2台，解决群众健康用水问题。

【山东泰宝集团有限公司】 2018年，山东泰宝集团有限公司（以下简称公司）占地300亩，有员工800人，其中中共党员90人。有国家级博士后科研工作站1个，院士工作站1个，省级重点实验室1个，省级技术研发中心4个，拥有完全独立自主的知识产权科研成果600项，有客户3000余家。是年，公司被中共山东省委宣传部等部门评为全省"厚道儒商"，纳税8473万元。

（周敬旻）

果 里 镇

【概况】 2018年，全镇总面积86.49平方千米，辖荣家、孔家、麻家、绍南、康家、楼里、红庙、太平、万家、夏家、周家、辛兴、郝园、景楼、店子、黄家、绍北、沈家、李王、苇河、永富、闫家、侯庄、东沙、西沙、玉皇阁、三龙、南王、东付、东义和、西义和、东果里、前鲁、伊家、西果里、急公、后鲁、龙南、凤鸣、龙北、官西、官东、西龙、龙东、官中、王斜、练家、西店、东店、付坡、前埠、徐斜、西埠、陈斜、后埠、吴磨、面窝、西付、东马、姜坊、周坊、东边、西边、杨桥、马王65个行政村。总人口7.10万人。人口出生率9.70‰，死亡率2.10‰，自然增长率7.60‰。全社会完成固定资产投资681844万元。金融机构各项存款余额31.20亿元，居民储蓄存款余额19.63亿元，金融机构各项贷款余额16.82亿元。粮食总产44100吨，水果总产600吨，蔬菜总产3600吨；肉类总产2567吨、禽蛋总产2673吨、奶类总产238吨；全年造林30公顷，林木覆盖率达到20.28%；全镇农机总动力9.84万千瓦。完成工业生产性固定资产投资207729万元；新上一次性固定资产投资1000万元以上工业项目18个；有规模以上工业企业74个。完成基本建设投资3800万元，更新改造投资360万元；资质三级及以上建安企业16个，完成建安产值381729万元；完成环境污染治理项目89个，完成投资额18380万元。全镇公路通车里程301.5千米，村村通汽车。拥有固定电话用户5912户，移动电话用户75200户。实现社会消费品零售总额512014万元；消费品市场26处；实现进出口总额213232.90万美元，其中出口9037万美元；实际利用外资10226万元。有完全小学4所，九年一贯制学校2所，普通初中1所；在校小学生1269名，在校初中生1712名；有体育锻炼场所73处、公共图书室65处、文化娱乐场所65处。有卫生院、所65处，卫生技术人员231人，其中执业医师59人，注册护士57人。全镇农民人均可支配收入23079元；人均住房建筑面积50平方米；农村养老保险参保人数14816人。全镇入库税收17.47亿元，比2017年增长8.83%；实现财政收入8.36亿元，比2017年增长23.54%。规模以上企业实现总产值653.17亿元、主营业务收入647.20亿元，实现利税40.71亿元、利润总额21.60亿元。

【重点项目】 确定2018年度市重大项目7个、县重点项目11个，有14个项目开工建设，完成投资21.40亿元。山东序元环保科技有限公司电驱动均相模项目进入试生产阶段，淄博科勒有限公司二期卫生洁具项目年底竣工投产，山东巨明机械有限公司农业全程机械化项目、淄博弘康健康产业有限公司医养项目进展顺利。

【双招双引】 2018年，全年新引进招商引资项目27个，到位外来资金42.83亿元。中合农集团公司投资12亿元的食品安全智慧城项目顺利落户立项。中农发巨明集团签约国家千人计划专家陈振雷建立工作站，华伟银

凯引进千人计划专家汪峻峰，序元环保引进万人计划专家张伟博士，思睿环保徐生龙入选万人计划。

【村庄搬迁】　2018年，投资约20亿元，搬迁改造8个园区村和高铁安置村。旧村占地面积2143.69亩，新村占地面积504.69亩，搬迁完成后可腾空土地1700余亩。截至年底拆除农村住宅1259处，腾空土地40万平方米。东马村、龙东村纳入东和嘉园一期建设，官东村、官中村、官西村、吴磨新村纳入东和嘉园二期南区、北区建设。新村总开工面积99.69万平方米，完成投资4.30亿元。

【精准扶贫】　2018年，投入专项扶贫资金97万元，确定并实施产业扶贫项目；“孝善扶贫”有46个村、248人参加；设置扶贫岗位46个，帮扶贫困户80余户就近就业；办理“产业扶贫贷”34起；向347户、668人发放2018年度产业扶贫项目收益40.16万元。

【安全生产】　2018年，开展专项检查、实名制排查累计检查企业7000余个次，查出问题及隐患14925余条，整改14832条，限期整改93条。对50个企业实施行政处罚，罚款56.40万元。

【生态环境】　2018年，启动重污染天气应急响应10次，所有涉及企业全部落实停限产措施；6个重点行业企业全部落实错峰生产措施；督促81个企业完善VOCs治理设施。实施气代煤、电代煤清洁取暖工程，安装壁挂炉3469户，燃气锅炉集中供暖389户，水源热泵集中供暖851户。

【道路工程】　2018年，打包投资1.02亿元，开工建设桓台经济开发区基础设施建设项目，内容涵盖海河路、黄河路东延、甘马路、衡山路及配套雨污管网建设，截至年底完成投资5000万元。西五路北延、北京路北延、上海路北延、果里大道西延道路工程已通车，西十三路北延道路工程迁占工作基本结束。

【乡村振兴】　2018年，使用专项资金，统筹西店村、东店村、徐斜村、王斜村连片创建打造美丽乡村。改造危房66户，其中拆除重建32户，修缮加固31户，异地安置3户。

【违建治理】　2018年，重新摸底排查剩余存量违建，累计拆除违建2680处、16.70万平方米。鸿嘉星城西湖兰庭拆除各种违法建设349处，投资200余万元进行高标准提升改造。

【教育】　2018年，投入800万元改善提升教育教学条件。4名学生入围全县初中学科能力竞赛，276名考生升入桓台一中、桓台二中。

【优抚】　2018年，累计发放优抚优待金、五保低保金、残疾人两项补贴、高龄补贴、救济救助金385.20万元。

【法国朋友考察山东汇丰石化集团有限公司】　2018年7月25日，法国优瑞卡特代表团亚洲区总经理佛朗索瓦·洛卡特利一行4人到山东汇丰石化集团有限公司考察，洽谈合作事宜。

【全省公安交通点评组在果里镇现场点评】　2018年9月19日，全省公安交通管理基层基础建设攻坚工作点评组到果里镇政府、果里交警中队、后埠村现场观摩点评。

【市委书记周连华在果里镇调研】　2018年10月24日，市委书记周连华一行到淄博弘康健康产业有限公司、山东博丰利众化工有限公司实地调研安全生产。

【山东汇丰石化集团有限公司被评为绿色工厂】　2018年11月15日，山东汇丰石化集团有限公司被中国石油和化学工业联合会评为2018年度石油和化工行业绿色工厂。

【全省深化“一次办好”改革现场会在果里镇点评】　2018年12月28日，全省深化“一次办好”改革现场推进会与会人员到果里镇便民服务中心现场观摩点评。

（田　垚　陈天宇）

城区街道

【概况】　2018年，桓台县城区街道辖少海、兰香园、西苑、宝龙、宝发、云涛、锦秋、商城、东城、兴华、恒星、紫悦城12个社区居委会。管理服务区域人口12.30万余人，其中户籍人口6.70万人。街道党工委设党组织77个，其中社区党委12个，党支部65个，直管党员1287人。

【两委换届】　2018年1月，12个社区圆满完成“两委”换届选举，12个社区中，有6个社区由社区工作者担任书记。

【社区精细化管理】　2018年，出台《社区综合治理工作方案》《社区精细化管理工作方案》，明确工作内容和任务。制定《社区综合治理考评办法》《社区综合治理考评细则》，建设综合治理平台“社管通”日巡查信息上报制度，形成《综合治理工作简报》，发挥先进典型的示范作用。11月26日，淄博市政协主席丛锡钢到少海社区调研社区综合治理工作，给予充分肯定。

【老旧小区升级改造】　2018年，投资7636万元对锦秋、东城、兴华、宝发4个社区41个连片小区进行改造提升，计19个项目，196栋住宅楼，改造面

2018 年 11 月 26 日，淄博市政协主席丛锡钢（前右一）调研社区综合治理

（摄影：巩泽瑞）

积约为 47.57 万平方米，惠及居民 5538 户。主要包括清理乱搭乱建完善小区绿化，增设活动场所和健身设施，停车场（位）规划，安装单元门，储藏室外墙粉刷，安装监控设施等工程。

【新时代文明实践】 2018 年，12 个社区打造了新时代文明实践站。其中，宝龙社区建成红色文化广场、少海社区提升改造党建主题公园。组织开展“传承红色基因 争做新时代好少年”“小手拉大手 廉风润心田”“幸福生活 美在家庭”等新时代文明实践系列活动 30 余场，推进新时代新思想在基层落地生根，打通基层宣传思想文化工作的“最后一公里”。6 月 7 日，全市连片打造乡村文明行动示范区现场观摩点评会召开，市委常委、宣传部部长毕荣青带队到观摩点少海社区实地观摩，对少海社区新时代文明实践工作给予充分肯定。

【文化】 2018 年，开展“新时代”基层文化大讲堂、节日扮玩、邻居节等文化活动 120 余场，丰富城区居民文化娱乐生活。

【违法建设治理】 2018 年，拆除违法建设 213 处 4536 平方米，运用“拆 + 建、拆 + 绿、拆 + 美、拆 + 管”的“四个拆 +”工作方法，将拆违后腾退出的土地绿化、硬化、建设休闲健身娱乐场所、修建停车场等，实现违建治理长效化。

【物业管理】 2018 年，召开“四位一体”协调运行会议 140 余次，协调解决物业矛盾纠纷 400 余起。探索建立“五力合一”协调运行机制，在推进社区综合治理中，发挥驻区单位的优势和力量。选举充实各小区业主委员会，提高业主自治水平，完成 14 个小区业主委员会的组建和 8 个小区业主委员会的换届选举，业主委员会数量达到 43 个，覆盖率达到 75.4%。组建“红色物业”志愿服务队伍 12 支。

【社区服务】 2018 年，组织 10200 名育龄妇女健康查体；为城镇独生子女父母发放奖励扶助金 109 万余元，惠及 473 人；办理失业证 1651 人次，完成企业用工备案 1652 次，劳动合同备案 4352 人，办理社保卡 451 张、居民医疗保险业务 1195 人次、居民养老保险 210 人次，为 6170 名企业退休人员提供社会化管理服务；投入 22 万余元对辖区内 1324 名 70 周岁以上企业退休老人进行“重阳祝福送老人”走访慰问；扎实开展慈善救助，发放困难家庭医疗救助、临时救助等各类救助金 7 万余元；落实双拥政策，发放八一优待金 39 人、801720 元；推进残疾人工作，发放轮椅、双拐等残疾人无障碍器材 32 件。

【安全生产】 2018 年，城区街道组织开展对施工现场排查整治 6 次，发现各类安全隐患和不文明施工情况 50 余条，下发停工通知 1 次；巡查燃气安全隐患问题，发现违规使用天然气场所 1 处，连接软管老化和阀门、燃气罐老旧等隐患 40 余处。对所有沿街店面等消防重点单位进行督促整改，有 57 个门店购置或更换灭火器的药剂，22 个单位对燃气线路做出整改。

2018 年 6 月 7 日，市委常委、宣传部部长毕荣青（前排右一）调研少海社区

（摄影：巩泽瑞）

【"一次办好"改革】 2018年，落实"一次办好"要求，优化业务流程，定期组织培训，提高为民服务综合能力。12月28日，全省深化"一次办好"改革现场会在淄博召开，会议选定桓台县城区街道兰香园社区便民服务中心作为观摩点，副省长王书坚带队到兰香园社区便民服务中心实地调研。

2018年12月28日，山东省副省长王书坚（前排右一）调研兰香园社区便民服务中心 （摄影：于 慧）

【环境保护】 2018年，排查登记3000余人次，统计沿街门店、单位、污染源3016处，对燃煤点全部实施改造和关停。对城区24个不符合环保措施的汽车维修厂（店）下达停业整改通知书，有喷漆设备的3处点源，除2处已办理环评手续外，另1处对环保手续进行完善；联合相关职能部门对城区所有饭店进行集中检查，对未安装油烟净化装置的和排烟不符合要求的全部督促整治到位。

【社会稳定】 2018年，建成标准化接待大厅、视频调解室和档案资料室等功能区。建设平安小区，组织30余场法律讲座，受教育居民达3000余人。利用高标准法律顾问工作室，开展法律咨询、法律培训和矛盾纠纷调处。开展扫黑除恶专项斗争，邀请社区民警对社区党员、居民代表、网格员进行扫黑除恶知识培训，加大宣传力度，营造良好的社会治安氛围。

【经济普查】 2018年，协调建立街道—统计所—社区居委会—网格调查员4级普查架构，召开"四经普"动员会和骨干培训班，悬挂标语横幅120余条，发放清查入户明白纸8000余份。城区街道底册单位3049个，清查上传2152个，清查标注897个，清查率100%。个体工商户底册数7794个，清查8822个，清查率113%。

（张 晶）

本部类责任编辑 张胜利

人　物

2018年全国五一劳动奖章获得者

田茂军　山东天齐置业集团股份有限公司
周志强　山东金诚石化集团有限公司

2018年山东省劳动模范获得者

宋　磊　山东东岳有机硅材料股份有限公司
孙　鹏　山东汇丰石化集团有限公司

2018年山东省先进工作者获得者

苏同安　山东省桓台第一中学

2018年山东省富民兴鲁劳动奖章获得者

沈山祥　山东建龙化工股份有限公司

2018年淄博市振兴淄博劳动奖状获得者

山东天齐置业集团股份有限公司设备管理公司
山东东岳高分子材料有限公司

2018年淄博市振兴淄博劳动奖章获得者

刘　伟　中国农业银行股份有限公司桓台县支行
柏建全　中共桓台县纪委 桓台县监察委员会
周锦元　山东桓台农村商业银行股份有限公司
黄国栋　山东辰龙集团有限公司
于敬春　桓台县妇幼保健院
刘勤学　山东建龙化工股份有限公司

2018年淄博市工人先锋号获得者

桓台信誉楼商厦羽绒服部时尚休闲二
山东金诚石化集团有限公司研发部
桓台县便民服务中心食药监窗口

2018年桓台县富民强县劳动奖状获得者

山东中科天泽净水材料有限公司
桓台县公安局索镇派出所
山东聚鑫化工有限公司
山东淄博环宇桥梁模板有限公司
桓台县公安局起凤派出所
淄博恒兴物流股份有限公司
果里镇东马村
桓台县公安局马桥派出所
桓台县城区街道宝发社区居民委员会

2018 年桓台县富民强县劳动奖章获得者

张淑玲　索镇人民政府
董艳萍　索镇人民政府
苗慧君　山东聚泰泵业有限公司
王　丽　山东东岳集团有限公司研究院
黄立国　淄博语嫣丹青纸业有限公司
魏　洁　田庄镇农业综合服务中心
吕　东　山东天齐置业集团股份有限公司
王晓明　田庄镇水务站
路志浩　山东中保康医疗器具有限公司
周茂林　起风镇人民政府
王晓琨　新城镇人民政府
毕艳萍　果里镇人民政府
边立芹　山东建龙化工股份有限公司
巩冬青　马桥镇人民政府
周彬广　山东金诚石化集团有限公司
田国举　荆家镇人民政府
王敬华　桓台县城区街道云涛社区居民委员会
郑　军　山东桓台农村商业银行股份有限公司
郝　青　桓台县供电公司
沈文强　中国工商银行股份有限公司桓台县支行
殷卫东　桓台县地方税务局
任素梅　桓台县地方税务局

2018 年桓台县工人先锋号获得者

山东汇丰石化集团有限公司联合二车间
淄博天煜置业有限公司办公室
山东宝源化工股份有限公司甲酸钙车间
山东晨钟机械股份有限公司庞振班组
起风镇人民政府安全生产监管办公室
山东金德化工股份有限公司三甲基乙酸车间
马桥镇人民政府司法所
山东中科天泽净水材料有限公司干燥车间
桓台县三阳物业管理有限公司西苑管理处

（徐书岭）

2018 年第十八届山东省优秀少先队员

任炫燃　桓台县第二小学

2018 年淄博市乡村好青年

史济彬　田庄镇史家村
周敬旻　起凤镇辛泉村

（陈洁琼）

2018 年山东省三八红旗手获得者

李学芳　桓台县妇女联合会

2018 年全国最美家庭

陈兰芳家庭　桓台县世纪中学

2018 年淄博市五好家庭

王玉红、田茂水家庭　桓台县第二小学
孙伟君、段晓云家庭　桓台县妇幼保健院
徐业恒、孔秀莲家庭　桓台县教学研究室

2018 年淄博市最美家庭

王玉红、田茂水家庭　桓台县第二小学
孙伟君、段晓云家庭　桓台县妇幼保健院

徐业恒、孔秀莲家庭　桓台县教育体育局
段秀毅、张　君家庭　桓台县公安局
孙立玉、李海英家庭　桓台县纪委
崔俊霞、宗　凯家庭　马桥镇宗崔村
张　茜、颜京广家庭　桓台县食品药品监督管理局
孙丰银、宗　丽家庭　田庄镇中心学校
宋秀兰、于利国家庭　索镇西镇村
王　静、张方清家庭　桓台县人民医院
刘　军、于红霞家庭　桓台县中医院

2018 年桓台县五好家庭

于　霞家庭　桓台县新华书店
马　迪家庭　淄博宝恩家私有限公司
马　萍家庭　索镇建国村
王　静家庭　桓台县人民医院
王文浩家庭　中国邮政储蓄银行桓台县支行
王传钢家庭　桓台县食品药品监督管理局
王芳军家庭　桓台县人民法院
王克江家庭　新城镇人民政府
王京雷家庭　桓台县质量技术监督局
王素英家庭　唐山镇唐一村
田秀琴家庭　山东泰宝集团有限公司
田廉筠家庭　中国邮政集团公司山东省桓台县分公司
付翠翠家庭　桓台县人民检察院
边秀丽家庭　桓台县图书馆
巩念好家庭　起凤镇鱼二村
巩端才家庭　桓台县地税局
成令怡家庭　桓台县交通运输局
吕明菊家庭　新城镇刘三里幼儿园
朱晓敏家庭　中国人民银行桓台县支行
刘延斌家庭　索镇刘茅村
齐寅忠家庭　桓台县国土资源局
孙玉涛家庭　田庄中学
孙伟君家庭　桓台县妇幼保健院
孙茂伦家庭　起凤镇乌北村
李　云家庭　荆家镇人民政府
李　军家庭　桓台县委党校
李　娜家庭　桓台县国税局
李　娜家庭　桓台县文化体育中心
李　静家庭　桓台县规划局
李素美家庭　桓台县农业机械管理局
李翠华家庭　桓台县城区街道兰香园社区
张　永家庭　山东大地人(桓台)律师事务所
张本德家庭　桓台县人力资源和社会保障局
张光星家庭　果里镇西义和村
张纪广家庭　桓台县城区街道锦秋社区
张连翠家庭　唐山镇薛庙村
张荣芬家庭　齐商银行股份有限公司桓台支行
陈　健家庭　田庄镇中心卫生院
陈晓芳家庭　惠仟佳购物广场
范秀菊家庭　桓台县农村商业银行股份有限公司
孟　娟家庭　桓台县财政局
孟祥海家庭　果里镇凤鸣村
胡安文家庭　桓台县档案局
胡安华家庭　桓台县公安局
胥倩倩家庭　桓台县环境保护局
徐爱红家庭　中国农业银行股份有限公司桓台县支行
高春洁家庭　荆家镇人民政府
黄立华家庭　桓台县教育体育局
崔传豹家庭　桓台县纪委
崔佃梓家庭　桓台县水务局
崔俊霞家庭　马桥镇宗崔村
褚新艳家庭　马桥镇小王村
魏俊文家庭　桓台县审计局

2018 年桓台县最美家庭

于利国家庭　索镇西镇村
马凤博家庭　桓台县质量技术监督局
王　红家庭　唐山镇贾家村
甘素华家庭　马桥镇姚郭村
毕颖超家庭　桓台县人民法院
任肖梅家庭　中国农业银行股份有限公司桓台县支行
刘爱荣家庭　桓台县气象局
祁志新家庭　桓台县农村商业银行股份有限公司
孙　飞家庭　惠仟佳购物广场
孙　辉家庭　桓台县妇幼保健院
孙传宝家庭　新城镇四里村
李方洋家庭　果里镇后埠村
李丛丛家庭　桓台县文化体育中心
杨　栋家庭　桓台县地税局
吴宏镇家庭　中国人民银行桓台县支行
张　玉家庭　桓台县环境保护局
张　茜家庭　桓台县食品药品监督管理局
张　霞家庭　桓台县教育体育局
张秀会家庭　山东齐家家俬有限公司
张泽军家庭　山东泰宝集团有限公司
张晓飞家庭　桓台县人民检察院
张海霞家庭　桓台县国土资源局
张淑媛家庭　桓台县委党校
罗　莎家庭　桓台县财政局
周　涛家庭　桓台县档案局
周　磊家庭　桓台县司法局

周荣祥家庭　桓台县新华书店
宗　坚家庭　桓台县人民医院
宗志程家庭　中国邮政储蓄银行桓台县支行
赵　娜家庭　桓台县审计局
荆雪梅家庭　田庄中学
胡庆春家庭　荆家镇高王村
耿丹丹家庭　桓台县委办公室
徐业恒家庭　桓台县教育体育局
高文秀家庭　桓台县国税局
高国栋家庭　桓台县交通运输局
郭　浩家庭　桓台县水务局
曹汝昶家庭　桓台县规划局
曹恒清家庭　起凤镇辛泉村
崔　坤家庭　桓台县人力资源和社会保障局
崔　磊家庭　中国邮政集团公司山东省桓台县分公司
崔爱荣家庭　桓台县公安局
董　丽家庭　国网桓台县供电公司
释修振家庭　桓台县文化馆

（郑小丽）

逝世人物

徐学汉（1939.12—2018.12.02）中国人民政治协商会议桓台县委员会原主席。汉族，男，生于1939年12月，索镇建国村人，大学专科文化程度，1956年5月参加工作，1959年3月加入中国共产党。1956年5月至1960年8月，任耿桥乡、索镇人民公社秘书。1960年8月至1961年9月，在部队服兵役。1961年9月至1970年10月，任中共索镇人民公社委员会秘书、耿桥人民公社团委书记、中共桓台县委组织部干事。1970年10月至1972年6月，任中共桓台县委党校副校长。1972年6月至1975年5月，任中共起凤人民公社委员会副书记。1975年5月至1978年2月，任中共桓台县委常委、宣传部部长。1978年2月至1980年8月，任中共桓台县委副书记、桓台县政协主席。1980年8月至1986年3月，任中共桓台县委书记（期间，1984年3月至1986年3月，兼任中国人民解放军桓台县人民武装部第一政委；1983年，当选为第六届全国人民代表大会代表，中共山东省第四次代表大会代表，中共淄博市委第五届委员会委员；1984年9月至1987年7月，为山东农业机械化学院干部专修科马列主义理论及现代管理专修班学员）。1986年3月至1987年3月，任桓台县人民代表大会常务委员会主任、党组书记。1987年3月至1988年3月，任淄博市人民代表大会常务委员会财政经济委员会副主任。1988年3月至1989年11月，任桓台县政协副主席、党组副书记。1989年11月至1998年1月，任桓台县政协主席、党组书记。1998年1月至2001年4月，任桓台县政协正县级调研员。2013年4月退休。2018年12月2日逝世。

（王守堂）

本部类责任编辑　张胜利

荣　誉

单位荣誉

表 15

单　位	荣誉名称	授予机关	时　间
桓台县	第三届山东省文化强省建设先进县	省委、省政府	2018.5
	全国新时代文明实践中心建设试点县	中共中央	2018.8
	全省新时代文明实践中心建设试点县	省委	2018.9
	全省第五批社科普及示范县	省社科联	2018.12
县委中心组	全省先进县级党委(党组)理论学习中心组	省委宣传部	
县公安局	山东公安科学进步奖应用技术类三等奖	省公安厅	2018.1
果里派出所后埠警务室	基层基础建设三年攻坚战 2017 年度成绩突出集体		
县公安局	全省环保公安联勤联动执法先进集体	省环保厅、省公安厅	
四里村　洼子村　江苏村	山东省首批健康村	省卫生和计生委员会	
县妇联	全省城乡妇女岗位建功先进集体	省妇联	2018.2
新城细毛山药农民专业合作社	优秀实训基地	省农业厅	2018.3
桓台县利众农机合作社	山东省明星农机跨区作业队	省农机局	2018.4
新城细毛山药农民专业合作社	中国品牌价值评价榜	省质监局	2018.5
县公安局治安大队	集体二等功	省公安厅	
县医保处	山东省跨省异地就医直接结算先进单位	省人社厅	2018.6
县信息中心	2017 年度山东省县市报“十强”媒体	山东省县市报纸研究会 省新闻工作者协会	2018.7
少海社区	全国民主法治示范村(社区)	司法部　民政部	
山东将军井电子商务有限公司	山东省中小企业公共服务示范平台	省中小企业局	
新城细毛山药农民专业合作社	第六批全国“一村一品”示范村镇	农业农村部	
县信息中心	2018 年度中国智慧城市建设优秀奖	中国智慧城市博览会组委会	2018.8
县人社局	全省人力资源社会保障宣传工作先进单位	省人社厅	2018.9
新城镇	全省平安农机示范乡	省农机局　省安监局	

续表

单 位	荣誉名称	授予机关	时 间
桓台县泓基农业专业合作社	省级经济林标准化示范园和十佳观光果园	省林业厅	2018.10
	省级示范社		
县地震局	2018 年度县级防震减灾工作年度考核先进单位	省地震局	2018.11
新城镇西巴村	山东省森林村居	省林业厅	
桓台县泓基农业专业合作社	2018 年山东省休闲农业和乡村旅游示范基地	省农业农村厅	
新城镇	2018 年度山东省卫生乡镇	山东省爱国卫生运动委员会	2018.12
	聂桥村等 16 个村为 2018 年度第一批山东省卫生村		
县养老保险处	档案工作科学化管理先进单位	省档案局	
桓台县泓基农业专业合作社	第三批省级生态循环农业示范基地	省农业农村厅	
山东新城建工股份有限公司	润德大厦项目 BIM 技术应用成果三等奖	省住建厅	
	黄金 1 号公馆 $3^{\#}$楼”泰山杯”		
	张店区小张村 $7^{\#}$住宅楼安全文明示范工地		
	变形缝侧墙钢木复合模板施工工法省级工程建设工法		
县公共法律服务中心	山东省公共法律服务示范中心	省司法厅	
县委办公室	2018 年度全省党委系统信息工作先进单位	省委办公厅	
淄博恒兴物流股份有限公司	山东省中小企业发展新经济示范单位	省中小企业局	2018
桓台县利众农机合作社	全国农机科技试验示范基地	农业农村部	2018
县广电局	2018 年度电视宣传先进集体一等奖	山东广播电视台	2019.1
	全国”年度优秀手机台”	中国广电社联合会 中国广播影视杂志社 山东广播电视台	2019.2
县委宣传部	“十个率先突破”先进集体	市委、市政府	

个 人 荣 誉

表 16

姓 名	单 位	荣誉名称	授予机关	时 间
邹 毅	县公安局	山东公安科学 2017 年度技术进步奖应用技术类三等奖	省公安厅	2018.1
牟建伟		基层基础建设三年攻坚战 2017 年度成绩突出个人		
张 刚				
曲照兴				
王 旭	县法院	全国法院先进个人	最高人民法院	2018.2
张文文		2017 年度全省法院办案先进个人	省高级人民法院	
蔡光普	县公安局	2017 年度齐鲁最美警察	省委宣传部、省公安厅、大众报业集团、山东广播电视台	
李学芳	县妇联	省三八红旗手	省妇联	
李向峰	县法院	个人二等功	省高级人民法院	2018.4
张玉新	县公安局		省公安厅	2018.5
王玉峰		2018 年度全国最美家庭	全国妇联	
李冠廷	县税务局	环境保护税和水资源税改革工作成绩突出个人	国家税务总局	2018.6
张 刚	县公安局	全国青少年毒品预防教育“6·27”工程优秀校外辅导员	全国禁毒委员会办公室	
张 敏	县法院	天平奖章	最高人民法院	2018.9
金 童	县公安局	法制员业务能手	省公安厅	2018.11
刘 华		2018“山东好人”	省文明委	2018.12
邹 毅		“畅通大数据服务基层渠道专项工作”评比三等奖	公安部科技信息化局	
李 剑	县委办公室	2018 年度全省党委系统信息化工作先进个人	省委办公厅	
吴 军	县广电局	广播宣传优秀通讯员一等奖	山东广播电视台	2019.1
何子强				
王世发				
马 超		广播宣传优秀通讯员二等奖		
杨 琥				
耿秀伟				
张英贤		优秀广播电视节目一等奖	省新闻出版广电局	
王玉杰				

本部类责任编辑 高大新

附　　录

2018 年度桓台县十件大事

一、桓台县推进“两学一做”学习教育常态化制度化，作风建设实现大提升

2018 年，桓台县扎实推进“两学一做”学习教育常态化制度化，开展了“认真、专业、担当、作为”作风建设主题活动，并根据省市要求组织开展了“大学习、大调研、大改进”和“新时代、新理念、新担当”大讨论活动，动员广大党员干部深入学习践行习近平新时代中国特色社会主义思想，全面提升干部队伍知行态度、素质水平、担责意识、创业激情，更新理念、转变作风，树一流目标、干一流工作、创一流业绩。

二、桓台县更加注重保障和改善民生，人民群众获得感持续提升

2018 年，桓台县将更多财力投向民生社会事业，城乡群众生活品质和幸福指数不断提升，预计全县民生支出超过 32 亿元。年内，完成 30 千米“四好农村路”，改造提升老旧小区 47.57 万平方米，新建雨污水管线 12 千米、社区公园 20 个，建城区公共停车场 15 处，基础设施更加完善；扎实做好 33 个产业扶贫项目，改造农村危房 463 户，统一将低保、特困群体年度合规费用封顶线提高至 1.5 万元。

三、桓台县新时代文明实践中心建设试点工作不断向纵深迈进

2018 年，桓台县作为全市唯一、全省 9 个、全国 50 个试点之一，深入推进新时代文明实践中心建设工作，全县上下积极投入到“讲、评、帮、乐、庆”新时代文明实践活动中，我县处处文明清风劲，爱心热潮涌。以“我为群众（服务对象）解难题”为主题，以各级各类志愿者为主体，涵盖理论宣讲、文学艺术、科学普及、教育服务、社会慈善、法律普及、体育健身、医疗卫生、志愿帮扶的新时代文明实践志愿服务活动一直在持续，在全县范围内迅速掀起了以实现“凝聚群众、引导群众、以文化人、成风化俗”为目标的新时代文明实践活动高潮。

四、桓台县工业经济质效并进，新旧动能加速转换，县域综合实力不断增强

2018 年，桓台县新旧动能加速转换，创新体系提速增效。37 个市重大项目完成投资 136.1 亿元，152 个县重点项目完成投资 159 亿元，全力抓好 42 个市级重点技改项目建设。功能膜材料及配套高端氟硅新材料等 5 个项目列入省新旧动能转换重大项目库优选名单。金诚、博汇、汇丰跻身中国企业 500 强。金诚、博汇、汇丰、东岳冲入中国民企前 300 强。汇丰、金诚入选国家“两化”融合贯标试点。海思堡入选工信部重点跟踪培育纺织服装品牌企业。桓台县列全国综合实力百强县第 74 位、绿色发展百强县第 73 位、投资潜力百强县第 38 位、科技创新百强县第 84 位、综合经济竞争力百强县第 70 位。

五、桓台县“一次办好”走在全省前列，机构改革向纵深推进

2018 年，桓台县大力推进“互联网 + 政务”，建立起集审批与服务、线上线下为一体的高效政务服务体系，打造“前台综合受理、后台分类审批、综合窗口出件、证照免费快递”的审批服务新模式，实现审批提速、效能提质、服务提标。11 月 10 日，省委常委、省委秘书长王清宪来我县现场观摩“一次办好”改革工作，给予高度评价；12 月 28 日，全省深化“一次办好”改革现场推进会议来桓台现场观摩，副省长王书坚对桓台“一次办好”改革工作给予充分肯定。桓台县行政审批服务局、桓台县退役军人事务局挂牌成立，组建监察委员会并向镇（街道）派出监察室，国税、地税合并成立国家税务总局桓台县税务局，全县机构改革向纵深推进。

六、53 千米大外环、320 千米“九纵九横”主干路全线贯通，桓台城市化进程大提速

2018 年，北外环（S29 连接线）东段、西五路北延、果里大道西延、西外环（西十三路北延）、少海路大中修五大重点工程相继建成通车，互通互联、纵横交织的 53 千米大外环、320 千米“九纵九横”主干路全线贯通，打造形成各镇 15 分钟到县城、15 分钟上高速、县城 15 分钟进市区的“315”生活圈，“出口打通、快速联通、干线畅通、路网互通”的交通大动脉拓展出融合互动、转型跨越的战略通道，桓台城市化进程大提速。济青高铁正式开通运行，桓台进入高铁时代。

七、“马踏湖高峰论坛”成功举行，“中国膜谷”扬帆起航

创新聚智，高先聚能。2018 年 11 月 15 日至 18 日，中国 · 淄博高端材料与先进制造协同创新周暨首届膜产业“马踏湖高峰论坛”在桓台圆满举行。中国工业经济联合会和国内外百余名高端材料领域著名专家学者、研究机构和行业知名企业代表，通过创业创新大赛、主旨报告、技术交流、对话研讨等活动，共论发展大势，共商交流合作，全力打造膜专业领域规模最大、影响力最强的国际性品牌论坛，推动高端材料特别是膜产业结构变革、智能化升级、高质量发展。桓台将乘此东风，借助产业发展优势，打造中国“膜谷”，进一步叫响桓台膜产业的知名度和影响力，推动桓台经济高质量发展。

八、全省河长制湖长制工作现场推进会在桓台召开，水生态建设“桓台模式”获得充分肯定

2018年5月4日，全省河长制湖长制工作现场推进会在马踏湖召开，省委副书记、省长龚正对“全领域治理、全流域修复、全方位管控”水生态治理“桓台模式”给予高度评价，全县22条县级河道、3个湖泊建立了县、镇、村三级河（湖）长制管理体系。2018年，全县生态环境质量持续好转，313项年度环保治理任务全面完成，全年空气质量优良天数超200天，马踏湖湿地补水工程完工，涝淄河治理、乌河入湖口人工湿地一期、乌河河道走廊人工湿地（城区段）主体工程完工。

九、桓台县深入开展扫黑除恶专项斗争，连续13年命案全破，社会更加和谐稳定

2018年，桓台县坚持将扫黑除恶作为重大政治任务抓紧抓好，各级各部门各司其职，综合运用各种手段预防和解决黑恶势力违法犯罪突出问题，坚持露头就打、打早打小、除恶务尽、消除后患，强化重点行业、重点领域监管，最大限度挤压黑恶势力滋生空间，打掉黑恶势力集团3个、涉恶团伙18个，各项工作取得了积极进展。“法检两长”同庭办案，共同审理涉黑恶案件，涉黑涉恶治安乱点得到全面整治。建成公安信息指挥中心和执法办案管理中心，连续13年命案全破，“平安桓台”驶入信息化快车道。

十、桓台县两事件入选省改革开放40周年最具影响力事件，天齐集团荣获鲁班奖，两名企业家获殊荣

天齐集团承建的中国移动（山东济南）数据中心荣获鲁班奖，东岳国际荣膺广厦奖。“吨粮首县”和“东岳研发全氟离子膜”入选省改革开放40周年最具影响力事件。桓台小麦单产连续八年位居全省首位，获批“全国主要农作物生产全程机械化示范县”。博汇集团董事长杨延良被表彰为“2017—2018年度全国优秀企业家”。东岳集团董事局主席张建宏入围《改革开放40年百名杰出民营企业家名单》，应邀参加全国民营企业座谈会，受到习近平总书记亲切接见。陈兰芳家庭被评为全国“最美家庭”，陈家庚入选全国“新时代好少年”。县人民医院建成我县首家国家级胸痛中心。

（县融媒体中心）

2018年桓台县国民经济和社会发展统计公报

2018年，全县上下在县委、县政府坚强领导下，深入贯彻落实习近平新时代中国特色社会主义思想，紧紧围绕“一个目标定位、四个着力建设、十个率先突破”总体思路和工作布局，坚持高质量发展方向，加快推进新旧动能转换重大工程，锐意进取、改革创新，实干苦干、永争一流，县域经济保持了平稳健康发展的良好势头。

一、综合

总体经济跃上新台阶。全年完成地区生产总值（GDP）610.13亿元，按可比价格计算，比上年增长7.2%。其中，第一产业增加值13.27亿元，增长3.6%，第二产业增加值359.56亿元，增长7.8%，第三产业增加值237.30亿元，增长6.6%。三次产业对生产总值的贡献率分别为1.8%、64.8%和33.4%，分别拉动生产总值增长0.1个、4.7个和2.4个百分点。三次产业比例优化调整为2.2:58.9:38.9。人均地区生产总值达到118105元，按年均汇率折算为17847美元。

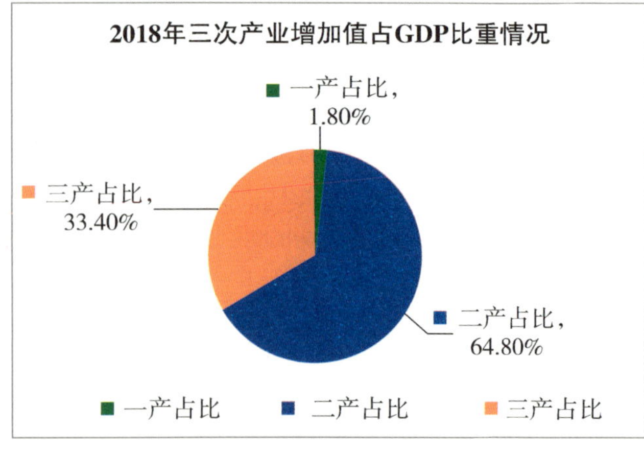

创业就业保持稳定。2018年，全县城镇新增就业11139人，完成年度计划的171.37%。失业率控制在1.05%的较低水平，就业局势保持稳定。批复贷款总额715万元，带动就业183人，发放贷款贴息50.17万元。为72家企业发放稳岗补贴161.24万元，为100家企业发放社保补贴569.67万元。开展“四单式”培训，培训劳动者1285人，其中技能培训421人、创业培训864人。鼓励、引导高校毕业生就业，毕业生登记率100%，就业率92%。组织“春风行动”“就业援助月”等招聘会，吸引进场企业560余家，提供就业岗位14100个，办理求职登记13950人次，开展职业介绍11160人次，介绍成功7812人次。

物价运行逐步趋稳。全年居民消费价格累计上涨2.9%。其中，食品价格上涨2.2%，非食品价格上涨3.1%。工业生产者出厂价格全年平均上涨7%，工业生产者购进价格平均上涨6.8%。

二、农林牧渔业

农业经济运行平稳。全年实现农林牧渔业增加值14.21亿元，比上年增长3.7%。其中，农业增加值10.22亿元，增长3.1%；林业增加值0.89亿元，增长6.7%；牧业增加值2.14亿元，增长3.0%；渔业增加值0.01亿元，下降0.1%；农林牧渔业服务业增加值0.95亿元，增长8.5%。

新增省级农业产业化龙头企业3家、省生态循环农业示范基地1处、水肥一体化应用面积1.12万亩。发展市级以上示范合作社和示范农场80家、规模以上种粮大户及家庭农场975家,流转土地16.2万亩。完成国家试点3万亩高标准农田建设任务。成功创建为“全国主要农作物生产全程机械化示范县”。

粮食产量保持稳定。粮食保持高产稳产。据粮食抽样调查,小麦平均亩产达到472.55公斤;玉米平均亩产516.43公斤。全年粮食总产量达到34.33万吨,其中夏粮总产16.16万吨,秋粮总产18.15万吨。经济作物中,棉花产量17.89吨,蔬菜产量5.4万吨。主要农产品产量如下:

	2018年(吨)	比上年(±%)
粮食	343321	-3.05
其中:小麦	161589	-7.84
玉米	181441	1.64
棉花	18	0.0
蔬菜	53982	-2.61

林业发展平稳健康。全年完成造林面积273公顷。美国白蛾疫情得到有效防控。

畜牧产品供需平衡。全年肉类总产量10066吨;禽蛋产量23345吨;奶类产量7403吨。年末,大牲畜存栏0.59万头,生猪存栏2.78万头,羊存栏0.92万只,家禽存栏241.4万只。全年生猪出栏5.06万头,羊出栏1.27万只,家禽出栏426.78万只。

渔业生产稳定发展。年末渔业养殖面积15公顷,渔业生产经营单位2家。

农业现代化不断提升。2018年末拥有农业机械总动力38.22万千瓦,其中农用排灌动力7.6万千瓦;拥有联合收获机械1346台。获国家购机补贴729.96万元,更新、推广各类农机具472台。

三、工业、建筑业

工业经济快速增长。规模以上工业实现主营业务收入同比增长18.29%;山东金诚石化集团有限公司、东岳集团有限公司、山东博汇集团有限公司和山东汇丰石化集团有限公司入围中国民企500强。

工业效益显著提升。规模以上工业实现利税同比增长27.58%,利润同比增长17.31%。

工业产销保持平衡。全年工业产品销售率达98.15%。主要工业产品产量如下:

	2018年	比上年(±%)
发电量	48.85亿千瓦时	-6.63
机制纸及纸板	191.07万吨	-4.29
收获机械	9530台	11.62
白酒	52.32万升	-14.26
烧碱	79.19万吨	-8.94
硫酸(折100%)	23.02万吨	-33.87

工业结构持续优化。全县高新技术产业产值同比增长8.54%,占规模以上工业总产值的比重达到34.57%。马桥产业区、果里经济开发区和唐山氟硅材料产业园三个工业主导区实现工业总产值占全县规模以上工业总产值的比重达到95.04%。

建筑业稳步发展。列入统计范围的资质以内建筑业企业完成总产值507.35亿元,比上年增长11.1%,蝉联全省建筑业10强县首位。其中,建筑工程产值449亿元,增长12.5%;安装工程产值50.51亿元,增长10.2%。省外施工增长较快,建筑业企业出省施工产值达到44.96亿元,增长23.9%。全年建筑业签订合同额715.87亿元,增长9.9%。其中新签合同额472.78亿元,增长5.4%。创建鲁班奖、广厦奖各1项,国优工程奖4项、泰山杯奖10项。

四、固定资产投资

固定资产投资稳步增长。全县固定资产投资(不含农户)比上年增长9.4%,其中,第二、第三产业投资分别降低3.6%和增长32.4%;第三产业投资占比达到43.7%,比去年提高7.6个百分点。

房地产投资快速增长。全县25家房地产开发企业完成投资额23.82亿元,比上年增长47.7%,其中住宅投资21.32亿元,增长44.1%。房屋竣工面积52.18万平方米,增长51.2%。销售面积58.22万平方米,增长12.1%。商品房销售额46.70亿元,增长37.6%。

五、服务业、内外贸

服务业稳步健康发展。15个市级服务业重点项目完成投资29.96亿元。鲁中煤炭、中汇化工、和济钢材三大物流基地实现吞吐量650万吨,天齐汽车博览园完成销售额20亿元。4个物流标准化试点项目全部通过验收,新建标准化仓储面积2万平方米,企业物流成本占比下降6个百分点。3家骨干企业完成服务业剥离。四大重点商贸流通企业实现营业额15.79亿元,其中信誉楼商厦完成6.5亿元、纳税4227万元。县电子商务公共服务中心挂牌运营,水火土上线特色农产品板块,润邦入选商务部电子商务典型案例。全县65家规模以上服务业企业实现主营业务收入22亿元,营业税金及附加1110万元,实现利润6065万元,从业人数达到6767人。

消费品市场繁荣活跃。实现社会消费品零售总额237.80亿元,同比增长5.3%。其中,城镇市场实现零售额218.03亿元,增长2.9%;乡村市场实现零售额19.78亿元,增长2.0%。

对外贸易高位增长。全年实现进出口总额310.85亿元,比上年增长46.9%,其中进口额253.97亿元,增长57.9%,出口额56.88亿元,增长12.3%。新设外商投资企业4家,实际使用外资7.53亿元,同比增长36.1%。全县到位外来资金完成153.9亿元,同比增长20.3%。

六、财税、金融

财税收支稳步增长。全县国地税收入71.58亿元,比上年增长15.0%。国地税收入占生产总值(GDP)比重为11.7%。实现地方公共财政预算收入38.82亿元,比上年增长10.0%;地方公共财政预算支出44.0亿元,增长10.64%。地方财政收入占生产总值(GDP)比重为6.36%。

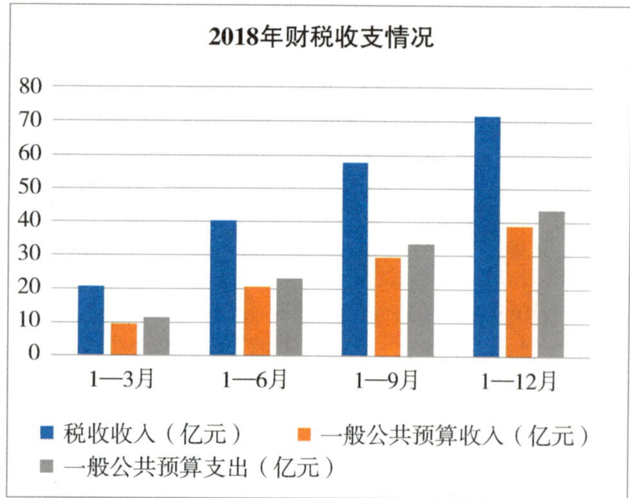

金融生态平稳有序。年末，全县金融机构人民币存款余额达到399.26亿元，比年初增加32.17亿元，其中住户存款216.16亿元，比年初增加12.83亿元；人民币贷款余额达到407.21亿元，比年初减少2.97亿元。东岳有机硅IPO被证监会正式受理。26家企业集中挂牌，上市挂牌企业达101家。

七、交通运输、邮政业

交通运输平稳发展。年末，全县拥有载客汽车223辆，拥有载货汽车2987辆，吨位50813吨，其中拥有载货挂车1340辆，吨位42594吨。

邮政业较快发展。全年完成邮政业务收入5750.5万元，比上年增长16.32%。其中：函件业务量17.42万件，包裹快递业务量84.48万件，机要邮件761件，报刊订阅635.83万份，集邮29.69万枚，汇款收汇3946笔，兑付1252笔，电商平台代理业务30.09万笔。

八、科技技术

科技创新能力持续加强。16家企业通过高新技术企业认定，其中7家为首次认定，为历年最多，全县高新技术企业达到28家。全年共获批市级以上科技项目20项，其中省级科技项目3项，市高新技术创新“双十”项目3项，共获批科技项目资金2912.29万元。

创新引领效应凸显。将军井众创空间和海思堡创客中心获省级众创空间备案。山东泰宝防伪技术产品有限公司获批创建“淄博市物联网信息安全研究与应用重点实验室”。将军井电子商务获批市级公共服务平台项目。新增2家院士工作站，全县院士工作站数量增至15家。1家“千人计划”专家工作站获批备案。4人入选淄博市英才计划。

九、教育、文化、卫生、体育

教育水平稳步提升。年末，全县共有各级各类学校62处，在校学生52272人，教职工4746名。其中，小学34处，在校生19973人；初中24处，在校生18266人；普通高中3处，在校生11146人；职业学校1处，在校生2887人；特教中心1处，在校生64人；各级各类幼儿园86处，在园幼儿13528人。2018年共发放各类助学金1600万元，惠及贫困家庭学生9570人次。总投资5.57亿元的解决大班额“两扩两建”工程全面完工并投入使用，11所学校操场塑胶化改造基础硬化工程全部竣工，4所学校合班并校，3所“大校额”学校完成拆分，完成19处改扩建工程；投资9435万元完成新建幼儿园4处、改扩建幼儿园13处，8处镇中心幼儿园和3处县属学校附属幼儿园新设立为公办幼儿园，“共同体+联盟”集团化办学模式不断深化，乡镇中小学纳入集团化办学比例达到80%。签约高层次紧缺专技人才13名，公开招聘103名新教师并全部上岗。组织80余名中小学校长和教育管理干部参加了浙江大学桓台县中小学校长管理能力提升培训班。1名教师入选“万人计划”教学名师，1名教师入选教育部乡村优秀青年教师培养奖励计划，1名教师获得2018年基础教育国家级教学成果奖，5名教师在全省中小学实验教学说课评选活动中获一等奖。在2018年全市“一师一优课，一课一名师”活动中，全县义务教育段学校获得市级优课58节，63名教师入选淄博市第六批骨干教师。高考3名学生达清华北大资格线，4人进入全市文理前十名，8人进入全市文理前二十名。全县各类本科上线2881人。

文化事业繁荣活跃。组织开展群众文化活动300余场（次），参与展演的群众演员达到8000余人（次），观众达到10余万人。改造扩建3家镇文化站，提升120余家农村文化大院（广场），新建10余个戏台子，为15处农村“广场戏台子”配套灯光、音响等设备，选取13个文化大院配备LED电子屏，打造“文化视窗”。同时，对经济薄弱村文化大院提升重点给予了资金或文化物资扶持，让经济薄弱村在文化建设上达到均等化。提升农家书屋100余家、发放书橱桌椅200余套。开展了文化惠民送戏下乡活动342场（次），放映农村公益电影4100余场（次），在全县中小学校放映电影600余场（次），学生观众达130000余人次。开展“文化舞动·美丽村居”2018年广场舞系列培训250场次，培训广场舞爱好者8700余人次。举办了45场“新时代基层文化大讲堂”系列讲座。

卫生事业再上台阶。全县共有卫生事业单位23个，病床3634张，比上年增加514张。卫生事业总人数3063人，其中卫生技术人员2708人，占总数的88%。注册村卫生室309个，乡村医生661人。人均基本公共卫生服务经费标准提高到55元。县医院通过三级乙等医院复审。

体育艺术事业百花齐放。在第二十四届省运会上，我县运动员取得了25枚金牌、24枚银牌、27枚铜牌的历史最好成绩。成功举办了2018“天齐杯”中国·桓台环马踏湖轮滑马拉松比赛。承办了2018年全国演武堂少年“泰拳”金腰带冠军赛、全国高智尔球邀请赛、全省大众广场舞比赛、全市第二十一届“市长杯”青少年校园足球赛和淄博市第四届中小学生五人制足球比赛等大型赛事。桓台一中、陈庄中学被省教育厅确定为全国青少年校园足球特色学校。实验学校男篮获得山东省体育联赛篮球比赛初中组冠军。桓台二中在全国啦啦操联赛总决赛（少年组和青年组）暨技巧比赛和淄博市中小学生体育联赛田径比赛（高中组）中勇夺桂冠。桓台一中、淄博建筑工程学校、实验中学、世纪中学被教育部评为全国国防教育特色学校。

十、城市建设、生态环境

公共基础设施进一步完善。城区雨污水管网改造工程,投资7500万元,改造城区雨污水管线12千米。包括建设街雨水管线1500米;兴桓路雨水管线3300米;兴桓路污水管线3300米;张北路雨水管线2200米;张北路污水管线1400米;桓台大道雨水管线300米。一中西路综合管廊及配套工程(续建),新建道路1500米,管廊1500米。建设街西延工程。新建城市次干路600米,西起唐华东路,东至一中西路。污水管线完成473米,雨水管线完成458米,雨水方沟完成483米。少海路北延工程(续建),南起工业街,北至王徐路,全长1029米,配套建设雨污水管线工程。

绿道网建设工程。进行少海路、张田路、张北路、S29高速连接线、起马路、旅游路、箔场沟、S321省道、工业街、一中西路、建设街西延、辽河路12条道路的绿道工程,绿道总长度110公里,绿化总面积约230万平方米,计划总投资约6.8亿元。老旧小区整治改造项目总投资5200万元。对城区1995年前建成,国有土地上建设规模2万平方米以上,主体建筑结构完好的40个老旧住宅小区,47.57万平方米,195栋住宅楼进行整治改造。城区公厕建设项目投资297万元,新建6座公厕。公共停车场建设项目共建设公共停车场15处,车位1921个。

县档案馆项目占地面积约13390平方米,建筑总面积约17580平方米,高度约34米,建筑地上六层,地下一层,主要建设内容为建筑主体、室内外装饰、广场铺装、景观绿化和其他相关附属配套建设,计划总投资约1.2亿元。地下一层和人防工程已完成,正在进行地上主体施工,一层主体已完成。

农村危房改造统一施工和统一标准改造危房463户,第一批192户按照危房鉴定标准和动态管理要求,6月底已完工;第二批271户9月底完工。今年完成了476户建档立卡贫困户的旱厕改造工作。制定印发了《加快建立农村无害化卫生厕所后续管护长效机制实施意见的通知》,按照“十有”建设标准组建了8家旱厕清运服务公司,5处旱厕改造配套设施,粪污承载量为550吨/日,可以承载全县的粪污产生量。

生态环境质量显著改善。2271家“散乱污”企业全部整治到位;378台燃煤锅炉,已全部完成改造或拆除;开展燃气工业设施深度治理,排查全县103台燃气工业锅炉,督促企业按照淄博市重点控制区大气污染物排放限值要求达标排放;对149家淘汰类燃煤小锅炉进行了台账式销号工作,其中拆除取缔42台,107台改为其他清洁能源;对112家企业全部安装了VOCs治理设施,并实现达标排放。四项主要污染物二氧化硫(SO_2)、二氧化氮(NO_2)、可吸入颗粒物(PM_{10})、细颗粒物($PM_{2.5}$)平均浓度分别为27微克/立方米、47微克/立方米、97微克/立方米、57微克/立方米,同比分别改善26.3%、8%、2.6%、12.9%。全县主要河流断面水质主要指标全部达到地表水Ⅳ类标准,乌河入预备河断面主要指标COD、氨氮浓度分别为30.3毫克/升、1.61毫克/升;猪龙河入小清河处主要指标COD、氨氮浓度分别为33.5毫克/升、0.431毫克/升。全年空气质量良好天数209天,良好率59.5%,同比增加3天。

十一、人民生活、社会保障

居民生活水平稳步提高。全年居民人均可支配收入32837元,比上年增长8.6%。其中,全年农村居民人均可支配收入19668元,比上年增长7.9%;城镇居民人均可支配收入40899元,比上年增长7.5%。

社会保障力度持续加大。全县参加企业养老保险参保人数达到10.13万人,新增参保职工0.57万人,征缴养老保险基金79608万元;机关事业单位参保人数1.07万人,征缴养老保险基金21762万元。城乡居民养老保险参保人数20.29万人,征缴保费5478.56万元;城乡居民医疗保险参保人数37.99万人,征缴医疗保险基金10236万元;职工医疗保险参保人数9.74万人,征缴医疗保险基金37988万元;失业保险参保人数7.9万人,征缴失业保险金3165万元;工伤保险参保人数12.12万人,征缴工伤保险费3529万元;生育保险参保人数5.89万人,征缴生育保险费2553万元。职工最低工资标准提高到1730元。

注:

1. 公报数据均为初步统计数或初步核算数,工业、投资、国内贸易等指标数据部分存在历史数据调整,增长速度为可比口径。

2. 地区生产总值、各产业增加值、人均地区生产总值按现价计算,增长速度按可比价格计算。

3. 规模以上工业企业为年主营业务收入2000万元及以上企业;资质内建筑企业是指具有总承包和专业承包的建筑企业(含劳务分包企业)。

4. 固定资产投资起统点为500万元。

5. 限额以上贸易企业为批发业年主营业务收入在2000万元及以上、零售业500万元及以上、住宿和餐饮业200万元及以上的单位;规模以上服务业为年主营业务收入1000万元以上或从业人数50人以上的单位。

6. 规模以上服务业企业为年营业收入超1000万元或从业人数超50人的服务业企业。

7. 按照国家统计局统计制度规定,粮食亩产及总产量数据调整为国家统计局调查队系统按新口径统计数据。

8. 渔业数据调整统计口径,相关统计数据来源于水利局。

9. 林业数据调整统计口径,相关统计数据来源于林业局。

10. 农机、外贸、交通、财税、金融、邮政、科技、教育、卫生、文化、体育、城建、环保、社会保障数据均使用部门统计数据。

(桓台县统计局)

索　引

说　明

1. 本索引采用主题分析索引方法，按标引词第一字的汉语拼音字母顺序排列。同音字按声调，首字相同者按第二音序排列，依次类推。
2. 标引词后的阿拉伯数字表示内容所在页码，同一主题多次出现的，在其主题词后标注不同的页码。
3. 特载、大事记、附录等部类均未做索引。

A

B

C

D

F

G

H

J

K

L

M

N

P

Q

R

S

T

W

Y

Z